최신 개정판 **보험법**

최신 개정판

# 보험법

유주선 저

法

새
아우리

원래 보험법의 영역은 보험계약법과 보험업법을 망라하는 의미를 갖는다. 전자가 계약당사자의 법률관계를 다루고 있다고 한다면, 후자는 기본적으로 보험회사에 대한 규제, 감독의 영역으로 받아들이게 된다. 여러 해 동안 보험·해상법이라는 명칭하에 주로 보험계약법관계에 치중하면서 학생들과 보험에 관한 이론과 실무를 설명하였다. 다른 영역도 마찬가지이겠지만, 보험법 역시 새로운 사회의 변화에 기민하게 대응해야 한다. 시대를 반영하지 못하는 법률은 이미 죽은 것이나 다름없지 않을까 하는 생각이 나를 제자리에 머물러 있지 못하도록 한다.

# 머리말

원래 보험법의 영역은 보험계약법과 보험업법을 망라하는 의미를 갖는다. 전자가 계약당사자의 법률관계를 다루고 있다고 한다면, 후자는 기본적으로 보험회사에 대한 규제, 감독의 영역으로 받아들이게 된다. 강남대학교에서 자리를 잡은 지 어느 해 동안 보험·해상법이라는 명칭으로 한 학기씩 강의하면서, 주로 보험계약법에 치중한 채 학생들과 보험에 관한 이론과 실무를 설명하였었다. 보험법에 익숙하지 않았던 학생들이 시간이 지나면서 이 분야에 관한 것을 찾게 되고, 이제 몇 몇은 대학원에 가서 더 깊은 공부를 하고자 하는 학생들, 나아가 외국에 가서 공부하는 학생들도 등장하게 되었다.

보험법이라는 책자는 이미 2013년에 발간된 바 있다. 당시 지난 몇 년간의 강의 자료와 연구된 자료들을 수정하여 출판 작업을 통하여 조그마한 책자를 마련한 바 있다. 5년이 지나 당시의 자료들이 이미 의미를 없는 분야도 있고 새롭게 연구된 분야도 있기 때문에 다시 작업을 하지 않으면 안 되는 상황에 직면하게 되었다. 또한 다음 학기에 학생들과 함께 학습하여야 할 새로운 교재의 필요성도 제기되어 이 책자를 제공하게 되었다. 본 서는 5년 전에 발간된 책자와 체계에 있어서는 크게 다르지 않다. 제1편에 보험법의 기초를 설명하고, 제2편에서는 보험계약에 대한 내용을 다루었다. 제3편에서는 손해보험의 일반적인 내용을 설명한 후, 제4편에서는 손해보험 각론 부야, 그리고 제5편에서는 인보험의 보험계약관계인 생명보험과 상해보험 등의 내용을 설명하였다. 학생들의 이해를 도모하기 위하여, 가능한 한 상법 제4편 보험의 편제에 따라 기술하고자 하였다. 당시 출판된 저서와 마찬가지로, 체계는 당시와 크게 바뀌지 않았지만 기초적인 내용을 보다 강화하였고, 보험계약관계에 보다 치중하는 동시에 새로운 판례 등을 보강하였으나, 약 6년간의 독일 생활로, 익숙한 독일 보험법의 내용을 다수 포함시키고자 하였는데, 막상 학생들을 상대로 강의 교재로 사용한다는 생각에 그 양은 대폭 축소하여 일부의 내용에 그치게 되었다.

다른 영역도 마찬가지이겠지만, 새로운 사회의 변화에 법률은 언제나 기민하게 대응해야 한다. 시대를 반영하지 못하는 법률은 이미 죽은 것이나 다름없지 않을까 하는 생각이 나를 제자리에 머물러 있지 못하도록 한다. 보험법에 관한 내용을 총망라해야 한다는 열정은 중단하지만, 생각만큼 모두 여기에 담지는 못했다. 부족한 부분은 강의를 진행해나가면서 차츰 보강해나갈 생각이다. 독자들의 질책을 마다하지 않을 것이다. 이 책의 마지막 작업은 캐나다 동쪽 맨 끝단 뉴펀들랜드 메모리얼 대학교에서 마무리하게 되었다. 열정과 근면한 생활 끝에 이 학교 경영학과에 자리를 잡은 박진수 교수는 약 한 달간 나의 이곳 생활이 불편하지 않도록 애써주었다. 감사와 함께 건투를 빈다. 또한 출판 작업에 애를 써주신 도서출판 씨아이알 김동희 김동옥 님에게도 감사를 드린다.

2018년 7월 31일

캐나다 뉴펀들랜드 메모리얼 대학교에서

유주선 교수

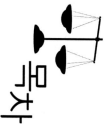

# 목차

제1편

보험법의 기초

# 제1장
# 보험제도의 의의

## I. 보험의 개념

사람은 삶을 개척해감에 있어 뜻밖의 경제적 어려움에 직면하게 된다. 우연한 경제적 어려움을 대처하기 위한 제도는 여러 가지가 있다. 그 대표적인 것이 바로 보험이다.

## 1. 의의

보험이란 동일한 위험에 처한 다수의 사람들이 우연한 사고의 발생과 그로 인한 경제적 수요에 대비하고자 하는 하나의 제도이다.[1] 보험제도는 위험단체를 구성하고 그 단체 내에서 통계적 기초와 대수의 법칙에 따라 산출된 일정한 금액을 미리 갹출하여 공동기금이 존재해야 한다. 공동기금은 보험자와 보험계약자 사이의 약정된 사고가 발생하면, 그 구성원에게 일정한 금액을 지급하여 사고를 당한 자의 경제생활의 안정을 도모하는 기능을 하게 된다.

---

1 양승규, 보험법, 제5판, 삼지원, 2004, 20면.

## 2. 특징

보험의 본질적인 특징은 다음과 같이 설명할 수 있다.[2] 첫째, 우연한 사고의 발생에 대한 경제적인 불안에 대비하는 제도이다. 둘째, 경제적인 불안을 제거 경감하기 위하여 다수의 경제주체가 공동으로 비축금을 마련하는 제도이며, 셋째, 공동의 자금을 마련하기 위하여 다수의 법칙을 응용한 확률계산에 의하여 급부와 반대급부의 균형을 유지하도록 하는 제도이다. 그리고 보험에는 다수의 법칙, 수지상등의 원칙 및 급여와 반대급여의 원칙 등이 적용된다.

## 3. 보험에 적용되는 원칙

다수의 법칙이라 함은 개개의 경제주체에 대하여서만 본다면 극히 우연하고 예측할 수 없는 사실도, 다수의 경제주체에 대하여 본다면 일정한 기간 안에 소수의 경제주체만이 이에 조우하지만, 그 빈도는 평균적으로는 거의 일정한 것이 경험적·통계적으로 알려져 있다는 것을 말한다.[3] 수지상등의 원칙이란 보험료의 총액은 보험급여의 총액이 대등하도록 보험료와 보험급여가 설정되는 것을 말하고, 수지상등의 원칙과 급여 반대급여균등의 원칙의 차이점은 전자가 보험료의 총액과 보험급여의 총액이 일치하도록 하는 것이라면, 후자는 보험계약자가 지급하는 보험료는 우연한 사실이 발생할 확률에 따라 정하는 것을 의미한다. 결국 보험이란 "같은 위험에 놓여 있는 사람들이 하나의 위험단체를 구성하여 통계적 기초에 의하여 산출된 금액(보험료)을 내어 기금을 마련하고, 그 우연한 사고를 당한 사람에게 재산적 급여(보험금)를 하는 제도"라고 할 것이다(다수설).

........

2   박세민, 보험법, 제4판, 박영사, 2017, 3면 이하.
3   최기원, 보험법, 제3판, 박영사, 2002, 8면.

## II. 보험의 종류

### 1. 공영보험과 민영보험

공공정책의 실현과 순수한 사경제적 작용이라는 각각의 목적에 따라 공영보험과 사보험이 구분될 수 있다. 공영보험은 국가, 지방자치단체 등의 사회복지정책, 경제정책 등을 이행하기 위한 목적을 가지고 있다. 국민·공무원·군인·사학연금보험, 국민건강보험, 산업재해보상보험, 고용보험, 노인장기요양보험 등이 사회보험에 해당하는 것이라면, 무역보험이나 환변동보험 및 정책금융 등은 경제정책에 해당하는 것이다. 한편, 민영보험은 정책의 실현의 목적을 갖는 것이 아니라 사적인 지유가 인정되는 영역으로 책임보험과 경제보험(특수건물·다중이용시설) 등이 책임보험의 영역에 해당되고, 농작물·양식수산물·가축재해보험, 풍수해보험, 농기계종합보험 등은 정책보험에 해당한다.

화재보험, 가스사고배상책임보험, 자동차책임보험, 원자력손해보험, 기술보험, 농작물·양식수산물·가축재해보험, 풍수해보험, 농기계종합보험 등은 정책보험에 해당한다.

### 2. 영리보험과 상호보험

영리를 목적으로 운영되는 보험이 영리보험이라면, 상호보험은 상호부조를 목적으로 하는 보험이다. 보험업법에서 인정되고 있는 상호보험과 선주상호보험에 의한 선주상호보험이 있다. 상호회사는 보험업법에 의해 설립되는 특수한 회사에 해당되고(보험업법 제2조 제7호), 영리주식을 목적으로 하지 않으므로, 상법상 회사를 볼 수 없다(상법 제169조 참조). 상호회사는 각 구성원이 출자의무를 부담하는 사단법인에 해당된다.

### 3. 손해보험과 인보험

보험계약은 규정하고 있는 상법 보험편은 손해보험과 인보험으로 구분하고 있다. 이러한 구분은 보험목적과 보상방식에 따른 구분으로 볼 수 있다. 손해보험은 보험목적이 재산이고, 보상방식은 비정액보상상의 형태를 띤다. 비정액보상방식이라 함은 실제 손해액만큼 보상하는 방식을 의미한다. 반면, 인보험의 손해보험적은 사람이다. 다만, 보상방식에 있어서는 순해보험과 달리 비정액방식이라고 하는 보상방식에 한정하지 않고 정액 또는 비정액 중 모두 가능하다. 생명보험이 정액방식이라고 한다면, 상해보험과 질병보험은 당사자의 약정을 통하여 정액보상방식과 비정액보상방식 가능하다.

## 4. 가계보험과 기업보험

보험계약자의 지위를 가지고 분류하는 방식이다. 가계보험은 보험자에 비하여 열등한 경제적 지위에 있는 보험계약자를 당사자로 하여 체결하는 보험을 의미하고, 기업보험은 보험자와 대등한 지위를 가지고 있는 계약당사자가 되는 보험을 의미한다. 상법의 입법자는 기업보험의 경우 양 계약당사자가 대등한 지위를 가지고 있기 때문에 사적 자치를 인정하지만(상법 제663조 단서), 가계보험의 경우 양자의 지위가 동등하지 않다는 점을 고려하여, 계약의 당사자가 상법 보험편에 비하여 보험계약자 등에게 불리한 내용으로 계약을 체결해서는 아니 된다고 하는 상대적 강행규정을 인정하였다. (상법 제663조 본문).

## 5. 임의보험과 강제보험

보험가입의 여지가 자유로운 영역이 임의보험이라고 한다면, 강제보험은 일정한 영역에서 의무적으로 보험가입이 체결되어야 하는 보험을 말한다. 대부분의 민영보험은 가입여부가 자유로운 임의보험에 해당하지만, 예외적으로 자동차보험 중 대인배상책임보험이나 대물배상책임보험은 강제보험에 해당한다. 무역보험은 공영보험에 해당하지만 임의보험의 대표적인 사례에 해당된다. 공영보험으로서 사회보험 가운데 국민건강보험과 산업재해보상보험은 의무보험에 해당된다. 정책보험에 해당되지만 강제보험이 아닌 임의보험에 해당되는 것으로는 풍수해보험과 농기계종합보험 등을 들 수 있다.

## III. 보험과 유사한 제도

보험과 유사한 제도는 다양하게 존재한다. 그들은 보험과 비슷한 면도 있지만, 동시에 보험이 가지고 있는 본질적인 면에서 차이를 보이고 있다.[4]

### 1. 자가보험

자가보험은 보험이라는 명칭을 사용하고 있기 때문에 보험과 매우 유사한 면을 가지고 있다. 그러나 자가보험은 다수의 사람에 의하여 형성되는 위험공동체를 형성하는 것이 아니라, 한 사람이 일정한 형태의 수많은 시설을 이용하고 있는 경우에 그 시설에 생기는 손실을 전보하기 위하여 이용하는 이익의 일부를 한 리적인 계산에 의하여 적립하는 형태를 말한다.

### 2. 도박·복권

우연한 사건의 발생에 의하여 당사자 사이의 급여와 반대의 급여가 생겨난다는 점에서 도박과 복권은 보험과 유사한 면이 있다. 그러나 보험은 위험단체를 통하여 위험을 분산시켜 우연한 사고의 발생에 따른 경제생활의 불안정에 대비하기 위한 제도인 반면에, 도박이나 복권은 행운을 기대하여 일확천금을 목적으로 한다는 점에서 양자는 차이를 보이고 있다.

### 3. 공제

공제는 다수의 조합원이 단체를 구성하고 우연한 사고를 당한 사람에게 공제금을 지급한다는 점에서 보험과 유사하다. 그러나 일정한 직장, 직업 또는 지역적으로 한정하여 공제의 조합원이 될 수 있도록 한 점에서 보험과 차이를 보이고 있다. 다만, 대법

----

4  이기수·최병규·김인현, 보험·해상법(상법강의 IV), 제9판, 박영사, 2015, 4면 이하.

원은 공제가 실제 보험사업과 동일한 기능을 하고 있다는 점에서, 특별한 사정이 없는 한, 상법 보험편이 준용될 수 있다고 판시한다.

## 대법원 1995. 3. 28. 선고 94다47094 판결

"보험금청구권에 대한 시효기간을 단축할 필요성에 있어서는 상호보험이나 주식회사 형태의 영리보험 간에 아무런 차이가 있을 수 없으므로, 단기시효에 관한 상법 제662조의 규정은 상법 제664조에 의하여 상호보험에도 준용된다고 보아야 할 것인데, 육운진흥법 제8조, 같은 법시행령 제11조의 규정에 의하여 자동차운송사업조합이나 자동차운송사업조합연합회가 하는 공제사업은 비록 보험업법에 의한 보험사업은 아닐지라도 그 성질에 있어서 상호보험과 유사한 것이므로, 결국 공제사업에 가입한 자동차운수사업자가 공제사업자에 대하여 갖는 공제금청구권의 소멸시효에 관하여도 상법 제664조의 규정을 유추적용하여 상법 제662조의 단기시효에 관한 규정을 준용하여야 할 것이다."

## 대법원 1996. 12. 10. 선고 96다37848 판결

"육운진흥법 제8조, 같은법시행령 제11조의 규정에 의하여 자동차운송사업조합연합회가 하는 이 사건 공제사업은 비록 보험업법에 의한 보험사업은 아닐지라도 그 성질에 있어서 상호보험과 유사한 공제로서 상법 제664조를 유추적용하여 보험금의 지급과 지체의 효과에 관한 상법 제650조, 보험계약자 등의 불이익변경금지에 관한 같은 법 제663조를 준용할 수 있다고 할 것이다."

우체국 예금 · 보험에 관한 법률 제3조에 의거하여 보험사업을 경영하는 국가가, 그 소속 직원이 보험모집을 함에 있어 보험계약자에게 가한 손해에 대하여 보험업법 제102조 제1항에 따른 배상책임을 지는지 여부에 대한 문제가 발생하였다. 대법원은 다음과 같은 요지로 판단하였다.

## 대법원 2007. 9. 6. 선고 2007다30263 판결

보험업법은 제1조에서 "이 법은 보험업을 영위하는 자의 건전한 운영을 도모하고 보험계약자 · 피보험자 그 밖의 이해관계인의 권익을 보호함으로써 보험업의 건전한 육성과 국민경제의 균형 있는 발전에 기여함을 목적으로 한다."고 규정하고, 같은 법에서 사용하는 용어의 정의에 관하여 제2조 제5호에서 "보험모집이라 함은 제4조의 규정에 의한 허가를 받아 보험업을 영위하는 자를 말한다."

그 규정하며, 제102조 제1항 본문에서 "보험자는 그 임원·직원·보험설계사 또는 보험대리점이 모집을 함에 있어서 보험계약자에게 가한 손해를 배상할 책임을 진다."고 규정하고 있고, 한편 우체국 예금·보험에 관한 법률은 제3조에서 "우체국예금사업과 우체국보험사업은 국가가 경영하며, 정부신탁법이 이를 관장한다."고 규정하고 있는바, 위 보험업법 제102조 제1항의 규정은 보험집에 관하여 보험계약자에게 가한 손해에 대하여 보험사업자의 임원·직원의 행위로 인한 경우에는 무과실책임을, 보험사원의 행위로 인한 경우에는 직원의 무과실책임에 가까운 손해배상책임을 지움으로써 보험계약자의 이익을 보호함과 동시에 보험사업의 건전한 육성을 기하고자 하는 데 그 의의가 있는 것으로서 대법원 1998. 11. 27. 선고 98다23690 판결 등 참조), 보험업법 제102조 제1항의 취지 및 목적 범위 내에서 보험사업위와 같은 입법 취지에 비추어 보면, 우체국 예금·보험에 관한 법률 제3조에 의거하여 보험사업을 경영하는 국가 역시 '국가로부터 허가를 받아 보험업을 영위하는 자'와 마찬가지로 보험업법 제102조 제1항에 따라 이보험모집을 함에 있어 보험계약자에게 가한 손해에 대하여는 보험업법 제102조 제1항 소속 직원이를 배상할 책임을 진다고 보아야 할 것이다.

중개업자와 한국공인중개사협회가 체결한 공제계약이 유효하게 성립하려면 공제계약 당시 공제사고 발생 여부가 확정되어 있지 않아야 하는지 여부에 대하여 대법원은 다음과 같이 판단한 바 있다.

### 대법원 2014. 10. 27. 선고 2014다212926 판결

"구 공인중개사의 업무 및 부동산 거래신고에 관한 법률(2013. 3. 23. 법률 제11690호로 개정되기 전의 것]은 부동산중개업을 건전하게 지도·육성하고 공정하고 투명한 부동산거래질서를 확립함으로써 국민경제에 이바지함을 목적으로 제정된 법률로서(제1조), 중개업자가 중개업무를 하면서고의 또는 과실로 인하여 거래당사자에게 발생하게 한 재산상의 손해에 대한 배상책임을 보장하기위하여 또는 보증보험이나 국토해양부장관의 승인을 얻은 공제규정에 기초하여 공제사업을 하는공제사업에 의한 공제에 가입하거나 보증보험 또는 공제에 가입하도록 한다고 규정(제30조 제3항, 제42조) 있다.이와 같이 위 공제는 비록 보험업법에 의한 보험사업은 아닐지라도 성질이 상호보험과 유사하고중개업자가 그의 공제료 또는 보험료의 납부함으로 인하여 거래당사자에게 부담하게 되는 손해배상책임을 보증하는 보증보험적 성격을 가진 제도로서, 중개업자와 한국공인중개사협회 사이에 체결된공제계약이 기본적으로 보험계약으로서의 본질을 가지고 있으므로, 적어도 공제사고의 발생 여부가성립하기 위하여는 공제계약 당시에 공제사고의 발생 여부가 확정되어 있지 않아야 한다."

2014년 개정 전 상법 제644조는 "상호보험은 성질에 반하지 않는 범위에서 상법 보험편을 준용한다."고만 규정하고 있었다. 그러나 공제를 상호보험과 같다고 하면서 지속적으로 상법 제644조를 유추 적용했던 대법원의 입장을 반영하여, 현 상법 제644조는 "성질에 반하지 않는 범위 내에서 상호보험, 공제, 그 밖에 이에 준하는 계약에 준용한다."고 규정하였다.

# 제2장
# 상법 보험편의 체제

상법 제4편 보험편에서 보험계약관계를 규정하고 있다. 상법 제4편 보험편은 다음과 같이 보험영역을 다루고 있다.

제1장 통칙

제2장 손해보험

제1절 통칙

제2절 화재보험

제3절 운송보험

제4절 해상보험

제5절 책임보험

제6절 자동차보험

제7절 보증보험

제3장 인보험

제1절 통칙

제2절 생명보험

제3절 상해보험

제4절 질병보험

상법 제4편 보험은 총 3장, 통칙과 손해보험 및 인보험으로 구성되어 있다. 제1장은 통칙구성으로 손해보험과 인보험에 공통적으로 적용되는 일반적 내용들이 구성되어 있다. 보험계약의 의의, 보험계약의 성립, 보험계약자 등의 보험료지급의무, 고지의무 나 위험변경증가통지의무 및 위험유지의무 등과 보험자의 보험약관 설명의무 및 보험증권교부의무 등을 포함한 여러 가지의 내용들이 구성되어 있다. 손해보험에는 화재보험, 운송보험, 해상보험, 책임보험, 자동차보험 및 보증보험에 대한 법적 관계를 구성하고 있고, 이에 대한 공통적 적용을 의미하는 통칙구성을 두고 있다. 인보험 역시 통칙구성을 두면서, 생명보험과 상해보험 및 질병보험에 관한 내용을 구성하고 있다. 보증보험과 질병보험은 2014년 보험계약법 개정 시 도입된 것으로 비교적 최근에 상법에 명시적으로 도입된 바 있다.

# 제3장
# 보험계약의 상담

## 1. 보험계약의 의의

보험계약이 무엇인가에 대한 물음이 제기된다. 우리 상법은 보험계약에 대한 정의 규정을 두고 있다. 보험계약은 당사자 일방이 약정한 보험료를 지급하고 상대방이 재산 또는 생명이나 신체에 관하여 불확정한 사고가 생길 경우에 일정한 보험금액 기타의 급여를 지급할 것을 약정함으로써 효력이 생긴다(상법 제638조).

보험계약을 손해보험과 정액보험으로 구분하여 설명하고 있는 우리 상법의 설명방법이 타당한가에 대한 물음이 제기된다. 보험계약도는 해상보험과 화재보험에서부터 시작된 것으로 알려져 있다. 당시의 보험계약도는 계약을 체결한 후 사고가 발생하면 발생한 손해를 전보해주는 것으로 이해하고 있었다. 그러나 손실보상의 전보하는 방법과 달리 보험계약을 체결한 당시에 사고가 발생하면 약정한 일정액을 지급하기로 하는 생명보험의 출현은 보험계약에 대한 논의를 촉발시켰다. 또한 보험의 영역이 확장될수록 보험계약이 무엇이고, 또 어떻게 보험계약을 정의해야 하는 것이 타당한가에 대한 물음이 제기되고 있다.

## II. 보험계약의 본질

보험계약이 무엇인가에 대한 논의가 있다.[1] 이는 보험계약에 대한 본질을 탐구하는 문제로서 다양한 견해가 제시된다.

### 1. 손해보상계약설

#### 1) 의의

보험자가 보험계약자로부터 대가를 징수하고 보험사고에 의하여 보험계약자 또는 피보험자에게 발생하는 손해를 보상할 것을 약속하는 계약을 보험계약으로 보는 입장이 손해보상계약설이다. 보험계약을 체결하는 자의 목적을 중심으로 보험계약을 이해하려고 하는 입장이다.

#### 2) 한계

손해보상을 목적으로 하는 손해보험의 경우에 적용이 가능하지만, 정액보험의 성격을 가지고 있는 생명보험의 영역에서 적용하기에는 무리가 있다. 손해만을 보상하는 시기에 발달하였던 보험제도 초기에 통용되었던 입장이다.

### 2. 경제적 수요충족설

#### 1) 의의

보험계약은 보험자가 상대방으로부터 보험료를 받아 우연한 사고의 발생으로 인하여 상대방 또는 제3자에게 생긴 경제적 수요를 충족시킬 것을 인수하는 계약이라고 보는 입장이다. 연금보험이나 생명보험의 경우 경제적 수요충족으로 설명하는 것이 적당치 않다는 지적이 있다.

1  이기수·최병규·김인현, 보험·해상법(상법강의 IV), 제9판, 박영사, 2015, 58면 이하.

### 2) 한계

수요의 충족이 보험계약의 본질이라고 하는 입장이다. 하지만 수요의 의미가 너무 막연하여 보험계약이 다른 계약과의 차이점을 제시해주지 못한다는 비판이 제기되고 있다.

## 3. 기술적 기초설

### 1) 의의

보험계약은 보험사업의 주체가 사고발생의 개연율을 기술적으로 계산하여 대수의 법칙을 이용하여 많은 보험가입자로부터 보험료를 받고 보험사고 발생 시에 상대방에게 일정한 금액을 지급하기로 약정하는 계약으로 보는 입장이다.

### 2) 한계

기술적 기초설을 주장하는 입장은 보험계약이라고 하는 것이 개연율과 대수의 법칙을 통하여 발생한 것이라는 것은 명확히 알 수 있지만, 보험계약의 본질이 무엇인가에 대하여는 명확하게 제시하지 못하고 있다는 지적을 면하기 어렵다.

## 4. 이원설

### 1) 의의

성질상 손해보험과 정액보험은 차이를 보이고 있으므로 보험계약의 통일적 정의를 포기하고, 손해보험은 보험사고가 발생할 경우 피보험자에게 발생한 손실을 보상하는 계약이고, 정액보험은 보험사고가 발생할 경우 보험수익자에게 미리 약정한 일정금액을 지급하기로 하는 계약, 즉 이원적으로 정의하고자 하는 입장이다.

## 2) 한계

이원설은 보험계약을 정액보험과 손해보험의 영역으로 구분하여 명확하게 제시한 점에서 인정을 받을 수 있지만, 정액보험의 성질과 손해보험의 성질이 동시에 나타나고 있는 보험에 대하여는 적절한 답을 제공하고 있지 못하다.

## 5. 급여급여설

### 1) 의의

보험자가 대가를 받고 계약에서 정한 우발적 사고가 발생한 때에 약정한 취지에 따라 일정한 금액을 지급할 것을 약속하는 계약이 보험계약이라고 본다. 그러나 보험금액 대신에 보험사고 시 현물을 지급하는 것에 대한 설명으로는 적합하지 않다는 지적이 있다.

### 2) 한계

오늘날 보험자는 급부를 제공함에 있어 반드시 금액만을 지급하는 것이 아니라 유리보험과 같이 현물을 보험금에 갈음하여 제공할 수 있다. 그러므로 금액급여설은 그 타당성이 전부는 일장이라고 할 것이다.

## 6. 소결

당사자 일방이 약정한 보험료를 지급하고 상대방이 재산 또는 생명이나 신체에 관하여 불확정한 사고가 생길 경우에 일정한 보험금액 기타의 급여를 지급할 것을 약정함으로써 보험계약의 효력이 생긴다고 하면서 우리 상법 제638조는 보험계약에 대하여 명백하게 제시하고 있다. 그러나 보험계약의 의미에 대한 중요한 시사점은 독일 보험계약법에서 발견된다. 독일 보험계약법에 따르면 "보험자는 약정한 보험사고가 발생한 경우에 급부를 통하여 보험계약자나 제3자의 특정 위험을 담보할 의무가 있다. 보험계약자는 보험자에게 약정한 보험료를 지급할 의무가 있다"고 규정하고 있

## III. 보험계약의 특징

### 1. 낙성계약

보험계약은 불요식의 낙성계약의 성질을 가지고 있다. 보험계약당사자 사이에 보험의 목적, 보험사고, 보험기간, 보험료와 보험금의 등에 관하여 당사자의 합의가 이루어지면 효력이 생기기 때문이다(상법 제638조).

실무상 보험계약청약서를 통하여 보험계약이 이루어지고, 보험증권의 교부에 의하여 승낙통지를 갈음하기도 하지만 이는 거래의 편의를 위한 것에 불과한 것이다. 그러므로 낙성계약이란 성립에 반하는 것이 아니다.

### 2. 유상계약·쌍무계약

보험계약은 유상계약이면서 쌍무계약의 성질을 가지고 있다. 채권계약에서 당사자의 재산의 출연을 동반하는 것을 유상계약이라고 하고, 상호 의무를 부담해야 하는 관계를 쌍무계약이라고 한다.

보험계약은 보험료의 정의로서 정의하는 것은 간단하지 않다. 생각건대 독일 보험계약법의 경우 보험계약당사자인 보험자와 보험계약자의 의무를 제시함으로써 보험계약을 정의하고자 하였다. 이는 손해보험의 성질과 인보험의 성질을 한 조문에 담아내기 어렵다는 판단하에 보험계약의 특질을 '제약형태상의 의무'라는 개념으로 다양한 보험의 영역을 담기 위하여 포괄적인 용어를 사용하여 입법한 것이라 하겠다.

다. 독일의 경우 "계약정형의 의무"라는 표제로 손해보험과 인보험을 포괄적으로 정의하고자 하는 면을 만다. 이는 보험계약의 유상성과 쌍무계약성이라는 계약적 특징을 반영하면서 보험의 전형적인 특징인 특정위험에 대한 보험사고를 담보한다는 사행계약성을 반영하고 있다.

보험계약자가 보험료를 지급해야 하고, 보험사고 발생 시 보험자가 보험금을 지급해야 한다는 점에서 보험계약은 유상계약적인 성질을 가지고 있고, 양 당사자 모두 보험료지급과 보험금지급이라고 하는 의무를 동반한다는 점에서 쌍무계약의 성질을 가지고 있다(상법 제638조).

## 3. 사행적인 성질

보험계약의 체결은 사행성의 성질을 동반하게 된다. 보험계약자는 보험기간 동안에 보험사고의 발생이라고 하는 장래의 우연한 사건에 따라 거액의 보험금을 보험자로부터 수령하게 된다. 그러나 우연한 사건이 발생하지 않게 되면 보험금을 지급받지 못하는 경우도 발생한다. 그런 측면에서 보험계약은 도박계약과 마찬가지로 사행성을 가지고 있다고 할 것이다.

## 4. 선의에 기초한 계약

보험계약은 당사자의 선의(good faith)에 기초를 둔 인적 선의계약이라고 하는 특수한 원칙을 가지고 있다. 영국 해상보험법 제17조는 "해상보험계약은 최대선의를 기초로 하는 계약이다"라고 하여 보험계약의 선의성을 명시적으로 밝히고 있다.

**대법원 2015. 2. 12. 선고 2014다73237 판결**

"특히 보험계약자가 자신의 수입 등 경제적 사정에 비추어 부담하기 어려울 정도로 고액인 보험료를 장기적으로 불입하여야 하는 과다한 보험계약을 체결하였다는 사정, 단기간에 다수의 보험에 가입할 합리적인 이유가 없음에도 불구하고 집중적으로 다수의 보험에 가입하였다는 사정, 보험모집인의 권유에 의한 가입 등 통상적인 보험계약 체결 경위와 달리 적극적으로 자의에 의하여 과다한 보험계약을 체결하였다는 사정, 저축적 성격의 보험이 아닌 보장성 경우 보험으로 다수 가입하여 수입의 상당 부분을 그 보험료로 납부하였다는 사정, 보장받는 내용이 기왕증과 관련되어 있어 이미 발생한 보험사고를 고지하지 아니한 시기에 보험사고 발생을 원인으로 집중적으로 보험금을 청구하여 수령하였다는 사정 등의 간접사실이 인정된다면 이는 보험금 부정취득의 목적을 추인할 수 있는 유력한 자료가 된다고 할 것이다(대법원 2014. 4. 30. 선고 2013다69170 판결 참조)."

## 5. 계속적 계약

보험계약은 일정한 기간을 가지고 보험계약당사자가 계약을 체결하게 된다. 이 기간 동안 보험계약자는 보험료를 지급하여야 하고, 보험자는 보험사고가 발생하게 되면 보험금을 지급해야 할 의무가 발생하게 된다. 그런 측면에서 보험계약은 일정한 기간 동안 양 계약당사자가 일정한 의무를 계속하여 부담하게 되는 계속적 계약의 성질을 가지고 있다.

## 6. 부합적인 계약

보험계약은 일정한 기간을 가지고 보험계약당사자 간에 보험계약이 체결되기 때문에 보험자는 미리 정형화된 보험약관을 마련하게 된다. 보험자가 제공하는 보험약관은 당사자가 서로 합의에 의하여 마련된 것이 아니고 보험자가 다소 임의에 따라, 물론 행정기관의 감독을 받기는 하지만, 정하게 된다. 그런 측면에서 보험계약은 부합계약적인 성질을 피고 있다고 하겠다.

보험자가 일방적으로 보험약관을 작성하여 보험계약자에게 제시하게 되므로, 보험계약의 내용을 자세히 알지 못하는 보험계약자나 보험수익자는 본의 아니게 피해를 입을 수 있는 상황이 야기될 수 있다. 그러므로 보험업을 감독하는 보험업법에서는 보험회사가 주무관청의 허가를 받아야만 보험약관을 사용하도록 하고 있다. 또한 상법 제663조에서 당사자의 특약으로 보험자가 보험약관을 통하여 보험계약자 등을 불이익하게 변경하는 것을 금지하고 있다.

## 7. 상대적 강행규정

독일의 보험계약법은 개별적인 규정에 의하여 절대적 강행규정, 상대적 강행규정 및 상호합의가 가능한 규정 등으로 구분하여 정하고 있는 반면에, 우리 상법 보험편은 보험계약자 등을 불이익하게 변경하는 것을 금지하고 있다(상법 제663조 본문). 즉, 상대적 강행규정성을 명시적으로 밝히고 있다. 이는 보험계약에 대한 전문적인 지식이 부족한 보험계약자가 화재보험이라든가 생명보험 등 가계보험에서 그들이 보호되어야 한다는 측면을 고려하고 있다. 대표적인 예시로는, 분납 보험료 연체 시 납입유예 기간의 경과로 구 상법(1991. 12. 31. 법률 제4470호로 개정되기 전의 것) 제650조 소정의 최고 및 해지절차 없이 곧바로 보험계약이 실효되도록 하는 보험약관의 효력에 대한 대법원 판결이 있다.[2]

### 대법원 1995. 11. 16. 선고 94다56852 전원합의체 판결

"구 상법(1991. 12. 31. 법률 제4470호로 개정되기 전의 것) 제650조는 보험료가 적당한 시기에 지급되지 아니한 때에는 보험자는 상당한 기간을 정하여 보험계약자에게 최고하고 그 기간 내에 지급하지 아니한 때에는 계약을 해지할 수 있도록 규정하고, 같은 법 제663조는 위 규정을 보험당사자 간의 특약으로 보험계약자 또는 보험수익자의 불이익으로 변경하지 못한다고 규정하고 있으므로, 분납 보험료가 소정의 시기에 납입되지 아니하였음을 이유로 그와 같은 절차를 가지지 아니하고 막바로 보험계약이 해지되거나 실효됨을 규정하고 보험자의 보험금지급 책임을 면하도록 규정한 보험약관은 위 상법의 규정에 위배되어 무효이다."

......
2   대법원 1995. 11. 16. 선고 94다56852 전원합의체 판결.

그러나 재보험과 해상보험 기타 이와 유사한 보험의 경우에는 계약당사자의 사적 자치를 인정하고 있다. 이 경우에는 보험계약자가 보험자와 대등한 관계에서 보험계약에 대한 사항을 상호 협의해도 큰 문제가 없다는 점을 고려한 것이다. 상법 제663조에 규정된 '보험계약자 등의 불이익변경 금지원칙'이 기업보험계약의 체결에 대해서도 적용되는지 여부에 대한 대법원 판결이 있다.[3]

### 대법원 2005. 8. 25. 선고 2004다18903 판결

"상법 제663조 소정의 보험계약자 등의 불이익변경 금지원칙은 보험계약자와 보험자가 서로 대등한 경제적 지위에서 계약조건을 정하는 이른바 기업보험에 있어서의 보험계약 체결에 있어서는 그 적용이 배제된다(대법원 1996. 12. 20. 선고 96다23818 판결, 2000. 11. 14. 선고 99다52336 판결 참조)."

"원심은, 이 사건 보험계약은 ① 직원의 횡령 등으로 인한 손해를 보상하는 신원보증이나 재정보증 또는 신원보증보험에서 보상할 수 있는 금융기관 직원이나 제3자에 의한 대형 사고에 대한 것으로 1990년대에 처음 국내에 도입된 것인 점 ② 보험계약에서 보상하도록 되어 있고 보험의 성격상 국제적 유대가 강하며 실무적으로도 동일한 내용의 영문 보험약관이 이용되고 보상함에 있어 절대적인 비율이 해외에 재보험되고 있는 점, ③ 보험계약의 당사자가 모두 금융기관으로서 서로 대등한 경제적 지위에서 계약조건을 정할 수 있어 보험업을 위한 법의 후견적 배려가 필요하다고 보이지 아니하는 점 등에 비추어, 원래 경제적으로 약한 지위에 있는 일반 대중을 보호하기 위하여 인정된 상법 제663조 본문 소정의 불이익변경 금지원칙은 이 사건 보험계약에는 그 적용이 배제된다고 판단하였는바, 위 법리에 비추어 기록을 살펴보면, 이러한 원심의 판단은 옳고, 거기에 상법 제663조 본문의 불이익변경 금지원칙에 관한 법리를 오해한 위법이 있다고 할 수 없다."

한편, 대법원은 '자기신체사고'에 대하여 약관에서 정한 보험금에서 사고 상대방 차량이 가입한 자동차보험의 대인배상약관에 의하여 보상받을 수 있는 금액을 공제한 나머지만을 지급하기로 하는 약정의 유효 여부에 대한 판단을 한 바 있다.[4]

---

3 대법원 2005. 8. 25. 선고 2004다18903 판결.
4 대법원 2001. 9. 7. 선고 2000다21833 판결.

**대법원 2001. 9. 7. 선고 2000다21833 판결**

"인보험에 관한 상법 제729조는 보험자가 보험사고로 인하여 생긴 보험계약자 또는 보험수익자의 제3자에 대한 권리를 대위하여 행사하지 못하도록 규정하면서, 다만 상해보험계약의 경우에 당사자간에 다른 약정이 있는 때에는 피보험자의 권리를 해하지 아니하는 범위 안에서 그 권리를 대위하여 행사할 수 있도록 규정하고 있고, 한편 자기신체사고 자동차보험은 피보험자가 피보험 자동차를 소유·사용·관리하는 동안에 생긴 피보험자동차의 사고로 인하여 상해를 입었을 때에 약관이 정하는 바에 따라 보험자가 보험금을 지급할 책임을 지는 것으로서 인보험의 일종이기는 하나, 피보험자가 급격하고도 우연한 외부로부터 생긴 사고로 인하여 신체에 상해를 입은 경우에 그 결과에 따라 정해진 보상금을 지급하는 보험이어서 그 성질상 상해보험에 속한다고 할 것이므로, 그 보험계약상 타 차량과의 사고로 보험사고가 발생하여 피보험자가 상대방량이 가입한 자동차보험 또는 공제계약의 대인배상에 의한 보상을 받을 수 있는 경우에 자기신체사고에 대하여 약관에 정해진 보험금에서 위 대인배상으로 보상받을 수 있는 금액을 공제한 액수만을 지급하기로 하는 것과 같은 효과를 초래한다고 하더라도, 그 계약 내용이 위 상법 제729조를 피보험자에게 불이익하게 변경한 것이라고 할 수는 없다."

# IV. 보험계약의 요소

## 1. 보험계약의 관계자

### 1) 보험자

보험계약 체결의 당사자로서 보험자로서 보험계약자로부터 보험료를 지급받고 그 대가로 보험사고 발생 시 보험금지급에 대한 책임을 부담하는 자이다(상법 제638조). 보험자의 지위를 갖기 위해서는 보험업법이 인정하고 있는 자본 등 일정한 요건을 갖추고, 금융위원회의 허가를 받아야 한다(보험업법 제4조 제1항). 이에 대한 위반 시 일정한 형사처벌을 받게 된다(보험업법 제200조 제1호).

### 2) 보험계약자, 피보험자 및 보험수익자

보험계약자는 순해보험이나 인보험에서 공통적으로 사용되는 개념으로, 보험자에 대한 다른 체약당사자에 해당한다. 순해보험에서 보험계약자는 공히 보험료 지급의무(상법 제638조), 고지의무(상법 제651조), 위험변경·증가 통지의무(상법 제652 조), 위험유지의무(상법 제653조) 및 보험계약자의 해지권(상법 제649조) 등을 행사할 수 있다. 피보험자의 개념은 순해보험과 인보험에서 그 의미를 달리한다. 순해보험 수 피보험자는 보험금을 청구할 수 있는 지위에 있는 자를 의미하고, 인보험 의 객체를 의미한다. 보험수익자는 순해보험에는 존재하지 않고, 인보험 에만 존재하는 개념으로 보험금을 청구할 수 있는 지위에 있는 자를 의미하게 된다.

### 3) 보험모집종사자

보험계약의 체결을 함에 있어서 그 대리 또는 중개를 보험계약의 모집이라고 하고(보 험업법 제2조 제12호), 이러한 보험을 모집에 종사할 수 있는 자로서 보험설계사·보험 대리점·보험중개사·보험회사의 임직원 등을 들 수 있다. 보험회사의 임원 가운데 대 표이사, 사외이사, 감사 및 감사위원은 모집이 배제된다.

## 2. 보험사고와 보험목적

### 1) 보험사고

보험목적에 손해를 야기하는 사고로, 그 발생에 의해서 보험자의 보험금지급책임이 구체화되는 것이 보험사고이다. 보험의 종류에 따라 보험사고를 다양하게 나타난다. 화재보험의 화재가 보험사고에 해당되고, 생명보험에서 사망이 보험사고가 되며, 상해보험에서는 사람의 상해가 보험사고가 된다.

### 2) 보험목적

보험사고가 발생하는 대상 또는 객체가 보험목적이다. 물건보험에서 보험목적은 해 당 물건이 되고, 인보험에서 보험목적은 사람을 의미한다. 이를 피보험자라고도 한다.

## 3. 피보험이익

피보험이익이라 함은 피보험자가 보험목적에 대하여 갖게 되는 경제적 이익을 말한다. 상법은 순해보험에서 피보험이익을 명시적으로 요구하고 있다(상법 제668조). 상법은 피보험이익을 "보험계약의 목적(상법 제668조, 제672조 참조)"이라고 규정하고 있지만, 판례는 피보험이익으로 표현하고 있다. 피보험이익은 보험이 도박이 될 수 있는 여지를 차단하고 기능을 하기도 하고, 인위적인 사고를 예방하는 기능도 갖게 된다.

## 4. 보험료, 보험금액, 보험금, 보험가액

보험자가 보험금지급책임을 부담하는 대가로 수령하는 금액이 보험료이다. 보험료지급의무는 보험계약자가 부담하는 것이 원칙이다. 보험금액은 보험사고의 발생 후 보험자가 지급책임을 부담할 금액으로, 당사자의 약정으로 정해진다. 보험금액은 정액보험과 비정액보험에서 구분되는데, 정액보험에서 보험금액은 보험사고가 발생하는 경우 보험자가 지급해야 하는 금액 자체라고 한다면, 비정액보험에서 보험금액은 보험사고가 발생하는 경우 보험자가 지급해야 하는 금액의 상한액을 의미한다. 보험금은 실제로 보험자가 지급해야 하는 금액을 말한다. 정액보험에서는 보험금액과 보험금이 일치한다. 그러나 비정액보험에서는 보험금액과 보험금이 일치하기도 하지만, 보험금은 보험금액보다 작을 수 있다.

## 5. 보험기간, 보험료기간

보험기간과 보험료기간을 구분되어야 한다. 보험자가 보상책임을 지기 위해 보험사고가 발생해야만 하는 기간을 보험기간이라고 한다면, 보험료기간은 보험료를 산정하기 위해서 보험사고의 발생률을 예측할 때 이를 예측하는 최소의 단위기간을 의미한다.

제4장

# 보통거래약관

## I. 의 의

일상생활을 함에 있어 신용카드를 사용하고자 하는 경우, 화물의 운송 또는 보험계약을 체결함에 있어 계약당사자와 계약을 체결함에 있어 개별적인 사항에 대하여 합의를 하는 것이 아니라, 보통거래약관이라고 하는 것을 통하여 이루어진다. 약관규제법은 약관에 대한 개념을 정의하고 있다. 약관이라 함은 그 명칭이나 형태 또는 범위를 불문하고 계약의 일방 당사자인 사업자가 다수의 상대방(고객)과 계약을 체결하기 위하여 일정한 형식에 의하여 미리 마련한 계약의 내용을 말한다(약관의 규제에 관한 법률: 약관규제법 제2조 제1항). 여기에서 사업자란 계약의 한쪽 당사자로서 상대 당사자에게 약관을 계약의 내용으로 할 것을 제안하는 자를 말하고, 고객이란 계약의 한쪽 당사자로서 사업자로부터 약관을 계약의 내용으로 할 것을 제안받는 자를 말한다. 다만, 사업자와 고객이 교섭이 사항은 약관규제법상 약관의 범위에서 제외된다. 대법원은 약관에 대하여 "약관의 규제에 관한 법률에 대상이 '약관'이란 함은 그 명칭이나 형태 또는 범위를 불문하고 계약의 일방 당사자가 다수의 상대방과 계약을 체결하기 위하여 일정한 형식에 의하여 미리 마련한 계약의 내용이 되는 것을 말하고, 구체적인 계약에서 일방 당사자와 상대방 사이에 교섭이 이루어져 계약의 내용으로

된 조항은 일방적으로 작성된 것이 아니므로 약관의 규제에 관한 법률의 규제 대상인 약관에는 해당하지 않는다."라고 판시하고 있다.[1] 이 경우 원칙적으로 조항별로 교섭의 여부를 살펴야 하며, 약관 조항 중 일부의 조항이 교섭되었음을 이유로 그 조항에 대해서 약관규제법의 적용이 배제되더라도 교섭되지 아니한 나머지 조항들에 대해서 여전히 약관규제법이 적용되어야 한다고 판시하고 있다.[2] 부동산임대차임대업자가 미리 부동문자로 인쇄한 임대차계약서를 제시하여 임대차계약을 체결한 사안에 대하여, 대법원은 계약의 약관의 일방 당사자가 약관 형식의 계약서를 미리 마련하여 두었으나 계약서상의 특정 조항에 관하여 개별적인 교섭을 거친 경우, 그 특정조항이 약관의 규제에 관한 법률의 규율대상이 되는지 여부 및 개별적인 교섭의 존재를 인정하기 위한 요건에 관한 사항을 제시한 바 있다.

## 대법원 2008. 7. 10. 선고 2008다16950 판결

"계약의 일방 당사자가 다수의 상대방과 계약을 체결하기 위하여 일정한 형식에 의하여 미리 계약서를 마련하여 두었다가 어느 한 상대방에게 이를 제시하여 계약을 체결하는 경우에도 그 상대방과 특정 조항에 관하여 개별적인 교섭(또는 흥정)을 거침으로써 상대방이 자신의 이익을 조정할 기회를 가졌다면, 그 특정 조항은 약관의 규제에 관한 법률의 규율대상이 아닌 개별약정이 되는 것이고, 이때 개별적인 교섭이 있었다고 하기 위해서는 비록 그 교섭의 결과가 반드시 특정 조항의 내용을 변경하는 형태로 나타나는 것은 아니라 하더라도, 적어도 계약의 상대방이 그 특정 조항을 미리 마련한 당사자와 거의 대등한 지위에서 그 특정 조항에 대하여 충분한 검토와 고려를 한 뒤 영향력을 행사함으로써 그 내용을 변경할 가능성은 있어야 한다."

"부동산임대업자가 미리 부동문자로 인쇄한 임대차계약서를 제시하여 임대차계약을 체결한 사안에서, 그 계약서에 기재된 임대차계약 종료일로부터 인도 또는 복구일 날까지의 통상 차임 및 관리비와 임대차보증금에 대한 월 1%의 비율에 의한 이자의 합산액의 2배를 배상액으로 정하고 있는 '임대차목적물의 명도 또는 원상복구 지연에 따른 배상금' 조항은 개별적인 교섭을 거침으로써 상대방이 자신의 이익을 조정할 기회를 가졌으나 개별약정에 해당하고, 또한 고객인 임차인에 대하여 부당하게 과중한 손해배상의무를 부담시키는 조항이므로 약관의 규제에 관한 법률 제8조에 의하여 무효"이다.

---

1 대법원 2011. 2. 10. 선고 2009다81906 판결.
2 대법원 2008. 7. 10. 선고 2008다16950 판결.

## Ⅱ. 기능

보통거래약관은 사법상의 거래행위에 있어서 다양한 기능을 부여한다. 사법행위를 규율함에 있어 민법이나 상법에 관련 규정이 없는 경우에 보통거래약관은 이를 보완하는 기능을 한다.[3] 또한 민법이나 상법에 해당 규정이 있다고 할지라도 보통거래약관은 임의법규에 우선하여 적용된다. 그러므로 민사법상의 전형계약을 변경하기도 하고 새로운 계약유형을 발전시켜주는 기능도 한다.

보통거래약관은 특히 대량거래와 반복적 거래가 발생하는 경우에 매우 유용한 면이 있다. 또한 대량거래에서 보통거래약관을 작성하여 사용함으로써 이를 타방에게 제방적으로 제시하게 된다. 보통거래약관은 사업자에 의하여 일방적으로 작성되는 특징이 있다. 그런 측면에서 보통거래약관을 부합계약성을 띠고 있다. 사용자가 일방적으로 작성한다고 하는 사실은 계약상대방을 불이익하게 하는 작용을 하기도 한다.

## Ⅲ. 법적 성질

보통거래약관의 법적 성질을 어떻게 보아야 할 것인가에 대한 다툼이 있다. 두 가지 입장이 있다. 의사설과 규범설이 그것이다.

### 1. 의사설

의사설은 전통적인 법률행위에 입각하여 설명하고자 하는 입장이다. 전통적인 법률행위에 있기 때문에, 약관은 그 자체가 결코 법규범이 될 수 없다.[4] 이를 계약설이라고도 한다. 기업이 약관에 의한다는 점을 설명하고 또 그것을 소비자가 불 수 있게 약관을 제시한 경우에 한하여 개별적인 제약의 내용을 구성하게 된다는 입장이다. 대

3 정찬형, 상법강의(상), 제16판, 박영사, 2013, 41면.
4 대법원 1985. 11. 26. 선고84다카2543 판결; 대법원 1986. 10. 14. 선고 84다카122 판결.

법원과 다수설의 입장이다.

약관규제법은 명시적으로 이것을 밝히고 있다. 사업자는 약관의 명시 및 설명의 의무를 부과하고 있고, 이러한 의무를 위반한 경우에는 동 약관은 계약내용을 편입하지 못한다(약관규제법 제3조). 특히 보험과 관련된 판례에서 대법원은 보험약관에 대하여 의사설의 입장에서 판시하고 있다. 대법원은 "보통보험약관이 계약당사자에 대하여 구속력을 갖는 것은 그 자체가 법규범 또는 법규범적 성질을 가진 약관이기 때문이 아니라 보험계약 당사자 사이에서 계약내용에 포함시키기로 합의하였기 때문이라고 볼 것이다."라는 판결[5]과 "보통보험약관을 포함한 이른바 일반거래약관이 계약의 내용으로 되어 계약당사자에게 구속력을 갖게 되는 근거는 그 자체가 법규범 또는 법규범적 성질을 갖기 때문은 아니며, 계약당사자가 이를 계약의 내용으로 하기로 명시적 또는 묵시적 합의를 하였기 때문이라고 볼 것이다."라고 판시한 바 있다.

## 2. 규범설

보통보험약관이 그 자체가 독자적인 법원으로서 당사자의 의사에 관계없이 계약내용을 규율하는 규범으로서 구속력을 갖는다는 입장이다. 법규범설은 다시 다양한 견해로 구분된다. 약관은 당해 거래권에서 만든 자치법의 일종으로 구속력을 갖는다는 입장인 자치법설, 국가가 특정 기업에게 약관을 작성할 권한을 부여하였으므로 구속력을 부여하였으므로 구속력을 갖는다는 입장인 수권설, 약관이 만들어진 거래권에서는 일반적으로 약관에 의해 계약을 체결한다는 관습법을 주장하기도 하고, 사실인 관습이 형성되어 있으므로 구속력을 갖는다는 입장 등이 있다.

5   대법원 1986. 10. 14. 선고 84다카122 판결; 대법원 1991. 9. 10. 선고 91다20432 판결.

# IV. 약관에 대한 규제

## 1. 규제의 필요성

보통거래약관을 통한 거래의 유용성은 인정되지만, 약관사용자인 사업자에 의하여 일방적으로 약관을 작성하여 사용함으로써 경제적 약자인 소비자에게 제약의 자유를 제한하여 약관에 따른 제약에서 제약당사자의 불평등을 야기할 가능성이 제기된다. 즉, 사업자의 일방적 이익만을 도모하는 약관의 조항은 공정한 거래와 소비자보호의 차원에서 규제의 필요성이 있다.

## 2. 규제방법

### 1) 입법적 방법

약관에 대한 사전적 규제방식이다. 규제범위에 대하여는 개별적인 방법을 통하여 할 수도 있고, 포괄적인 방법을 통하여도 가능하다. 개별적인 방법은 방문판매법, 할부 판매법과 같은 관련 단행 법률을 제정함으로써 입법적 규제를 하게 된다. 특히 보통제 약관 관련하여 보통보험약관을 사용하는 경우, 상법은 보험제약법의 경우 상대적 강행규정을 입법화 하여 소비자인 보험제약자를 보호하고 있다.[6] 전형적인 입법규정에 속한다.

### 2) 행정적 방법

행정적 방법은 약관의 작성단계에서 인·허가하거나 기타 행정적 조치를 통하여 약관을 규제하는 방법이다. 특히 보통보험약관에 대하여 정부는 약관의 내용을 공정하 도록 하기 위하여 약관의 작성·변경·사용에 있어서 보험감독기관의 인가를 받도록 요구하고 있다. 즉 정부는 보험자에 의하여 운영되는 보험약관에 대한 강력한 감독권

--------
6   상법 제663조를 보라. 대표적인 사전적인 규제방식이다.

을 부여하고 있다. 예를 들면, 보험자가 보험사업의 허가를 받고자 할 때에 그 신청서에 기초서류로써 보험약관을 첨부하도록 하고 있고, 변경할 때에도 정부에 신고해야한다. 또한 약관에 법령을 위반하거나 보험계약자에게 불리한 내용이 있다고 인정하는 경우에는 청문을 거쳐 그 보통보험약관의 변경 또는 사용의 정지를 명할 수 있도록 하고 있다.

## 3) 사법적 방법

사법적 방법은 사후적 규제방법에 속한다. 법원은 법률이 해석과 적용을 담당하는 기관에 해당한다. 법원은 보험약관을 해석하거나 적용에 있어서 최종적으로 규제하는 소극적 방법에 해당한다. 보험약관이 유효한 것인지 또는 약관의 내용에 있어서 해석에 이문이 있는 경우라면 법원을 통하여 해결을 도모하게 된다. 대법원은 법원이 약관에 대하여 행하는 구제적 내용통제의 내용과 기준에 대하여 다음과 같이 설시한 바 있다.

**대법원 2008. 12. 16. 자 2007마1328 결정**

"법원이 약관의 규제에 관한 법률에 근거하여 사업자가 미리 마련한 약관에 대하여 행하는 구제적 내용통제는 개별 계약관계에서 당사자의 권리·의무를 확정하기 위한 선결문제로서 약관조항의 효력 유무를 심사하는 것이므로, 법원은 약관에 대한 단계적 통제과정, 즉 약관이 사업자와 고객 사이에 체결한 계약에 편입되었는지의 여부를 심사하는 편입통제와 편입된 약관의 객관적 의미를 확정하는 해석통제 및 이러한 약관의 내용이 고객에게 부당하게 불이익을 주는 불공정한 것인지를 살펴보는 불공정성통제의 과정에서, 개별약관에 따른 당사자들이 구제적인 사정을 고려해야 한다."

# V. 약관의 해석원칙

## 1. 의의

법원이 약관에 대한 해석을 함에 있어서 약관규제법은 명문으로 규정하고 있다. 아관규제법에 의하여 보통거래약관약관은 사업자가 작성함에 있어서 알기 쉽고 표준화·체계화된 용어를 사용하도록 하였음에도 불구하고 모호한 사항이 나타날 수 있다. 법원의 해석문제가 발생하게 되는 것이다. 약관규제법 제2장에서 약관을 해석함에 있어 불공정한 약관은 무효임을 명백하게 밝히고 있다.

## 2. 해석원칙

### 1) 신의성실의 원칙

약관은 해석함에 있어 그 약관은 신의성실의 원칙에 따라 공정하게 해석되어야 한다. 약관규제법 제5조 제1항뿐만 아니라 민법 제2조 역시 이를 명확히 밝히고 있다. 신의성실의 원칙을 밝히고 있는 대법원의 대표적인 판례는 다음과 같다. '보험계약자 또는 피보험자가 손해의 통지 또는 보험금청구에 관한 서류에 고의로 사실과 다른 것을 기재하였거나 그 서류 또는 증거를 위조하거나 변조한 경우 피보험자는 손해에 대한 보험금청구권을 잃게 된다.'는 보통보험약관이 있는 데 이에 대하여 대법원은 "피보험자 등이 서류를 위조하거나 증거를 조작하는 등 신의성실의 원칙에 반하는 사기적인 방법으로 과다한 보험금을 청구하는 경우에는 그에 대한 제재로서 보험금청구권을 상실하도록 하는 데 있는 것으로 보아야 할 것인데, 독립한 여러 물건을 보험목적물로 하여 화재보험계약이에서 피보험자가 그중 일부의 보험목적물에 관하여 실제 손해보다 과다하게 허위의 청구를 한 경우 다른 물건에 관한 보험금청구권까지 한꺼번에 상실하게 되는 것은 당연하다. 만일 위 약관조항을 피보험자가 허위의 청구를 하지 않은 다른 보험목적물에 관한 보험금청구권까지 한꺼번에 상실하게 되는 것으로 해석한다면 이는 허위 청구에 대한 제재로서의 정도를 초과하는 취지로 해석한다면 이는 하위 청구에 대한 제재로서의 정도를 초과하는 것으로 고객에게 부당하게 불리한 결과를 초래하는 해석이 된다고 하지 않을 수 없으므로, 위 약관을 한 당해 보험목적물의 손해에 대한 보험금청구권을 의미한다고 해석함이 위의 청구를 한 당해 보험목적물의 손해에 대한 보험금청구권을 의미한다고 해석함이

상당하다."고 판시하고 있다.[7]

약관이 제약내용의 일부로서 상대방의 법률상 지위에 중대한 영향을 미치는 경우에 법률행위의 해석방법과 관련하여, 대법원은 "법률행위는 당사자의 내심적 의사에 관계없이 당사자가 그 표시행위에 부여한 객관적 의미를 합리적으로 해석하여야 하며, 특히 당사자 일방이 작성한 약관이 제약의 일부로서 상대방의 법률상 지위에 중대한 영향을 미치게 되는 경우에는 약관의 규제에 관한 법률 제6조 제1항, 제7조 제2조의 규정 취지에 비추어 더욱 엄격하게 해석하여야 한다."고 판시한 바 있다.[8]

## 2) 개별약정우선의 원칙

### (1) 의의

약관규제법은 약관에서 정하고 있는 사항에 관하여 사업자와 고객이 약관의 내용과 다르게 합의한 사항이 있을 때에는 그 합의 사항은 약관보다 우선하여 적용하도록 하고 있다(제4조). 이를 개별약정우선의 원칙이라 한다. 이 약관의 해석에 있어서 개별약정과 상충되는 약관조항의 적용은 배제된다. 그러나 개별약정이 무효가 되거나 약관의 조항과 동일하게 변경된 경우에는 편입된 약관이 적용된다고 보아야 한다.

### (2) 요건

대법원은 사업자가 약관에 의한 제약을 체결하면서 상대방과 특정 조항에 관하여 개별적인 교섭을 거친 경우, 그 특정 조항은 약관의 규제에 관한 법률의 규율 대상이 아닌 개별약정이 되는지 여부 및 이때 개별적인 교섭이 있었다고 하기 위한 요건과 그에 관한 증명책임에 관한 사항에 대한 판단을 하였다.[9]

7  대법원 2007. 2. 22. 선고 2006다72093 판결.
8  대법원 2006. 9. 8. 선고 2006다24131 판결.
9  대법원 2010. 9. 9. 선고 2009다105383 판결.

## 대법원 2010. 9. 9. 선고 2009다105383 판결

"계약의 일방 당사자가 다수의 상대방과 계약을 체결하기 위하여 일정한 형식에 의하여 미리 계약 서를 마련하여 두었다가 어느 한 상대방에게 이를 제시하여 계약을 체결하는 경우에도 그 상대방과 사이에서 특정 조항에 관하여 개별적인 교섭(또는 흥정)을 거침으로써 상대방이 자신의 이익을 조정 할 기회를 가졌다면, 그 특정 조항은 약관의 규제에 관한 법률의 규율대상이 아닌 개별약정이 된다 고 보아야 한다. 이때 개별적인 교섭이 있었다고 하기 위해서는 비록 그 교섭의 결과가 반드시 특 정 조항의 내용을 변경하는 형태로 나타나야 하는 것은 아니라 하더라도, 적어도 계약의 상대방이 그 특정 조항을 미리 마련한 계약서의 내용에 구속되지 아니하고 당사자와 사이에 거의 대등한 지위에서 당해 특정 조항에 대하여 충분한 검토와 고려를 한 뒤 영향력을 행사함으로써 그 내용을 변경할 가능성이 있어야 하고, 약관 조항이 당사자 사이의 합의에 의하여 개별약정으로 되었다는 사실은 이를 주장하는 사업자 측에서 증명하여야 한다."

개별약정우선의 원칙과 관련된 대법원 판결이 있다. 대법원은 피고회사의 보험설계사 가 보험금지급이 거절되는 사고의 내용을 설명하지 아니하여 보험계약자가 그 약관의 내 용을 알지 못하는 경우에, 보통보험약관의 구속력을 인정할 수 있는가에 대하여 다루고 있다.

## 대법원 1991. 9. 10. 선고 91다20432 판결

"보통보험약관이 계약당사자에 대하여 구속력을 갖는 것은 그 자체가 법규범 또는 법규범적 성질 을 가진 약관이기 때문이 아니라 보험계약 당사자 사이에서 계약내용에 포함시키기로 합의하였기 때문이라고 볼 것이며, 일반적으로 당사자 사이에서 보통보험약관을 계약내용에 포함시킨 보험계 약서가 작성된 경우에는 계약자가 그 보통보험약관의 내용을 알지 못하는 경우에도 그 약관의 구속력을 배제할 수 없는 것이 원칙이나, 당사자 사이에서 명시적으로 약관의 내용과 달리 약정한 경우에는 그 약관의 구속력은 배제된다."

대법원은 "보험회사나 보험계약자와 사이에 1종 특수면허가 있어야 운전할 수 있는 자동차에 대하여 1종 대형면허 소지자로 한 보험계약을 체결한 경우, 1종 대 형면허가 취소, 정지된 상태에서 이루어진 운전이 아닌 한 무면허 운전 면책약관을 배제하는 개별 약정이 있었다"고 인정한 바 있다.[10]

--------

10　대법원 1998. 10. 13. 선고 97다3163 판결.

### 대법원 1998. 10. 13. 선고 97다3163 판결

"보험계약자는 소외 1, 소외 1의 직원인 한국중량, 주위전자는 소외 2, 지렉트는 소외 (대항운전면허등록변호 센터)으로 되어 있고, 차량의 등록변호는 (차량등록 번호 1 생략), 차량 종별은 레카크레인으로 기재되어 있는 사실(갑 제4호증, 기록 50면 참조), 이 사건 보험계약 체결 시 적용한 기본보험료는 대인배상I(무한)이 485,700원, 대물배상(2,000만 원 한도)이 290,400원, 합계 금 776,100원으로 되어 있는데, 이는 "자동차관리법시행규칙 중 자동차의 종류에 의한 특수 자동차로서 사람, 화물을 운반하는 구조를 가진 구조를 가진 자동 차(중기관리법의 적용을 받는 중기 제외)"인 특수 작업용 자동차를 대상으로 하는 것이고, 여기의 특수 작업용 자동차에는 레카구난정이나 추리카(견인차)는 포함되지 아니하는 사실, 위와 같은 특수 작업용 자동차는 특수면허(레카)가 아닌 1종 대형면허로 운전할 수 있는 차량인 사실 등을 인정할 수 있는 바, 사정이 이와 같다면 이 사건 계약 체결시 피고는 이 사건 차량을 1종 대형면허로 운전이 가능한 것으로 판단하고 이 사건 보험계약을 체결한 것으로 보아야 할 것이고, 여기에 앞서 본 차량의 종류가 '레카크레인'으로 되어 있는 점, 차량의 용도도 '기재운반용'으로 되어 있는 점, 기중기장치 특별요율을 적용한 점 등을 고려하여 보면 결국 피고는 주위전자인 소외 2가 소지한 1종 대형면허로 이 사건으로 차량을 운전하더라도 그 운전이 운전면허가 취소, 정지된 상태에서 이루어진 것이 아닌 한 그 운전으로 인한 사고로 인한 손해를 보상하여 주기로 하는 약정을 한 것으로 인정함이 상당하다고 할 것이다."

보험약관에 대한 설명의무 위반의 효과, 설명의무 위반으로 보험계약이 나머지 부분만으로 유효하게 존속하는 경우, 보험계약의 내용을 확정하는 방법 및 보험계약자가 화약정된 보험계약의 내용과 다른 내용을 보험계약의 내용으로 주장하기 위한 요건 및 민사소송에서 당사자 일방이 일부가 훼손된 문서를 증거로 제출하였는데 상대방이 훼손된 부분에 전촉 부분의 기재와 상반된 내용이 기재되어 있다고 주장하는 경우, 증거가치 판단과 사실인정의 방법에 대하여 대법원은 다음과 같이 판단하고 있다.

### 대법원 2015. 11. 17. 선고 2014다81542 판결

"보험자 또는 보험계약의 체결 또는 모집에 종사하는 자는 보험계약을 체결할 때에 보험계약자 또 는 피보험자에게 약관에 기재되어 있는 보험상품의 내용, 보험료율의 체계 및 보험청약서상 기재사항의 변동사항 등 보험계약의 중요한 내용에 대하여 구체적이고 상세하게 설명할 의무를 지고, 보험자가 이러한 보험약관의 설명의무를 위반하여 보험계약을 체결한 때에는 약관의 내용을 보험계약의 내용으로 주장할 수 없다(상법 제638조의3 제1항, 약관의 규제에 관한 법률(이하 '약관규제법'이라고 한다) 제3조 제3항, 제4항), 이와 같은 설명의무 위반으로 보험약관의 전부 또는 일부의 조항이 보험계약의 내용으로 되지 못하는 경우 보험계약은 나머지 부분만으로 유효하게 존속하고, 다만 유효한 부분만으로는 보험계약의 목적 달성이 불가능하거나 그 유효한 부분이 당사자에게 부당하게 불리한 경우에는 그 보험계약은 전부 무효가 된다(약관규제법 제16조).

그리고 나머지 부분만으로 보험계약이 유효하게 존속하는 경우에 보험계약의 내용은 나머지 부분의 보험약관에 대한 해석을 통하여 확정되어야 하고, 만일 보험계약자와 보험자 사이에 다른 내용으로 보험계약의 내용과 다른 내용으로 보험계약을 중요하여야 한다는 사실을 증명하여야 한다(약관규제법 제4조)."

## 3) 객관적 해석의 원칙

객관적 해석의 원칙을 명문으로 규정한 사항은 약관규제법 제5조 제1항에서 볼 수 있다. 동 조항은 신의 성실의 원칙을 규정하고 있기도 하지만, 보통거래약관이 고객에 따라 다르게 해석되는 것 역시 금지하고 있다. 보통보험약관은 보통거래약관의 일종으로 구체적인 거래를 대상으로 하여 작성된 것이 아니라 의사를 기준으로 해석할 것이 아니라 이해가능성을 기초한 기도한 의사를 기준으로 하되 보험단체 전체의 이해관계를 고려하여 객관적이면서도 획일적인 기준으로 해석하여야 한다.

대법원은 "보통거래약관 및 보험제도의 특성을 비추어볼 때 약관의 해석은 일반 법률행위와는 달리 개개 계약 당사자가 기도한 목적이나 의사를 기준으로 하지 않고 평균적 고객의 이해가능성을 기준으로 하되 보험단체 전체의 이해관계를 고려하여 객관적·획일적으로 해석하여야 하므로, 자동차종합보험의 기준운전자 한정운전 특별약관에 정한 기명피보험자의 모에 기명피보험자의 배우자는 포함되지 아니한다."고 판시한 바 있다.[11]

## 4) 작성자불이익의 원칙

약관규제법 제5조 제2항은 작성자불이익의 원칙을 규정하고 있다. 약관은 사업자에 의하여 일방적으로 작성되는 부합계약적인 성질을 가지고 있다. 그러므로 사업자는 약관의 주요 사항에 대하여 불명확하거나 다의적인 해석이 가능하도록 할 수 있다. 약관규제법은 다른 모든 약관해석의 원칙들을 우선적으로 적용하여 그 의미를 파악하도록 하면서, 그렇게 한다고 할지라도 그 의미가 모호한 경우에 해당하면, 최종적으로 작성자불이익이의 원칙이 적용되도록 하고 있다.[12]

갑 보험회사의 보험계약 약관에서 말하는 암 수술급여금의 지급대상인 '수술'에 폐색전술이 해당하는지 여부가 문제된 사안에서, 대법원은 "보험계약 약관 제5조에서는 암 보험급여의 대상이 되는 수술을 특정암 또는 일반암의 치료를 직접적인 목적으로 수술을 받는 행위라고만 규정하고 있을 뿐 의료계에서 표준적으로 인정되는 수술이라고 제한하고 있지 않고, 위 약관에서 수술의 의미를 구체적으로 명확하게 제한하고 있지도 않으므로, 가는 판을 대동맥에 삽입하여 이를 통해 약물 등을 주입하는 색전술도 넓은 의미의 수술에 포함될 여지가 충분히 있고, 갑 보험회사는 병원에 직접 음이 지료내용을 확인한 후 3년 3개월 동안 19회에 걸쳐 1억 1,400만 원의 암 수술급여금을 지급해 왔으므로, 음이 받은 폐색전술은 보험계약 약관 제5조의 수술에 해당한다고 봄이 상당하고, 이러한 해석론이 약관해석에 있어서의 작성자 불이익의 원칙에도 부합하는 것이라고 하여, 폐색전술이 보험계약 약관상 수술에 해당하지 않는다고 본 원심판결을 파기한다"고 판시한 바 있다.[13]

대법원이 적시한 바와 같이, 보통거래약관의 내용은 개개 계약체결자의 의사나 구체적인 사정을 고려함이 없이 평균적 고객의 이해가능성을 기준으로 하여 객관적 · 획일적으로 해석하여야 하고, 고객보호의 측면에서 약관 내용이 명백하지 못하거나 이심스러운 때에는 고객에게 유리하게, 약관작성자에게 불리하게 제한적으로 해석되어

12  박세민, 보험법, 제4판, 박영사, 2017, 73면.
13  대법원 2010. 7. 22. 선고 2010다28208 · 28215 판결.

야 할 것이다.[14]

## 5) 축소해석의 원칙

축소해석의 원칙은 면책약관과 관련이 있다. 사업자는 일방적인 면책약관을 통하여 그의 책임범위를 넘어서 확대 적용하고자 하는 경향이 있다. 약관을 해석함에 있어, 약관조항은 엄격하게 제한적으로 해석이 이루어져야 하는 것이다.

대법원은 "이 사건 공제약관은 제15조 제1항 제5호 본문(면책조항)에 의하여 고의적인 자살이나 자해로 인한 사망 또는 1급장해의 경우를 공제사고에서 제외시킴으로써 그에 대한 피고의 책임을 면제하는 한편, 그 단서 후단(면책제한조항)에서는 그러한 자살이나 자해로 인한 사망 또는 1급장해라 하더라도 제외약의 책임개시일로부터 1년이 경과한 후 발생한 때에는 다시 그 면책을 제한하고 있다. 결국 이 사건 면책제한조항은 자살 또는 자해가 계약의 책임개시일로부터 상당기간이 경과한 후 이루어진 경우에는 그 자살 또는 자해에 공제금을 취득하려는 부정한 동기나 목적이 있는지 여부를 판정하기 어렵다는 점을 고려하여 그 면책의 예외를 인정한 것으로서, 이 사건 면책제한조항에 의하여 좋어는 '재해 이외의 원인으로 인한 공제사고'의 객관적 범위를 다시 일부 확장시키는 규정이라고 해석될 뿐 '재해로 인한 공제사고'의 객관적 범위를 확장하기 위하여 둔 규정이라고는 볼 수 없다. 이상에서 본 바를 종합해보면 이 사건 면책 및 면책제한조항은 재해에 해당하지 아니하는 원인으로 사망하거나 1급장해가 발생한 때에는 재해를 원인으로 하는 장해연금이 아니라 유족위로금 그 공제금으로 지급되어야 하는데, 재약의 책임개시일로부터 1년 이내에 피공제자가 자살 또는 자해를 하여 위와 같은 공제사고가 유족위로금 지급책임을 면하지만 그 후의 자살 또는 자해로 인한 경우라면 그 지급책임을 면하지 못한다는 취지로 해석함이 자연스럽고 합리적이다."라고 판시한 바 있다.[15]

14  대법원 2005. 10. 28. 선고 2005다35226 판결.
15  대법원 2010. 11. 25. 선고 2010다45777 판결.

## VI. 독일 약관규제법의 민법에 편입

보통거래약관에서 발생하는 다양한 폐해를 방지하기 위하여 각국에서는 여러 가지 법률을 제정하여 그것을 규제하고 있다. 우리나라에서도 약관에 대한 입법적 규제의 필요성이 제기되어 1986년 '약관의 규제에 관한 법률(약관규제법)'을 제정하기에 이르렀다. 약관규제법은 독일에서 제정된 보통거래에 관한 법률(일명 약관규제법: Gesetz zur Regelung des Rechts der Allgemeinen Geschäftsbedingungen: AGB-Gesetz)에 그 근원을 두고 있다. 독일 약관규제법은 독립된 법률로서 민법전에 30개의 조문을 가지고 규정되어 있었다. 2002년 독일에서는 민법에 대한 큰 폭의 개정작업이 벌어졌다. 당시 민법, 특히 채권법에 대한 내용의 개정작업을 하던 중 보통거래약관을 어떻게 해야 할 것인가에 대한 문제가 발생하였다. 해결책은 보통거래약관의 규정을 민법으로 통합하는 것으로 결론이 났다. 보통거래약관이 민법전으로 통합하게 된 이유는 다음과 같다.[16] 첫째, 민법전이 아닌 특별사법으로서 독일 약관규제법을 존치시키는 것은 전체 법률 체계에 적으로 일관하여 살펴보는 것에 어려움이 있다는 것이다. 민법으로 통합하여 법률에 대한 명료성과 이해의 정도를 보다 더 제고하기 위한 목적에서 통합이 이루어진 것이다. 둘째, 약관규제법 내의 실체법적인 규정들은 이미 사법상의 일부를 이루면서 내용적으로도 민법과 밀접하게 연관되어 있다는 타당성이 있기 때문에, 굳이 약관규제법을 민법으로부터 분리하는 것이 타당성이 없다는 입장에서 민법에의 통합으로 발전하게 되었다. 셋째, 약관규제법을 특별법으로 존치시키는 경우에, 상이한 이해적치·개념화 및 가치척도 등이 만들어질 위험이 커지지만, 민법으로 통합하게 되면 그러한 위험이 제거된다. 약관의 규제내용을 민법의 원칙으로 통합함으로써 동일하게 적용되도록 하는 틈을 제공하고자 한 뜻이 있다. 궁극적으로 민법 입법자들은 약관규제들을 민법으로 통합함으로써 민법의 재통합화를 달성하고자 한 것이라 하겠다.

16  B-T Drucks. 14/6040. S. 91 f., 97, 149 f.

제2편

보험계약 일반적인 요역

부

## I. 보통보험약관

### 1. 의의

보통보험약관은 보험계약에 있어서 당사자 사이에 다른 약정이 없는 한 제약당사자가 그에 따라야 하는 보험계약조항이다. 그러므로 그 보험약관의 내용이 합리적이고 당사자 간에 반대의 특약이 없는 한, 그 보험약관은 당사자를 구속하게 되는 것이다.

### 2. 보험약관의 법적 성질

보통보험약관이 당사자를 당연히 구속하게 되는 근거에 대한 학설의 다툼이 있다.

### 1) 규범설

보통보험약관은 감독관청의 인가를 얻어 사회적으로도 합리성이 인정되고 있으므로 당사자의 구체적인 의사와 관계없이 일정한 거래권내에서는 법규와 같은 규범력을 갖게 된다는 것이다.[1] 이 견해를 지지하는 근거는 상법 제638조의3 제2항이 제시

..........
1  양승규, "보험계약의 성립과 약관의 교부·명시의무", 사법행정, 1992. 5, 69면.

42

된다. 즉, 동 규정은 "보험자가 보험계약 체결 시에 보험약관의 교부·명시의무를 위반한 때에는 보험계약자는 보험계약이 성립한 날로부터 3월 내에 그 계약을 취소할 수 있다"고 규정하고 있는데, 보험계약자에 의한 보험계약의 취소가 없는 한 보험자의 설명의무의 이행이 없어도 그 약관의 구속력이 인정되어야 한다고 주장한다.

## 2) 계약설

보통보험약관은 보험자가 일방적으로 작성한 계약의 모형에 불과하므로 이것이 당연히 구속력을 갖는다고 할 수는 없고, 당사자들이 이를 계약의 내용으로 하고자 하는 합의를 한 때에만 구속력을 갖게 된다는 것이다.[2] 이 설에 의하면 그 자체로서 결코 법규범이 될 수 없고, 그 약관이 개별약관의 내용을 이루기 때문에 전통적인 법률행위 이론에 의하여 당사자를 구속하게 되며, 보통보험약관의 구속력의 근거를 당사자의 의사에서 구하기 때문에 주관주의적인 이론구성을 하고 있다.[3]

### 대법원 2000. 4. 25. 선고 99다68027 판결

"보통보험약관이 계약당사자에 대하여 구속력을 가지는 것은 그 자체가 법규범 또는 법규범적 성질을 가진 약관이기 때문이 아니라 보험계약 당사자 사이에서 계약내용에 포함시키기로 합의하였기 때문이라고 볼 것인바, 일반적으로 당사자 사이에서 보통보험약관을 계약내용에 포함시킨 보험계약서가 작성된 경우에는 계약당사자가 그 약관의 내용을 알지 못하는 경우에도 그 약관의 구속력을 배제할 수 없는 것이 원칙이나, 다만 당사자 사이에서 명시적으로 약관에 관하여 달리 약정한 경우에는 위 약관의 구속력은 배제되는 것이고, 약관의 내용이 일반적으로 예상되는 방법으로 명시되어 있지 않다든가 또는 중요한 내용이어서 특히 보험업자의 설명을 요하는 경우에는 위 약관의 구속력은 배제된다."

2  최기원, 보험법, 제3판, 박영사, 2002, 39면.
3  최준선, 상법사례연습(하), 삼조사, 2005, 302면.

## 3) 판례의 입장

대법원은 제약설의 입장을 지지하고 있다. 대법원은 "상법 제638조의3 제1항 및 약관의 규제에 관한 법률 제3조의 규정에 의하여 보험자 및 보험계약의 체결 또는 모집에 종사하는 자는 보험계약의 체결에 있어서 보험계약자 또는 피보험자에게 보험약관에 기재되어 있는 보험상품의 내용, 보험료율의 체계, 보험청약서상 기재 사항의 변동 및 보험자의 면책사유 등 보험계약의 중요한 내용에 대하여 구체적이고 상세한 명시·설명의무를 지고 있어서, 이러한 보험자가 이러한 보험약관의 명시·설명의무에 위반하여 보험계약을 체결한 때에는 그 약관의 내용을 보험계약의 내용으로 주장할 수 없다고 할 것이다."라고 판시하고 있다.[4]

> ### 대법원 2001. 9. 18. 선고 2001다14917, 14924 판결
>
> "이 사건 보험계약에 적용되는 '다른 자동차 운전담보 특별약관'에 의하면, '무보험 자동차에 의한 상해'를 담보하는 보험에 가입한 피고가 다른 자동차를 운전 중 생긴 대인사고 또는 대물사고로 인하여 법률상 손해배상책임을 짐으로써 손해를 입은 때에는 원고가 피고 운전의 다른 자동차를 보통약관상의 피보험자동차로 간주하여 보통약관에서 구성하는 바에 따라 보상하여 주기로 되어 있고, 한편 위 특별약관에 따른 보상을 하지 아니하는 손해 중의 하나로 '피보험자가 자동차정비업, 주차장업, 급유업, 세차업, 자동차판매업 등 자동차 취급업무상 수탁받은 자동차를 운전 중 생긴 사고로 인한 손해'(이하 '이 사건 면책약관'이라 한다)를 구성하고 있는 사실을 알 수 있는바, 피고가 자동차판매회사로서 그 소유의 자동차를 운전할 기회가 많은 것으로 보이는 점에 원심의 판단은 수긍되고 거기에 설명의무의 대상에 관한 법리를 해 등 상고이유(제2점)가 지적하는 위법이 있다고 할 수 없다."

또 다른 사건에서 대법원은 보통보험약관이 계약당사자에 대하여 구속력을 갖는 것은 그 자체가 법규범 또는 법규범적 성질을 가진 약관이기 때문에 아니라 보험계약 당사자 사이에 계약내용에 포함시키기로 합의하였기 때문이라고 하면서 계약설의 입장을 지지하고 있다. 그

장에 따르고 있다.[5]

## II. 입법취지

### 1. 규정내용

보험계약은 보험자와 보험계약자의 청약과 승낙이라는 합의를 통하여 이루어지는 낙성계약이다. 보험계약은 보험자와 보험계약자의 개별적인 의사합치로 이루어지나, 위험단체를 전제로 하는 보험제도의 성질상 보험자는 수많은 보험계약자를 상대로 동일한 내용의 계약을 되풀이하여 맺어야 하는 것이므로, 그 계약조항은 보통보험약관에 정하고 있다.[6] 그러므로 보험계약자가 보험약관의 내용을 명확히 인식하고 보험계약을 체결하도록 하기 위하여, 상법은 제638조의3 제1항에 "보험자는 보험계약을 체결할 때에 보험계약자에게 보험약관을 교부하고 그 약관의 중요한 내용을 알려주어야 한다."고 규정하고 있다. 그리고 동조 제2항에는 "보험자가 보험약관의 교부·설명의무에 위반한 때에는 보험계약자는 보험계약이 성립한 날로부터 3월 내에 그 계약을 취소할 수 있다"고 규정하고 있다.

### 2. 취지

1991년 상법 개정 시에 제638조의3을 신설한 것은, 보험자와 상대적으로 약자인 보험계약자 사이에 보험계약이 성립하는 경우에, 보험계약자가 구속되는 내용을 미리 알고 보험계약을 청약하도록 하려는 뜻에 있다. 일반의 보험계약자가 보통보험약관을 잘 모르는 일이 많아 그로 인하여 불이익을 당하는 경우가 많은데, 보험자는 그 중요한 내용을 미리 알려줌으로써, 보험계약자는 보험약관을 이해할 기회를 제공받게 된다

---

5  대법원 1985. 11. 26, 84 다카 2543 판결; 대법원 1986. 10. 14, 84 다카 122 판결; 대법원 1989. 3. 28, 88 다카 4645 판결; 대법원 1990. 4. 24, 89 다카 24070 판결; 대법원 1996. 10. 11, 96다19307 판결.

6  양승규, 보험법, 제5판, 삼지원, 2004, 113면.

다. 그러므로 본 규정은 경제적 강자인 보험자로부터 경제적 약자인 보험계약자를 보호하기 위하여 두고 있는 규정이라고 할 수 있다.

## III. 보험약관의 중요내용

### 1. 중요한 사항 인정 여부

상법 제638조의3 제1항의 약관의 중요한 내용을 알려주어야 할 의무를 보험자에게 부과하고 있다. 여기서 중요한 내용이란 함은 '객관적으로 보아 보험계약자가 그러한 사실을 알았더라면 보험계약을 체결하지 아니하였으리라고 인정될 만한 사항'을 의미한다.[7] 보험료와 그 지급방법, 보험금액, 보험기간, 보험사고의 내용과 보험자의 면책사유 그리고 보험계약의 해지사유 등을 들 수 있다.[8]

### 2. 중요한 사항으로 인정한 사례

대법원은 '보험계약을 체결할 때에 오토바이 운전자에게는 보험금의 지급이 제한된다는 약관조항',[9] '지동차보험약관에서 사고일 기준으로 만 26세 미만인 사람이 운전하면 보험자가 면책된다는 규정',[10] '지동차종합보험계약상 기혼운전자 한정운전특별약관',[11] '연금보험에서 향후 지급받는 연금액은 중요사항이며, 수확신에 의한 특정한 연금산방법 지제는 제외하더라도, 대략적인 연금액과 함께 그것이 변동될 수 있는 것이면 그 변동 가능성',[12] '기왕장해 감안하여 보험자의 책임범위를 제한하는 것',[13]

7 대법원 1996. 6. 25. 선고 96다12726 판결.
8 손지열, "약관의 계약편입과 명시·설명의무", 민법학논총 제2, 1995, 302면.
9 대법원 2005. 10. 28. 선고 2005다38713 판결.
10 대법원 1998. 6. 23. 선고 98다14191 판결.
11 대법원 2014. 9. 4. 선고 2013다66966 판결.
12 대법원 2015. 11. 17. 선고 2014다81542 판결.
13 대법원 2015. 3. 26. 선고 2014다229917 판결.

'상해보험에서 피보험자가 전문등반·스카이다이빙·스쿠버다이빙·행글라이딩 또는 이와 비슷한 위험한 운동을 하는 동안에 생긴 손해를 면책사항으로 규정한 약관조항'[14] 등에 대하여 약관의 중요한 사항으로 인정하고 있다.

## 3. 중요한 사항으로 인정되지 않는 사례

대법원은 '자동차보험약관과 관련하여 「보험증권에 기재된 피보험자 또는 그 부모, 배우자 및 자녀가 죽거나 다친 경우에는 보상하지 아니합니다」라고 하면서 여기의 배우자에 사실혼관계의 배우자도 포함된다고 구성한 조항',[15] '무보험자동차에 의한 상해보상특약에 있어서 보험금액의 산정기준이나 방법',[16] '자동차종합보험계약상 가족운전자 한정운전특별약관에서 가족의 범위에 기명피보험자인 원고의 딸과 사실혼관계에 있는 사위는 포함되지 않는다는 점'[17] 등에 대하여는 중요한 사항으로 받아들이지 않았다.

## Ⅳ. 설명의무위반과 법적 효과

## 1. 의의

우리 상법 제638조의3 제1항은 보험자가 보험약관의 중요내용을 설명해주어야 할 의무를 규정하고 있다. 제2항은 설명의무를 위반한 경우에 대한 내용을 담고 있다. 그런데 제2항이 보험계약자는 3월 내에 체결한 보험계약을 취소할 수 있다고만 규정하고 있지, 설명의무를 위반한 경우 어떠한 별률적 효과가 발생하는가에 대하여는 아무런 내용을 규정하고 있지 않아 학자들 사이에 다음이 발생하였던 것이다.

----
14  대법원 1999. 3. 9. 선고 98다43342 판결.
15  대법원 1994. 10. 25. 선고 93다39942 판결.
16  대법원 2004. 4. 27. 선고 2003다7302 판결.
17  대법원 2014. 9. 4. 선고 2013다66966 판결.

## 2. 상법단독적용설

보험약관의 설명의무를 특별히 규정한 상법의 취지를 존중하여 보험계약자의 취소권은 3월의 경과로 보험계약관계가 그대로 유지되어야 한다는 입장이다. 이러한 입장을 따르게 되면, 보험약관의 교부·명시의무에 대하여는 상법 제638조의 적용되고 그 한도 내에서 약관규제법 제3조의 적용은 배제된다.[18] 따라서 그 위반에 대한 보험계약자의 취소권을 인정하는 이상, 이를 3월 내에 행사하지 않으면 약관내용에 따른 계약이 존속하게 된다. 결국 이러한 견해는 '보험의 단체성'이라는 특성을 지고 하여 개설소비자의 보호보다는 상위의 위험단체를 구성하고 있는 일반 소비자의 보호를 우선해야 한다는 입장을 견지하고 있다고 하겠다.[19]

## 3. 중첩적용설

중첩적용설에 따르면, 보험자의 교부 또는 설명되지 아니한 약관조항에 대하여 보험계약자는 상법 제638조의3 제2항에 따라 취소기간 내에 계약을 취소할 수도 있고, 약관규제법 제3조 제4항에 의해 교부 또는 설명되지 아니한 약관조항의 적용배제를 주장할 수도 있다. 상법 제638조의3 제2항과 약관규제법 제3조 제4항과의 사이에는 아무런 모순이나 저촉이 없고, 상법에 취소를 하지 않은 경우의 법률관계를 구성하고 있지 않기 때문에, 보험계약자가 취소하지 않은 경우에 약관규제법 제3조 제4항을 적용함에 있어 하등 문제가 발생되지 않는다는 것이다. 이러한 견해는 개별보험계약자를 보호하는 측면을 띠게 된다.

---

18 양승규, 보험법, 제5판, 삼지원, 2004, 114면; 최준선, 보험법·해상법·항공법, 삼영사, 2005, 34면.
19 한창희, "보험약관의 구속력의 근거 및 교지의무의 개정론", 소비자중심의 보험법 개정 토론회, 2007. 12, 50면.

## 대법원 1998. 11. 27. 선고 98다32564 판결

"상법 제638조의3 제2항은 보험자의 설명의무 위반의 효력을 보험계약의 효력과 관련하여 보험계약자에게 계약의 취소권을 부여하는 것으로 규정하고 있으나, 나아가 보험계약자가 그 취소권을 행사하지 아니한 경우에 설명의무를 다하지 아니한 약관이 계약의 내용으로 되는지 여부에 관하여는 아무런 규정도 하지 않고 있을 뿐만 아니라 일반적으로 계약의 취소권을 행사하는지 여부는 취소권자의 자유에 맡겨져 있는 것이므로, 보험계약자가 위와 같은 취소권을 행사하지 아니하였다고 하여 곧바로 보험자가 이러한 약관에 규정되어 있는 사항에 대한 명시·설명의무를 다하지 아니한 약관의 내용으로 주장할 수 없다거나 혹은 보험계약자가 위반한 약관내용의 법률효과를 주장할 수 없다거나 하여 보험자의 이런 의무가 치유되는 것은 아니라고 판시한다.[20]

또 다른 판결에서 대법원은 '보험자가 보험약관의 중요 내용에 대한 명시·설명의무를 위반한 경우, 보험계약자의 고지의무 위반을 이유로 보험계약을 해지할 수 있는지 여부'와 '보험계약자가 상법 제638조의3 제2항에 정한 기간 내에 계약 취소권을 행사하지 아니한 경우, 보험자의 설명의무 위반의 하자가 치유되는지 여부'에 대한 판단을 하였다.[21]

## 4. 판례의 입장

보험약관의 설명의무와 관련하여 대법원은, 보험자가 보험약관의 교부·설명의무에 위반한 경우에는 보험자는 이러한 약관의 내용을 보험계약의 내용으로 주장할 수 없고, 보험계약의 성립일로부터 3월 내에 취소권을 행사하지 않았다고 하여 보험계약자는 보험자가 교부·명시의무에 위반한 약관내용의 법률효과를 주장할 수 없다거나 혹은 보험자의 이런 의무가 치유되는 것은 아니라고 판시한다.[20]

---

20  대법원 1996. 4. 12, 96다4893 판결; 대법원 1998. 6. 23, 선고 98다14191 판결.
21  대법원 1996. 4. 12. 선고 96다4893 판결.

**대법원 1996. 4. 12. 선고 96다4893 판결**

"일실은 그 판사설을 인정한 다음, 이 사건 보험계약자인 피고가 이 사건 보험계약을 체결할 당시 실제로는 자신의 이름인 소외인이 이 사건 차량을 주운전자이며에도 자신의 처인 소외동을 주운전자로 하위 고지함으로써 보험계약의 중요 사항인 주운전자에 대하여 고지의무를 위반하였으므로 특별한 사정이 없는 한 원고는 약관에 따라 이 사건 보험계약을 해지할 수 있다고 하였으나, 한편 원고가 이 사건 보험계약을 체결함에 있어 피고에게 주운전자제도와 관련한 상법약관의 내용, 특히 그 부실고지의 경우에 입게 되는 계약해지의 불이익 등에 관하여 구체적이고 상세한 설명을 하여 주었다는 점에 부합하는 그 판사증거를 믿지 아니하고 달리 이를 인정할 만한 증거가 없어 원고가 주운전자에 관한 보험약관의 명시·설명의무를 이행하였음을 인정할 수 없는 이상, 피고의 주운전자에 관한 고지의무 위반을 이유로 한 원고의 이 사건 보험계약 해지는 부적법한 것으로서 그 해지의 효력이 없다고 판단하였는바, 기록에 비추어 살펴보면 원심의 위와 같은 사실인정과 판단은 옳고 거기에 소론과 같은 보험계약자의 고지의무 위반이나 보험자의 설명의무 위반의 효과, 설명의무 위반의 입증책임 및 그 증명 정도 등에 관한 법리오해의 위법이 있다고 할 수 없다."

"상법 제638조의3 제2항에 의하여 보험자가 약관의 교부 및 설명의무를 위반한 때에 보험계약자가 보험계약 성립일로부터 1월 내에 행사할 수 있는 취소권은 보험계약자에게 주어진 권리일 뿐 의무가 아님이 그 문언상 명백하므로 보험계약자가 보험계약을 취소하지 않았다고 하더라도 보험자의 설명의무 위반의 법률효과가 소멸되어 이로써 보험계약자가 보험자의 설명의무 위반의 법률효과를 주장할 수 없다거나 보험자의 설명의무 위반의 하자가 치유되는 것은 아니라고 할 것인바, 원심이 이와 같은 취지에서 "원고의 설명의무 위반에도 불구하고 피고가 이 사건 보험계약이 성립한 날로부터 1월 내에 취소권을 행사하지 아니하였으므로 원고의 설명의무 위반의 점은 소론과 같은 제638조의3 제2항에 관한 법리오해의 위법이 있다고 할 수 없다."

## 5. 정리

약관의 교부·설명의무를 위반한 경우에 약관의 효력을 부인하고 있는 약관규제법과 달리, 상법 제638조의3 제2항에는 보험계약자에게 일정한 기간의 취소권을 부여하고 있다. 상법 제638조의3이 보험약관에 대하여 약관법에 대한 특별법적인 성격을 띠고 있다는 점과 취소권은 소정의 기간 내에 행사되지 아니하는 경우에 유효한 법률관계가 된다는 점에서 본다면, 해석론적인 의미에서 상법 제638조의3만이 적용되어야 할 것이다. 보험자의 일방적이고 임의적인 보험약관상의 면책조항이 보험자에 의해 설명되지 않은 경우에, 보험계약자가 취소기간 내에 취소하지 않는 한 설명되지 않은 면책

조항이 그대로 제약에 적용되어 보험자가 보험금의 지급을 면하는 상황이 발생하게

될 것이다. 이것은 개별 보험계약자 보호에 문제가 발생할 뿐만 아니라, 계약당사자의

평등이라는 이념에 비추어볼 때 우리 현법 제11조를 위반할 소지가 있다.[22]

현 설명법의 미비에서 나타나는 현상 때문에, 대법원은 법리적인 측면보다 보험계

약자를 보호해야 한다는 측면에서 약관규제법을 적용한 것으로 사료된다. 하지만 독

일 보험계약법에는, 정보제공의무의 위반에 대한 효과를 구체적으로 구성하고 있기

때문에 이러한 문제가 제기되지 않는다. 그러므로 한편으로는 보다 명확하게 보험자

의 정보제공의무를 입법화하는 작업, 또 한편으로는 보험자의 입증책임을 구성함으로

써 보험약관의 거래편입성에 지장이 없도록 하는 방법으로 입법화하는 작업이 모색될

수 있을 것이다.


## V. 설명의무의 배제

## 1. 명문규정

약관규제법에 두 가지 사항을 규정하고 있다. 첫째, 일정한 분야에 대한 사업자의

설명의무 배제에 관한 사항이다. 약관규제법 제3조는 사업자의 약관작성 및 설명의무

를 규정하고 있다. 그러나 제2항 단서는 '여객운송업, 전기·가스 및 수도사업, 우편업,

공중전화 서비스제공 통신업에는 명시 및 교부의무를 면제한다'고 하면서, 사업자의

이러한 의무를 배제하고 있다. 그러나 보험계약은 단서에 포함되지 않기 때문에, 여기

에 해당되지 않게 된다. 둘째, 계약 성질상 설명하는 것이 현저하게 곤란한 경우에는

설명의무를 배제하도록 하고 있다. 그러나 보험계약의 성질상 설명하게 곤란한 유형

으로 보기는 어렵다.

22 이철송, 상법총칙·상행위, 제5판 박영사, 2007, 35면.

## 2. 판례에 등장한 배제사항

판례에서 등장하고 있는 설명의무의 배제사항은 크게 세 가지로 분류된다. 첫째, 보험계약자가 충분히 잘 알고 있는 약관조항은 설명의무 등이 배제되고, 그 대리인이 이미 약관내용을 충분히 숙지하고 있는 경우라면, 역시 보험자의 설명의무가 배제되는 것으로 본다. 둘째, 거래상 보험계약자에게 일반적이고 공통된 것이어서 설명을 하지 않고도 충분히 예상할 수 있는 사항이라면 보험자의 설명의무는 배제된다. 셋째, 법령을 반복 또는 부연하는 경우에도 설명의무는 배제된다. 하지만 이러한 유형은 구체적인 각각의 사례에서 설명의무의 배제 여부가 달라지고 법적 안정성에 혼란을 야기하는 경우도 발생하고 있다. 예를 들면, '보험계약을 체결한 후 피보험자동차의 구조변경 등 중요한 사항에 변동이 있을 때 또는 위험이 증가하거나 적용할 보험료에 차액이 생기는 사실이 발생한 때, 보험계약자 등은 지체 없이 보험자에게 알려야 한다고 규정한 약관조항은, 상법 제652조에서 이미 정해진 위험변경증가의 통지의무를 자동차보험에서 구체적으로 부연한 정도에 해당하므로 설명의무 등이 배제된다'고 판시한 사례가 있는가 하면,[23] '보험계약을 체결할 때에 피보험자에게 이륜자동차 운전을 제외한 직업 또는 직무에 해당하는 상해급수가 적용되기에, 그 후 피보험자가 이륜자동차를 직접 사용하게 된 경우에는 사고발생의 위험이 현저하게 변경 또는 증가된 경우에 해당하여 보험자에게 지체 없이 통지해야 한다는 약관조항은 단순히 상법 제652조 등 법령에 의하여 정하여진 것을 되풀이하거나 부연하는 정도에 불과하다고 판시한 사례도 있다.[24]

---

23  대법원 1998. 11. 27. 선고 98다32564 판결.
24  대법원 2010. 3. 25. 선고 2009다91316 판결.

# 제6장

# 보험자의 낙부통지의무와 승낙의제

보험계약 역시 청약과 승낙이라고 계약당사자의 의한 의사의 합치에 의하여 계약이 성립하게 된다.

## 1. 계약의 의의

계약자 일방의 청약과 다른 계약상대방의 승낙을 통한 합의로써 계약은 성립하게 된다. 상대방에 대하여 계약을 청약한 자는 그 청약에 구속되기 때문에 청약이 상대방에 도달하게 되면 청약자는 임의대로 철회할 수 없는 것이 대륙법의 원칙이다. 독일 민법 제145조나 우리 민법 제527조는 그것을 명문으로 규정하고 있다. 청약을 철회할 수 없도록 한 이유는 상대방에 대한 불측의 손해를 방지하여 그를 보호하고자 하는 측면과 계약안정의 측면을 고려한 것이다.

일반적인 계약관계에서 낙약자는 청약을 한 청약자에 승낙기간을 기간을 정한 계약의 청약에 있어서는 그 기간 내에 승낙의 통지를 받지 아니하면 그 효력이 상실되고(민법 제528조 제1항), 승낙기간을 정하지 아니한 계약에서는 청약자가 상당한 기간 내에 승낙의 통지를 받지 아니하면 그 효력을 상실하게 된다(민법 제529조). 다만,

상인이 상시 거래관계에 있는 자로부터 그 영업부류에 속한 계약의 청약을 받은 때에는 지체 없이 낙부의 통지를 발송해야 하고, 이를 해태한 경우에는 승낙한 것으로 본다 (상법 제53조).

## II. 문제점

보험거래는 일반적인 거래와 달리, 보험설계사의 권유에 의하여 보험계약을 체결하고자 하는 청약자가 청약서를 작성한 후 보험료의 전부 또는 일부에 상당하는 금전을 보험자에게 지급하게 된다. 그러나 보험자는 보험계약자가 작성하고 교부한 청약서를 근거로 보험의 인수를 결정함에 있어 상당한 기간을 요하고 있다. 문제는 인수를 결정하기 위하여 필요로 하는 기간 동안, 즉 낙부통지가 없는 그 기간에 보험사고가 발생한 경우 보험계약자가 보험금을 청구할 수 있는가의 문제가 제기될 수 있다.

## III. 보험자의 낙부통지의무와 승낙의제

이러한 문제를 해결하기 위하여 상시 거래관계가 아님에도 불구하고 보험계약관계에서 "보험자가 보험계약자로부터 보험계약의 청약과 함께 보험료상당액의 전부 또는 일부의 지급을 받은 때에는 다른 약정이 없으면 30일 내에 그 상대방에 대하여 낙부의 통지를 발송해야 하고(제638조의2 제1항), 이를 게을리한 때에는 청약자의 청약을 보험자는 승낙한 것으로 본다(제638조의2 제2항)."

## IV. 보험자의 책임

상법은 "보험자가 보험계약자로부터 청약과 함께 보험료상당액의 전부 또는 일부

틀 받은 경우에 그 청약을 승낙하기 전에 보험사고가 생긴 때에는 그 청약을 거절할 사유가 없는 한 보험자는 책임을 부담하지 않으면 아니 된다(제638조의2 제3항)"고 하면서, 보험자가 보험계약을 승낙하기 전에 보험사고가 발생한 경우, 특별하게 보험자의 책임을 명시하고 있다.

## V. 예 외

통지에 규정된 승낙의제와 승낙 전 보험자의 책임문제는 인보험계약에서 주목해야 할 사항이 있다. 승낙의제와 관련하여 인보험계약의 피보험자가 신체검사를 받아야 하는 경우에 승낙의 기간은 신체검사를 받은 날로부터 기산한다(상법 제638조의2 제1항 단서). 또한 보험자의 책임과 관련하여, 인보험계약의 피보험자가 신체검사를 받아야 하는 경우에 그 검사를 받지 아니한 때에는 보험자가 책임이 없음을 규정하고 있다(상법 제638조의2 제3항 단서).

# 제7장
# 보험계약자 등의 고지의무

## I. 고지의무의 의의

### 1. 개념

고지의무란 함은 보험계약자 또는 피보험자가 보험계약을 체결함에 있어 중요한 사실을 고지하고, 중요한 사실에 관하여 부실한 사실을 고지하지 아니할 의무(상법 제651조)를 말한다.[1] 계약체결 전에 발생하는 의무라는 점에서 특색이 있다. 즉, 보험계약자 등에 대하여 보험계약의 체결에 조응하여 보험사고발생의 가능성을 측정하고자 하는 특징이 있다. 고지의무는 중요한 사실에 관하여 보험계약자 등에게 진실을 알릴 것을 요구하는 보험계약법상의 특수한 문제라고 하겠다. 계약 성립 후에 통지의무(상법 제652조) 등과는 구별된다.

## 2. 법적 성질

고지의무는 의무라는 명칭으로 나타나고 있지만, 일반적인 의무와는 차이를 보인다.

--------
1  이기수·최병규·김인현, 보험해상법(상법강의 IV), 제9판, 박영사, 2015, 100면.

일반적인 의무는 그 의무를 이행하지 아니하면, 상대방이 그 이행을 강제할 수 있지만, 보험계약자 등이 고지의무를 위반한 경우에는 보험자가 그 이행을 강제하거나 또는 그 불이행에 대하여 손해배상청구를 할 수 없다. 단지 보험계약자 등의 고지의무자가 자신의 의무를 고의 또는 중과실로 위반하면 보험자가 이를 이유로 계약의 해지권을 행사할 수 있을 뿐이다. 진정한 의무라고 하는 직접의무(Pflicht)가 아니라 간접의무(Obliegenheit)에 해당한다.

## 3. 기능

보험계약은 우연한 사고의 발생을 전제로 하는 일종의 사행계약에 속한다. 1인의 보험자는 다수의 보험계약자와 보험계약을 체결하게 된다. 보험자는 보험계약을 체결함에 있어서 보험기술상 개별적인 위험의 상황에 관하여 정확하게 파악할 필요가 있다. 보험자가 스스로 자발적인 조사를 할 수도 있으나, 보험계약은 다른 계약과 달리 다수의 보험계약자를 대상으로 하고 있다는 점에서 난점이 있다. 보험자는 보험계약자 또는 피보험자의 협조를 얻어 위험선택을 할 수밖에 없는 것이다. 보험계약자 등의 협조의무가 바로 고지의무인 것이고, 보험계약의 특성에서부터 발생하는 것이 바로 고지의무이다.

## 4. 법적 근거

보험사고발생의 개연율을 측정하기 위한 위험선택의 자료를 얻고자 하는 데 있다는 입장이 있다. 이를 위험측정성이라고 한다. 보험계약에서 보험금과 보험료의 균형적인 산출을 위하여 위험률을 측정할 필요가 있는데, 위험의 기초사실을 관리하고 지배하고 있는 보험계약자 등은 보험자에게 고지하여 위험의 측정에 협조하여야 할 의무가 있다고 한다. 반면에서 신의계약성을 주장하는 입장은 보험계약을 체결하고자 하는 자는 자신이 불리한 사실이 있다고 할지라도 보험자에게 고지해야 한다고 하는데, 그 이유가 보험계약이라고 하는 고도의 신의성실을 요구되는 선의계약 또는 사행계약약이라는 점을 근거로 제시하고 있다.

## II. 고지의무의 당사자

### 1. 보험계약자

고지의무를 이행해야 하는 주체는 보험계약자 또는 피보험자이다. 인보험에서 보험수익자는 고지의무의 주체는 아니다. 보험계약자의 대리인이 보험계약을 대신하여 고지의무를 이행할 수 있는가에 대한 물음이 제기된 바 있었다. 대법원은 "비록 소외 1이 피고의 어머니이고 소외 2가 피고의 이모라고 하더라도 이 사건 보험계약 체결 당시 피고가 건강상태의 진단을 받은 사실을 알았거나 쉽게 알 수 있었다면 보험계약 체결 단계에서 피고의 건강에 관한 사항은 보험계약자 본인으로부터 직접 확인하고 신체상태 등에 관한 사항은 소외 1이나 소외 2가 위 고지사항 외에 피보험자 본인으로부터 별도로 확인하고 자필서명을 받도록 되어 있는 이상, 소외 1이나 소외 2가 위 고지의무를 이행한 결과 피고가 최근 진단 등을 받은 중대한 과실로 고지의무를 위반한 경우에 해당한다고 하기는 어렵다고 할 것이다. 그뿐만 아니라 보험계약을 대리한 소외 2가 피고의 진단 사실 유무에 대한 답변으로 '아니오'라는 진에 표기를 했다고 해서 고지의 반드시 진단 사실이 부존재한다는 취지를 고지한 것이라고 표기할 수 있는지 의문이다."라고 하면서 보험계약자의 대리인은 보험계약자를 대신해서 고지의무를 이행할 수 있다고 하고 있다.[2] 통설도 같은 입장이다. 그러나 이 경우에도 대리인이 고지의무자는 될 수 있으며, 고지의무자는 여전히 보험계약자가 되어야 한다는 입장도 있다.[3]

---

2　대법원 2013. 6. 13. 선고 2011다54631,54648 판결.

3　한기정, 보험법, 박영사, 2017, 195면.

## 2. 피보험자

순해보험이든 생명보험이든 피보험자는 보험자에게 모두 고지의무를 부담해야 한다. 순해보험에서 피보험자는 보험목적에 대한 피보험이익을 가지고 있는 자이므로, 그가 위험에 관한 정보를 가지고 있다. 그러므로 고지의무를 부담해야 하는 것이다. 인보험에서 피보험자는 보험사고의 객체인 보험목적에 해당되므로, 역시 위험에 관한 정보를 피보험자 자신이 가지고 있다. 그러므로 순해보험과 인보험의 영역에서 각각 피보험자 지위를 가지고 있는 자는 각자 고지의무를 부담해야 한다.

## 3. 고지의무의 상대방

고지를 수령할 수 있는 자는 보험자이다. 즉, 보험계약자나 피보험자는 보험자에게 고지의무를 이행해야 한다. 보험자의 대리인 역시 고지의무를 수령할 수 있다. 대리권을 가지고 있는 자는 고지수령권이 있다고 보아야 한다. 그러므로 대리인 지위를 가지고 있지 않은 보험설계자는 고지수령권이 없다고 보아야 한다. 구 보험업법상 보험모집인의 지위 및 보험모집인이 보험자를 알게 된 경우, 이로써 곧 보험자가 위와 같은 사실을 알았다고 볼 수 있는지 여부에 대하여, 대법원은 이를 인정하지 않았다.[4]

---

4　대법원 2006. 6. 30. 선고 2006다19672,19689 판결.

보험중개사 역시 보험자를 위한 고지를 수령할 수 있는 권한이 없는 것이 원칙이다. 실정법상 보험중개사는 보험계약자 등으로부터의 보험계약에 관한 고지사항의 수령권한이 없다는 점을 서면을 미리 보험계약자에게 발급하고 설명해야 한다(보험업법 제92조 제1항, 동법 시행령 제41조 제3항 제2호, 동법 시행규칙 제24조 제1호).

## 4. 이행시기와 방법

보험계약자와 피보험자의 고지의무이행 시기는 보험계약체결 전에 하여야 한다. 그러므로 보험계약에 대한 청약의 의사표시를 교부행되고 할지라도 그 청약 이후 보험계약이 성립하기 이전에 발생한 중요사항도 고지해야 한다.

> **대법원 2012. 8. 23. 선고 2010다78135,78142 판결**
>
> "보험계약은 원칙적으로 보험계약자의 청약에 대하여 보험자가 승낙함으로써 성립하고, 보험자가 보험계약자로부터 보험계약의 청약과 함께 보험료 상당액의 전부 또는 일부의 지급을 받은 때에는 다른 약정이 없으면 30일 내에 상대방에 대하여 낙부의 통지를 발송하여야 하며, 보험자가 기간 내에 낙부의 통지를 해태한 때에는 승낙한 것으로 본다(상법 제638조의2 제1, 2항). 은팰 보험계약 약자 또는 피보험자는 상법 제651조에서 정한 '중요한 사항'이 있는 경우 이를 보험계약의 성립 시까지 보험자에게 고지하여야 하고, 고지의무 위반 여부는 보험계약 성립 시를 기준으로 하여 판단하여야 한다."

고지의무의 이행방법에는 제한이 없기 때문에 구두 또는 서면(전자서면 포함한다)고지도 가능하다. 명시적 또는 묵시적 고지도 무방하며, 직접고지 및 대리인이나 대행자 및 이행보조자를 통한 고지도 가능하다는 것이 통설의 입장이다.

## Ⅲ. 고지의무위반

### 1. 객관적 요건

상법 제651조는 고지의무에 관한 내용을 구정하고 있다. 고지의무위반이 되기 위해서는 보험계약자가 보험계약상 '중요한 사항'을 보험자에게 고지하지 아니하거나 사실과 다른 것을 고지해야만 한다. 상법은 '중요한 사항'이라고만 하고 있지, 무엇이 중요한 사항인가에 대하여는 밝히지 않고 있다. 그러나 보험자가 위험의 인수 여부 및 보험료액을 판단하는 데 영향을 미칠 수 있는 사실은 중요한 사항에 해당하는 것으로 보아야 할 것이다. 대법원은 "갑이 오토바이를 소유·운전하면서도 '비소유 및 비탑승'으로 고지하여 을 보험회사와 상해사망 시 보험금이 지급되는 보험계약을 체결한 후 자신의 오토바이를 운전하다가 상해사고로 사망하자, 을 회사가 고지의무 위반을 이유로 보험계약을 해지한 사안에서, 위 보험계약 체결 당시 갑은 자신의 오토바이를 피보험차량으로 하여 을 회사의 자동차보험에 가입하고 있으므로 고지의무 위반 사실에 대한 을 회사의 악의 또는 중대한 과실이 인정되는데도, 이와 달리 보아 보험계약 해지를 인정한 원심판결에는 자유심증주의의 한계를 벗어나 사실을 잘못 인정한 위법이 있다"고 판시한 바 있다.[5] 피보험자의 오토바이 소유 및 탑승 여부는 보험자의 임장에서 보험계약의 체결 여부에 대한 결정과 보험가입금액 한도 제한, 보험료 할인 할증 등 보험계약의 내용을 정함에 영향을 미친다는 점에서 중요한 사항으로 판단한 것이다. 또한 대법원은 "보험회사의 질문표에 기재된 질문사항은 다른 특별한 사정이 없는 한 그 보험계약에 있어서의 중요한 사항에 해당한다고 추정할 것이므로, 그 질문표에 사실과 다른 기재를 하였다면 고지의무위반이 된다"라고 판시하고 있다.[6] 만약 위험의 인수 여부에 영향을 미칠 수 있는 사항들을 보험자가 알았다고 한다면, 계약을 체결하지 않거나 적어도 같은 조건으로 계약을 체결하지 않을 것이라고 생각되는 객

5 대법원 2011. 12. 8. 선고 2009다20451 판결.
6 대법원 1969. 2. 18. 선고 68다2082 판결.

관적인 사실들은 중요한 사항에 해당한다고 보아야 할 것이다.

---

**대법원 1996. 12. 23. 선고 96다27971 판결**

"보험계약자나 피보험자가 보험계약 당시에 보험자에게 고지할 의무를 지는 상법 제651조에서 정한 '중요한 사항'이란 보험자가 보험사고의 발생과 그로 인한 책임부담의 개연율을 측정하여 보험계약의 체결여부 또는 보험료나 특별한 면책조항의 부가와 같은 보험계약의 내용을 결정하기 위한 표준이 되는 사항으로서, 객관적으로 보험자가 그 사실을 안다면 그 계약을 체결하지 않든가 또는 적어도 동일한 조건으로는 계약을 체결하지 않으리라고 생각되는 사항을 말하고, 어떠한 사실이 이에 해당하는가는 보험의 종류에 따라 달라질 수밖에 없는 사실인정의 문제로서 보험의 기술에 비추어 객관적으로 관찰하여 판단되어야 하고, 최종적으로는 보험의 기술과 경험에 의하여 결정될 수밖에 없다."

---

## 2. 주관적 요건

고지의무의 주관적 요건으로서 중요한 사실에 대한 불고지 또는 부실고지가 보험계약자 또는 피보험자의 고의[7] 또는 중대한 과실로 인한 것이어야 한다. 상법 제651조에서 의미하는 고의란 함은 사기 등의 방법으로 보험자를 착오에 빠지게 함으로써 적극으로 어떤 이익을 꾀하려는 것이 아니고 단순히 그 사실을 알면서 숨비하거나 거짓의 진술을 하는 것을 의미한다. 대법원은 "보험계약에 있어 고지의무위반이 성립하기 위해서는 고지의무자에게 고의 또는 중대한 과실이 있어야 하고, 여기서 말하는 중대

---

7　대법원 2010. 7. 22. 선고 2010다25353 판결.
8　대법원 2011. 4. 14. 선고 2009다103349 판결.
9　대법원 1999. 11. 26. 선고 99다37474 판결.

한 과실이란 고지하여야 할 사실은 알고 있었지만 현저한 부주의로 인하여 그 사실의 중요성의 판단을 잘못하거나 그 사실이 고지하여야 할 중요한 사실이라는 것을 알지 못하는 것을 말한다"라고 판시한 바 있고,[10] "피보험자 갑이 을 보험회사와 보험계약을 체결하면서 감상선 결절 등의 사실을 고지하지 않은 사안에서, 건강검진결과 통보 내용에 비추어 갑으로서는 어떠한 질병을 확정적으로 진단받은 것으로 인식하였다고 보기 어려운 점, 위 검진 이후 2년여 동안 별다른 건강상의 장애나 이상 증상이 없었으며 감상선 결절과 관련된 추가적인 검사나 치료도 받지 않았던 점 등에 비추어, 피보험자 갑이 고의 또는 중대한 과실로 인하여 중요한 사실을 고지하지 아니한 것으로 단정하기 어렵다"고 하면서 원심판단을 수긍한 사례도 있으며,[11] "갑이 손해보험업을 영위하는 을 주식회사와 냉동창고건물에 관한 보험계약을 체결하였는데, 체결 당시 보험의 목적인 건물이 완성되지 않아 잔여공사를 계속하여야 하는 사정을 을 회사에 고지하지 않은 사안에서, 위 냉동창고건물은 형식적 사용승인에도 불구하고 냉동 설비공사 등 주요 공사가 완료되지 아니하여 잔여공사를 계속하여야 할 상황이 있고, 이러한 공사로 인하여 완성된 냉동창고건물에 비하여 현저히 높은 화재 위험에 노출되어 있었으므로, 위험의 정도나 중요성에 비추어 갑은 보험계약을 체결할 때 이러한 사정을 고지하여야 할 함을 충분히 알고 있었거나 적어도 현저한 부주의로 인하여 이를 알지 못하였다고 봄이 타당하다"고 판시하였다.[12]

## 3. 입증책임

보험계약자 등이 고지의무에 대한 위반을 이유로 하여 해지권을 행사하고자 한다면, 보험자는 보험계약자 등이 고지의무가 고의 또는 중대한 과실로 인한 것이라고 하는 것을 입증해야만 한다. 즉, 보험자는 고지의무위반의 전제조건인 사실이 불고지

10  대법원 1996. 12. 23. 선고 96다27971 판결.
11  대법원 2011. 4. 14. 선고 2009다103349,103356 판결.
12  대법원 2012. 11. 29. 선고 2010다38663,38670 판결.

또는 부실고지된 경우에는 그러한 사실이 존재 또는 거짓이라는 것과 그것이 보험계약자 등의 고의 또는 중대한 과실로 인하여 생긴 것임을 입증하여야 한다.[13]

## IV. 고지의무위반의 효과

### 1. 보험자의 해지권

고지의무위반이 있으면, 상법 제651조에 따라 보험자는 단지 해당 보험계약을 해지할 수 있다. 해지권은 보험자가 고지의무위반의 사실을 입증하고 일방적으로 행사할 수 있으므로 일종의 형성권에 속한다. 보험자가 해지권을 행사한 때에는 그 계약은 장래에 대하여 효력을 잃는다(민법 제550조). 다만, 보험사고의 발생 후에 계약을 해지한 경우에는 보험자는 보험금액을 지급할 책임이 없고, 이미 지급한 보험금액의 반환을 청구할 수 있다(상법 제655조 본문). 그러나 인보험의 경우에는 보험수익자를 위한 적립금을 보험계약자에게 지급하여야 한다(상법 제736조 제1항).

### 2. 해지권의 제한

#### 1) 보험자의 고의 또는 중대한 과실

보험자의 해지권은 예외적으로 제한될 수 있다. 대법원은 "보험계약 당시에 보험계약자 또는 피보험자가 고의 또는 중대한 과실로 인하여 중요한 사항을 고지하지 아니하거나 부실의 고지를 하였다고 하더라도 보험자가 계약 당시에 그 사실을 알았거나 중대한 과실로 인하여 알지 못한 때에는 그 고지의무 위반을 들어 계약을 해지할 수 없다고 할 것인바, 여기에서 말하는 보험자의 악의나 중대한 과실에는 보험자의 고지 수령 뿐만 아니라 이른바 보험자의 보험의를 비롯하여 널리 보험자를 위하여 고지를 수령

--------
13　양승규, 보험법, 제5판, 삼지원, 2004, 123면.

할 수 있는 지위에 있는 자의 아의나 중과실도 당연히 포함된다.”고 판시하고 있는 바,[14] 보험자가 계약 당시에 고지의무의 위반사실을 알았거나 중대한 과실로 알지 못한 때에는 보험자의 해지권이 제한된다(상법 제651조 단서). 대법원도 밝힌 바와 같이 보험의가 안 것은 보험모집인이 안 것으로 된다. 그러나 보험모집인이 안 것은 보험자가 안 것으로 인정되지 않는다.

## 2) 해지권행사의 경과

보험자가 고지의무위반의 사실을 안 날로부터 1개월간 해지권을 행사하지 아니하거나 계약체결 시부터 3년이 경과한 때에는 보험자는 해지권을 행사할 수 없다(상법 제651조 본문). 대법원은 “보험계약자가 중요 사항에 관한 고지의무를 위반하고 체결한 보험계약이라도 해지권행사기간도과 후의 해지통지는 그 효력이 없다”고 판시하고 있다. 이 기간은 소멸시효가 아니고 제척기간에 해당된다.

## 3) 보험사고의 발생이 고지의무에 위반한 사실에 기인하지 아니한 경우

2014년 상법 개정 전 제655조는 “보험사고가 발생한 후에도 보험자가 제650조, 제651조, 제652조와 제653조의 규정에 의하여 계약을 해지한 때에는 보험금액을 지급할 책임이 없고 이미 지급한 보험금액의 반환을 청구할 수 있다. 그리고 고지의무를 위반한 사실 또는 위험의 현저한 변경이나 증가된 사실이 보험사고의 발생에 영향을 미치지 아니하였음이 증명된 때에는 그러하지 아니하다”라고 규정하고 있었다. 이 ‘그러하지 아니하다’라는 문구의 모호함으로 인하여 해석상의 다툼과 그로 인한 법적 불안정성이 문제됨에 따라 ‘그러하지 아니하다’는 ‘보험금을 지급할 책임이 있다’로 변경하게 되었다. 이러한 입법태도는 인과관계와 해지권은 무관하다는 이전 판례[15]의 입장을 반영한 것이라 하겠다.

........

14 대법원 2001. 1. 5. 선고 2000다40353 판결.
15 대법원 2010. 7. 22. 선고 2010다25353 판결.

> **대법원 2010. 7. 22. 선고 2010다25353 판결**
>
> "상법 제651조는 고지의무 위반으로 인한 계약해지에 관한 일반적 규정으로 이에 의하면 고지의무에 위반한 사실과 보험사고 발생 사이에 인과관계를 요하지 않는 점, 상법 제655조는 고지의무 위반 등으로 계약을 해지한 때에 보험금액청구에 관한 규정이므로, 그 본문뿐만 아니라 단서도 보험금액청구권의 존부에 관한 규정으로 해석함이 상당한 점, 보험계약자 또는 피보험자가 보험계약 당시에 고의 또는 중대한 과실로 중요한 사항을 불고지·부실고지하면 고지의무 위반의 요건이 충족되는 반면, 고지의무에 위반한 사실과 보험사고 발생 사이의 인과관계는 '보험사고 발생시'에 비로소 결정되는 것이므로, 고지의무에 위반한 사실과 보험사고 발생 사이에 인과관계가 인정되지 않아 상법 제655조 단서에 의하여 보험금액을 지급할 책임을 지게 되더라도 고지의무 위반을 이유로 한 보험금의 지급을 거절할 수 있는 반면, 보험사고가 발생하기 전에는 상법 제651조에 의하여 위반한 사실과 보험사고 발생 사이의 인과관계가 인정되지 않더라도 계약을 이유로 보험금액을 지급한 후에도 보험계약을 해지할 수 있다. 그러나 보험금액청구권에 관하여서는 보험사고가 발생한 후에도 사후적으로 보험사고 발생과 인과관계가 없음을 이유로 계속하여 보험금액을 지급하여야 하는 불합리한 결과가 발생하는 점, 고지의무를 위반한 사실과 보험사고 발생 사이의 인과관계가 인정되지 않는다고 하여 상법 제651조에 의한 계약해지를 허용하지 않는다면, 이는 보험계약을 체결하려는 자가 고지의무를 위반한 사실과 보험사고 발생 사이의 인과관계를 묻지 않고 해지할 수 있다는 점 등을 종합하여 보면, 고지의무를 위반한 사실과 보험사고의 발생 사이의 인과관계가 부존재하는 점 등을 종합하여 보면, 고지의무에 위반한 보험계약은 고지의무에 위반한 사실과 보험사고 발생 사이의 인과관계에 따라 보험금액 지급책임이 달라지고, 그 밖에 내에서 계약해지의 효력이 제한될 수 있다."

## V. 고지의무위반과 보험사기

### 1. 상법단독적용설

고지의무제도는 보험계약에서 인정되고 있는 특수한 제도라는 측면에서 상법 제651조가 규정하고 있는 보험자의 해지권만을 행사할 수 있다는 주장이 있었다. 보험계약의 성립인 선의성, 단체성 및 기술성에 근거하여 특별하게 인정되고 있는 고지의무의 위반 시 상법은 해지권만을 인정하고 있는 이상, 일반자는 비록 사기에 의한 보험계약

을 체결하였다 하더라도 법문에 충실하게 보험자의 해지권만을 인정할 수 있다는 입
장이다.

## 2. 상법·민법 적용설

보험계약 역시 민법상의 계약에 해당한다. 보험계약자의 청약에 의하여 보험자는
승낙을 함으로써 보험계약이 성립하게 되는데, 보험계약자의 사기에 의한 청약을 한
경우라면, 보험자는 민법의 원칙에 따라 사기에 의한 의사표시를 취소할 수 있다(민법
제110조)는 입장이다.[16] 보험자가 취소권을 행사하면, 취소권은 소급효가 있기 때문에
처음부터 무효가 된다(민법 제141조). 판례 역시 같은 입장이다. 대법원은 "보험계약자
가 불실의 사실을 고지하지 않고 실제로 체결된 매매계약의 내용을 그대로 보험자에
게 고지하였더라면, 보험자로서는 보증보험계약체결을 거절하거나 또는 보험계약자
로 하여금 보험금액에 상응하는 물적 담보를 제공하였을 것이라는 사실을 인정한 다음, 보험자는 보험계약자인 회사의
보험계약을 체결하였을 것이므로 보다 엄격한 조건하에
대표이사가 보험청약을 함에 있어 보다 용이하고 유리한 조건으로 보험계약을 체결하
기 위하여 하위의 사실을 고지함으로써 이에 속아 넘어가 보증보험계약을 체결하게
된 것인 때에는 보험계약자의 고지의무위반이 사기에 해당하는 경우로서 보험자는 상
법의 규정에 의하여 계약을 해지할 수 있음은 물론 민법의 일반원칙에 따라 그 보험계
약을 취소할 수 있는 것이다"라고 판시하고 있다.[17]

## 3. 사기계약을 무효로 한 약관의 효력

상법 제663조는 보험자가 보통보험약관을 작성함에 있어 그 약관내용이 보험계약자
등을 불이익하게 변경하지 못하도록 하고 있다. 보험계약을 다루고 있는 상법은 단지

---

16  양승규, 보험법, 제5판, 삼지원, 2004, 124면 이하.
17  대법원 1991. 12. 27. 선고 91다1165 판결.

보험자에게 보험계약자 등이 고지의무를 위반한 경우에 제약해지권만을 인정하고 있는데, 보통보험약관에서 사기보험계약의 경우에 그 계약을 무효로 한다고 있다면, 그 약관내용은 상법 제663조에 의하여 무효가 되는가의 문제가 발생할 수 있다. 상법 제663조는 선의의 보험계약자 등의 이익을 보호하기 위한 규정이라는 측면에서, 사기에 의한 고지의무를 위반하여 보험계약자를 보호할 필요가 없다는 측면에서 유효성을 인정할 필요성이 있지만, 사기문제의 심각성을 고려하여 입법의 문제로 해결하는 것이 타당하다고 하겠다. 특히, 국회에서 2년 반동안 계류하다가 2016년 3월 통과된 후 동년 9월 30일 시행되고 있는 보험사기방지특별법 등은 보험사기를 방지하기 위한 일환으로 중요한 의미가 있다. 또 다른 측면에서 보험사기의 문제를 근절하기 위한 입법 방안으로는 사법적 해결책도 모색해야 한다는 주장이 지속되고 있는 상황이다.

## 제8장
# 보험계약자의 철회권 행사 여부

## I. 서론

보험에 관한 법규 전체를 가리키는 보험법은 크게 보험공법과 보험사법으로 구분된다.[1] 보험에 관한 공법적인 법규의 총체를 보험공법의 영역이라고 한다면, 영리보험과 같은 사보험(Privatversicherung)에 관한 법규의 총체는 보험사법에 속한다. 영리보험에서 보험계약법은 중요한 의미를 가지고 있다. 보험계약법은 계약의 한 당사자로서 보험자의 권리와 의무 및 보험계약자의 권리와 의무 등을 다루고 있다. 보험관계를 임의하고 있는 형태는 각국마다 차이를 보이고 있다. 독자적인 보험계약법을 가지고 있는 나라도 있는가 하면, 보험계약관계를 다루고 있지만 독자적인 보험법이라는 법정을 사용하는 국가도 있다.[2] 보험계약법에 대한 다른 국가들의 독자적인 입법추세와는 달리 우리의 경우 상법 보험편에서 보험계약관계를 다루고 있다.

계약관계를 규정하고 있는 보험계약법과 달리, 보험업법은 보험업을 영위하는 자에 대한 감독과 통제 등을 규정하고 있는 법률이라고 할 수 있다. 보험업법은 보험회사에

1 양승규, 보험법, 제5판, 삼지원 2004, 52면.
2 독일의 경우는 보험계약법(Versicherungsvertragsgesetz)으로 하고 있고, 일본의 경우는 보험법이라는 법정하에 보험계약관계를 다루고 있다.

대한 임직원 및 지배구조에 관하여 일정한 요건을 규정하고 있고, 보험회사의 형태인 주식회사와 상호회사의 설립과 운영 등 다양한 규제조항을 통하여 보험계약자·피보험자 및 이해관계인의 권리을 보호하고자 한다. 또한 자산운용에 대한 사용, 손해사정인에 관한 내용 및 보험모집과 관련한 다양한 규정을 통하여 보험업을 건전하게 육성하고, 이를 통하여 국민경제의 균형 있는 발전에 기여하고자 하는 목적에 보험업법이 제정되어 있다.

철회권을 보험계약법(정확하게 말하자면 우리 생명 보험편)에 규정하는 것이 타당한가에 대한 물음에 대한 사항을 포함하여 입법 시 고려해야 할 다양한 법적 문제들이 고민된다.

## II. 보험계약자의 권리로서 철회권

### 1. 계약철회상 철회권

#### 1) 원칙

계약자 일방의 청약과 다른 계약상대방의 승낙을 통한 합의로써 계약은 성립하게 된다. 상대방에 대하여 계약을 청약을 하는 그 청약에 구속되기 때문에 청약이 상대방에 도달하게 되면 청약자는 임의대로 철회할 수 없는 것이 대륙법의 원칙이다. 독일 민법 제145조나 우리 민법 제527조는 그것을 명문으로 규정하고 있다. 청약을 철회할 수 없도록 한 이유는 상대방에 대한 불측의 손해를 방지하여 그룹 보호하고자 하는 측면과 거래안전의 측면을 고려한 것이다.[3] 그러나 격지자 간에 철회의 의사표시가 청약의 의사표시보다 먼저 도달하거나 동시에 도달하는 청약의 의 사표시가 발생하지 않도록 명문으로 규정된 입법국가도 있는가 하면,[4] 우리의 경우 단

---

3  곽윤직, 채권각론, 박영사, 2003, 38면 이하.
4  독일 민법은 "격지자 간에 있는 타인에게 교부하는 의사표시는 상대방에게 도달되는 경우에 효력이 발생한다. 상대방에게 도달되기 전이나 도달과 동시에 의사표시의 철회의 의사표시가 상대방에게 도달되는 경우에는 그러한 의사표시는 효력이 발생하지 아니한다"고 제130조 제1항에서 제정하고 있다.

지 "상대방 있는 의사표시는 그 통지가 상대방에게 도달한 때로부터 그 효력이 생긴 다"라고 규정된 민법 제111조 제1항의 해석을 통하여 청약의 철회가능성이 인정된다.

## 2) 특수한 판매형식의 경우

청약의 의사표시가 도달된 이후에는 청약을 철회할 수 없도록 한 민법의 근본원칙 에 대한 변화는 1985년과 1997년 제정된 독일의 "방문판매거래(Haustürgeschäft)"와 "통 신판매계약(Fernabsatzverträge)"에서 볼 수 있다. 독일 민법 제130조 제1항과 달리, 양 제 약에서 독일의 입법자는 제약이 성립되었다고 할지라도 청약을 철회할 수 있는 권리를 부여하고 있다. 2002년 독일은 종래 방문판매법이나 통신판매법을 민법전에 성립되는 특 민법의 대표적인 현대화작업을 하였다. 민법에 수용된 이후에도 유효하게 성립하는 청약 소비자계약에 있어서, 연상회복관계로 전환시키는 철회권은 제속해서 인정되고 있다.

우리나라 역시 "방문판매 등에 관한 법률" 제8조와 "할부거래법" 제5조에서 일정한 요건하에 매수인이 행한 청약의 의사표시는 정당한 이유가 없다고 할지라도 청약을 철회할 수 있는 예외를 인정하고 있다. 철회권의 인정은 경솔하게 매수를 결정한 소비 자로 하여금 신중을 기할 수 있도록 한다. 이것은 "제고의 기간(Überlegungsfrist)"이라 할 수 있다. 철회권은 제약이 성립한 후에 제약상대방이 이후런 이유를 제시하지 않고 도 교부한 청약의 의사표시를 무효로 돌릴 수 있는 법적 효과를 갖게 된다.[5]

## 2. 보험계약에서 철회권의 안내방법

## 1) 청약서를 통한 안내

보험계약 역시 사법상 하나의 제약에 해당되기 때문에, 우리 민법 제527조에 따라

5　Armbrüster, Das allgemeine Widerrufsrecht im neuen VVG, r+s 2008, 493 f.; Wandt/Ganster, Die Rechtsfolgen des Widerrufs eines Versicherungsvertrags gem. § 9 VVG 2008, VersR 2008, 425 ff.

청약의 구속력을 인정하는 것이 원칙이다. 그러나 실무상 생명보험의 영역에서 보험계약자의 철회권을 인정하고자 하는 예가 나타났다. 일반적으로 무진단보험의 경우에 보험계약자는 제약당사자인 보험자와 직접 보험계약을 체결하는 것이 아니라, 보험설계사를 통하여 보험계약청약서를 교부받고 제약을 체결하게 된다. 만약 보험계약자가 보험설계사와 잘 알고 지내는 사이라고 하면, 당시 그의 권유를 거절하지 못한 채 즉 충동으로 청약의 의사표시를 하는 경우가 발생할 수 있다. 이러한 상황을 방지하기 위하여 보험계약자가 청약의 의사표시를 교부하였다 할지라도 일정한 기간 동안 신중히 고려하여 청약의 의사표시를 철회할 수 있는 제도가 마련된 것이다.[6]

청약철회제도를 인정한 조항들을 보면, 보험계약청약서를 통하여 안내되고 있는 것을 볼 수 있다. 당시 청약철회 안내문을 보면, 단체보험 또는 건강진단을 받은 보험계약 이외의 보험계약을 청약한 자는 청약일 또는 제1회 보험료(수증을 발급받은 날로부터 15일 이내에 그 제약의 청약을 철회할 수 있도록 하였다. 그 청약의 철회는 서면으로 하여야 하고 등기우편으로 보험회사에게 그 기일 안에 발송하거나 본인이 직접 청구하도록 하였다. 또한 지급한 보험료의 반환에 대하여는 청약철회청구서를 접수한 날로부터 3일 이내에 돌려주어야 하며, 청약철회청구서를 발송한 날 이후 보험사고가 발생한 경우에는 면제된다는 사항을 안내하고 있었다.

## 2) 생명보험표준약관을 통한 안내

### (1) 개정 생명보험약관

생명보험표준약관 제2조는 보험계약자의 청약에 대한 철회권을 명문으로 규정하고 있다. 제1항은 보험계약자가 철회권을 행사할 수 있다는 점과 철회권을 행사할 수 있는 기간에 대하여 규정하고 있다.[7]

6 우리나라에서 청약철회제도는 생명보험의 영역에서 1993년 7월부터 인정되고 있는 것으로 알려지고 있다.
7 생명보험표준약관의 주요 개정 내용에 대하여는 맹수석, "개정 생명보험표준약관의 검토", 한국보험학회 보험법위원회 2010년 춘계세미나, 2010년 6월 11일, 4면 이하.

74

보험자와 생명보험계약을 체결한 보험계약자는 청약을 한 날부터 15일 이내에 그
청약을 철회할 수 있다. 다만, 진단계약, 단체(취급)계약 또는 보험기간이 1년 미만인
계약을 체결한 보험계약자는 청약철회를 인정하고 있지 않고, 일반적으로 체결된
계약에 대하여 15일의 철회기간을 부여한 반면에, 전화·우편·컴퓨터 등의 통신매체
를 통한 보험계약이(이하 "통신판매 계약"이라 한다.)의 경우에는 청약을 한 날부터 30일
이내에 그 청약을 철회할 수 있도록 하고 있다.

제2항은 청약자 청약을 철회한 때에는 보험료반환에 대한 사항을 규정하고 있고, 보험
계약자가 청약을 철회한 경우의 철회를 접수한 날로부터 3일 이내
에 이미 납입한 보험료를 돌려주도록 하고 있다. 보험회사가 보험료의 반환을 지체하
고 있는 경우에는 반환이 늦어진 기간에 대하여 이 계약의 보험계약대출 이율을 연
단위 복리로 계산한 금액을 청약을 철회하는 회사는 신용카드의 매출을 취소하
며 이자를 더하여 지급하지 아니함을 규정하고 있다.

제3항은 철회권과 보험사고에 대한 규범내용을 담고 있다. 보험계약자가 청약을 철
회할 당시에 이미 보험금 지급사유가 발생한 경우를 상상할 수 있다. 보험계약자가
그 보험금 지급사유의 발생사실을 알지 못한 경우에 해당된다면, 보험계약자의 청약
철회의 효력은 발생하지 아니하고 보험자는 보험금을 지급해야 한다.

## (2) 개정약관에 대한 평가

2010년 1월 29일 생명보험표준약관이 개정되었다. 일반적으로 보험계약을 체결할
때, 보험계약자의 청약이 이루어진 후 보험자의 승낙이 이루어진다. 보험계약자는 보
험자의 승낙 후 보험료를 지급하게 된다. 개정 전의 약관이 청약철회에 있어서 청약을
한 날 또는 제1회 보험료를 납입한 날부터 15일 이내에 할 수 있도록 하였으나, 개정약
관은 제1회 보험료 납입한 여부를 묻지 않고 청약을 한 날부터 15일 이내에 철회할 수
있도록 하였다(표준약관 제2조 제1항 본문). 개정으로 인하여 보험계약자는 제1회 보
험료를 납입하지 않았다 하더라도 청약을 한 상태에서 그것이 15일 이내이기만 하면

자유로이 철회할 수 있게 되었다.

개정약관이 철회의 기산점을 '청약을 한 날' 또는 '제1회 보험료를 납입한 날'에서 '청약을 한 날'로 개정한 것은 철회기간을 단축시킨 것이라고 판단된다. 보험료를 지급하고 난 후 15일 내에 철회할 수 있는 권리가 박탈되기 때문이다. 이러한 변화는 보험자의 설명의무와 설시시점이 더욱 중요시되지 않으면 아니 된다. '계약체결 시'로부터 일정기간이 지나면 철회권을 행사할 수 없기 때문에, 보험자는 철회권을 반드시 설명해주어야 할 필요성이 존재한다. 또한 설명해야 할 시점을 '청약을 한 날'로 하여 보험계약자와의 마찰을 방지해야 할 것이다. 통신판매계약의 경우에는 청약의 철회기간 15일에서 30일로 연장하고 있다. 이는 비대면적 거래라는 통신판매의 특성을 고려하고 있는바, 타당한 입법태도라 할 것이다.

청약철회의 신청을 접수한 경우 개정 전 약관은 "보험자는 '지체 없이' 이미 납입한 보험료를 반환하는 것"으로 규정하고 있었다. 그러나 '지체 없이'라는 모호한 개념으로 인하여 발생할 수 있는 갈등을 방지하고자 '3일 이내'라고 보다 명백하게 표현하고 있는바, 바람직한 개정태도라 생각된다.

## 3. 보험업법 등의 청약철회에 관한 내용

보험계약자의 권리로서 철회권을 인정하고 있는 생명보험표준약관의 경우와 달리, 보험업법과 보험업법시행령 및 전자서명법은 보험자가 통신수단을 통한 청약철회의 가능성을 보여주고 있다. 보험업법 제96조는 보험회사가 통신수단을 (전화, 우편 및 컴퓨터 통신 등)을 이용하여 보험계약을 청약하는 자가 그 청약을 철회하고자 하는 경우 통신수단을 이용할 수 있음을 구성하고 있고, 보험업법시행령은 보험회사가 통신수단을 이용하여 보험계약을 청약한 자가 전화를 이용하여 그 청약을 철회하고자 하는 경우에는, 상대방의 동의를 얻어 철회하고자 하는 청약내용·청약자 본인 여부를 확인하고 그 내용을 음성 녹음하는 등 증거자료를 확보, 유지하여야 함(제46조 제5항)을 규정하고 있다. 또한 보험회사는 통신수단을 이용하여 보험계약을 청약한 자가 컴퓨터 통신을 이용하여 그 청약을 철회하고자 하는 경우에는 전자서명법상 공인전자서명을 이용하여 청약자 본인인지 여부를 확인하여야 한다(제5항)을 규정하고 있다. 보험업법, 보험업법시행령 및 전자서명법은 통신수단을 이용한 모집에 있어서 간접적으로 보험계약 청약자에 의한 청약철회를 인정하고 있는 것을 볼 수 있다.

2010년 개정된 보험업감독업무시행세칙에서도 청약철회에 대한 내용을 볼 수 있다.[8] 상품설명서에 보험가입자의 권리와 의무에 관한 사항으로서 청약철회제도를 표기하고 있고(제5-11조 제1항 제6호), 표준사업방법서에서는 보험계약자에게 청약철회 청구안내 및 청약철회신청서에 관한 사항을 필수적으로 기재하도록 하고 있다(제11조 제1항). 그리고 보험회사는 계약자로부터 청약철회의 신청을 접수한 때에는 지체 없이 이미 납입 받은 보험료를 반환하도록 하고 있다(제26조 제2항).

## III. 철회권 입법에 관한 논의

### 1. 입법의 필요성

보험계약자의 철회권을 법률에 규정하는 것이 타당한가에 대한 물음이 제기될 수 있다. 우리의 경우 보험계약자의 철회권이 보험계약법에 규정되어 있지 아니다, 생명보험표준약관 등에 규정되어 있다. 보험계약은 정보의 비대칭성이라고 하는 특징을 가지고 있다. 전문적인 지식을 습득하고 있는 보험자는 상대적으로 열위한 지식을 가지고 있는 보험계약자와 계약을 체결하게 된다. 보험계약은 보험자의 지식을 통하여 이루어지고, 보험약관의 설명은 보험자의 일방적인 측면에 의존하여 이루어지게 된다. 또한 보험상품의 매매는 보험보조자에 의하여 이루어지기 때문에 철회권을 인정하게 된다면 이는 보험계약자에게 매우 중요한 의미를 부여한다.

--------

8 유주선, "2010년 보험업법의 주요 개정내용과 평가", 생명보험 2011년 2월, 7면 이하.

독일의 경우 이미 30여 년 전에 소비자 보호의 필요성을 중요시해야 하는 영역인, "방문판매"와 "통신판매" 등에서 계약이 성립되게 할지라도 청약철회권을 실정법에서 인정하였고, 이를 민법에서 수용하여 계약이 성립되었다 할지라도 일정한 기간 내에 소비자의 청약철회권을 인정하고 있다. 보험계약 역시 동일한 방향에서 바라보고 있는 것으로 판단된다. 우리나라 역시 이러한 취지를 고려해야 할 것이다. 그러므로 생명보험표준약관에서 인정되고 있는 보험계약자의 철회권을 법률에 명백하게 입법하는 것이 타당하다.[9] 보험계약에 관한 법적 관계를 구성하고 있는 해당 법률에 보험계약자의 철회권을 구성하여, 소비자로서의 지위를 가지고 있는 보험계약자가 명확하게 철회권을 인식할 수 있도록 해야 할 것이다.[10]

## 2. 구성방법: 보험계약법 아니면 보험업법

청약철회제도를 실정법에서 명백하게 구성하고자 한다면, 어디에 입법하는 것이 타당한가에 대한 물음이 제기된다. 보험계약자의 권리인 철회권을 보험계약을 관리하고 통제하는 목적을 가지고 입법된 보험업법에 구성하고자는 입장[11]이 있다. '통신수단을 이용하여 모집한 경우 보험계약을 청약한 자가 그 청약을 철회하고자 할 때 통신수단을 이용하여 가능하도록 구성하고 있다(보험업법 제96조 제2항)'는 점에 착안하여 보험업법에 보험계약자의 청약철회권을 인정해야 한다고 주장하는 것으로 판단된다. 더 나아가 보험계약의 유효한 성립을 전제로 하여 채무불이행 등을 이유로 행사하는 해지권이나 해제권과 달리, 청약철회권은 청약 후 일정 기간 내에 무조건 철회할 수

9  유주선, "보험계약자의 보험계약에 대한 철회 – 우리나라와 독일의 비교법적인 관점에서 –", 경영법률, 제19권 제4호, 2009. 09, 104면 이하; 맹수석, "보험계약자상 청약철회제도의 법제 정점과 개선 방안–일본 보험업법의 검토를 중심으로–", 보험학회지, 제87집, 2010. 12, 131면.

10  독일 보험계약법 제8조와 제9조는 철회권에 대하여 규정하고 있다. 자세한 것은 Langheid/Wandt, Münchener Kommentar zum Versicherungsvertragsgesetz, C.H.Beck, 2010. Looschelders/Pohlmann, Versicherungsvertragsgesetz, Carl Heymanns Verlag 2010, S. 299 ff.; Prölss/Martin, Versicherungsvertragsgesetz, Kommentar zu VVG und EGVVG sowie Kommentierung wichtiger Versicherungsbedingungen-unter Berücksichtigung des ÖVVG und österreichischer Rechtsprechung, 28. Aufl. 28, 2010. Terbille, Versicherungsrecht, 2. Aufl., Verlag C.H.Beck München 2008, S. 51 f.

11  맹수석, "보험계약자상 청약철회제도의 법제 정점과 개선 방안–일본 보험업법의 검토를 중심으로–", 보험학회지, 제87집, 2010. 12, 131면.

있는 특수한 권리이기 때문에 보험계약철회보다는 보험철회법에 규정하는 것이 타당하다고 주장한다.

그러나 철회권은 계약상대방이 행사할 수 있는 권리를 가운데 하나의 권리에 해당한다. 계약이 성립하게 되면, 그 성립에 따라 계약당사자는 권리를 갖게 되고 동시에 의무를 부담하게 된다. 보험계약도 하나의 사법상의 계약에 해당한다. 그러므로 보험계약상사자의 권리관계를 규정하고 있는 보험계약법에 철회권이 규정되어야 한다. 이러한 원칙을 독일은 보험계약법에서 명확하게 실현하고 있다.

우리의 보험업법에 속하는 독일의 보험계약법이 보험감독법에 별도의 영역이라고 한다면, 보험계약법은 보험계약자와 보험업자 사이의 법적관계를 규정하는 영역에 속한다. 그러므로 우리의 경우 보험계약철회를 규정하고 있는 상법 보험편에 철회권을 규정하는 것이 마땅하리라 생각한다.

## IV. 철회권과 관련한 설명법상 논의

### 1. 보험자의 설명의무

우리 상법 제638조의3은 보험자의 약관에 대한 교부의무와 명시의무를 규정하고 있다. 보험자가 보험약관을 교부하지 않고 중요한 내용만을 설명한 경우라면, 보험약관을 교부하였다고 하더라도 중요한 내용을 설명하지 않은 경우라면 보험약관의 의무 반이 발생하게 된다. 우리 상법이 보험약관의 교부의무와 설명의무를 인정하고 있는 이유는 보험계약자가 알지 못하는 기운데 정하여진 중요한 사항이 계약내용으로 되어 예측하지 못한 보험계약자의 불이익을 방지하고자 함에 있다.[12]

상법 보험편의 내용을 보면, 보험약관의 '명시의무'를 '설명의무'로 바꾸고 취소권행사의 기간을 연장하였다. 그리고 입법에 반영되지 않았지만, 동조 제2항 단서에 "보험계약자가 보험계약을 취소하지 아니한 때에는 보험계약관계는 그 보험약관의 규정에 따른다"라고 하는 내용이 제기된 바 있었다. 상법 제638조의3을 해석하게 되면, 보험계약자는 계약을 체결할 때에 보험약관을 보험계약자에게 교부해야 하고 약관의 중요한 사항을 설명해야 한다. 그러나 설명을 하지 않았다거나 약관과 다른 설명을 했다고 할지라도, 보험계약자가 그것을 알았건 알지 못했건 보험계약 성립 후 3개월 이내에 계약을 취소하지 아니하면 그

의 취소권은 배제된다는 해석의 가능성이 존재하게 된다. 물론 보험계약자가 설명의 무를 인식하고서 취소권을 행사하지 아니한 경우라면, 그는 설명의무의 위반을 수용한 것으로 생각할 수 있기 때문에 큰 문제는 발생하지 않을 것이다. 그러나 보험계약자가 설명의무를 위반하고, 보험계약자가 계약내용과 자신이 알고 있는 내용이 다르다는 점을 모르고 그것은 문제가 될 수 있다. 개정 전에는 제2항의 단서규정이 없었 기 때문에, 보험계약자가 몰랐다 하더라도 일정기간이 지나면 약관내용의 효력이 발 생되어야 한다는 일부 학자들의 입장[13]이 있었고, 판례는 반대의 입장[14]을 피력하면서 보험계약자를 보호하고자 하는 양상을 띠었다. 만약 개정(안)의 단서 내용이 받아들여 졌다면, 취소권의 행사기간이 도과함으로써 아무런 이의 없이 보험자는 보험약관의 내용을 주장할 수 있는 상황으로 전개될 수 있었다. 비록 신설하고자 한 제2항의 단서규 정은 삭제되었지만, 보험자의 약관에 대한 설명의무와 보험계약자가 행사할 수 있는 취소권의 문제는 아직 해결되지 않은 채로 남아 있다.

## 2. 보험계약자의 취소권

미성년자는 법률행위를 함에 있어서 법정대리인의 동의를 얻어야 한다(민법 제5조).[15] 미성년자가 법정대리인의 동의를 얻지 못하면, 미성년자는 자기가 한 법률행위를 단

13 양승규, 보험법, 제5판, 삼지원, 2004, 114면.
14 대법원 1998. 11. 27. 선고 98다32567 판결.
15 이영준, 민법총칙, 박영사, 2007, 727면.

특으로 취소할 수 있다. 민법상 취소권은 착오으로 인한 의사표시의 경우(민법 제109조), 사기·강박으로 행해진 의사표시(민법 제110조) 경우에도 발생한다. 그러한 발로행위에 대하여 취소할 수 있는 자는 무능력자, 하자 있는 의사표시를 한 자, 그 대리인 또는 승계인에 한한다(민법 제140조). 취소권자가 취소권을 행사하면 유효하게 성립되었던 법률행위는 취소권의 행사에 기초하여 형성된 법률체를 무효화하게 성립되는 내용으로 하는 조), 취소권은 일방적 의사표시에 해당한다.[16]

우리 상법 제638조의3 제2항은 보험자가 설명의무를 위반한 경우, 일정한 기간 내에 보험계약자가 보험계약을 취소할 수 있도록 하고 있다. 보험계약자에게 취소권 행사할 수 있도록 한 이유에 대하여는 정확하게 알 수 없지만,[17] 보험계약자가 보험약관에 대하여 사기나 기망 또는 보험자의 설명으로 인하여 보험계약자가 착오를 일으킨 경우를 상정할 수 있다. 이러한 경우 입법자는 일정한 기간의 취소권을 행사할 수 있도록 하고, 취소권이 도래하면 그러한 사유가 있다 할지라도 보험약관의 내용을 제내용으로 수용하고자 하는 의도가 있는 것으로 판단된다.

그러나 보험설계사의 설명을 듣고 계약을 체결했다니, 나중에 보험약관과 차이가 있는 내용이 많거 있었고 취소기간이 지났기 때문에 보험계약자가 보험계약을 취소할 수 없다고 한다든가, 약관의 중요한 내용을 설명하지 않았다 일정한 기간이 지나면 취소권을 배제시킨다고 하면, 그것은 보험계약의 성질 가운데 하나에 불과한 '단체성'을 지나치게 강조한 사고에 기인하고 있는 것이 아닌가 하는 생각이 든다.

## 3. 보험계약자의 이의제기권

보험계약자는 보험증권에 대한 교부와 재교부를 청구할 수 있는 권리(우리 상법 제640조, 제641조) 및 보험증권에 대하여 이의를 제기할 수 있는 권리가 있다. 증거증권

---

16 곽윤직, 민법총칙(민법강의 I), 제7판, 박영사, 2007, 295면.
17 정찬형, "보험약관의 교부·설명의무-입법취지와 성격을 중심으로-", 보험학회지, 제46집, 1995. 10. 104면.

으로서 보험증권은 증권에 기재되어 있는 계약의 내용이 실제의 사실과 다른 경우가 발생할 수 있다. 이때 계약당사자는 그 사실을 입증하여 실제의 내용으로 수정하게 하는 권리가 인정되어야 할 필요가 있다. 우리 상법은 약정을 통하여 보험계약의 당사자에게 보험증권의 교부가 있은 날로부터 그 증권내용의 정부에 관한 이의를 제기할 수 있도록 하고 있다(상법 제641조 제1문. 보험계약의 당사자가 이의약관을 정할 수 있도록 한 것은 실제의 보험계약의 내용과 보험증권상의 기재내용이 다른 경우 제기될 분쟁의 소지를 확정적으로 해소하기 위한 것이다. 그러나 그 기간은 1월을 넘지 않도록 하고 있다(상법 제641조 제2문. 이의약관은 명시적으로 정함이 있는 때에만 그 효력이 인정되고, 이의약관의 정함이 있는 경우에 보험계약의 당사자는 약관에서 정한 기간 내에만 그 증권상의 기재내용의 정정을 청구할 수 있다. 그리고 그 기간이 지나면 보험증권의 기재내용은 확정적 효력을 갖는다고 본다.[18]

독일의 보험계약법에도 이와 유사한 사항이 구성되어 있다.[19] 즉 보험증권에 청약과 다른 사항이 구성되어 있거나 보험계약 당사자 간 합의된 사항이 아닌 내용이 기재되어 있는 경우에, 보험계약자는 보험증권의 도달 후 1개월 이내에 그 내용에 대하여 이의를 제기할 수 있는 권리가 있다(독일 보험계약법 제5조 제1항). 그러나 보험증권의 도달 후 1개월 이내에 이의를 제기하지 아니하면 그러한 차이는 승인된 것으로 보게 된다(제5조 제2항). 보험자는 이러한 법적 효과를 미리 보험계약자에게 일러주어야 하고, 보험증권의 도달은 보험자가 입증하도록 하고 있다. 이의를 제기함에 있어서는 특별한 이유를 요구하지 않는다. 보험계약자는 차이가 있는 사항을 인정하지 않겠다고 사항을 서면으로 제시하는 것만으로 가능하다. 보험계약자가 개별적인 사항에 대하여 차이점을 표시하였다면, 단지 이것만이 차이가 있는 것으로 인정된다. 그러나 그 밖의 사항에 대해서는 전체적인 차이점이 있는 것으로 판단한다.[20]

------

18  양승규, 보험법, 제5판, 삼지원, 2004, 136면.
19  개정 전의 내용에 대하여는 손주찬, "독일보험계약법상의 보험증권", 보험학회지, 1982. 12, 5면 이하.
20  보험청약에 대한 내용은 해석을 통하여 이행된다. 청약의 내용과 달리 보험증권에서 연 보험료 대신에 월 보험료로 기재되어 있거나, 유효기간변경이 받아들여지는 청약과 차이점이 있다. 보험증권에 보험자가 보험청약에 잘못 제시된 요금표를 정할 요금표를 통한 경우에도 동일하게 작용된다(참고할 판례로는 OLG Hamm

보험계약자의 보험증권에 대한 '이의제기권'은 우리나라나 독일의 경우 거의 동일하게 적용되고 있음을 알 수 있다. 특히 양국이 보험증권의 도달 후 이의를 제기할 수 있는 기간을 1개월로 하고 있고, 그 기간에 이의를 제기하지 아니하면 보험증권의 내용대로 확정된다는 점 또한 동일하다. 다만 우리나라는 이의약관을 통하여 이의제기권이 양 당사자에게 발생하지만, 독일의 경우 보험계약법에 명문으로 규정되어 있다는 점에 차이가 있다.

## V. 결론

상법 제638조의3의 설명의무와 관련하여 취소권 사제하고 보험약관의 중요한 설명을 위반한 경우에 생명보험표준약관 등에 규정되어 있는 철회권을 인정하는 첫을 제안한다. 보험계약 체결 후 보험계약자는 아무 이유 없이 일정한 기간 내에 보험계약을 철회할 수 있는 권리를 부여하되, 보험자가 설명의무를 위한 시에는 일정 기간이 지난 후에도 철회권을 인정함으로써, 보험계약의 설명의무와 철회권을 연결시키는 방법을 모색해야 할 것이다.

현재 우리 상법 제638조의3의 제2항은 여러 가지 문제점을 가지고 있다. 문제를 제기하고자 제시되었던 단서 내용이 배제됨에 따라 다음의 같은 계속되리라 생각된다. 그러나 참고할 만한 사항이 독일의 보험계약법에서 발견되고 있다. 개정 전 독일 보험계약법은 보험자가 보험약관의 청약 시 보험계약을 교부하지 아니하였거나 보험계약법 제10a조에 의한 소비자정보를 제공하지 아니한 경우에는, 보험계약자가 보험증권·보험약관 기타 당해 계약내용의 토대가 된 소비자정보에 관한 서류를 받은 후 14일 이내에 이의를 제기하지 아니하면 계약은 체결된 것으로 하였다. 그러나 2008년

---

VersR 1988, 709). 청약자 이외에 다른 사람을 통하여 설명된 보증사항들 역시 청약의 내용이 된다. 보험증권의 내용이 보험계약자의 청약이나 합의한 바와 차이가 있는 경우, 보험계약자에게 유리하게 발생하는 것만 아니라 불리하게 발생한 할지라도 동일하게 적용된다(BGH VersR 1976, 478; BGH VersR 1989, 396).

개정된 독일 보험계약법은 계약내용의 승인과 관련하여 우리의 취소권에 상응하는 '이의제기권'을 삭제하고, 오히려 보험계약자의 철회권과 연계시키고 있는 것을 볼 수 있다. 그 결과 독일 보험계약법상 '이의제기권'은 단지 보험증권에서 일정한 기간 내에 이의를 제기할 수 있는 권리로 제한되고, 그 권리를 행사하지 아니하면 보험증권 대로 효력이 발생하는 것으로 계약당사자는 받아들이는 효과만을 갖게 된다. 이 점은 우리에게 매우 의미 있는 시사점을 주고 있다.

제9장

# 보험금청구권의 소멸시효와 시효기간의 정지

## I. 서 론

우리 상법 보험편은 제9편사지인 보험계약자와 보험자 사이의 권리와 의무에 대하여 규정하고 있다. 유상·낙성계약의 특질을 갖는 보험계약에 따라, 보험계약자는 보험사고가 발생한 경우 보험금금부의 대가로 보험료를 지급하게 된다.

일반적인 제약관계에서 채무자는 채무내용에 좋아 그 내용을 실현해야 하고, 채무자의 이행을 통하여 제권관의 권리는 소멸하게 된다. 제약과 관련하여 민법 제387조는 채무의 이행기에 관하여 규정하고 있다. 만편 보험계약에 대하여는 일반계약과 달리 특별한 규정을 정하고 있다. 우리 상법 제658조는 보험금액의 지급에 대하여 약정기간이 있는 경우와 약정기간이 없는 경우를 구분하여 규정하고 있다. 약정기간이 있는 경우에는 그 기간 내에 보험자가 보험금액을 지급하면 되고, 약정기간이 없는 경우에는 보험사고 발생 후 보험제약자가 방송한 통지를 받은 후 지체 없이 지급할 보험금액을 정하고 그 정하여진 날부터 10일 내에 피보험자 또는 보험수익자에게 보험금액을 지급하도록 하고 있다.

보험기간 중 보험사고가 발생하면 보험료지급에 대한 대가로써 보험자로부터 기능한 한 빨리 보험금을 수령하고자 한다. 그러나 상법에서 규정하고 있는 바와 같이, 가능한 한 신속하게 보험금을 지급해야 하는 것은 사실이지만, 채무자라 할지라도 보험계약자인 채권자의 요구에 따라 바로 채무를 이행해야 할 의무는 없다. 보험사고 발생의 통지를 수령한 후, 보험자는 보험사고에 대한 해당 여부를 조사해야 하고 장해와 상해등급에 따른 보험금액의 산정을 확정하지 않으면 아니 된다. 더 나아가 보험계약자 측의 보험금 청구가 정당한지의 여부 등을 심사하기 위한 일정한 시간이 요구된다.

이러한 상황은 보험계약자 측과 보험자 사이에 미묘한 감등관계를 야기하게 된다.

## II. 보험금지급채무에 대한 특칙

### 1. 의의

일반적인 채권관계에서 급부의 시기가 정해지지 않은 경우에, 청구권이 발생하면 채권자는 즉시 급부에 대한 청구권을 행사할 수 있다. 시기가 정해진 경우라도 채권자라도 의심스러울 때에는, 정해진 시기 전에도 채무자는 급부의 실행이 가능하다. 독일 민법은 제271조[1]에서 이러한 내용을 규정하고 있고, 우리 민법 역시 유사한 내용을 제387조[2]에서 규정하고 있다.

독일 민법 제271조가 채권·채무관계의 지급기한에 대한 일반조항의 역할을 하고 있다면,[3] 독일 보험계약법 제14조[4]는 이어행량에 맞춰 보험자가 보험금지급을 언제 이행

---

[1] 독일 민법 제271조(급부시기) ① 급부의 시기가 정해지지 아니하고 제반 사정으로부터도 이를 추단할 수 없는 경우에는, 채권자는 즉시 급부를 청구할 수 있고, 채무자는 즉시 이를 실행할 수 있다. ② [급부의] 시기가 정해여진 경우에, 의심스러운 때에는, 채권자는 그 시기 전에 급부를 청구할 수 없으나 채무자는 이를 미리 실행할 수 있다.

[2] 우리 민법 제387조(이행기와 이행지체) ① 채무이행의 확정한 기한이 있는 경우에는 채무자는 기한이 도래한 때로부터 지체책임이 있다. 채무이행의 불확정한 기한이 있는 경우에는 채무자는 기한이 도래함을 안 때로부터 연대책임이 있다. ② 채무이행의 기한이 없는 경우에는 채무자는 이행청구를 받은 때로부터 지체책임이 있다.

[3] Palandt, Bürgerliches Gesetzbuch, 69. Aufl., Verlag C.H.Beck, 2010, Rdn. 8에서는 일반규정과 차이를 보이는 특별규정으로서 보험계약 외에도 임차계약, 노무계약 등을 제시하고 있다.

[4] 이필규·최병규·김은경 역저, 2009년 독일 보험계약법(VVG), 세창출판사, 2009, 이 책은 2008년 1월 1일부터 시행되고 있는 독일 보험계약법 전문을 번역하고 있다. 본 논문에서 독일 보험계약법 한글 번역은 위 역자를 참고로 하고 있다.

해야 하는가에 대한 특별한 규정을 정하고 있다.[5] 독일 보험계약법은 보험금지의 보험금 지급에 대하여, 채무이행은 금전급부의 범위내인 검증(Erhebung)이 종료된 후에야 가능하다고(제1항), 보험계약자가 보험사고를 통지했음에도 불구하고 보험사고가 1개월 내에 종료되지 아니하면 보험계약자의 과실로 보험계약자에게 분할지급을 청구할 수 있는 권리를 부여하고 있다(제2항 제1문), 그리고 보험계약자의 과실로 보험사고의 검증이 종료될 수 없는 경우에는 제2항 제1문에 주어진 1개월의 기간은 진행되지 않도록 하고(제2항 제2문), 보험자가 지연이자를 면제할 수 있는 여지를 배제하였다(제3항).

## 2. 목적

독일 민법에 따른다면, 채권자는 채무자에 대하여 즉시 채무를 이행하라고 요구할 수 있고 그 요구가 이행되지 아니하면 채무자의 이행지체가 발생하게 된다. 그러나 보험계약법은 보험사고의 발생을 통하여 보험계약자가 보험금에 대한 청구를 행사할 수 있기는 하지만 보험사고의 발생과 함께 바로 보험계약자가 보험금을 지급하도록 하고 있지 않다. 실제로 보험사고의 존재에 대한 사실관계와 계약내용으로부터 보험자가 급부를 이행하지 않으면 안 되는가에 대한 법적 문제를 검토한 후에야 비로소 보험자는 보험금의 지급 여부를 판단할 수 있도록 하고 있다.[6] 이러한 사항을 적절하게 고려하기 위하여, 독일 보험계약법 제14조는 보상청구권의 대하여 독일 보험자의 보험금 지급기한을 특별하게 규정하고 있는 것이다. 그러한 사항 외에도 독일 보험계약법 제14조는 요구되는 검증을 종료하고 보험자가 급부를 이행한 경우에만 보험계약자의 분할청구권을 인정하고 있다는 점 및 최종적으로 그의 급부를 기절한 경우에 보험계약자의 분할청구권을 인정하고 있다는 점 및 보험자의 보험계약상 한의를 통한 보험자의 지연기한을 지연할 수 있는 가능성을 제한하고 있다는 점에서, 보험자와 보험계약자의 이해관계를 적절

5 개정 전의 내용에 대하여는 Hoffmann, Privatversicherungsrecht, 4. Aufl., Verlag C.H.Beck, 1998, S. 178 f.

6 Bruck/Möller/Johannsen, VVG, 9. Aufl., De Gruyter, 2009, § 14 Rdn. 3.

하게 고려하고 있다고 판단된다.[7]

## 3. 적용범위

독일 보험계약법은 제14조는 보험자의 급부에 대하여 '금전에 한정'하고 있고, 계약 관계에서 발생하는 '보험금청구권'에만 적용하고 있다. 그러므로 보험계약자가 보험 자에 대하여 행사하는 보험료 반환청구권이라든가, 보험자에 대한 잉여배당에 대한 지급청구권 또는 보험계약법 제83조[8]와 제85조[9]에 따른 비용보상이나 손해조사 비용 보상청구권과 같은 부차적인 청구권은 보험계약법 제14조의 적용대상이 되지 않 는다.[10] 의무보험법(PflVG: Pflichtversicherungsgesetz)상 피해자의 직접청구권 역시 적용되 지 않고, 법률비용보험자(Rechtsschutzversicherer)의 배려급부(Sorgeleistung)에 대한 청구권 행사와 법률비용보험의 영역에서 일반보통약관에 의한 비용면제, 책임보험의 영역에 서 일반보통보험약관에 의한 책임보험자의 법률비용급부 및 보험계약자(제100조,[11] 제 106조[12])에 의한 재무면제 역시 보험계약법 제14조의 적용대상이 아니다.[13]

---

7 Looscheiders/Pohlmann/Schneider, Versicherungsvertragsgesetz, Carl Heymann Verlag, 2010, § 14 Rdn. 1.

8 독일 보험계약법 제83조(비용보상) (1) 제82조 제1항과 제2항에 따라 보험계약자가 지출한 비용에 대하여 주어진 상황에 따라 필요하다고 인정되는 이를 상환하여야 한다. 보험자는 이를 상환하여야 한다. 보험계약자의 청구가 있는 경우 지출에 필요한 비용은 선급하여야 한다. (2) 보험자가 급부를 감액할 수 있는 경우 비용도 제1항에 따라 그에 상응하게 감액할 수 있다. (3) 보험자의 지시에 따른 결과 발생한 비용이 기타의 손해보상과 함하여 보험금액을 초과하는 경우에도 지급되어야 한다. (4) 동물보험의 경우에 사료, 관리 및 동물병원에서의 진료 및 처치비용은 제1항 내지 제3항에 따라 상환되어야 하는 비용에 포함되지 아니한다.

9 독일 보험계약법 제85조(손해조사비용) (1) 보험자가 배상해야 할 손해를 조사하고 이를 확정을 하는 데에 소요되는 비용을 상황에 따라 지출이 이루어졌을 것이나에 따라 보험자는 보험계약자에게 지급하여야 한 다. 이 비용은 그 외의 보상을 가산한 금액이 보험금액을 초과함에도 지급하여지더라도 지급하여야 한다. (2) 보험계약자가 감정을 할 의무가 있거나 보험자에 의하여 요구된 것이 아닌 한, 보험계약자에게 감정인이나 소송보조인의 감정을과 발생하는 비용을 보험자는 지급할 필요는 없다. (3) 이행급부를 감액할 권한이 보험 자에게 있는 경우 보험자는 비용의 보상을 그에 상응하여 감액할 수 있다.

10 Looscheiders/Pohlmann/Schneider, Versicherungsvertragsgesetz, Carl Heymanns Verlag, 2010, § 14 Rdn. 6.

11 제100조(보험자의 급부) 책임보험의 경우에 보험자는 보험기간 중에 발생한 사고에 대한 보험계약자의 책임에 의 가하여 제3자에 주장된 청구를 변하게 하고 근거없는 청구를 방어할 의무가 있다.

12 제106조(보험금부의 화정기) 보험자는 제3자의 청구권이 기판력 있는 판결, 승인 또는 화해를 통하여 있는 확정 된 날로부터 2주 내에 보상금을 지급하여야 한다. 보험계약자가 보험자에게 화정적 효력이 있는 방법으로 제3자에게 이행된 경우 보험자는 2주 내에 보험계약자에게 보상을 하여야 한다. 보험자는 재산사의 통 지 이후 2주 내에 제102조에 의하여 하는 비용도 지급하여야 한다.

13 Zur Rechtsschutzversicherung Deutsch, Das neue Versicherungsvertragsrecht, 6. Aufl., VVW Karlsruhe, 2008, S. 202 ff.

## III. 보험금채무의 지급기한

보험자의 금전급부에 대한 지급기한이 되기 위해서는, 보험사고가 존재하는가에 대한 여부와 손해범위를 확정하기 위한 검증기간이 보험자에게 필요하다. 검증기간이 경과할 때에만, 금전급부의 지급기한이 개시된다. 또한 보험자가 산정된 보험금의 지급을 동의하였거나 거절한 경우에도 지급기한이 발생한다.

### 1. 보험자의 검증

보험사고에 해당하는가의 확정·책임기간에 보험에 부쳐진 위험(부보)의 실현 여부·부보된 이익에 대한 침해유무 및 손해의 범위 등에 대한 보험자의 검증이 종료된 후에야 보험자의 보험급부가 이행된다.[14] 사실문제와 법적인 문제가 이후 명확하게 파악되었거나 불명확한 사실문제에 관련하여 더 이상 조사가 불가능한 경우, 혹은 또 다른 입증방법이나 인식의 가능성이 더 이상 이행될 수 없는 것으로 인정되는 경우에는 검증이 종료된다.[15]

### 1) 보험사고의 확정과 손해범위

보험사고가 발생하면 보험자계약자 혹은 보험급부를 청구하게 된다. 보험자는 제기된 청구권에 대한 다양한 사항들을 "검증"하지 않으면 아니 된다.[16] 보험자는 보험사고와 관련된 서류를 보험계약자 측에게 요구하기도 하고, 보험사고와 관련이 있는 사람이나 제3자로부터 정보를 수집하는 작업을 하게 된다. 증강기관이 조사를 하고 있다면 그것에 대한 정보를 수집하는 일 또한 보험자는 소홀히 해서는 아니 된다. 검증의 명백성을 위하여 보험자는 손해사정인에게 위임을 할 수 있다. 종종 보통보험약관에는

14 Bruck/Möller/Johannsen, VVG, 9. Aufl., Verlag C.H.Beck 2008, § 14 Rdn. 3.

15 Looschelders/Pohlmann/Schneider, a.a.O., § 14 Rdn. 10.

16 Terbille, Versicherungsrecht, Münchener Anwalts Handbuch, 2. Aufl., Verlag C.H.Beck, 2008, § 2 Rdn. 305.

보험금청구권의 지급기한이 발생하기 위해서, 보험계약자는 보험자에게 제출해야 하는 서류들과 보험자에게 알리지 않으면 아니 되는 내용들이 제시되어 있다. 그러나 제시된 사항들은 단지 최소한의 요구사항에 해당하는 것이고, 또 다른 보험자의 조사를 배제하지 않는다.

검증 후 검증한 사항이 보험자에게 유익하지 않거나 적절하지 않은 것으로 판명되었다고 할지라도, 검증할 당시 급부문제의 설명에 기여하는 것으로 보험자가 받아들인 경우라면 그러한 검증은 지급기한의 개시점을 중단하게 한다. 보험계약자가 주장하는 사항에 대하여 보험자는 아무런 제한을 받지 않고 검증을 할 수 있다. 급부의무와 급부범위를 검토하고 보험사고와 보험급부의 대상자를 확인하기 위하여 보험자는 그가 할 수 있는 모든 사항들을 검증하여야 하고,[17] 보험금을 청구한 자에게 타당하면서도 명확하게 지급하기 위하여 보험자는 숙고시간이 필요한 것이다.[18]

보험금을 지급해야 하는 보험자는 보험계약의 경우 시 보험계약자가 부적절하게 진술한 사항 역시 검증해야 한다. 그런 측면에서 보험금 지급 시 보험자는 보험계약법 제19조 제2항에 따른 해제권이나 보험계약법 제22조 악의에 의한 취소권의 행사 여부 역시 고려사항하지 아니 된다.[19] 그 이외에도 보험계약자가 이행해야 할 간접의무(Obliegenheit)를 위반하였거나 보험계약법 제81조[20]와 제103조[21]에 따른 주관적인 위험배제에 대한 검증 및 그것과 관련하여 발생하는 보험금청구권에 대한 면제이나 감액 등 역시 보험자는 고려하지 않으면 아니 될 것이다.

17  BGHZ 62, 103 = VersR 1974, 639; OLG Hamm VersR 1977, 954; r+s, 1993, 443; OLG Saarbrücken, VersR 2004, 1301.
18  BGH 1. 2. 1974-IV ZR 2/72, VersR 1974, 639; OLG Köln 21. 1. 1982-5 U 93/81, zfs 1983, 56; OLG Karlsruhe 6. 5. 1999-12 U 185/97. r+s 1999, 468; OLG Hamm 30. 10. 1959-9 W 50/59, VersR 1961, 118; LG Münster 12. 7. 1976-16 O 135/76, VersR 1977, 658; LG Bonn 26. 9. 1989-13 O 239/89, VersR 1990, 303; LG Köln 21. 9. 1981-74 O 283/80, VersR 1983, 385; LG Köln 29. 10. 1998-24 U 44/98, r+s 2000, 191; OLG Bremen 16. 3. 1965-3 U 5/65, VersR 1965, 653.
19  LG München I r+s 1993, 202.
20  독일 보험계약법 제81조(보험사고의 초래) (1) 보험계약자가 보험사고를 고의로 초래한 경우 보험자는 면책된다. (2) 보험계약자가 보험사고를 중과실에 의하여 일으켰다면 보험자는 자신의 급부를 보험계약자의 과실의 정도에 상응하여 감액할 권한이 있다.
21  독일 보험계약법 제103조(보험사고의 초래) 보험계약자가 제3자에 대하여 그에 관한 책임을 지는 사실의 발생을 고의로 위법하게 초래한 경우에는 보험자는 면책된다.

## 2) 보험계약자의 협조의무

보험사고를 명확하게 검증하기 위하여 보험자는 보험계약자의 협조를 필요로 한다.

보험계약자는 보험사고를 검증할 수 있도록 보험자에게 협조해야 하고,[22] 보험금청구권에 대한 사항을 판단할 수 있도록, 보험계약자는 관련된 서류[23]를 교부해야 한다.[24] 검증을 위하여 요구된 서류들이 보험자에게 교부되지 않은 이상 지급기한은 도래하지 않는다.[25] 필수적인 서류의 예로는 상속증명서·손해가서·전문의의 소견서·검병서 등과 보험계약자가 열람하여 얻을 수 있는 정보들을 들 수 있다.[26] 보험계약자 제3자로부터 정보를 수집해야 하는 경우라면, 보험계약자는 그러한 사항에 대하여 관련된 설명을 사실에 입각하여 명확히 이행하여야 한다(예를 들면 의사나 병원에게 개인과 관련된 정보의 조사의 경우가 여기에 해당할 수 있다).[27]

보통보험약관에 보험계약자가 특정한 서류를 제출해야만 하는 내용이 규정되어 있다면, 그 서류들이 교부되기 전에는 지급기한이 개시되기 않는다.[28] 또 다른 검증과 필요한 서류들의 요청이 보통보험약관을 통하여 배제되지 않은 것이 일반적이다. 보험금청구권을 승계한 자가 보험금을 청구하고자 한다면, 역시 보험계약을 근거로 하여 제출해야 할 서류들을 알고 있어야 한다. 교부해야, 그것 역시 보험계약을 이행해야 할 사항과 제출해야 할 서류를 보험자로부터 지급을 받지 못해 보험금청구권자가 알고 있지 않는다면, 보험계약자는 간접의무의 위반을 주장할 수 없게 된다. 그러나 보험계약자 이행해야 할 사항과 제출해야 할 서류를 보험자로부터 지급을 받지 못해 보험금청구권의 위반을 주장할 수 있는 통지의무(Hinweispflicht)는 보험자에게 일반적이다.

22　OLG Hamm 24. 10. 1990-20 U 290/89, VersR 1991, 869.

23　독일 보험계약법 제31조를 보라. 제31조(보험계약자의 통지의무) (1) 보험계약자가 보험사고의 확정을 위하여 또는 보험자의 급부의무의 범위를 정하는 데 필요한 정보를 제공할 것이라면 보험사고가 발생한 후에 요구할 수 있다. 증거자료로서 보험계약자에게 입수할 유용할 것이라면 이 증거자료를 요청할 수 있다. (2) 보험자의 제1항에 대하여 관련가 제3자에게 가속된 경우 제1항에 따른 의무를 이행하여야 한다.

24　BGH 13. 3. 2002-IV ZR 40/01, VersR 2002, 698; OLG Saarbrücken 26. 7. 2004-5 W 85/04, VersR 2004, 130); OLG München 18. 3. 2003-25 U 455/02, NJW-RR 2003, 1034; AG Bonn 9. 7. 2003-9C 773/02, zfs 2003, 551.

25　Vgl. Vorgängervorschrift LG Schweinfurt 27. 7. 1989-2 O 371/88, VersR 1990, 617.

26　LG München 20. 1. 1993-4 O 12156/92, r+s 1993, 202.

27　보험계약법 제213조는 제3자가 가지고 있는 개인건강정보의 입수에 대하여 규정하고 있다.

28　BGH VersR 2002, 698; OLG Karlsruhe VersR 2009, 668.

된다.[29]

증거서류의 제출이 보험계약자에게 가능하다고 판단되는 한, 보험자는 보험계약자에게 그 서류를 요청할 수 있다. 그렇지 아니한 경우에는 조사는 종료된 것으로 간주한다.[30] 보험자가 요구한 정보나 자료를 제공함으로써 보험계약자에게 비용이 발생한 경우에는, 보험계약법 제85조[31]에 따라 보험자는 비용지급에 대한 의무를 부담하게 된다. 만약 제3자가 보상청구권을 주장하는 경우에는, 제3자 역시 협력의무가 있다고 보아야 할 것이다. 보험계약자 자신의 잘못으로 협력의무를 위반한 경우라면, 고의적인 행위 시 보통보험약관에 반대입증이 보험계약자에게 유보되어 있는 한, 그의 의무위반은 보험자의 면책을 야기할 수 있다. 또한 보험계약자에 대한 소멸시효의 개시가 유예된다.[32]

보험계약자가 협조행위를 하지 않아 보험자가 향유할 수 있는 이익을 현저하게 침해하는 경우에는, 협조행위가 순수하게 이행됐어야만 하는 시점까지만 소멸시효가 개시될 수 있다.[33] 더 나아가 보험계약자가 설득력 있는 이유 없이 보험자에게 협조의무를 이행하지 않으면서, 보험자의 급부의무에 대한 이의와 관련하여 보험자의 지위를 악화시키고자 하는 경우에는, 비록 그것이 의도적인 것이 아니라 할지라도 보다 이른 시기에 소멸시효가 개시된다. 그 외에 보험계약자 자신의 과실 있는 행위를 한 경우에는 지급기한의 개시를 불가능하게 할 뿐만 아니라 분할지급에 대한 청구권을 행사할 수 없다.

29 AG Bonn ZfS 2003, 551.

30 OLG Oldenburg VersR 1995, 90; OGH VersR 1979, 170; LG Schweinfurt VersR 1990, 617.

31 보험계약법 제85조(손해조사비용) (1) 보험자가 배상해야 할 손해를 조사하고 이를 확정하는 데에 소요되는 비용은 상황에 따라 지출이 이루어졌을 것이나네 따라 보험자가 보험계약자에게 지급하여야 한다. 이 비용은 그 외의 보상을 가산한 금액이 보험금액을 초과할지라도 지급하여야 한다. (2) 보험계약자가 계약상 감정을 행할 의무가 있거나 보험자에 의하여 요구될 것이 아닌 한, 보험계약자에게 감정인의 소송보조인의 감정을 통하여 생기는 비용을 보험자는 지급할 필요는 없다. (3) 이행급부를 감액할 권한이 보험자에게 있는 경우 보험자는 보상도 그에 상응하여 감액할 수 있다.

32 BGH 13. 3. 2002-IV ZR 40/01. VersR 2002, 698.

33 Looschelders/Pohlmann/Schneider, a.a.O, § 14 Rdn. 23.

## 3) 손해사정절차

보통보험약관에 손해사정절차의 가능성이 규정되어 있다면, 그것이 필요로 하는 한 손해사정절차의 이행은 지급기한의 정제요건이 된다.[34] 보험자가 이전에 그의 급부의 무를 최종적으로 거절하지 않았었다고 그는 "손해사정에 따른 확정은 구속될 수 없다"라는 이의제기를 소송과정에서 있다"거나 "손해사정에 아직 이행되지 않 주장할 수 있다.[35] 손해의 확정하기 위한 손해사정절차의 가능성이 보험약관자를 위하여 고려되는 경우에, 확인의 소가 허용되고 그 소를 근거로 하여 보험자의 손해에 대한 산정의무가 설명된다.[36]

## 4) 제3자에 의한 조사

보험자가 그의 면책을 판단하기 위한 검증을 할에 있어, 경찰이나 검찰 또는 법원과 같은 제3자의 도움을 발요로 하기도 한다. 해당부야의 전문가 또한 제3자의 범위에 속 할 수 있다. 제3자의 개입으로 인하여 검증은 다소 기간이 길어질 수도 있고, 그 결과 보험계약자의 경제적 실존에 대한 위험이 발생할 수가 있다. 이 경우 보험자는 그 검 만가에의 신속한 보고서를 촉구할 수 있다.[37]

보험자가 그 스스로 조사를 하지 않고, 제3자가 알게 된 사실을 활용하는 것이 이주 중요한 것은 아니다. 그러므로 원칙적으로 공공기관의 조사과정 중 혐사재판소의 행 위는 보험급부의 지급기한에 대하여 아무런 작용을 갖지 못한다. 그러나 예외적으로 조사결과가 보험자의 지급범위에 대하여 영향을 미치는 경우에, 공공기관 의 조사는 보험제약범 제14조에 따른 지급기한의 개시를 연기하게 된다.[38] 손해와 관

---

34  OLG Hamm VersR 1989, 906; VersR 1991, 1369; OLG Koblenz r+s 1998, 404.
35  OLG Frankfurt VersR 1990, 1384; KG NVersZ 1999, 526; OLG Koblenz r+s 1998, 404; OLG Köln r+s 2002, 188.
36  BGH VersR 1986, 675; r+s 1998, 117; OLG Köln r+s 2002, 188.
37  OLG Hamm 23. 6. 1993-20 U 91/93, VersR 1994, 717=r+s 1994, 23.
38  BGH 9. 1. 1991-IV ZR 97/89, VersR 1991, 331=NJW-RR 1991, 537=r+s 1991, 100; OLG Frankfurt 16. 5. 2001-7 U 111/00, VersR 2002, 566; KG Berlin 20. 10. 996-6 U 3638/97, NVersZ 1999, 387; aA Magnusson, MDR 1994, 1160; vgl. im Hinblick auf Vorschusszahlungen OLG Köln 12. 5. 1995-9 U 232/94, r+s 1995, 265.

관련된 조사대상은 보험계약자·대표자·피보험자가 되지만 그것으로 제한되는 것은 아

니다. 공공기관의 조사 결과 보험자의 급부에 대한 적절한 사실을 받아들일 수 있는

요인이 발생한 경우라면, 알려져 있지 않은 사람(Unbekannte)이나 이미 언급되지 않은

제3자에 대한 검증절차가 지급기한을 연기할 수 있다.[39] 그러나 제3자의 청구권에 관

련되어 있으면서, 보험계약자의 위법행위 시 보험자가 그 제3자에 대하여 급부의무를

부담해야 하는 것이 남아 있는 경우에 보험계약자에 대한 조사는 지급기한을 연기할

수 없게 된다. 보험사고의 확정에 대한 조사절차가 매우 중요하다고 할지라도, 보험자

가 공공기관의 조사에 대하여 인식의 가능성을 가지고 있기 전에는 지급기한이 발생

하지 않는다.[40] 그러므로 보험자는 충분하고도 자주 서류열람을 위한 노력을 기울여야

한다.[41]

"공공기관이나 형사적인 조사가 이행되는 한 보험자는 지급을 연기할 수 있다"는

보통보험약관에 규정된 합의사항은 보험계약법 제14조를 위반한 것으로 볼 수 없다.

그러므로 약관규제법적으로 (현행 민법 제305~제310조) 이의를 제기할 수 없다고 판단

된다.

## 5) 검증기간

보험자의 검증기간은 일반적으로 약 2주나 3주 정도가 주어진다.[42] 그러나 사례에

따라 특별히 검증범위가 넓고 복잡한 사정이 있는 경우에는 주어진 기간보다 더 장기

간이 될 수도 있고, 그러한 기간이 경과한 다음에야 지급기한이 개시된다. 급부의무를

확정하고자 함에 있어 전체 과정을 정한 기간은 존재하지 않을 뿐만 아니라, 최소한의

기간 역시 정해진 바 없다.[43]

39  OLG OLG Oldenburg VersR 1998, 1502.
40  BGH VersR 1974, 639; r+s 1993, 188.
41  BGH r+s 1993, 188; OLG Hamm VersR 1987, 602.
42  BGH VersR 1974, 639; OLG Karlsruhe r+s 1999, 468.
43  Ehrenzweig, Deutsches Versicherungsvertragsrecht, S. 166 und Fn. 5; Veenker, Die Fälligkeit von Geldleistungen des Versicherers, 2008, S. 32 f.

보험자는 그에게 주어진 일반적인 기간을 연급하는 것이 가능하지 않다. 중요한 것은 각 사례에 따라 기간의 경도가 말단진다는 사실이다. 그럼에도 불구하고 보험자는 가능한 한 신속하게 보험사고를 확정해야만 한다. 그렇지 않으면 민법 제242조에 규정된 신의의 원칙에 따른 책임문제가 등장할 수 있다.[44] 보험사고의 발생으로 말미암아 보험계약자가 경제적으로 현저하게 어려운 상황에 처해 있거나 생존에 크 우려가 발생하는 경우 보험금의 지급에 대한 신속함이 특히 요구된다.[45] 전문가인 제3자가 검증과정에 투입되는 경우에 보험자는 그 자에게 신속하게 작업을 할 수 있도록 요청하지 않으면 아니 된다.[46]

함당한 이유를 제시하지 못하면서 보험자가 보험금지급을 지연하거나 보험금지급의 전제조건인 조사를 전혀 이행하지 않는 경우에는, 조사가 종료되었을 것이라고 인정되는 시점에 지급기한은 개시되는 것[47]으로 보아야 한다. 보험자가 부당하게 지체하였다는 시점과 조사가 종료되었을 것이라고 인정되는 시점에 대하여는, 보험계약자가 설명하고 입증을 해야 한다.[48] 지체로 인한 손해가 발생한 경우 독일 민법 제286조가 정하는 조건을 충족하는 한, 보험계약자는 보험자에게 손해배상을 청구할 수 있다.[49]

## 2. 급부지급 여부에 대한 통지

### 1) 급부의 통지

검증에 대한 상황을 고려하지 않고 보험자가 보험금지급에 대한 승낙을 하게 되면, 보험자의 급부는 지급기한이 급부의무를 부담하겠다고 지불 설명하

--------

44 OLG München VersR 1965, 173; OLG Frankfurt VersR 1986, 1009; OLG Saarbrücken VersR 1996, 1494; Veenker, a.a.O., S. 96 ff.; Asmus, Erheblichkeit der Erhebungen in § 11 I VVG, NVersZ 2000, 361 (363 f.).
45 BGHZ 96, 88 = VersR 1986, 77; OLG Hamm VersR 1987, 602; r+s 1994, 23.
46 OLG Hamm VersR 1994, 717.
47 OLG Düsseldorf VersR 1994, 1460; OLG Hamm r+s 2001, 263; OLG Saarbrücken r+s 2006, 385.
48 OGH VersR 1985, 652; Asmus, a.a.O., NVersZ 2000, 361 (364).
49 Asmus, a.a.O., NVersZ 2000, 361 (363 f.).
50 Ehrenzweig, a.a.O., S. 166.

는 것과 동시에 그는 더 이상의 검증을 하지 않겠다는 의사를 표현하게 된다. 보험금을 청구하는 자에 의하여 신청된 청구권이 급부의 일부에 대해서만 보험자가 인정하였다면, 남아 있는 부분과 관련하여 현재까지 확인된 사항 이외의 더 이상의 조사를 필요로 하는 것이 아닌 한, 전체의 청구권이 지급기한이 된다.[51] 특정 서류의 제출 후에 보험급부를 보험자가 약속한 경우라면, 그는 요청된 서류를 수령하는 즉시 지급기한이 개시된다.[52]

## 2) 급부의 거절

보험자가 최종적으로 급부거절을 하게 되면, 그것과 함께 지급기한이 개시될 수 있다.[53] 보험자가 더 이상의 조사를 하지 않겠다는 표현과 함께 급부거절을 하고, 실질상 보상의무가 발생하는 보험사고가 존재하는 경우가 여기에 해당한다. 보험자가 급부를 거절함으로써, 그에게 허용된 지급기한의 연기는 종료된다. 보험금 지급에 대한 거절 문서의 도달과 함께 지급기한이 개시된다.[54] 보험자가 그의 최종적인 거절통지가 화해 신청과 함께 결합되어 있는 경우 역시 역시 동일한 효력이 발생한다.[55] 하지만 화해신청이 종종 또 다른 조사를 예방하기 위하여 이행되는 것이 아니다. 최종적인 이행거절 후에는 당연히 지급 조사의 종료되었음을 의미하는 것은 아니다. 최종적으로 거절과 동시에 지급거체가 발생하게 된다. 기한이 개시된다.[56] 일반적으로 최종적인 거절과 동시에 지급거제가 발생하게 된다.

보험자가 소송의 기각을 신청한 경우라면, 최종적으로 급부를 거절하고 있다고 판단된다. 보험자가 보험계약에 대한 취소권(보험계약법 제22조)을 행사하거나 해제권(보험계약법 제19조)을 행사하는 경우, 역시 급부에 대한 최종적인 거절을 의미한다.

51  OLG Schleswig VersR 1996, 93.

52  VGL. KG VersR 1951, 73.

53  BGH VersR 1954, 388; VersR 1984, 1137; VersR 2000, 753; VesR 2002, 472; VersR 2007, 537; OLG Hamm VersR 1987, 1081; VersR 1990, 82.

54  BGH VersR 1990, 153; VersR 1994, 1460; VersR 2000, 753; OLG Hamm r+s 1994, 241; OLG Köln VersR 1990, 373.

55  OLG Köln VersR 1987, 1210.

56  BGH VersR 2002, 472.

그러므로 결과적으로 보상청구권의 지급기한을 초래하게 된다.[57] 보험자가 최종적으로 보험금부를 지정한 후에, "손해배상청구권에 대하여 법률상 중요한 이유 때문에 보험계약자에 대하여 전문가가 개입되어 조사절차가 이행되는 경우, 보험금부가 비교적 장기를 두고 거절될 수 있다"는 보통보험약관의 규정을 주장할 수 없다.[58] 또한 지급거절 후 "보험계약자가 충분히 그의 협력의무를 하지 않았기 때문에, 지급기한이 개시되지 않았다"라고 보험자는 주장할 수 없다.[59]

## 3. 법적 효과

지급기한이 개시되는 순간부터 보험금 청구권자는 보험금부에 대한 지급을 요구할 수 있고, 이행소송의 방법에서 그것을 관철시킬 수 있다. 보험금청구권자의 소제기가 보험자의 책임개시의무에 대한 확인만을 고려하고 있는 한, 그러한 소제기는 급부소송과는 다른 사항이다.[60] 보험계약법 제173조[61]는 직업능력상실보험에서 보험자의 보상승인에 대하여 규정하고 있는데, 동 규정에 따라 보험자는 지급기한에 자신의 급부의무를 받아들이는지 여부를 서면으로 밝혀야만 한다.

보험계약을 체결함에 있어 계약당사자가 상인에 해당되어 상거래에 속하게 되는(독일 상법 제343조, 제344조), 지급청구를 함에 있어 보험계약자는 5%에 해당하는 지급기한이자를 청구할 수 있다(독일 상법 제353조, 제352조 제1항 제1문). 그 이외에도 독일 민법 제286조 이하에 따른 전제조건을 충족하면, 보험계약자는 지급지체로 인한 손해를 주장할 수 있다. 끝으로 보험 보상청구권의 지급기한에 대한 3년의 소멸시효(독일 민법 제195조)는 그 청구권의 지급기한과 함께 개시된다. 중요한 것

---

57 LG Köln VersR 1982, 387.
58 BGH VersR 1954, 388; VersR 2007, 537; OLG Hamm VersR 1986, 567.
59 BGH VersR 2002, 472; OLG Nürnberg r+s 2007, 469.
60 OLG Hamm VersR 1991, 1369.
61 독일 보험계약법 제173조(보상승인) (1) 보험자는 급부신청 이후 만기 시에 자신의 급부의무를 승인하는지 여부를 서면으로 밝혀야 한다. (2) 그 승인은 단 1회에 한하여 시간상의 제한을 할 수 있다. 그 승인은 그 기간의 만료 시까지 구속력이 있다.

은 청구권의 발생, 즉 보험사고의 발생이 아니라, 비상시 급부가 소송의 방법에서 관철될 수 있는 시점, 즉 보험계약법 제14조의 의미에서 청구권의 지급기한이다.

지급기한에도 불구하고 보험자가 급부를 거절하면, 보험계약자는 각각의 사례에서 중대한 사유를 근거로 하여 보험계약에 대한 해지권을 행사할 수 있다(독일 민법 제314조). 해지권을 행사한다고 할지라도 손해배상청구권은 배제되지 않는다.

## IV. 분할지급청구권과 분할지급기간의 정지

## 1. 분할지급청구권

보험사고에 대한 필수적인 검증은 여러 달이나 한 해가 걸리는 것은 비일비재하다. 경제적인 이유로 인하여 보험계약자는 가능한 한 빨리 보험자로부터 보험금을 지급받고자 한다. 그러한 보험계약자의 이익을 고려하여 보험자에게 분할지급청구권이 인정되고 있다.[62]

### 1) 청구권의 전제조건

분할지급청구권은 보험자의 책임개시의무가 이미 존재하는 경우에만 발생한다.[63] 손해사고에 대한 책임이 설명되지 않고서는 보험계약자가 보험자에게 금전급부를 청구할 수 없도록 하고 있는 것이다. 그러나 보상청구권의 범위에 대하여 정해진 바가 없기 때문에, 양 당사자 사이에서 범위에 대한 다툼이 발생할 가능성이 있다.[64] 손해사고에 대한 통지가 있은 후 한 달이 지난 후에 보험계약자는 즉 분할지급청구권을 행사할 수 있다. 보험자에게 최소한의 검증기간을 부여하고 있기 때문에,

---

62  Langheid/Wandt, Münchner Kommentar zum Versicherungsvertragsgesetz, Verlag C.H.Beck München, 2010, § 14 Rdn. 81 ff.

63  RGZ 89, 351; 108, 20; BGH VersR 1986, 77; LG Essen VersR 1973, 558.

64  OLG Köln r+s 1989, 142.

조기에 검증이 종결되면, 급부는 지체 없이 지급기한이 된다.[65] 보험계약자나 청구권을 행사할 수 있는 권한이 있는 분할지급청구권을 행사하기 위하여 또 다른 요구사항들을 충족시켜야 한다. 손해사고의 통지 후 한 달이 지나야만 분할지급의 지급기한이 되지만, 보험계약자는 반드시 1개월의 기간경과를 기다려야 되는 것은 아니다.[66] 또한 보험계약자는 명백하게 분할지급을 요구할 필요는 없지만, 지급요구의 행실이나 단순한 소견서의 송부만으로는 충분하지 않다.[67] 보험계약자의 설명을 근거로 하여, 보험계약자는 전체손해에 대한 금액이 아니라 보험자가 지체 없이 책임을 부담해야 하는 금액만을 요구할 수 있다.[68] 그러므로 단순한 순해의 통지만으로는 충분하지 않은 것이다.

분할지급의 청구를 위한 전제조건들이 충족되고 한 달의 기간이 경과된 경우, 보험계약자의 분할지급에 대한 청구권은 순비로 지급기한이 된다(독일 민법 제271조). 그러나 지급을 준비하기 위한 적정한 기간이 보험자에게 허용되어야 한다. 보험계약자가 요청하고 있는 금액이 지급되지 않으면, 지급지체로 인한 부가적인 손해가 보상될 수 있다.

## 2) 분할지급의 범위

분할지급의 금액은 각각의 사례에 따라 달라질 수 있다. 현재 조사상황에 따라 분할지급이 정해지고 그 금액이 지급기한이 된다.[69] 전문가의 검증에 의하여 손해범위가 정해지지 않았지만, 최소한의 손해가 이미 확정된 경우라면 그 금액이 지급기한이 된다. 이미 분할지급이 이행되었다 할지라도, 지급된 금액이상의 분할지급이 가능한 경우라고 한다면 보험계약자는 여러 차례에 걸쳐 분할지급을 청구할 수 있다. 보험자에 의한

--------

65　OLGR Zweibrücken 2005, 59.
66　LG Essen VersR 1973, 558.
67　A.M. (zu weit gehend) OLG Hamm r+s 1997, 356, LG Essen VersR 1973, 558.
68　OGH VersR 1995, 607; OLG Köln r+s 1989, 558.
69　BGH VersR 1986, 77/ OLG Hamm VersR 1991, 1369.

여 지급되는 잔액은 보험사고에 대한 조사의 종료 시에야 지급기한이 된다. 분할지급을 수령한 후 조사가 계속 진행 중에 있고, 사고에 대한 조사결과 보상의무가 없는 것으로 판명된다면 수령한 금부는 민법 제812조에 따라 부당이득의 반환문제가 발생한다.

## 3) 보험계약자의 책임 여부

보험계약자의 책임 있는 사유로 검증이 종료될 수 없는 경우라면 정지된다. 보험계약자가 협조의무와 설명의무를 이행하지 않았을 경우가 전형적인 사례이다.[70] 여기서 책임 있는 사유라 함은 고의와 (경)과실로 인한 위반을 의미한다.

보험계약자의 책임 있는 사유뿐만 아니라 피보험자의 경우에도 동일하게 적용된다 (보험계약법 제41조 제1항). 제3자가 보험계약자의 대표자에 관한 사항이라면, 그 제3자의 책임 있는 사유 역시 동일하게 적용된다.[71]

## 2. 지급기간의 정지

독일 보험계약법상 보험계약자 측에 의한 분할지급청구권은 보험사고 통지 후 한 달이 지난 후에만 가능하다. 보험자가 보험사고를 검증함에 있어 보험계약자 자신의 잘못으로 인하여 그 검증이 지연되는 경우에는, 주어진 한 달의 기간은 정지된다. 보험계약자가 충분한 설명을 하지 않았다거나 전문가를 임명해야 함에도 불구하고 그러하지 아니한 경우에, 보험계약자의 책임으로 인하여 발생한 지체로 인정된다.[72] 또한 한 달의 기간이 경과하게 되면, 보험계약자가 또 다른 행위를 한다고 할지라도 이자발생에 아무런 영향을 미치지 못한다.[73]

---

70  Prölss/Martin, Versicherungsvertragsgesetz, 28. Aufl., Verlag C.H.Beck, § 14 Rdn. 18 f.

71  Dazu Hoffmann, a.a.O., S. 172 f.; 독일 대표자의 책임의 우리나라에서 수용가능성을 연구한 자료로는 유주선, "독일 보험계약법상 대표자책임에 관한 고찰—대표자책임의 타당성과 우리의 수용가능성—", 보험법연구, 제2권 제1호, 2008, 43면 이하.

72  Rüffer/Halbach/Schimikowski, Versicherungsvertragsgesetz, § 14 Rdn. 29.

73  Vgl. BGH 10. 4. 1984-VI ZR 222/82, VersR 1984, 1136.

## V. 결론

보험자의 급부이행이 보험사고와 이행범위의 확정을 위한 검증 후에 이루어진다고 하는 보험계약법 제14조 제1항은 강행규정이 아니므로, 양 당사자는 규제인의 사례에 대하여 지급기한을 합의할 수도 있고, 일반적으로 보통보험약관을 통하여 규정할 수도 있다. 그러나 보험계약자가 행사할 수 있는 분할지급청구권에 대하여는 상행에 규정되어 있는 내용보다 보험약관에서 보험계약자에게 불이익한 내용을 보험자에 규정해서는 아니 될 것이다. 보험자는 보험금의 지급이 지체되는 경우에 발생하는 지연이자를 지급하지 않기 위하여 보험약관에 "지연이자의 지급의무에 대한 책임이 없다"는 규정을 둘 가능성이 있다. 그것을 예방하기 위하여 독일 보험계약법 제14조 제3항은, 양 당사자의 그러한 합의는 무효라고 명백히 규정하고 있다. 금전급부의 지급기한에 대한 중명책임은 보험금의 청구권자인 보험계약자나 제3자에게 있다. 청구권을 제기하는 일반적인 급부에 대한 전제요건 이외에도 보험자가 할 수 있었던 검증이 충분히 이루어졌음을 설명하고 입증해야만 한다. 보험자의 청구권과 마찬가지로 청구권 역시 보험계약자가 입증해야 하며 지급지체의 전제요건에 금 지급지체에 대한 사항 역시 보험자의 지급지체의 보험 대하여도 마찬가지이다. 그러나 보험계약법 제2항에 따른 분할지급에 대한 청구권의 정지에 대하여는 보험자가 입증책임이 있다고 보이야 할 것이다.

보험자의 급부이행이 보험사고와 이행범위의 확정을 위한 검증 후에 이루어진다고 하는 보험계약법 제14조 제1항은 강행규정이 아니므로, 양 당사자는 규제인의 사례에 대하여 지급기한을 합의할 수도 있고, 일반적으로 보통보험약관을 통하여 규정할 수도 있다. 그러나 보험계약자가 행사할 수 있는 분할지급청구권에 대하여는 상행에 강행규정으로 정하고 있다(보험계약법 제18조). 그러므로 보험지급청구권에 대하여는 규정해서는 아니 될 것이다. 보험자는 보험금의 지급이 지체되는 경우에 발생하는 지연이자를 지급하지 않기 위하여 보험약관에 "지연이자의 지급의무에 대한 책임이 없다"는 규정을 둘 가능성이 있다. 그것을 예방하기 위하여 독일 보험계약법 제14조 제3항은, 양 당사자의 그러한 합의는 무효라고 명백히 규정하고 있다.

# 제10장
# 보험모집종사자

## I. 서론

일반적으로 계약을 체결하게 되면, 각 당사자는 권리와 의무를 부담하게 된다. 그러나 보험계약은 보험계약자가 보험료를 지급했다고 할지라도 보험기간에 보험사고가 발생하지 아니하면, 제:보험방인 보험자로부터 아무런 반대급부를 받을 수 없는 상황에 직면한다. 일정한 사고가 발생해야만 상대방으로부터 반대급부의 혜택을 받을 수 있는 보험은 계약의 체결과 함께 바로 보험계약자 측의 민족감이 드러나지 않는 성질을 가지고 있다. 다른 계약과 마찬가지로, 보험계약은 보험계약자의 승낙과 보험자의 승낙으로 체결된다. 그러나 실제로 보험계약은 보험모집종사자가 상품의 구매를 설득하고 권유하여 성립하게 된다. 보험자는 모집을 중개하거나 대리하는 자의 도움을 받지 않을 수 없다. 그러한 측면에서 보험모집종사자의 중요성을 간과할 수 없는 것이다. 보험업법은 보험을 모집하고 중개할 수 있는 자로 보험설계사, 보험대리점 및 보험중개사 등을 허용하고 있다. 보험회사 등의 설립, 조직, 운영 등의 사법적 내용과 보험업자에 대한 규제와 감독 등 공법적 내용을 함께 규정하고 있는 보험업법에서 보험모집을 할 수 있는 자에 대한 자격을 제한하고 있는 것을 볼 수 있다. 보험업의 경영을 하는 자의 건전한 경영을 도모하고 보험업의 건전한 육성과 국민경제의 균형 있는 발전에 목적을 두고 제정된 보험업법에서 보험모집종사자에 대한 일정한 자격과 모집질서를 규제, 감독하는 것은 타당한 면이 있다.

보험모집질서를 규제하고 감독하는 영역이 아닌, 계약법적인 관점에서 보험모집종사자의 권리와 의무를 구율해야 할 필요성이 제기되있다. 상법 제4편 보험편은 보험계약자와 보험자의 법적 관계를 구율하는 보험계약법에 해당한다. 보험계약법에는 보험자의 권리와 의무, 보험계약자의 권리와 의무 등을 구정하고 있을 뿐만 아니라 이해관계자로서 피보험자나 보험수익자의 보험자에 대한 법적 관계까지 구정하고 있다. 2014년 3월 11일 상법 보험편이 개정되있다. 1991년 12월 31일 보험계약에 관한 대표적인 개정된 후, 약 15년 만에 이루어진 것이기 때문에 그 개정 내용에 많은 기대를 불러 일으켰다. 그러나 예상과는 달리 2007년부터 발족되어 상법개정위원회에 의하여 제출된 개정 내용은 대부분 배제되고, 그 가운데 일부의 사항만이 신설되는 개정이 되고 말았다. '보험대리상 등의 권한'을 구정하고 있는 상법 제646조의2 구정도 2014년 3월 11일 개정 시 이루어진 것이다. 일단, 보험모집종사자의 한 형태인 '보험대리상'이 보험계약법에 신설된 점에 대하여는 환영을 표하지만, 신설된 범주는 보험모집종사자의 법률관계를 구율하기에는 너무나 협소하다는 지적이 지속적으로 제기되고 있는 상황이다.

## II. 보험업법상 보험모집종사자

보험업법 제83조는 보험설계사, 보험대리점, 보험중개사 및 보험회사의 임원 또는 직원 등 일정한 자에게 보험모집을 할 수 있도록 하고 있다.[1] 여기서는 보험모집과 관련하여 보험설계사, 보험대리점 및 보험중개사를 중심으로 살펴보도록 한다.[2]

---

1 유주선, "보험모집조직에 관한 법률적 문제", 안암법학, 통권 제39호, 한국어안암법학회, 2012, 79면 이하.
2 한기정, "각국 보험가입보조자에 대한 법적 비교연구", 법학논집, 제8권 제2호, 이화여자대학교 법학연구소, 2004, 93면 이하.

# 1. 보험설계사

보험설계사는 일정한 범위에서의 대리권을 가지고 영업상의 업무에 종사하는 자가 아니다. 대리권을 전체로 하는 지배인이나 부분적 포괄대리권을 가진 사용인의 지위를 갖지 못한다. 그러므로 상업사용인과는 차이점이 있다. 보험설계사는 보험회사와 위탁계약을 체결한 개업사업자로서 소득세법상 사업소득자로 분류되어 과세대상이 된다는 점에서, 보험설계사의 근로자성을 인정할 수 없다고 본다.3

대법원은 보험설계사의 보험료 수령권을 인정한 반면에 고지와 통지의 수령권은 없는 것으로 판단하고 있다. 전자와 관련하여 대법원은 "생명보험의 모집인이 그의 권유에 응한 청약의 의사표시를 한 보험계약자로부터 제1회 보험료를 수령할 발행받고 보험료 가수증을 해준 경우에는 비록 보험설계사가 소속 보험회사와의 고용계약이나 도급적 요소가 가미된 위임계약에 바탕을 둔 소속보험회사의 사용인으로서 보험계약의 체결대리권이나 고지수령권이 없는 중개인에 불과하다 하여도 오늘날의 보험업계의 실정에 비추어 제1회 보험료의 수령권이 있음을 부정할 수는 없다."고 판시하였다.4 반면, 통지와 관련하여 대법원은 "무릇한 위험의 증가 시 보험설계사가 통지의무의 대상인 '보험사고발생의 위험이 현저하게 변경 또는 오늘날의 제사가 통지의무의 대상인 '보험사고발생의 위험이 현저하게 변경 또는 증가된 사실'을 알았다고 하더라도, 그것이 큰 보험자가 위와 같은 사실을 알았다고 볼 수는 없다."5 "보험기업청약서에 기입되던 사실을 일었다고 하더라도, 그것이 큰 보험자가 위와 같은 사실을 알았다고 볼 수는 없다."5 "보험기업청약서에 기입되던 사실을 알았다고 볼 수는 없다."

고 하면서 그의 통지 수령권한을 인정하지 않았고 "보험사고발생의 위험이 현저하게 변경 또는 증가된 사실을 보험회사에 고지하였다고 볼 수 없다."고 하면서 고지의무 수령권한을 인정하지 않았다.6

지 않았다.6

.........
3　대법원 2000. 1. 28. 선고 98두9219 판결.
4　대법원 1989.11.28 선고 88다카33367 판결.
5　대법원 2006. 6. 30. 2006다19672, 19689 판결.
6　대법원 1979. 10. 30. 선고 79다1234 판결.

## 2. 보험대리점

보험업법상 보험대리점이란 보험회사를 위하여 보험계약의 체결을 대리하는 자(법인이 아닌 사단과 재단을 포함한다)로서 제87조에 따라 등록된 자를 말한다. 보험대리점은 크게 중개대리점과 체약대리점으로 구분된다. 체약대리점은 보험자의 명의로 계약을 체결하고 그 계약을 변경, 해제, 해지하고, 통지 및 고지를 수령한다. 또한 보험료의 지급을 받을 권한이 있다. 체약대리점의 지ㆍ부지가 보험자의 지ㆍ부지와 동일시 된다(민법 제116조 제1항. 상법 제646조). 표현대리에 관한 규정도 적용된다(민법 제125조). 중개대리점은 계약의 체결을 위한 대리권이 없기 때문에 고지 수령권한이나 보험료 수령권한이 없다. 그의 지ㆍ부지도 당연히 보험자의 지ㆍ부지와 동일시되지 않는다. 계약상대방이 중개대리점상을 체약대리권으로 알고 계약을 체결한 후 보험계약의 이익이 상실되었다는 이익을 제기하는 경우가 발생하곤 한다. 보험업법에서 사용하고 있는 보험대리점은 상법에서 규율하고 있는 대리상의 일종에 해당한다(상법 제87조).[8]

## 3. 보험중개사

보험업법상 보험중개사란 독립적으로 보험계약의 체결을 중개하는 자(법인이 아닌 사단과 재단을 포함한다)를 말한다(제2조 제11호). 보험중개사가 되기 위해서는 일정한 시험에 합격한 후 대통령령이 정하는 바에 따라 금융위원회에 등록해야 한다. 보험중개사는 예전 보험중개인이라고 하는 명칭을 사용하였지만, 현재 보험중개사로 불리고 있다.[9] 상법에서 인정되고 있는 중개인이은 오랜 경험을 가지고 해당 분야의 숙련된 전문가에 해당한다. 중개인으로서 보험중개사 역시 상품이나 리스크관리 등의 문제를 상담하거나 대규모의 위험에 대하여 부보를 원하는 보험계약자에게 적지 않은 도움을 제공하

7    보험업법 제2조 제10조. 70년대에 일찍이 이 문제에 대하여 검토한 자료로는 이필규, "보험대리점의 법적 지위", 보험학회지, 한국보험학회, 1975, 183면 이하.
8    양승규, 보험법, 제5판, 삼지원, 2004, 94면.
9    장덕조, "보험중개인에 관한 고찰", 한림법학, FORUM 제7권, 1998, 186면 이하.

게 된다.[10] 계약체결 시 계약내용의 작성, 계약조건에 대한 내용 검토 및 전문적인 서비스를 제공한다. 상법에서 인정되고 있는 중개인의 경우 쌍방중개인으로 주선하지만, 보험중개사는 보험계약자를 대리하여 보험계약을 체결하고 보험금을 청구하기도 하지만, 보험중개사는 일방중개인으로 주선하지만, 보험중개사는 보험계약자를 대리하여 보험계약을 수정할 권한이 있다는 점에서, 원칙적으로 보험계약자를 위한 일방중개인으로 본다.

## 4. 등록 등의 규제

보험영업은 보험설계사, 보험대리점 및 보험중개사에게 보험모집을 할 수 있는 자격을 부여하면서 일정한 사항에 대한 규제를 하고 있다. 보험설계사의 등록이라든가 모집의 제한, 불공정 행위에 대한 금지 및 등록의 취소 등의 내용이라든가

보험대리점에 대한 등록, 보험대리점의 등록의 취소 등을 규정하고 있고, 보험중개사에 대한 등록, 업무범위 및 등록의 내용을 규정하고 있다. 다만, 보험업법은 제92조에서 보험중개사에 대하여 "보험계약을 체결할 때 그 중개와 관련된 내용을 대통령령으로 정하는 바에 따라 장부에 적고 보험계약자에게 알려야 하며, 그 수수료에 관한 사항을 비치하여 보험계약자가 열람할 수 있도록 하여야 하고(제1항), "보험중개사는 보험대리점·보험설계사 및 손해사정사의 업무를 겸할 수 없다."고 하면서 일정한 의무를 부과하고 있다.

보험계약을 모집하는 보조인이나 등록, 등록취소 등에 관하여는 보험업을 감독하고 통제하는 보험업법에서 규정하는 것은 타당하다. 그러나 보험계약 체결 과정에서 보험모집보조자 역시 중요한 법률관계를 형성하고 있다는 점에서, 그들에 대한 권리와 의무를 규정해야 할 필요성이 있다. 보험모집 종사자의 권한이 규정되기도 하였지만, 보험모집보조자에 대한 권리와 의무는 계약관계를 다루는 보험계약법에 규정해야 한다. 2014년 3월 11일 '보험대리상 등의 권한'이라는 명칭으로 상법 제646

조의2가 신설되었지만, 본 규정은 여러 모로 부족한 면이 발견되고 있다. 이하에서는 보험모집보조자에 대한 내용을 상세하게 규정하고 있는 독일 보험계약법의 관련 내용을 살펴보도록 한다.

## III. 독일 보험계약법상 보험모집보조자

### 1. 보험중개자

#### 1) 구분

보험계약법은 제59조 이하에서 보험모집조직에 대하여 규정하고 있다.[11] 독일에서 보험을 모집할 수 있는 자의 대표적인 조직으로는 보험대리인과 보험중개인이 있고, 보험대리인(Versicherungsvertreter)과 보험중개인(Versicherungsmakler)을 포함하는 보험중개자(Versicherungsvermittler)와 보험상담사(Versicherungsberater)로 구분될 수 있다.[12] 보험대리인과 보험중개인을 포함하여 보험중개자라고 한다(보험계약법 제59조 제1항). 보험에 대한 조언자(Tippgeber)는 보험중개자에 해당되지 않는다.

#### 2) 권한

보험중개자는 보험계약자도 아니고 보험자에 해당되지도 않으면서 보험상의 보호를 위하여 별률행위상의 업무를 처리할 수 있는 권한을 일부나 또는 전부를 처리할 수 있는 자이다.[13] 보험자나 보험대리인으로부터 위임을 받지 않고 보험계약의 중개나 체결을 영업으로 인수한 자를 보험중개인이라고 한다(보험계약법 제59조 제3항), 보

--------

11  최병규, "보험모집보조자의 법적 지위에 관한 한독 비교연구", 기업법연구, 제24권 제1호(통권 제40호), 한국기업법학회, 2010, 331면 이하.

12  김은경, "보험모집조직에 대한 법적 소고-독일 보험모집조직의 종류 비교를 중심으로", 외법논집 제35권 제1호, 한국외국어대학교 법학연구소, 2011, 101면 이하.

13  BGH 22. 5. 1985, BGHZ 94, 356 (358).

험대리인은 보험자나 보험대리인으로부터 영업상 보험계약을 체결할 권한을 위임받은 자에 해당한다(보험계약법 제59조 제2항).

### 3) 의무

#### (1) 내용

보험중개자는 정보제공의무(Informationspflicht)를 포함한 상담의무(Beratungspflicht)와 서면화의무(Dokumentationspflicht)를 이행해야 한다. 보험중개자는 제공된 보험을 판단하는 데 있어서 어떠한 이유가 있거나 보험계약자의 관련자, 그들의 상황에 따라 이에 대한 이유가 있는 때에는 보험계약자의 요청이나 필요에 따라 보험계약자에게 제공해야 할 의무가 있다(보험계약법 제61조 제1항). 상담을 함에 있어 상담비용과 보험계약자로부터 지급되어야 하는 보험료 사이의 적절한 관련을 고려하여 상담의무가 한 특정의 보험과 관련하여 개개의 상담근거를 보험계약자에게 표시하여야 할 의무가 있다. 또한 보험중개자는 보험계약을 체결과정에 있어서 상담의무를 부담하는 것 외에, 상담을 함에 있어서 이를 서면의 방법으로 기록을 해야 한다.

#### (2) 형식

보험중개자는 상담을 하는 과정에서 보험계약자가 필요로 하는 정보를 제공할 의사표시(청약)를 하기 전에 제공해야 하며, 보험계약자에게 제공하는 정보는 명백하면서도 이해할 수 있도록 텍스트 형식으로 제공되어야 한다(보험계약법 제62조 제1항).[14] 그러나 보험계약자가 정보제공을 필요로 하지 않거나, 보험자가 잠정적인 보상을 보장한 경우에는 텍스트 형식이 아니라 구두로도 가능하다(보험계약법 제62조 제1항 제1문).[15] 이 경우 보험자는 계약체결 후 지체 없이 동 정보를 텍스트 형식을 통하여 보험

--------

14 Langheid/Wandt/, VVG, § 62 Rdn. 5.
15 Palandt, BGB, 69. Aufl., C.H.Beck, 2010, § 126 b BGB Rdn. 1 ff. 독일 민법 제126조기 텍스트 형식을 규정하고 있다. 텍스트 형식이란 의사표시가 재생적인 재생방법으로 이행되는 다른 문자방법으로 이행되는 것을 의미한다.

증권과 함께 전달해야 한다(보험계약법 제62조 제2항 제2문).

### 4) 책임

보험중개자가 상담의무나 서면화의무를 위반하여 보험계약자에게 손해발생을 야기한 경우에는 그것에 합당한 배상책임을 부담해야 한다(보험계약법 제63조 제1문). 보험계약자 보호의 관점에서 발생한다. 보험계약법 제60조는 보험중개자와 상담근거가와 그 근거에 따라 상담을 해야 하고 서면의 방법으로 이행해야 하는 의무를 위반하는 경우를 제재하기 위한 규정이다.[16] 그러나 보험중개자가 그러한 의무위반에 대하여 책임이 없는 사유로 발생한 경우에는, 손해배상책임을 부담하지 않는다(보험계약법 제63조 제2문).

## 2. 보험대리인

### 1) 권한의 포괄성

보험계약법 제69조에서 규정되어 있는 법정 대리권은 보험대리인에게 적용된다.[17] 보험대리인은 보험계약의 체결을 위한 청약과 그와 관련한 이의, 보험계약의 체결 전에 해야 하는 고지 및 기타 의사표시를 보험계약자로부터 수령할 권한(제1호), 보험계약의 연장 또는 변경에 대한 청약, 그에 대한 이의, 해지, 철회, 기타 보험관계와 관련한 의사표시 및 보험계약 기간에 해야 할 고지 등을 보험계약자로부터 수령할 권한(제2호), 보험자로부터 교부된 보험증권이나 연장증권을 보험계약자에게 전달할 권한(제3항) 등의 대리권을 행사할 수 있다.

16  Rüffer/Schimikowski/Münkel, VVG, § 63 Rdn. 5.
17  구 보험계약법 제43조에 대한 자세한 설명으로는 이필규, "독일 보험계약법상의 보험대리인-독일보험계약법(VVG) 제43조를 중심으로-", 보험하치지, 손주찬교수화갑기념호, 1984, 97면 이하.

## 2) 중개대리상의 수동대리

### (1) 의의

구 보험계약법 제43조에는 보험영업에 대하여 중개에 대하여 위임을 받은 경우, 이를 수령대리권이 있는 자로 중개대리인(Vermittlungsvertreter)이 규정되어 있었다.[18] 그러나 2008년 개정된 보험계약법 제69조 제1항은 중개대리인이나 체약대리인에 대한 특정사항을 기술하지 아니하고 보험대리에 관한 일반론으로부터 출발하고 있다.

### (2) 내용

제1항은 보험대리인의 수동적 대리권한을 인정하고 있다. 보험대리인은 보험계약의 체결을 위한 청약과 관련된 이의, 보험계약의 체결 전에 이행하여야 할 고지사항 및 의사표시를 보험계약자로부터 수령할 권한이 있다(제1호). 또한 보험계약의 연장이나 변경에 대한 청약, 그에 대한 이의, 해지, 철회 및 그 외 보험관계와 관련한 의사표시 및 보험계약기간에 해하여 할 고지 등을 보험계약자로부터 수령할 권한이 인정된다(제2호). '보험대리인은 보험계약자가 보는 것과 든는 대범원 판결의 해석적인 내용이 보험계약법 제69조 제1호와 제2호에 규정된 것으로, 보험대리인의 지위에 대하여 단적인 사실을 제시하고 있다.[19]

## 3) 체약대리상의 능동대리

중개대리인과 달리, 체약대리인은 적극적 대리권이 있는 자이다(민법 제164조 제1항). 체약대리인은 중개대리인이 가지고 있는 소극적인 권리를 행사할 수 있을 뿐만 아니라, 더 나아가 보험계를 위하여 보험계약을 변경하고, 연장하기도 하며 해지 및 철회권 등 적극적 권리를 행사할 수 있다(보험계약법 제71조). 그러므로 체약대리상은 그 대리권의 범위가 매우 포괄적이라 할 것이다.

18 Zum alten § 43 VVG Prölss/Martin/Kollhosser, VVG, § 43 Rdn. 3 f.
19 Erstmals BGH 11. 11. 1987 VersR 1988, 234.

## 3. 보험중개인

### 1) 정의

보험중개인(Versicherungsmakler)[20]은 보험자나 보험대리인으로부터 위탁을 받지 아니하면서 보험계약을 중개하거나 체결을 영업으로 인수하는 자를 말한다. 실무상 위임은 보험계약자로부터 받는 경우가 많다.[21] 보험중개인은 위임자의 대변인 또는 관리인 역할을 맡게 된다. 보험자를 위하여 계약체결을 보조하는 자에 해당하지 않고, 장래 보험계약자가 될 가능성이 있는 고객에게 도움을 주는 역할을 하게 된다. 고객과의 중개인계약(Maklervertrag)에 따라, 그는 그 계약내용에 따라 보험중개인은 상응하는 분석을 통하여 고객이 필요로 하는 것을 조사하여 시장에서 합당한 보험보호를 제공해야 한다.[22]

### 2) 법률관계

보험자와 보험중개인 사이의 법률적인 채권관계가 형성되기 때문에, 보험중개인은 보험자의 이익을 대변할 의무가 생기는 것으로 인식될 수 있다. 그러나 보험중개인은 중복적 법률관계, 즉 보험자와 보험중개인 사이의 일정한 법률관계와 보험제약자와 보험중개인과의 법률관계를 형성하게 되는 것이다. 그럼에도 불구하고 보험중개인과 보험제약자와의 사이의 법률관계가 보험자와 사이의 법률관계보다도 보다 더 밀접한 관련성을 가지고 있다. 실제로 보험중개인은 보험제약자 편에 서서 그의 이익을 위해 보호하게 된다.

---

20  독일의 Versicherungsmakler를 보험중개인사나 보험중개인으로 번역할 수 있다. 우리나라도 보험중개인이라는 법정용을 사용한 바 있고, 보험중개인이 법률적인 면에 가깝다는 면을 고려하여 독일의 문헌에서는 보험중개인이라는 용어를 사용한다.

21  Rüffer/Schimikowski/Münkel, VVG, § 59 Rdn. 23.

22  Koch, Der Versicherungsmakler im neuen Vermittlerrecht, VW 2007, 248, Ziff. 1b.

## 3) 구분

독일 상법 제93조에서 규정되어 있는 중개상과 달리, 보험중개인은 그의 고객과 상시적인 위임관계를 바탕으로 하여 종사하게 된다. 그럼으로 상법 제93조는 보험중개인에 대하여 더 이상 적용되지 않는다.[24] 보험중개인 역시 상법상의 중개상과 마찬가지로 보험계약을 중개하기는 하지만, 그 당사자들 사이에 피상적인 법적 관계에 놓여 있는 것이 아니라 지속적인 관계를 통하여 보험계약자를 대리하기 위하여 그의 연결되어 있다.

보험중개인은 보험계약에 의하여 위임을 받는 것이 아니라 고객의 중개행위를 가지고 그에 의하여 위임을 받는 점에서 보험대리인과의 차이가 있다.[25] 보험대리인이 보험자의 이익을 위하여 영업업무를 이행하고 있다면, 보험자와의 관계에서 보험중개인은 고객의 입장에서 그의 이익을 옹호하고 대변한다.[26]

## 4) 권리

중개상이 양 당사자의 이익을 고려해야 하는 반면에, 보험중개인은 기본적으로 보험계약자를 위하여 조언하고 협력을 하는 지위에 있다. 그럼에도 불구하고 보험중개인은 보험자로부터 수수료를 수령하게 되는데, 이 점은 보험중개인의 중요한 특징에 해당한다.[27] 보험중개인이 고객에게 할애한 상담에 대한 임정한 보수를 청구하거나, 보험계약자 스스로가 보험계약의 체결되는 결과에 대한 보수를 지급하는 것과는 별개의 문제이다.[28]

..........

23　Koch, Der Versicherungsmakler im neuen Vermittlerrecht, VW 2007, 248 Ziff. 1b.

24　이점을 이미 지적한 자로는 Julius von Gierke, Versicherungsrecht II, 1947, S. 124.

25　Bruck/Möller, VVG, 9. Aufl., De Gruyter, § 59 Rdn. 65.

26　BT-Druck, 16/1935, S. 22 f.

27　BGH 20. 1. 2005 NJW 2005, 1357; BGH 20. 1. 2005 VersR 2005, 404; BGH 14. 6. 2007 VersR 2007, 1127.

28　So der Wortlaut der Klausel in der Entscheidung vom 20. 1. 2005 VersR 404; inhaltsgleich die Klausel in der Entscheidung des BGH vom 20. 1. 2005 NJW 2005, 1357.

## 5) 의무

보험중개인의 의무는 한편으로는 보험계약자로부터 발생하고, 또 한편으로는 중개계약으로부터 발생한다.[29] 보험중개인은 시장에서 제공되고 있는 보험계약들과 보험자들의 충분한 개연성에 따라 중요한 조언을 제공해야 할 의무가 있다(보험계약법 제60조 제1항 제1문). 그러나 보험중개인은 각각의 사례에서 보험자 및 보험계약을 선택함에 있어서 제한될 수 있음을 명백하게 알려주는 것이 허용된다(보험계약법 제60조 제1항 제2문). 보험계약법 제61조에 따라 상담의무와 서면화의무를 부담해야 한다. 이러한 의무들은 고객인 보험계약자가 청약의 의사표시를 하기 전에 이행해야 한다(보험계약법 제62조). 제60조와 제61조로부터 발생하는 의무를 보험중개인이 위반하면, 그의 손해배상의 책임을 면하지 못한다(보험계약법 제63조).

## 4. 보험상담사

## 1) 정의

보험상담사는 보험자로부터 경제적인 이익을 얻지 않거나 다른 방법으로 그에게 종속되지 아니하고 보험계약에 대한 합의, 변경 또는 조사의 경우 또는 보험사고 시 보험계약으로부터 청구권의 대리행사와 관련하여 영업상 상담을 하거나 재판 외에서 보험자에 대하여 대리하는 자이다(보험계약법 제59조 제4항).

## 2) 특징

보험중개자가 부담하는 의무와 같은 상담의무나 서면화의무 등이 보험상담사에게 발생할 수 있다(보험계약법 제68조 제1문). 이러한 경우에는 보험중개자에게 적용되는 정보의 시점과 형식(보험계약법 제62조 참조) 및 손해배상의무(보험계약법 제63조) 등이 보험상담사에게도 적용가능하게 된다.

29  Bruck/Möller, VVG, 9. Aufl., De Gruyter, § 59 Rdn. 86.

# IV. 삽법 제646조의2의 주요 내용과 한계

## 1. 개정 법규

**제646조의2(보험대리상 등의 권한)** ① 보험대리상은 다음 각 호의 권한이 있다.

1. 보험계약자로부터 보험료를 수령할 수 있는 권한
2. 보험자가 작성한 보험증권을 보험계약자에게 교부할 수 있는 권한
3. 보험계약자로부터 청약, 고지, 통지, 해지, 취소 등 보험계약에 관한 의사표시를 수령할 수 있는 권한
4. 보험계약자에게 보험계약의 체결, 변경, 해지 등 보험계약에 관한 의사표시를 할 수 있는 권한

② 제1항에도 불구하고 보험자는 보험대리상의 제1항 각 호의 권한 중 일부를 제한할 수 있다. 다만, 보험자는 그러한 권한 제한을 이유로 선의의 보험계약자에게 대항하지 못한다.

③ 보험대리상이 아니면서 특정한 보험자를 위하여 계속적으로 보험계약의 체결을 중개하는 자는 제1항제1호(보험자가 작성한 영수증을 보험계약자에게 교부하는 경우만 해당한다) 및 제2호의 권한이 있다.

④ 피보험자나 보험수익자가 보험료를 지급하거나 보험계약에 관한 의사표시를 할 의무가 있는 경우에는 제1항부터 제3항까지의 규정을 그 피보험자나 보험수익자에게도 적용한다.

## 2. 주요 내용

### 1) 체약대리상의 권한

보험대리상이란 일정한 보험자를 위하여 상시 그 영업부류에 속하는 보험계약의 체결을 대리하거나 중개하는 것을 영업으로 하는 자를 말한다. 보험계약의 체결을 대리하는 자는 지시와 감독을 받지 않은 독립된 상인으로서 보험회사에 대한 보조적인 상인으로서의 지위를 갖는다.[30] 그러한 측면에서 상업사용인과 구별이 이루어져야 한다.

대리상은 체약대리상과 중개대리상으로 구분된다.[31] 일정한 상인인 보험대리상을 위하여 상시 그 영업부류에 속하는 보험계약의 체결을 대리하는 것을 영업으로 하는 독립된

---

30 이성남, "개정 상법상 보험대리상 등에 관한 규정의 법적 쟁점 연구", 기업법연구, 제28권 제2호(통권 제57호), 한국기업법학회, 2014, 264면.

31 박세민, 보험법, 제4판, 박영사, 2017, 103면 이하.

상인을 제약대리상이라고 한다(상법 제87조).

2014년 3월 11일 공포된 개정 상법은 "보험대리상 등의 권한"이라는 제목으로 보험대리상에 대한 권한을 명시적으로 신설하였다.[32] 제646조의2 제1항은 보험대리상에게 보험료 수령권, 보험자가 작성한 보험증권을 그 대신에 보험계약자에게 교부할 수 있는 권리, 보험계약자로부터 청약, 고지, 통지, 해지, 취소 등 보험계약에 대한 의사표시의 수령할 수 있는 권한 및 보험계약자로부터 보험계약의 체결, 변경, 해지 등 보험계약에 관한 의사표시를 할 수 있는 권한 등을 구정하고 있다. 상법 제87조가 대리상에 관한 일반적인 규정을 정하고 있다면, 상법 제646조의2는 보험의 영역에서 대리상이 갖는 권한을 예시하면서 구정하고 있다는 점에서, 그 의미를 찾을 수 있다.

## 2) 중개대리상의 권한

일정한 상인인 보험회사를 위하여 상시 그 영업부류에 속하는 보험계약의 체결을 중개하는 것을 영업으로 하는 독립된 상인을 중개대리상이라고 한다(상법 제87조). 상법 제646조의2 제1항과 비교하여 제2항은 중개대리상의 면을 고려한 것으로 판단된다.[33] 제1항에서 보험자가 행사할 수 있는 권리 가운데 제약에 대한 체결을 대리할 수 있는 권리 등을 부여하고, 제2항에서는 계약체결에 대한 권리 가운데 일부를 제한할 수 있도록 한 점은 보험계약의 중개라고 하는 사실을 상정해도 것이라 할 수 있다. 그렇다고 할지라도, 제3자가 일부의 권한을 제한받은 중개대리상에 대하여 그 권한을 제한한반 있다는 사실을 알지 못하는 경우라면 보험자는 이를 제3자에게 대항할 수 없도록 하고 있다.

32 김영국, "상법 제646조의2 '보험대리상 등의 권한' 구정에 관한 법정해석 소고", 법이론실무연구, 제2권 제1호, 한국법이론실무학회, 2014, 217면 이하.
33 이성남, "개정 상법상 보험대리상 등에 관한 구정의 법적 쟁점 연구", 기업법연구, 제28권 제3호(통권 제57호), 한국기업법학회, 2014, 262면.

### 3) 대리상 아닌 보험계약 중개하는 자

상법 제646조의2 제3항은 '특정한 보험자를 위하여 계속해서 보험계약의 체결을 중개하는 자'라고 하여 보험설계사를 상정하는 개념을 도출하는 시도가 있다. 이 자에게는 보험대리상이 가지고 있는 권리로서 보험계약자로부터 보험료를 수령할 수 있는 권한과 보험회사가 작성한 보험증권을 보험계약자에게 교부할 수 있는 권한을 인정한다. 다만, 보험료를 수령할 수 있는 권한에 대하여 이 자는 보험자가 작성한 영수증을 보험계약자에게 교부한 경우에만 가능한 것으로 하고 있다.[34] 등 규정은 보험계약 체결과 관련하여 제한해서 보험계약의 체결을 중개하고자 하는 자에게 보험료를 수령하는 자에게 보험료 수령권한과 보험증권 교부권한을 인정하여 보험계약자를 보조하는 이 자에 대한 권한을 명확히 제시함으로써, 법적인 지위를 확보하는 효과를 제공하고 있다.

### 4) 피보험자 및 보험수익자 보호

동조 제3항은 피보험자나 보험수익자가 보험료를 지급하거나 보험계약에 관한 의사표시를 할 의무가 있는 경우에는 제3항부터 제3항까지의 규정을 그 피보험자나 보험수익자에게도 적용하는 것으로 규정하고 있다. 이는 보험계약자에 준하는 지위를 가지고 있는 자를 보호하고자 하는 면이 있다.

### 3. 평가

2014년 3월 11일 개정된 상법에 보험모집종사자에 대한 내용이 신설된 것만 해도 개정의 의의를 인정할 수도 있을 것이다. 그러나 상법 제646조의2의 규정을 검토해보면, 입법자는 보험대리상이 아님으로, 보험자를 대신하여 포괄적인 권한을 행사할 수 있는 제약대리상을 원직으로 인정하고, 그러한 권한 가운데 제약체결권 등을 행사할 수 있는 권리를 배제하여 계약의 중개만을 행사할 수 있는 중개대리상을 보험자가 선택할 수 있는 방안을 마련하였다. 제3자가 상법 제646조의2 제1항의 권한이 없지 못하는 가운데 중개대리상과 계약을 체결할 가능성이 발생하게 되는 점을 예방하기 위하여, 입법자는 보험자는 제3자에게 중개대리상이 일정한 권한이 제한되어 있음을 인식할 수 있도록 하였다. 만약 보험계약자가 그러한 권리의 제한이 있음을 모르고 경우라면, 보험회사는 이러한 제3자에 대하여 대항하지 못하도록 한 것이다. 대리상 권한의 제한이라는, 비록 범위에 중개대리상이라는 개념을 사용하지는 않았지만, 제1항과 제2항의 관계를 통하여 제2항이 중개대리상의 지위를 주문할 수 있다. 그럼에도 불구하고 보험자가 자신의 임의대로 제1항의 일부 권한을 배제할 수 있다는 점에서, 보험중개대리상에게 제약대리상이 행사할 수 있는 일부의 권리인 보험료 수령권한, 보험증권 교부권한, 고지·통지수령권한을 인정받을 수 있다. 입법자는 이번 개정에서 이러한 법적 근거가 마련해주었다는 점에서, 실무에서 긍정적인 효과를 가져올 수 있을 것이다.

## 4. 한계

개정 상법은 부분적으로는 긍정적 평가를 부여할 수 있지만, 다음과 같은 입법상의 한계점을 노출하고 있다. 첫째, 보험모집종사자의 개념이 명시적으로 제시되어 있지 않다. 보험모집종사자로서 보험대리상에 대하여는 제646조의2 제1항과 제2항에서, 보험모집인에 대하여는 제646조의2 제3항에서 구성하고 있는 모습을 보여주고 있는데, 역시 보험모집인에 대한 명시적 개념을 제시하고 있지 않다. 특히, 보험중개사에 대하여는 전혀 언급되지 않고 있는바, 이를 명시적으로 제시해야 할 필요성이 있다. 둘째, 이무에 대한 내용이 누락되어 있다. 법적 관계를 정함에 있어 권한이 있다면 이에 의무도 당연히 존재해야 할 것이다. 상법 제646조의2는 보험대리상을 중심으로 일정한 지에 대한 권한을 규정하고 있다. 일부 권한을 명시적으로 신설한 보험설계사도 있지만, 보험

제10장 보험모집종사자　119

중개사에 대하여는 권한은 물론이거니와 의무도 부여하지 않았다. 보험중개사의 권한과 의무를 명시적으로 규정해야 할 필요성이 있다. 셋째, 설명의무와 그 의무이행의 시점의 명확화 및 서면화의무에 대한 사항이다. 독일 보험계약법이 규정하고 있는 것과 같이 보험모집보조자의 설명의무와 그 의무이행의 시점을 명확히 법률에 규정해야 할 필요가 있다. 다만, 다툼을 방지하기 위하여 서면화의무가 필요한가에 대한 심도 있는 논의의 필요성이 있다. 넷째, 의무위반에 대한 책임 규정의 필요성이 있다. 대리 개념을 근거로 한 대리상의 경우 보험자의 책임을 원칙으로 하되 규모가 일정 이상인 독립 보험대리상에 대하여는 자신의 1차적인 책임을 인정하는 방안이 모색될 수도 있고, 보험중개사에서는 자기책임을 인정하는 방안이 모색될 수도 있다. 다섯째, 제재 내용은 보험업법에 규정해야 하지만, 제재규정은 보험업법이나 보험업법시행령에 두어야 할 것이다.

## V. 결론

보험업법의 입법목적과 보험계약법의 입법목적을 정확하게 이해할 필요가 있다. 보험업법은 보험업을 영위하는 자의 건전한 운영을 도모하고 보험계약자·피보험자 그 밖의 이해관계인의 권익을 보호함으로써 보험업의 건전한 육성과 국민경제의 균형 있는 발전에 기여함을 목적으로 제정된 법률로서, 보험계약자와 보험자의 의무를 규정하고고 하는 특정한 목적을 가지고 있는 것이 아니다. 반면 상법 보험편은 보험자와 보험계약자의 권리와 의무를 규정하고 있다. 보험모집종사자의 권리와 의무가 보험계약법에 규정되어야 한다. 보험계약자에게 설명적으로 이해관계가 있는 것은 보험업법 보다 보험계약법이다. 2014년 3월 11일 상법을 개정하면서, 계약관계를 다루는 보험편에 이들에 대한 법적 지위를 수용한 점에 대하여는 긍정적인 평가를 부여 할 수 있다. 그러나 미흡한 점을 부인하기는 어렵다고 판단된다.

보험계약관계에서 보험모집종사자는 보험자와 보험계약자 사이에서 매우 중요한

역할을 한다. 일본으로부터 계수하여 개인보험 시장의 성장에 크게 기여한 보험설계

사, 시간이 갈수록 대규모화되는 동시에 시장을 진입하는 비율이 점점 더 높아지고

있는 판매채널의 상징적인 보험대리점, 기업보험을 비롯하여 국내 시장에서 브로커로

서의 입지와 해외 시장을 확대해가고 있는 보험중개사라고 하는 판매채널은 보험계약

관계에서 간과해서는 안 될 형태임을 주지해야 한다. 2014년 신설된 내용의 부족함과

흠결을 보완하여 보다 더 세밀하게 그들의 권리와 의무를 신설하는 방안이 마련되어

야 할 것이다.

# 제11장
# 보험자의 면책과 자살

## I. 의 의

자본주의 경제사회에서 개별적인 경제주체는 경제생활을 유지·운영·발전시키는 과정에서 예측할 수 없는 우연한 사고를 동반하게 된다. 그러므로 각종의 위험에 대비하기 위하여 여러 가지 대비책이 강구되어야 할 것이다. 그러한 대비책 가운데에서 보험은 동일한 위험에 놓여 있는 사람들이 하나의 위험단체를 구성하여 일정한 금액을 출연하여 기금을 마련하고, 사고를 당한 자에게 일정한 금액을 지급하여 경제생활의 안정을 도모하고자 하는 제도이다. 보험자와 보험계약자는 보험계약을 체결하고, 그 계약에 따라 보험계약자는 일정한 금액의 보험료를 납입한다. 그리고 보험자는 보험사고가 발생하였을 때에 그에 대한 반대급부로 보험금을 지급하게 된다. 하지만 보험금을 부담하게 되는 보험금의 지급은 우연한 사고의 발생을 전제로 하게 되는데, 이러한 지에의 보험금을 수령하기 위하여 보험자는 의도적으로 보험사고에 대하여 유가 발생할 수가 있다. 우리 상법에 의하면 기본적으로 보험사고에 대하여 보험금을 지급해야 하지만, 보험계약이 특기 또는 도박 등의 부정으로 악용되는 것을 예방하기 위하여 보험자에게 보험금의 지급책임을 부담하지 않는 보험자의 면책규정을 두고 있다. 이러한 인위적인 보험사고의 경우에는 보험의 선의성·윤리성의 원칙을 위반한 것이므로 보험자에게 책임을 면하게 하는 것이다.

생명보험표준약관 제16조에는 보험금을 지급하지 아니하는 보험사고를 열거하면서, 제1항 제1호에 "피보험자가 고의로 자신을 해친 경우"를 제시하고 있다. 하지만 단서 조항에 "피보험자가 정신질환 상태에서 자신을 해친 경우와 계약의 책임개시일(부활의 경우는 부활청약일)로부터 2년이 경과된 후에 자살하거나 자신을 해침으로써 장해분류표 중 제1급의 장해상태가 되었을 경우에는 그러하지 아니하다"고 하면서 보험자 면책에 관한 내용을 규정하고 있다. 우리 상법 제659조는 보험자의 면책사유로 보험계약자 등의 고의 또는 중대한 과실에 대하여 보험자가 면책된다고 정하고 있으면서, 생명보험표준약관에는 예외적으로 고의적인 자살의 경우에, 보험자가 책임을 부담한다고 규정하고 있어 양 규정이 충돌하고 있음을 볼 수 있다.

## II. 보험자의 면책

보험계약법이나 보험약관은 약정보험기간 내에 보험사고가 발생한 경우에도 보험자가 보상책임을 면하게 하는 사유를 정하고 있는데, 이를 보험자의 면책사유라고 한다.[1] 이러한 면책사유는 법규정에 의하여 계약당사자에게 손해배상책임이 발생함에도 불구하고, 그와는 달리 손해배상책임을 부담하지 않도록 약정하는 '면책특약'에 의하여 정하여지게 된다. 이와 같이 보험자의 보험계약상법이나 보험약관에 면책사유를 두는 것은 인위적 사고유발면책, 유가증권 소지품 면책(제외면책), 자동차종합보험 자량손해에서 부분품 단독 도난 등 도덕적 위험의 방지에 있다. 이 외에도 보험경영상의 이유에서 면책사유를 구성할 수도 있다. 왜냐하면 전쟁위험이나 자연재해는 거대위험으로 보험자가 담보하였다가 이러한 사고가 발생하면 보험자가 도산할 수도 있기 때문으로 보험자의 면책을 고려하게 되는 것이다. 이들 외에도 다른 보험종목으로 담보하고

---

1 양승규, 보험법, 제5판, 삼지원 (2004), 139면.

있기 때문에 담보범위에서 제외하는 경우도 면책사유에 속하게 된다. 채무를 이행하지 않았을 때에 제2차적으로 발생하는 책임을 면제시키는 약정을 하는 일반적인 제약상의 채무와는 달리, 보험계약에 있어서 면책사유는 처음부터 채무 자체의 발생을 저지하여 보험자의 보험금지급의무를 제한한다는 측면에서 성질이 다른 것이다.[2]

보험계약은 우연한 사고에 놓여 있는 사람들의 모임인 보험단체 안에서 위험을 이전시키고 분배하기 위한 조정제도라는 점, 그리고 후자를 위한 도덕적 위험을 방지하고 나아가 보험사고의 건전한 관념을 위해서 보험자의 면책조항이 요구되는 것이다. 경우 보험사고가 발생한 경우에 보험자는 피보험자 또는 보험수익자에게 보험금을 지급할 의무가 있는데, 발생은 일정한 경우 보험자의 면책사유를 인정하거나 보통보험약관에 보험자의 면책사유를 기재하고 있다.

## III. 보험자면책의 종류

### 1. 법정면책과 약정면책

보험자의 면책사유가 법률에 의하여 인정되느냐 혹은 약관의 규정으로 인정한 사유가 있느냐에 따라서 나눌 수 있는 것으로 하느냐에 따른 분류이다. 전자를 법정면책사유, 그리고 후자를 약정면책사유라고 한다. 모든 보험계약에 공통적으로 적용될 면책사유로는 고의 또는 중과실로 인한 사고의 경우에 있어서의 면책(상법 제659조)이 있고 모든 손해보험계약에 공통적으로 적용되는 면책사유로서 자연손해로 인한 면책(상법 제660조는 "보험사고가 전쟁이나 변란으로 인하여 발생한 때에는 당사자 간에 다른 약정이 없으면 보험금을 지급할 책임이 없다"고 있다. 또한 상법 제660조는 "보험사고가 전쟁 기타의 변란으로 인하여 발생한 때에는 당사자 간에 다른 약정이 없으면 보험금액을 지급할 책임이 없다"고 하여 보험자의 면책을 규정하고 있다.[3] 이러한 법정면책사유는 보험금액을 지급할 책임이 있다"고 있다. 약정면책사유는 보험자와 보험계약자의 합의로 인정된 면책사유를 의미한다.

2    채이식, "보험계약상 면책사유에 관한 소고", 기업법의 변화와 상사법(춘강손주찬교수고희기념논문집), 삼영출판사, 1993, 605면 이하.
3    양승규, 보험법, 제5판, 삼지원, 2004, 146면.

한 약정면책사유는 여러 가지 다양한 모습으로 나타나게 되는데, 피보험자 등이 고의에 의한 경우나 전쟁위험 등으로 인한 경우를 면책사유로 규정하는 상법상의 법정면책사유(상법 제659조, 제660조)를 그대로 옮겨 놓은 경우도 있고, '자기차량손해에 있어서 피보험자동차에 생긴 흠이나 마멸, 부식 등으로 인한 손해는 보상하지 않는다.'는 자동차보험약관은 상법상의 면책규정(상법 제678조)을 변경한 형태라고 볼 수 있다. 이 외에 자동차보험의 자기신체사고에 있어서 피보험자동차를 '경기를 위한 연습용 등으로 사용하던 중 피보험자가 상해를 입은 때에는 보험자가 책임을 지지 않는다.'고 하는 규정은 자동차보험약관의 특유한 약정면책사유라 하겠다.

## 2. 주관적 면책과 객관적 면책

보험자의 면책되는 사유가 인위적인 행위에 의한 것이냐, 아니냐에 따른 분류이다. 주관적인 면책사유라 함은, 보험사고가 보험계약자 등의 고의·중과실에 의하여 발생하는 경우를 말한다. 보험계약자 등이 인위적으로 보험사고를 일으킨 경우에는 보험자의 책임이 없다고 규정하고 있는 상법 제659조 제1항이 대표적인 주관적인 면책사유에 해당한다고 볼 수 있다.[4] 객관적 면책사유는 인위적인 행위에 의한 것이 아닌, 즉 주관적 귀책사유인 고의 또는 중과실에 기인한 것이 아닌 경우의 면책사유를 말한다. 이러한 객관적 면책사유는 보험사고가 전쟁이나 기타의 변란으로 인하여 생긴 때(상법 제660조), 보험목적의 성질 등으로 인한 손해의 경우(상법 제678조), 지진 등 천재지변으로 인한 손해의 경우(개인용자동차보험 보통약관 제10조 제1항 제3호) 등을 제시할 수 있다.

---

4 채이식, "보험계약법상 면책사유에 관한 소고", 기업법의 변화와 상사법(춘강손주찬교수고희기념논문집), 삼성출판사, 1993, 612면.

## 3. '책임면제'로 인한 면책과 '담보위험의 제외'로 인한 면책

보험사고의 원인과 관련하여 보험자의 책임을 면제하는 책임면제사유(Exceptions)와 보험계약에서 정한 보험사고의 범위에서 제외하는 담보위험제외사유(exclusion)로 나누어진다.[5] 담보위험의 선행원인 중 보험사고의 성립을 고려하여 보험자가 담보하는 것이 비합리하지 않다고 판단되는 위험을 면책위험으로 설정하게 되는데, 이것을 책임면제사유라고 한다. 고의 혹은 중과실 면책, 전쟁위험면책, 전재지변면책 등이 여기에 속하게 된다. 보험사고의 결과에 관한 제한을 '책임면제사유'에 해당하는 것이라면, 보험사고의 결과에 대한 제한에 해당하는 것이 '담보위험제외사유'이다.[6]

## IV. 보험자면책의 사유

## 1. 보험계약자 등의 고의나 중대한 과실로 인하여 보험사고가 발생한 경우

### 1) 고의

상법 제659조에 의하면, 보험사고가 보험계약자 또는 피보험자나 보험수익자의 고의 또는 중대한 과실로 인하여 생긴 때에는 보험자는 보험금액을 지급할 책임이 없다고 규정하고 있다. 여기서 고의의 의미는 일정한 결과의 발생을 인식하면서 그것을 감히 행위를 하는 것이다. 피보험자의 방화, 자살, 자해행위, 보험수익자에 의한 피보

5　Edwin W. Patterson, Essentials of Insurance Law, 2nd ed., (New York: McGraw-Hill Book company, Inc., 1957). P. 246; Keeton/Widiss, Insurance Law, 1988, pp. 287 and 547.

6　이러한 구분은 특히 무면책운전에 의한 면책과 관련하여 논의되는데, 대법원 1990. 6. 22. 89다가32965 판결에서 보험약관의 무면책운전의 면책사유를 요하는데, "약관에서 '무면책운전을 하였을 때 생긴 손해'라고 규정하고 있지 않으며, 위 약관은 대부분의 경우 사고의 위험성이 통상의 경우보다 높기 때문에 이러한 위험을 보험의 대상으로부터 제외하기 위하여 보험사고 사이에 인과관계가 존재하여야 한다는 취지의 면책되어야 한다면 중에 발생한 경우에 한하여 보험자는 그 보험금의 지급을 면책할 수 있다는 조항으로서는 피보험자의 무면책운전 중에 발생한 사고 사이에 인과관계가 있는 경우에만 면책된다고 할 것이므로, 이러한 약관이 규정의 취지에 상반없이 일률적으로 무면책운전 중에 발생한 경우 인과관계의 존재여부를 묻지 않고 보험자는 취지로는 표현되었으나 위 약관에 의하면 규정이 결과 보험계약에서 정한 보험사고로 해석할 수 없고 또 위 면제조항을 무면책운전과 보험사고의 경우에 한하여 적용되는 것으로 제한적으로 해석되는 것이므로, 이러한 면제조항에 대한 여, 무면책운전 중에 보험사고를 보험계약에서 정한 보험사고의 원인과 관련하여 보험자의 책임을 면하는 사유로 보는 (exclusions)로 보면 의문이 제기될 수 있다. 책임면제사유(exceptions)로 보면 의문이 제기될 수 있다.

험자의 실해 등이 전형적인 고의에 해당한다.[7] 하지만 일정한 결과를 발생케 하려는 구체적인 의사까지는 필요로 하지 않고, 일정한 결과의 발생에 대한 인식을 가지고 그것을 인용하여 행위를 하는 경우만 있으면 고의를 인정할 수 있다. 한편 이러한 고의 행위를 함에 있어서 피보험자 혹은 보험수익자에게 책임능력은 있어야 할 것이다.[8]

## 2) 중과실

중대한 과실이라 함은 피보험자가 현저하게 주의를 다하지 아니하여 보험사고가 발생한 것을 말하는데, 가장 대표적인 예로 횡단보도 이외의 도로에서 무단으로 횡단하는 경우를 들 수 있다. 또한 신호를 위반하여 운전하는 경우나 음주를 하고 운전하는 경우 등이 여기에 해당하게 된다.[9] 하지만 부주의한 행동이 있는 경우에 이를 경과실로 볼 것인가 아니면 중대한 과실로 볼 것인가에 대하여 구분을 짓는다는 것은 그리 쉬운 일이 아니다. 이와 관련하여 독일 판례는 음주운전을 한 경우,[10] 과로한 운전자가 운전하여 사고를 발생한 경우,[11] 거리사정을 고려하지 않고 과속운전을 한 경우[12] 등에 대하여 중과실을 인정하고 있다.

7  양승규, 보험법, 제5판, 삼지원, 2004, 142면.
8  대법원 2001. 4. 24. 선고 2001다10199 판결에서 대법원은, 책임보험계약이 보험자와 당사자 간의 보험약관에서 고의로 인한 손해에 대하여는 보험자가 보상하지 아니하기로 구정된 경우에 고의행위라고 하기 위해서는 특별한 사정이 없는 한 구체적인 정신능력으로서의 책임능력이 전제되어 있다고 볼 것이어서 '피보험자의 고의에 의한 손해에 해당한다고 하려면 그 피보험자가 책임능력에 장애가 없는 상태에서 고의행위를 하여 손해가 발생된 경우이어야 한다고 하였다.
9  대법원 1991. 7. 12, 91다6351 판결에서 대법원은, 중대한 과실이라 함은 통상인에게 요구되는 정도의 상당한 주의를 하지 않더라도 약간의 주의를 한다면 손해가 한순게 위반·유해한 결과를 예견할 수 있는 경우인데도 불구하고, 만연히 이를 간과함과 같은 거의 고의에 가까운 현저한 주의를 결여한 상태를 말한다고 정의하고 있다.
10  OLG Hamm VersR 1956, 513; OLG Köln VersR 1966, 971.
11  OLG Koblenz VersR 1955, 707; OLG München VersR 1963, 1044; OLG Celle VersR 1966, 946.
12  BGH VersR 1966, 1150.

## 3) 입증책임

보험자가 보험금 지급의 책임을 면하려면, 사고발생의 객관적 요건뿐만 아니라 보험계약자, 피보험자 또는 보험수익자 등에게 고의 또는 중과실이 있음을 입증해야만 한다. '보험약관상 면책사유인 '피보험자 등의 고의에 의한 사고'에서의 '고의'의 의미와 그 입증방법 및 보험사고의 발생에 복수의 원인이 존재하는 경우, 그중 하나가 피보험자 등의 고의행위임을 주장하여 보험자가 면책되기 위한 요건'에 대한 대법원 판결이 있다.[13]

이러한 주관적 요건을 입증하는 것은 보험자에게 매우 어려운 일이다. 그러므로 보험자는 증거적 증거(Beweis auf erste Sicht)를 제시하는 것으로 하여 입증을 완화할 필요성이 있다.[14] 우리나라 대법원 역시 피보험자의 친족이나 고용인이 피보험자를 위하여 보험사고를 일으킨 경우에 그 보험사고의 발생에 피보험자의 고의 또는 중대한 과실이 개재된 것으로 추정하는 "입증적 추정" 혹은 "개연성을 근거로 한 사실의 입증"만으로 충분하다는 면을 피력하고 있다.[15]

13  대법원 2004. 8. 20. 선고 2003다26075 판결.
14  Hoffmann, Privatversicherungsrecht, 4. Aufl. (1998), S. 187.
15  대법원 1984. 1. 17. 선고 83다카1940 판결.

## 2. 보험사고가 전쟁 그 밖의 변란으로 인하여 생긴 때

보험사고가 전쟁 그 밖의 변란으로 인하여 생긴 때에는 당사자 간에 다른 약정이 없는 한 보험자는 보험금을 지급할 책임이 없다고 상법 제660조가 규정하고 있다. 이때 전쟁이란 반드시 국제법상의 전쟁이어야 할 필요는 없고, 선전포고의 유무도 묻지 않는다. 또한 변란이라 함은 내란·폭동·소요 등과 같이 통상의 경찰력으로서는 치안을 유지할 수 없는 상태로서 전쟁에 준하는 비상사태[16]를 의미한다.

## 3. 보험약관의 정함이 있는 사유로 보험사고가 발생한 경우

보통보험약관에 보험자의 면책사유를 규정하고 있는데, 이것을 면책약관이라고 한다. 이러한 보험약관이 정하고 있는 면책사유는 보험계약법에서 정하고 있는 사유 이외에 그 보험의 특성에 따라 개별적으로 열거하고 있는 것을 볼 수 있다.[17] 원칙적으로 이러한 면책조항은 유효하다고 할 수 있다. 하지만 상법 제663조의 상대적 강행구정에 저촉되어서는 아니 된다. 본 규정에 저촉되지 않는 한, 보험약관상의 면책사유는 유효하게 되므로 보험자는 보험사고로 인한 보험금의 지급책임을 면하게 되는 것이다.

# V. 생명 제659조에서 보험계약자 등의 범위

## 1. 보험계약자가 법인이고 이사의 고의·중과실의 경우

보험자는 보험사고가 보험계약자, 피보험자 또는 보험수익자의 고의 또는 중대한 과실로 인하여 발생한 경우에는 책임을 면하게 된다. 보험계약자 등이 자연인이 아닌 법인인 경우에는 별률상의 면책사유를 제시하고 있다.

---

16 한편 대법원 1994. 11. 22. 선고 93다55975 판결에서 대법원은, 대하양도는 발생경위와 장소 및 당시에 있어서의 폭력행사의 정도 등에 비추어 그 지방의 평화 내지 평온을 해할 정도의 '소요 기타 이와 유사한 사태'라고 볼 수 없다고 판시하고 있다.

17 화재보험약관 제6조는 별률상의 면책사유 외에 따로 면책사유를 제시하고 있다.

인이고, 법인의 이사의 고의 또는 중과실이 있는 경우에 보험자는 면책되느냐기에 대한 물음과, 법인을 위하여 이사에게 아래와 자격을 요구하는가에 관한 물음이 제기된다.

전자의 문제와 관련하여, 보험약관에 정함이 있고 그 보험약관상의 면책사유가 상대적 강행규정인 상법 제663조를 저촉하지 않으면, 법인의 이사에게 고의 또는 중과실이 있는 경우 보험자는 그 책임을 면한다.[18] 한편 후자의 문제에 있어서 대법원은,[19] 보험계약자 또는 피보험자 등이 법인인 경우에 기관은, 원칙적으로 법인의 대표권 및 업무집행권을 가지는 대표기관을 의미한다고 하였다. 만약에 법인의 대표권이 없는 이사의 경우에는 그 회사의 규모나 구성·보험계약을 관리 및 처분할 권한이나 업무내지 해당 이사가 회사를 실질적으로 지배하고 있는지 등 해당 이사의 공통성 있어서의 업무내용이나 지위 및 영향력·해당 이사와 회사와의 경제적 이해의 중합하여, 해당 이사가 회사를 실질적으로 지배하고 있는지 또는 해당 이사는 사정을 의 수령에 의한 이익을 유발이 회사의 이익과 동일한 것이라고 평가할 수 있는 경우에, 에 의한 보험사고의 유발이 회사의 행위와 동일한 것이라고 보고 있는 면책약관에서 말하는 이사에 해당한다고 보고 있다.

## 2. 보험계약자 등과 특수한 관계에 있는 일정한 제3자의 경우

### 1) 대표자책임이론

보험사고의 발생이 피보험자 등과 밀접상 또는 경제상 특별한 관계가 있는 기관이나 사용인의 고의 또는 중대한 과실로 발생한 때에 보험자의 책임을 면하게 할 것인가에 관한 물음이 제기된다. 독일에서는 보험계약자 등과 특별한 관계에 있는 대표자와 같은 제3자나 법정대리인의 고의나 중과실이 있는 경우에도 "대표자책임이론(Repräsentanthaftungstheorie)"에 의하여 동일하게 해석하여야 한다고 주장한다.[20] 이러한 견해를 따르게 되면 보험계약자

18 최기원, 보험법, 제3판, 박영사, 2002, 205면.
19 대법원 2005. 3. 10. 선고 2003다61580 판결.
20 Bruck/Möller, § 61 Anm. 67; Hoffmann, a.a.O., S. 172 ff.

와 동거하는 남편의 중과실로 인하여 보험사고가 발생하는 경우에도 보험자는 면책이 된다.[21] 하지만 대표자의 범위에 관하여 논란이 제기될 수 있는데, 독일의 판례에 의하면 어머니의 영업을 사실상 경영하는 아들의 경우[22], 아버지의 건축 사업에 참가하고 있고 그의 자동차를 사용하는 아들의 경우[23] 등은 대표자로 인정할 수 있다고 한다.

하지만 아버지의 영업소에서 실습생으로 일하는 아들,[24] 어머니의 점포에서 견습생으로 일하는 아들,[25] 사위가 장인의 음식점의 경영에 관하여 포괄적인 대리권을 갖고 있더라도 장인의 개인용 자동차를 때때로 사용하던 중에 사고가 발생한 사례[26]에서 사위는 대표자가 아니라고 한다. 이상과 같이 독일에서는, "보험계약자가 그의 기업의 계속적인 운영을 제3자에게 맡긴 경우에 보험사고가 그 제3자의 고의로 발생한 때에는 보험자는 보험금의 지급에 대한 책임을 부담하지 않는다"[27]는 것을 알 수 있다.

## 2) 대표자책임이론의 적용 여부

이러한 "대표자책임이론"을 우리나라에 적용[28]할 수 있을까에 대하여 다루어지고 있다.[29] 보험계약자 등의 법정대리인이나 지배인과 같이 특수한 지위에 있는 자와 고의나 중과실로 생긴 경우를 제외하고는 보험자의 면책을 인정할 수 없고, 다만 보험계약자 등과 밀접한 생활관계에 있는 가족이나 고용인 등에 의한 보험사고의 발생에 보

21  LG Braunschweig, VersR 1983, 453.

22  LG Köln, VersR 1958, 337.

23  LG Karlsruhe, VersR 1967, 174.

24  BGH VersR 1964, 475.

25  OLG Neustadt, VersR 1953, 182 (183).

26  OLG Oldenburg, VersR 1969, 225 (226).

27  BGH VersR 1967, 990.

28  우리나라의 보험약관에 규정하고 있는 것으로는 화재보험표준약관을 들 수 있다. 동 약관 제8조에서 보험자가 보상하지 아니하는 손해 중에는 '보험계약자·피보험자(법인의 경우에는 그 이사 또는 법인의 업무를 집행하는 그 밖의 기관), 또는 이들의 법정대리인의 고의 또는 중대한 과실로 생긴 손해'(동조 1호), '피보험자에게 보험금을 받도록 하기 위하여 피보험자와 세대를 같이하는 친족 또는 고용인이 일으킨 손해'(동조 2호)를 열거하고 있다.

29  반대하는 입장으로는 양승규, 보험법, 제5판, 삼지원, 2004, 144면 이하, 채이식, "보험계약상 면책사유에 관한 소고", 기업환경의 변화와 상사법(손주찬교수고희기념논문집), 삼영출판사, 1993, 614면. 하지만 찬성하는 입장으로는 최기원, 보험법, 제3판, 박영사, 2002, 206면.

협해약자 등의 공모, 교사 또는 방조와 같은 책임 있는 사유가 있는 경우에는 책임을 면한다고 하면서 대표자책임이론을 반대한다.[30] 하지만 독일의 판례에서 발전한 "대표자책임이론"은 피보험자와 특별한 관계에 있는 자가 보험사고를 일으킨 경우에 보험자의 면책을 인정해온 것이다. 여기서 대표자의 범위에 관하여 살펴볼 필요가 있다. 독일의 초기 판례는 "보험의 목적을 관리하는 사실상의 대리관계에 있는 자"를 대표자라고 하였으나, 그 이후의 판례를 보면 "보험계약자(피보험자)의 위치에 서서 그의 보험의 목적을 계속적으로 관리를 받고 보험계약자의 권리와 의무를 실현하는 권능을 가진 자, 혹은 보험에 든 위험의 관리에 보험계약자의 위치에 있는 자"를 대표자라 하여 대표자의 개념을 엄격하게 해석하고 있는 것을 볼 수 있다. 이런 측면에서 보건대, 단지 판례에서 해석의 문제일 뿐이지 굳이 "대표자책임이론"을 받아들이지 않을 이유가 없다고 생각한다.

## VI. 자살 관련 보험자의 면·부책

### 1. 자살의 개념

자살이란 자기가 스스로를 파괴하는 행동으로 의식적 방법으로 행하여지며, 사망을 위한 수단 또는 결과를 자살이라고 한다.[31] 이러한 자살의 배경에는 더 이상 삶을 연장하는 것이 무의미하고 무의미하다는 생각에서 자기의 삶에 대하여 스스로 사형을 집행하는 것이다. 생명보험계약에서 자살이란 함은 자기의 생명을 끊는다는 것을 의식하고, 그 결과를 목적으로 자기의 생명을 끊어 사망의 결과를 초래하는 행위를 의미한다. 그러므로 사망을 단별할 수 없는 정신장애자나 자살이나 심신상실 중의 자살 또는 실신 인한 사망 등은 자기가 생명을 끊는다는 의사 자체가 결여되어 있으므로 생명보

---

30 양승규, 보험법, 제5판, 삼지원, 2004, 145면.
31 문국진, "자살의 의미", 대한법의학회지, 대한법의학회, 1996, 87면.

험계약의 자살에 해당하지 않게 된다. 다른 국가들에서도 역시 자살이라 함은 의식을 가지고 스스로의 생명을 끊을 목적으로 실행되는 피보험자의 모든 행위라고 해석된다. 하지만 피보험자가 단순히 사망 가능성을 예상하고 있는 것으로는 불충분하고, 사형집행·중과실에 의한 사망도 자살로 인정하기 어렵다.[32]

## 2. 자살의 요건

자살이 성립하기 위해서는 피보험자의 고의가 요구된다. 이러한 피보험자의 자살에 있어 고의가 필요한 이유는 보험사고의 우연성과 보험계약당사자 간의 신뢰관계가 보험에서는 상당히 중요하기 때문이다. 피보험자의 고의가 성립하기 위해서는 자유로운 의사결정에 의한 것이어야 한다. 판례에 의하면, 고의요건에 대하여 원인행위에 고의가 존재하면 되는 것이지 그 결과의 발생에 대해서까지 인식하여야 하는 것은 아니라고 하였다.

## 3. 보험자의 면책근거

보험자의 면책은 우리 상법 제659조와 생명보험표준약관 제17조 제1호에 규정되어 있는데, 다음과 같은 근거에서 보험자의 면책이 인정된다.

보험사고가 보험계약자 또는 피보험자나 보험수익자의 고의적인 행위에 의한 사고 는 보험이 성질인 우연성을 상실하고 있다는 점이다. 자기 자신이 보험사고를 유발하여 손실을 발생시키고 이를 타인에게 전가시키는 것은 우연한 손실을 담보하는 보험 원리에서 요구되는 신의 성실의 원칙과 공서양속에 반하며 공익을 해칠 수 있기 때문에 인정될 수 없는 것이다. 보험계약은 그 사행성으로 인하여 사고의 발생을 전제로 하는 것이므로, 보험계약자 등의 고의나 중과실에 의하여 보험사고가 발생한 경우에

32 김형기·이광호, "생명보험계약에 있어서 자살면책조항의 개선방향", 생명보험, 2004. 6, 9면.

도 보험자가 보험금을 지급해야 하는 것은 부당하다. 생명보험계약에서는 보험계약자
등이 보험금 취득을 노리고 보험사고를 유발할 가능성을 예상할 수 있다. 이러한 보험
계약자 등의 인위적인 보험사고는 보험사고의 불확실성에 어긋난다는 점에서 보험자
의 면책은 인정되어야 할 것이다.

## 4. 지실의 인정 여부 - 판례에서 -

2006년 3월 10일 대법원은 사망을 보험사고로 하는 보험계약에 있어서 피보험자 등의
고의로 인하여 사고가 생긴 경우에, 보험자의 면책 여부를 판단하였다.[33] 대법원은 '이 사
고 이전부터 남편에 대한 재정보증 내지 경제적인 문제로 남편과의 관계가 좋지 않았
제속 감독을 하여 왔을 뿐만 아니라, 3자를 불문면서 남편의 회사업무도 늘으로
과도한 업무에 시달려 오기도 하였고 ··· 신체적·정신적으로 많이 쇠약해져 있었던 망인
이 남편과의 갈등을 하다가 베란다에서 뛰어내린 사건을 다루었다.

### 대법원 2006. 3. 10. 선고 2005다49713 판결

"상법 제659조 제1항은 보험사고가 보험계약자 또는 피보험자나 보험수익자의 고의 또는 중대한 과
실로 인하여 생긴 때에는 보험자는 보험금액을 지급할 책임이 없다고 규정하고, 상법 제732조의2는
사망을 보험사고로 한 보험계약에서 사고가 보험계약자 또는 피보험자나 보험수익자의 중대한 과실로
인하여 생긴 경우에도 보험금을 지급할 책임을 면한다고 규정하고 있으므로, 위
구정에 따르면 사망을 보험사고로 하는 보험계약에 있어서도 피보험자 등의 고의로 사고가
생긴 경우에 보험자는 보험금을 지급할 책임이 없다고 한 것인데, 이는 피보험자 등이 고의로 의하여 보
험사고를 일으키는 것은 보험계약상의 신의성실의 원칙에 반할 뿐만 아니라, 그런 경우에도 보험금
이 지급된다고 한다면 보험금의 보험금 취득 등 부당한 목적에 이용될 가능성이 있기 때문이다.
상법 제659조 제1항 및 제732조의2의 입법 취지에 비추어 볼 때, 사망을 보험사고로 하는 보험
계약에 있어서 자살은 보험자의 면책사유로 있는 경우, 그 자살은 사망자가 자기의 생명
을 끊는다는 것을 의식하고 그것을 목적으로 자기의 생명을 절단하여 사망의 결과를
발생케 한 행위를 의미하고, 피보험자가 정신질환 등으로 자유로운 의사결정을 할 수 없는 상태에서

자살보험금 지급 여부와 관련하여, 2016년 대법원의 중요한 판결 두 건이 있었다.

첫 번째 판결은 5월 12일 "재해사망특약이 부가된 생명보험계약에의 피보험자가 보험계약이 체결된 날로부터 2년이 경과한 시점에 자살하였더라도 자살은 재해에 해당하지 않지만, 약관에 작성된 이상 작성자불이익의 원칙에 따라 보험자는 재해사망보험금을 지급해야 한다."는 사건이다.[34]

34  대법원 2016. 5. 12. 선고 2015다243347 판결.

## 대법원 2016. 5. 12. 선고 2015다243347 판결

갑이 을 보험회사와 주된 보험계약을 체결하면서 별도로 가입한 재해사망특약이 약관에서 피보험자가 재해를 직접적인 원인으로 사망하거나 제1급의 장해상태가 되었을 때 재해사망보험금을 지급하는 것으로 규정하면서, 보험금을 지급하지 않는 경우의 하나로 "피보험자가 고의로 자신을 해친 경우. 그러나 피보험자가 정신질환상태에서 자신을 해친 경우와 계약의 책임개시일부터 2년이 경과된 후에 자살하거나 자신을 해침으로써 제1급의 장해상태가 되었을 때는 그러하지 아니하다."라고 규정한 사안에서,

대법원은 "위 조항은 고의에 의한 자살 또는 자해는 원칙적으로 우발성이 결여되어 재해사망특약이 약관에서 정한 보험사고인 재해에 해당하지 않지만, 예외적으로 단서에서 정하는 요건, 즉 피보험자가 정신질환상태에서 자신을 해친 경우와 책임개시일부터 2년이 경과된 후에 자살하거나 자신을 해침으로써 제1급의 장해상태가 되었을 경우에 해당하면 이를 보험금 지급사유로 보는 취지로 이해하는 것이 합리적이고, 약관 해석에 관한 작성자불이익의 원칙에 부합한다."고 판단하였다.

사망의 결과를 발생하게 한 경우까지 포함하는 것이라고 할 수 없을 뿐만 아니라, 그러한 경우 사망의 결과를 발생하게 한 직접적인 원인행위가 외래의 요인에 의한 것이라는 피보험자의 고의에 의하지 않은 우발적인 사고로서 재해에 해당한다."

이러한 논거를 가지고 대법원은 "부부싸움 중 극도의 흥분되고 불안한 정신적 공황상태에서 베란다 밖으로 몸을 던져 사망한 경우, 위 사고는 자유로운 의사결정이 제한된 상태에서 망인이 추락함으로써 사망의 결과를 발생하게 된 우발적인 사고로서 보험약관상 보험자의 면책사유인 '고의로 자신을 해친 경우'에 해당하지 않는다"고 판단하였다.

다른 판결에서 대법원은 "보험금청구권이 구 상법 제662조에 의하여 지설이라는 사고발생일로부터 이미 2년이 경과하여 보험금청구권은 시효로 소멸된다."는 판단을 하였다.[35] 특히, 동 판결과 관련하여 대법원은 보험금청구권 대한 중요한 사항을 설시하였다. 보험회사와 보험계약을 체결한 보험계약자이자 피보험자가 계약의 쉘임개시일로부터 2년 후 지상하였는데, 보험회사의 보험수익자가 피보험금 청구에 기한 보험금의 지급을 구한 사안에서, 보험수익자가 특약에 기한 재해사망보험금 지급의무가 있음에도 지급을 거절하였다는 사정만으로는 보험회사의 소멸시효 항변이 권리남용에 해당하지 않는다고 본 원심판단이 정당하다고 판단하였다.

## 대법원 2016. 9. 30. 선고 2016다218713, 218720 판결

"채무자의 소멸시효에 기한 항변권의 행사도 우리 민법의 대원칙인 신의성실의 원칙과 권리남용금지의 원칙의 지배를 받는 것이어서, 채무자가 시효완성 전에 채권자의 권리행사나 시효중단을 불가능 또는 현저히 곤란하게 하였거나, 그러한 조치가 불필요하다고 믿게 하는 행동을 하였거나, 객관적으로 채권자가 권리를 행사할 수 없는 장애사유가 있었거나, 또는 일단 시효완성 후에 채무자가 시효를 원용하지 아니할 것 같은 태도를 보여 권리자가 그와 같이 신뢰하게 하였거나, 채권자 보호의 필요성이 크고 같은 조건의 다른 채권자가 채무의 변제를 수령하는 등의 사정이 있어 채무이행의 거절을 인정함이 현저히 부당하거나 불공평하게 되는 등의 특별한 사정이 있는 경우에 채무자가 소멸시효의 완성을 주장하는 것이 신의성실의 원칙에 반하여 권리남용으로서 허용될 수 없다."

"다만, 실정법에 정하여진 개별 법제도의 구체적 내용에 좇아 판단되는 법률 신의성과 같은 일반조항에 의하여 배척될 수 있는 것은 그 적용에 의하여 배제되는 당해 법규정의 취지를 고려한 다음 구체적인 법적 안정성의 요청에 비추어 볼 때 그 적용을 배제할 수 있을 정도로 강한 정의의 요청에 의한 것으로서 이를 허용하지 아니하면 현저히 부당하거나 불공평하게 되는 등의 특별한 사정이 있는 경우에 한하여 제한적으로 인정하여야 할 것이다. 그리고 이러한 법리는 소멸시효 제도는 법률관계의 주장에 일정한 시간적 한계를 설정함으로써 그 법률관계에 관한 당사자 사이의 다툼을 종식시키려는 것으로서, 누구에게나 무차별적ㆍ객관적으로 적용되는 시간의 경과가 1차적인 의미를 가지는 것으로 설계되었음을, 법적 안정성이 요구되는 다수의 거래관계를 원활하고 신속하게 처리하고자 신의성실의 원칙에 반하여 허용되지 아니한다고 쉽게 판단하는 것은 신중을 기할 필요가 있다."

# VII. 생명보험표준약관상 자살의 경우에 보험자의 부책

## 1. 부책조항의 의의

생명보험표준약관 제17조 제1항에 의하면, '피보험자가 고의로 자신을 해친 경우에 보험자는 책임을 면한다.'고 규정하고 있다. 이는 피보험자가 책임개시일(부활계약의 경우는 부활청약일)로부터 2년 이내에 자살하거나 스스로 자신을 해침으로써 고도의 장해상태가 되었을 경우를 의미한다. 한편 현행 생명보험표준약관 제16조 제1항 가목에는 자살부책조항이 규정되어 있다. 즉, '피보험자가 심신상실 등으로 자유로운 의사결정을 할 수 없는 상태에서는 자신을 해침으로서 사망에 이르게 된 경우에는 재해이외의 원인에 의한에 해당하는 보험금을 지급하는 보험금을 지급합니다.'라고 규정되어 있다. 라고 하고 있고, 나목에서는 '계약의 보장개시일부터 2년이 경과된 후에 자살한 경우에는 재해이외의 원인에 의한다면 일정한 자살을 한 경우에는 보험자의 보험금 지급책임을 인정하고 있는 것을 알 수 있다.

우리 상법 제659조 제1항에서 보험자의 면책을 인정하고 있는 것은, 보험계약 당사자 사이에의 요구되는 신의성실의 원칙에 반하고 공익을 해치기 때문이다. 동 조항을 근거로 하여 고의에 의한 보험사고에 대하여 보험자 면책의 절대성을 주장하는 견해도 있지만, 신의성실의 원칙이나 공익에 반하지 않는 이상 약관구성에 의하여 예외적인 상황에서, 보험계약자 등의 고의에 의한 사고의 경우에도 부책이 인정될 수 있는 여지는 존재하는 것이다. 특히 자살면책약관에서 보험자의 책임을 인정하고 있는 것은 생명보험계약을 체결 내지는 책임을 지는 자살개시일로부터 일정기간 경과한 후의 자살이 보통 보험금을 취득할 목적으로 보기 어렵다는 측면에서 그 이유를 찾을 수 있다.

## 2. 부책조항의 인정근거

자살은 종교적이나 윤리적으로 비난을 받아야 할 행위에 해당하지만, 피보험자가 자살한 것이기 때문에 유족들에게 직접적인 책임을 인정하기는 어렵다. 그리고 자살

로 인하여 보험금을 수령하는 보험수익자는 피보험자의 유족들이라는 일반적이

다. 이러한 유족들이 피보험자의 보험사고가 발생하면 보험금을 수령할 것이라는 보

험제도를 신뢰하고 있는 한, 보험수익자가 갖고 있는 신뢰를 위반하지 말아야 할 것이

다. 받은 정책적으로 경제적 손실을 보상한다는 보험의 취지에서 망인의 유족들에게

고의적인 보험사고인데도 불구하고, 보험자는 보험금을 지급해야 한다는 것이다. 그

러므로 보험자의 책임개시 후 일정기간이 경과한 후에 자살을 한 경우에 보험금을 지

급하기로 한 약정은, 당연히 무효라고 할 수는 없을 것이다.

또한 자살이라 할지라도 심신상실 등의 병적 원인에 의한 자살이거나 보험금 수령

의 목적과는 전혀 관련이 없는 자살에 대해서는 고의성이 존재한다고 볼 수 없다. 이

러한 보험사고는 보험금을 수령하겠다는 고의성이 없는 자살이므로, 보험자는 보험금

지급책임을 부담하게 되는 것이다. 생명보험표준약관에서 면책기간 2년을 경과한 자

살에 대하여 보험자가 보험금 지급책임을 부담한다고 규정하고 있다. 이러한 규정을

인정해야 하는 이유는 보험계약체결 당시에 자살을 부담으로는 의도

를 가진 계약이 아니라고 본 것이다. 또한 심신상실에 의한 자살에 대하여 보험자가

책임을 부담해야 한다고 본 것 역시, 피보험자의 고의성이 부재한 것이다.

# 제12장 대표자책임

## I. 의 의

보험자와 보험계약자 사이에 보험계약의 내용에 대한 합의가 이루어지면 보험계약은 성립하게 된다. 그리고 그 보험계약은 중요하기 전까지 보험계약관계가 존속하게 되는 것이 일반적이다. 보험계약은 유상계약이므로 보험계약이 성립하면 보험계약자는 보험자에게 보험료를 지급할 의무를 부담하게 되고, 보험자는 보험기간 안에 보험사고가 발생한 경우에 피보험자 또는 보험수익자에게 보험금을 지급할 의무를 부담하게 된다(상법 제638조).

보험계약법이나 보험약관은 보험기간 안에 보험사고가 생긴 경우에도 보험자의 보험금지급책임을 면제하는 사유를 예외적으로 인정하고 있는데, 이를 보험자의 면책사유라고 한다.¹ 보험자의 면책을 인정하고 있는 이유는, 보험계약자 등에 의한 도덕적 위험을 방지하고자 할 뿐만 아니라 보험사업의 합리적인 관리를 위한 목적이 있다고 하겠다.

보험자의 면책사유와 관련하여, 독일은 오랜 역사적인 관점과 본질적인 근거를 가지고 사적 보험제약에서 이주 특별한 지위를 받아들이면서,² 독일 민법과는 다른 이해

---

1 양승규, 보험법, 제5판, 삼지원, 2004, 138면 이하.

적인 몇 가지의 법적 원칙을 인정하고 있는데 그러한 원칙 중의 대표적인 것이 '보험계약자를 대행하고 있는 자의 행위로 인하여 보험계약자가 책임을 부담하게 되는 대표자책임(Repräsentantenhaftung)문제이다.[3]

보험계약법에서 대표자책임은 본래 간접의무(Obliegenheit)의 영역에서 발생하였다. 동 이론은 보험계약법상 간접의무를 보험계약자(피보험자) 이외의 제3자가 위반하였을 때 이를 보험계약자에게 귀속시키는 문제를 다루기 위하여 나타난 것이라고 할 수 있다. 일반적인 법적 의무에 있어서 이행보조자의 고의 또는 과실을 채무자에게 귀속시키는 규정은 독일이나 우리 민법에 구성되어 있다(독일 민법 제278조, 우리 민법 제391조). 그러나 보험계약법상 간접의무는 법적 의무가 아니어서 이러한 민법상의 규정이 보험계약법에 적용되기 어렵다. 그리하여 독일 판례법은 제3자에 의한 간접의무의 위반 시에 법적 의무의 이행보조자에 해당하는 대표자라는 개념을 만들어낸 것이다. 독일의 대표자책임은 제3자에 의한 고지의무나 이외의 간접의무 위반 시 보험자의 면책을 유도하기 위한 이론으로 출발하였으나, 그 후 제3자에 의한 고의나 중과실에 의하여 보험사고가 발생한 경우에도 적용하게 될 것이다.[4]

독일 보험계약법에서 인정되고 있는, 보험계약자나 피보험자가 특별한 관계에 있는 일정한 제3자를 보험계약자나 피보험자의 대표자로 보고, 이러한 자에 의한 보험사고 초래의 경우를 피보험자의 사고초래의 경우와 동일하게 보아 보험자의 면책을 인정하고 있는 대표자책임을 다루게 된다. 그리고 더 나아가 독일 판례법에서 인정된 대표자책임이 우리나라의 판례와 실무에서 수용할 수 있는가에 대한 탐색을 하고자 한다.

---

2   보험범의 특수발전에 대한 역사적인 근거에 대해서는 Neugebauer, Versicherungsrecht vor dem Versicherungsvertragsgesetz, 1990, S. 113 f.

3   법인의 대표기관의 행위에 의하여 직접 법인이 권리·의무를 취득하는 것을 대표하는 것을 대표하고 한다, 이영준, 민법총칙, 박영사, 2007, 515면. 본 논문은 대표자를 독일의 'Repräsentanten'를 번역한 것이다. 대리인과는 다름, 제3자가 특정한 범위에서 한 행위에서 보험계약자의 이행책임으로 귀속시키게 되는데, 이때 제3자를 '대표자'라고 한다.

4   이론의 발전과정에 대해서는 김정호, "보험계약법상의 책무론", 법학논집, 제3권 제1집, 고려대학교 법학연구소, 1995, 402면 이하.

## II. 대표자책임의 의미와 적용범위

### 1. 대표자의 개념

#### 1) 문언상 대표자 개념과 구분

일반적으로 대표자책임이라 함은, 보험계약자와 보험자 사이의 관계에서 어떠한 사람(제3자)의 작위나 행위에 대하여 보험계약자(피보험자)에게 귀책이 가능한가에 관한 문제이다.[5]

대표자의 개념은 학자들 사이에 약간 상이하게 나타나고 있는데, "보험계약자(피보험자)의 이익과 보험단체의 이익을 공정히 고려하여, 그것이 건전한 국민감정에 합치하는 경우에는 보험계약자(피보험자)는 제3자의 행위 및 부작위에 관하여 책임을 부담하여야 한다"는 개념을 사용하거나, 보다 구체적으로 "피보험자의 계속적 관리를 필요로 하는 것 및 이러한 관리를 대표자에게 위탁하여 피보험자는 그 관리를 완전히 포기할 것을 요건으로 한다"고 설명하면서 대표자란 "보험계약자(피보험자)가 자기를 대신하여 피보험물에 관하여 필요한 계속적 관리를 할 지위에 있는 자"라고 규정하기도 한다.

대표자책임에 대한 근거는 "어떤 자와 피보험자와의 간에 법률관계가 있는가는 반드시 문제로 되는 것은 아니며, 오히려 그 자가 사실상 피보험자로부터 전면적으로 피보험이익의 관리를 위탁받고 있는 경우에 그 자를 피보험자의 대표자로 보아야 한다"는 점이다.[8] 이 경우 보험사고로 대체를 피보험자 자신의 보험사고조래와 동일시하여 이를 보험자의 면책사유로 보고자 하는 것이다. 결국 이러한 논의의 근거에는 보험계약자의 면책사유를 강조하여 "단체구성원은 자신의 위험을 타인에게 관리시킴으로써 이익을 스스로 관리하는 다른 단체구성원보다도 유리한 지위에 설 수는 없다"는 점, 즉

---

5　Langheid, Rechtsprechungsübersicht zum Versicherungsvertragsrecht 1989/1990, NJW 1991, S. 268.
6　Prölls, J.R.P.V., S. 38.
7　Möller, Verantwortlichkeit des Versicherungsnehmer für das Verhalten Dritter, 1939, S. 95.
8　Möller, a.a.O., S. 71.

"피보험단체구성원은 다른 단체구성원 모두에 대하여 자기의 피보험위험을 직접하게 관리할 책임을 진다"고 하는 사상에서 유래한 것이라 볼 것이다.[9]

대표자라고 하는 개념은, 보험계약자로부터 고지나 통지의무의 이행을 위탁받은 자를 의미하는 인지표시대리인(Wissenserklärungsvertreter)이나 자신의 특정사실에 대한 인지 혹은 인식의 효과가 보험계약자에게 미치는 자를 못하는 인지대리인(Wissensvertreter)과는 구별된다.[10] 보험계약자가 인식과 이사표시의 교부나 수령을 위하여 그것의 인식이나 표시에 대한 권한을 가지고 있는 경우에, 독일 민법 제166조 제1항의 유추해석에 의하여 그것의 이해와 이사표시가 보험계약자에게 귀속하게 되는 자를 인지대리인이라면,[11] 고지의무나 정보제공에 대한 통지의무의 이행에 있어서 인지표시대리인에 의하여 지속적으로 교부하는 이사표시의 내용을 얻고 있는 자가 인지표시대리인이라고 할 수 있다.[12] 그러므로 인지대리인은 전혀 별률행위를 통하여 권한을 받은 자가 아니다.

## 2) 판례상 대표자 개념의 변화

대표자라는 개념은 오래 전 제국법원에서부터 출발하고 있다. 제국법원은 '실질적인 대리관계에 기하여 보험목적물에 관한 감독을 행사하는 자(die Person, wer aufgrund eines tatsächlichen Vertretungsverhältnisses die Obhut über die versicherten Sache ausübt)'를 대표자라고 지칭하였다.[13] 이러한 개념은 나중에 두 번째 형태로 변경되는데 제국법원은, '보험계약자에 갈음하여 대리관계나 대리관계와 유사한 관계에 기하여 보험목적에 속하는 업무범위에서 개입하는 자(die Person, wer in dem Geschäftsbereich, zu dem das

---

9　Möller, a.a.O., S. 9 und 92.
10　Kampmann, Änderung der höchstrichterlichen Rechtsprechung zum Repräsentenbegriff, VersR 1994, 277 (278).
11　Hoffmann Edgar, Privatversicherungsrecht, 4. Aufl. 1998, S. 172. 운송회사의 소유주인 보험계약자가 차량 운전자에게 회사소유의 하자 있는 자를 수선공으로 하여금 수리하도록 인금하였다면 발생하는 위험증가인 인식과 관련하여 자동차운전자는 보험계약자의 인지대리인으로 인정된다.
12　OLG Köln VersR 1981, 669 (670). 자동차책임보험을 가입한 자동차의 차량손해처리를 위하여 보험계약자로부터 위탁받은 제3자가 차량의 실제가격보다 높은 금액으로 기재한 경우, 제3자의 고의적인 허위기재로 인하여 발생하는 붙이익을 보험계약자가 인정해야 한다고 판시한 사안.
13　Gruch 47, 991 = JW 03, 25i; RG 9, 121; RG 37, 149.

versicherte Risiko gehört, auf Grund eines Vertretungs- oder eines ähnlichen Verhältnisses an die Stelle des Versicherungsnehmers getreten ist)'를 대표자라고 하거나,[14] 또는 '당해업무의 범위에 있어서 보험계약에 기하여 피보험자에게 생긴 권리의무를 관리하는 것도 포함하여, 피보험자를 위하여 독자적으로 법률행위를 할 수 있는 권한을 가진 자'를 대표자라고 하였다.[15]

그 뒤 제국법원은, '피보험이익이 속하는 업무의 관리가 일반적으로 타인을 사용할 필요가 있는 정도의 것인가 아닌가를 구별할 필요가 있다.[16] 다시 말하면 보험계약자가 스스로 그 업무를 관리할 수 없거나, 정황에 의하여 생각하면 보험계약자에게 그것을 기대할 수 없는 사정이 존재하는 것을 요구하고 있다. '보험관계에 속하는 업무가 그 규모에 있어서 상당한 중요성을 가지고, 피보험자가 스스로 그 업무를 관리할 수 없는 경우,' 예컨대 '피보험자를 대신하여 관리할 자를 대표자로 인정할 것을 기대할 수 있다는 것이 명확하고 피보험자 스스로 그 관리할 것을 기대할 수 없으므로 법인의 기관, 무능력자의 법정대리인, 파산관재인, 대규모 경영의 지배인 등을 대표자 개념의 범위에 포함시킨 것이다.

제국법원에서 발전하고 있는 대표자의 적용범위는 연방대법원에서도 계승된다. 연방대법원은 대표자의 개념을 '대표자란 타인의 영업영역에서 제약 혹은 이와 유사한 관계하에 보험계약에 감음하여 활동하는 자로서 법률행위적인 대리권을 전제로 하지 않으나 일정한 범주 내에서 보험계약자의 권리와 의무를 대신해주는 자(Repräsentant ist, wer in dem Geschäftsbereich, zu dem das versicherte Risiko gehört, auf Grund eines

sich auf einen Geschäftsbetrieb, mindestens einen Geschäftsbereich von einiger Bedeutung bezieht und die Befugnis zu selbständigem rechtsgeschäftlichem Handeln für den Versicherungsnehmer besteht)'을 요구한다.[16]

---

14  RGZ 51, 20; RGZ 83, 43; RGZ 117, 327; JR 32, 341; JR 34, 360.
15  RGZ 135, 370
16  "Bedürfnis nach Repräsentanz" RGZ 149, 69.

144

Vertrages oder ähnlichen Verhältnisses an die Stelle des Versicherungsnehmers getreten ist, wobei eine rechtsgeschäftliche Vertretungsbefugnis nicht vorausgesetzt wird. Er muss befugt sein, in einem gewissen nicht ganz unbedeutenden Umfang für den Betriebsinhaber zu handeln und dabei auch dessen Rechte und Pflichten als Versicherungsnehmer wahrzunehmen)'로 정의하였다.[17]

그 뒤 연방대법원은 '보험계약자를 대신하여 일정한 상당한 범위에서 보험목적을 맡 연적으로 계속적인 관리를 맡고 보험계약자의 권리와 의무를 실현하는 권능을 가진 자(die Person, der an die Stelle des Versicherungsnehmers getreten ist und die Befugnis hat, selbständig in einem gewissen, nicht ganz unbedeutenden umfang die notwendige laufende Betreuung der versicherten Sachen vorzunehmen, mithin die Rechte und Pflichten des Versicherungsnehmers wahrzunehmen)'를 대표자로 보고 있다.[18] 그리고 비교적 최근 판례에서 연방대법원은, '보험에 든 위험에 속하는 영업범위에서 대리관계나 그와 유사한 관계에서 보험계약자를 대신하여 등장하는 자'를 대표자로 인정하고 있다.[19]

결론적으로 대표자의 개념을 정의한다면, 보험목적에 대한 감독의 순수한 양도는 대표자책임을 인정함에 있어서 충분하지 않고 상당한 영역에서 독자적인 책임을 맡고 있는 자로서, 보험계약자로부터 지속적으로 보험위험의 관리나 보험목적의 관리가 허용될 지만이 인정될 수 있을 것이다(Risikoverwaltung: 위험관리). 제3자가 보험계약으로부터 권리와 의무를 이행해야만 하는 것을 요구하지도 않는다(Vertragsverwaltung: 계약관리). 만약 대리관계나 대리와 유사한 관계에 기하여 보험계약의 관리를 독자적으로 행사한다면, 보험목적의 양도와 관계없이 대표자의 지위를 인정할 수 있을 것이다.

## 2. 대표자책임의 영역

대표자책임에 대하여는 간접의무위반의 영역(개정 전 독일 보험계약법 제6조)뿐만

---

17  BGH NJW 1971, 538 (539).
18  BGH NJW 81, 1098; BGH NJW 89, 1861; BGH VersR 90, 620.
19  BGH NJW 93, 1862.

이 아니라, 고의 중과실로 인한 보험사고를 야기한 경우(개정 전 독일보험계약법 제61조)에도 적용된다.[20]

보험계약법상 간접의무(Obliegenheit)는 보험계약자의 성립 전후를 불문하고 보험계약자나 피보험자 등에게 일정한 용태를 요구하고 있다. 간접의무는 우리 상법 역시 보험사고 발생 전에는 고의 또는 중대한 과실로 보험사고의 발생 가능성을 증대시켜서는 안 되는 의무(우리 상법 제653조), 보험기간 중에는 위험의 현저한 변경이나 증가 시 보험자에게 통지하여야 할 의무(우리 상법 제652조), 보험계약 체결에 중요한 사항을 묵비하거나 부실고지를 하여서는 안 되는 의무(우리 상법 제651조) 등을 규정하고 있다.[21] 일반 채권법에서 발생하는 부작 의무와 의무위반 의무가 그 이행을 하지 아니할 때 그 이행의 강제를 할 수 없다. 그리고 그 불이행의 경우에도 손해배상의 청구를 할 수 없다. 단지 간접의무위반이 당해 의무자의 일정한 불이익을 야기한다는 점이다. 간접의무위반사항과 관련하여 우선교수로서 보험부작에 대하여 주의를 해야만 할 것이다. 예를 들면 독일의 수돗물보험(Leitungswasserversicherung)에 따르면, 보험계약자는 이용하지 않는 건물에서 수도관(Wasserleitung)을 차단하거나 비우는 일을 하여야 한다.[22] 만약 보험계약자가 외국에 있는 조방교수로 가게 되었다고 상상해보자. 만약에 그의 비어 있는 집은 이웃을 통하여 수도받을 수 있도록 하여야 할 것이다. 그런데 이웃에 계을에 그 수도관을 돌보지 않아 수도관이 파열되었다면, 보험금지급의무는 이웃의 과책(Verschuld)이 보험계약자에게 귀속될 수 있는가에 딸려 있게 된다.

두 번째 중요한 대표자책임의 적용범위는, 보험사고의 중대한 과실로 인하여 발생

20  Bach, Entwicklung eines differenzierten Repräsentantenbegriff, VersR 1990, 235 (236). Der Repräsentantenbegriff ist entwickelt worden, um eine Haftung des VN für Dritte in denjenigen Bereichen zu definieren, in denen das gesetzliche (§ 61 VVG) oder das vertragliche (§ 6 VVG) Gebot besteht, dass zur sachgerechten Risikoverwaltung bestimmte Verhaltensnormen einzuhalten sind.

21  보험계약법 외의 채무에 관한 규정으로는 상사매수인의 매매목적물에 대한 하자의 조사와 통지의무를 부과하고 있는 상법 제69조와 채권자의 채권자지체에서 나타나는 채권자의 협조의무 등을 들 수 있다. 자세하는 하는 한경호, "채권자지체와 그 효과로서의 위험이전", 고시연구, 1995년 11월, 183면 이하.

22  § 9 Nr. 2 b VGB 62, abgedruckt und kommentiert bei Kollhosser in Prölss/Martin, VVG 26. Aufl, 1998, S. 1081.

한 경우에 보험자의 면책에 관한 것이다(이른바 위험배제조항). 만약 이웃이 화재보험에 가입된 건물에 대하여, 고의나 중대한 과실로 화재를 야기하였다고 하자. 이 경우 개정 전 독일 보험계약법 제61조(우리 상법 제659조)와 관련하여, 보험계약자는 제3자의 과책에 대하여 책임을 부담해야 하느냐에 대한 물음이 제기된다.[23]

## 3. 간접의무조항과 위험배제조항

간접의무는 이행되지 못하는 경우에 보험계약자나 피보험자에게 보험자의 면책이나 책임감경으로 인한 불이익이 야기되는 것을 의미한다. 그러나 보험자가 면책에 이르게 되는 방식 면에서 구별되어야 할 개념이 있는데 바로 위험배제조항이다. 이 양자는 보험자가 면책에 이르는 과정이나 방식이 다른 면을 띠게 된다.[24]

위험배제의 경우에는 그 사유가 존재하면 곧바로 보험자는 그 사유의 존재와 피보험자 측에 발생된 손해가 그로 말미암아 야기되었다는 사실을 입증함으로써 면책된다. 주관적 위험배제사유를 구성하고 있는 우리 상법 제659조상의 고의 중과실로 인한 보험사고의 유발의 경우가 대표적인 사례이다.[25] 즉 보험자는 보험사고가 피보험자 측의 고의나 중과실로 말미암아 유발되었다는 사실만 입증되면 바로 책임을 면하게 된다. 반면에 간접의무위반의 경우는 보험계약자가 면책에 이르는 방식에 있어서 위험배제의 경우와 다르다.[26] 즉 위험배제사유와는 달리 간접의무위반사실만으로 당연히 보험자의 존재가 부정되는 것이 아니라 간접의무위반이 피보험자 측의 고의나

23 우리나라의 실무에서 제기된 것으로는 대법원 1984. 1. 17. 선고 83다카1940 판결. 여기서 대법원은 "화재보험 약관 중 '피보험자에게 보험금을 받도록 하기 위하여 피보험자와 세대를 같이하는 친족 또는 고용인이 고의로 사고를 일으킨 손해에 대해서는 보험자가 보상하지 않습니다'라는 부분에 대하여 피보험자가 자신의 고의나 중과실이 없었음을 입증하면 면책조항의 적용은 당연히 배제된다는 내용이다. 즉 이러한 약관조항은 "…피보험자가 이를 교사·묵모하거나 감독상의 과실이 큰 경우가 아니하므로 일단 보험사고의 발생에 피보험자의 고의 또는 중과실이 개재될 것을 주정하여 보험자를 면책하려는 취지'이므로, 따라서 피보험자가 자신의 과실이 개재되지 아니하였음을 입증한 때에는 이 조항이 적용되지 않는다"고 판시하였다.

24 자세히는 김성호, "보험계약상의 책무론", 법학노트, 제31집, 고려대학교 법학연구소, 1995, 394면 이하.

25 보험자면책에 대해서는 유주선, "보험자의 면책과 생명보험표준약관조항", 경영법률, 제18집 제1호, (사)한국경영법률학회, 2007. 10, 318면 이하.

26 김성태, 상법강의(하), 법문사, 2000, 386면

과실 등 책임비난의 여지가 있어야 하고, 그러한 간접의무위반과 보험사고 발생 간의 인과관계가 요구되며 나아가 보험자가 원칙적으로 면책이 되기 위해서는 보험계약관계를 해지함으로써 피보험자와의 법률관계를 명확히 할 것을 요구하고 있다.[27]

## III. 대표자책임의 정당성

### 1. 법형성으로서 대표자책임

대표자책임을 인정하기 위해서는 우선적으로 대표자책임의 정당성에 대하여 살펴보아야 할 것이다. 독일 민법이나 보험계약법이 효력을 발생하기 전에 이미 대표자책임은 발전되었기 때문에, 대표자책임이 법적 형성으로서 가능 여부, 인정근거 및 실정법 체계에서 대표자책임이 인정될 수 있는가에 대하여 살펴보도록 한다.

대표자책임(Repräsentantenhaftung)은 오랜 전통을 가지고 있다. 동 책임은 19세기 말 제국법원에 의하여 발전되었고,[28] 독일 민법과 보험계약법의 발효 이후에도 유지되었으며,[29] 오늘날 관습법으로서 인정[30]되고 있다. 이러한 법 원칙이 오래전부터 존재하며 유지되어온 것에 대하여 놀라움이 많으면 많을수록, 예로부터 동 원칙의 정당성에 대하여는 다툼이 있어왔다. 이미 1907년 독일 보험계약법 초안을 심의함에 있어, 제국의 회심의회는 구성원은 대표자책임에 대하여 판례에 나타난, '이러한 결정은 일반적 법감정에 상응하지 않을 것이라는 지적사항을 제시하였다. 그 후에도 이러한 비판은 그치지 않았다.

27 채무(schuldrechtliche Pflicht)와 책무(Obliegenheit)의 차이에 대해서는 이기수·최병규·김인현, 보험·해상법 (상법강의), 제9판, 박영사, 2015, 101면.

28 RGZ 9, 118 (123); RGZ 37, 149 (150 f.); RGZ 51, 20 (21 ff.).

29 독일 민법과 보험계약법의 발효 이후 'Repräsentant'에 대한 법적 형상의 유지에 대하여는 RGZ 83, 43 (44).

30 OLG Oldenburg VersR 51, 272 (273); Bruck/Möller, VVG 8. Aufl. § 61 Anm. 74, Cyrus, Repräsentantenhaftung des Versicherungsnehmers, 1998. Rdn. 209; Deutsch, Versicherungsvertragsrecht, 3. Aufl. 1993. Rdn. 209.

그 외에 생각해볼 만한 사항들은 비교법적인 관점에서 오스트리아 보험계약법과의 비교이다. 오스트리아 보험계약법의 해당규정은 독일 보험계약법의 규정과 거의 완전히 일치한다. 하지만 독일에서와는 달리, 보험계약자의 책임의무가 오스트리아에서는 부인되고 있다.[31] 이러한 배경 앞에, 독일 민법과 보험계약법이 발효한 이후 대표자책임의 원칙이 정말로 앞으로 유지되어야만 하는 '하나의 성공적인 법형성(Rechtsfortbildung)'인가에 대한 물음이 제기된다.[32]

## 2. 대표자책임의 인정 근거

독일 법원은 제3자의 귀속에 있어서 제한적인 경향-보험계약자의 기능으로부터-을 인식하고 있지만, 왜 보험계약자가 보험계약자를 대행하는 자의 행위에 대해서 책임을 부담해야 하는가에 대한 물음에 대하여는 설명하고 있지 않다. 그러나 대표자책임의 인정과 관련하여, 제국법원은 1903년 4월 22일 판결[33]에서 매우 중요한 근거를 제시하고 있다. 본 판결은 "보험계약자가 보험목적의 관리함에 있어, 고유한 과실에 대하여 책임을 부담해야 한다는 것에서 출발하고 있다. 하지만 보험계약자가 보험목적을 관리하지 못하고, 피보험자의 대리인의 과실로 인하여 보험자에게 발생하는 손상이 보험자를 보호하지 못하는 결과를 가져오는, 즉 보험계약자가 감독의 포기를 통하여 보험자의 상황을 더 악화시키는 것에 대하여 보험계약자는 자유롭지 않아야 한다"고 하였다. 대표자책임은 보험급부와 보험료의 균형에 대한 장애를 예방하는 목적을 가지고 있다. 그러므로 대표자책임은 '행위기초이론(Lehre von der Geschäftsgrundlage)'[34]과 유사하

---

31  Looschelders, Die Haftung des VN für seinen Repräsentanten -eine gelungene Rechtsfortbildung?, VersR 1999, 666 (668).

32  Larenz, Methodenlehre der Rechtswissenschaft, 6. Aufl. 1991, S. 366 ff 하나의 법형성(Rechtsfortbildung)이 되기 위해서는 다음의 사항을 전제조건으로 하고 있다. 먼저 법형성이 하용되기 위해서는 흠결이 보충되는지의 여부를 검토해야 한다. 그리고 흠결이 보충될 수 있다면, 둘째 실제적인 법원리의 타당한 실현(sachgemäße Verwirklichung eines materiellen Rechtsprinzips)이 가능한가를 따져보아야 한다. 셋째, 현존하고 있는 법질서의 전체에 흠익 없이 합치되어야만 한다. 즉 법형성의 판결을 현행법에 체계를 깨뜨리거나 현행법의 경험을 아기해서는 아니 된다. 또한 법형성에 의한 흠결보충을 의한 흠결보충을 해결하는 문제보다 더 많은 문제점을 야기한다면, 그러한 법형성에 의한 흠결보충은 부인되어야 할 것이다.

33  RG JW 1903. 여기에 연방대법원의 판결이 연결되고 있다. BGHZ 107, 229 (232 f.)=VersR 89, 737 (738).

34  행위기초이론은 일반적으로 민법 제2조이 신의 성실의 원칙에서 다루게 되는데, 보통 사정변경의 원칙이

재, 균형을 이루는 계약정당성(ein Problem der ausgleichenden Vertragsgerechtigkeit)의 문제와 관련이 깊다. 우선적으로 계약정당성의 보장이 안 당사자의 분절이라기는 하지만, 이러한 사고에 지향된 법형성의 당위성은 의심할 수 없는 것이다. 왜냐하면 실질적인 정당성에 상응하여 안 당사자 사이에 이익균형을 해결하기 위한법에 임분자가 노력을 해야 하는 것과 미진가지로, 판사 역시 만약 법형성의 과정에서 계약법을 보충하는 경우에는 이러한 목적을 지향하여야만 하기 때문이다. 그러므로 대표자책임이 실질적인 계약정당성을 적절하게 구체화시키는가 아니면 그렇지 않은가가 매우 중요한 것이라 하겠다.

이러한 문제에 대하여 출발해야 하는 것은, 보험목적의 관리와 관련하여 개정 전 보험계약법 제61조(Schuldhafte Herbeiführung des Versicherungsfalls)[35]에 따른 위험배제와 미진가지로 보험계약자의 간접의무가 보험자의 급부의무를 제한해주는가이다.[36] 위험관리에 있어서 제3자가 보험계약자를 대신하는 경우에는, 보험계약자가 제3자의 과책에 대하여 책임을 부담해야만 이른바 '제한의 목적(Begrenzungszweck)'이 도달될 수 있다. 만약 그렇지 않으면 보험계약자는 "아무것도 하지 않는 자는 역시 아무런 잘못도 하지 않는다"는 격언을 따를 수 있을 것이다. 반면에 제3자는 동시에 아무런 격정 없이 행위할 수 있을 것이다. 그 결과 보험자의 급부의무만 남아 있게 된다. 위험관리(Risikoverwaltung)를 행하고 잘못된 행동에 대해서는 보험청구권의 상실을 예상해야만 하는데, 그렇지 않으면서 '보험계약자의 관계자(der Betreffende gegenüber all den Versicherungsnehmer)'가 유리한 지위를 갖게 되면 별수록 '부보된 위험(das versicherte

35 개정 전 보험계약법 제61조는 고의 또는 중과실에 대하여 보험자의 면책을 규정하고 있었던 반면에, 2008 독일 보험계약법은 제3항에 보험계약자의 고의에 대한 보험자의 면책을 규정하고 제3항에는 과책에 따른 비율보상을 규정하고 있다.

36 Weyer, Versicherungsvertragsrecht, 2. Aufl. 1995, Rdn. 301 ff., 309 ff. und 547. 제61조의 기능에 대하여는 Prölss/Martin, VVG 26. Aufl. 1998, § 61 Rdn. 1.

라고도 한다. 김형배, 채권각론(채권법), 박영사, 1998, 60면에 의하면 계약이 성립할 때에 그 기초로 삼았던 사정이나 환경이 그 후 변경됨으로써 정한 계약내용을 그대로 유지·강제하는 것이 신의칙상 부당한 결과를 가져오는 경우가 있는바, 이러한 경우에 계약내용의 변경 또는 수정하거나 계약관계의 해제를 인정하여 구체적 사안에 적합하게 계약관계를 정리하는 것을 사정변경의 원칙(clausula rebus sic standibus)의 기능이라고 할 것이다.

Risiko)의 화대'는 정당하다고 할 수 없을 것이다. 그러므로 대표자책임은 보험자의 이익을 보호할 뿐만 아니라, 보험료의 증가라는 좋지 못한 결과에 대한 책임을 부담케 함으로써 선의의 보험계약자 이익도 보호하는 기능을 하게 된다.[37] 그런 측면에서 대표자책임의 원칙은 모든 관련 당사자들의 이익들 사이에 적절한 해대이 돌아가는 것을 보장해 준다고 할 수 있다.

## 3. 실정법의 체계에서 대표자책임

독일 보험계약법상 보험계약자는 자기 고유의 과책에 대해서는 그 스스로 책임을 부담해야 할 것이다.[38] 반면에 민법상의 일반규정이 보험법과 마찬가지로 기본적으로 사법상의 특별예시의 작용을 고려하는 경우에, 보험계약자는 민법 제278조에 따른 이행보조자의 과책을 대신 이행해야만 하는 것으로 볼 수 있다.[39] 여기서 독일 보험계약법상 보험계약자의 대표자에 대한 이행의무가 아무런 이의 없이 독일의 실정 사법에서 받아들여질 수 있는가에 대한 물음이 제기된다.

## 1) 자기과책주의에 대한 실정법의 해석

보험계약자법의 입법자는 제3자의 과책(Drittschulden)문제를 첨두첨미하게 검토한 것으로 파악된다. 입법위원회에서 '단지 자기 고유의 과책만이 보험으로부터 청구권을 배제해야 한다'는 것을 명백하게 규정하지 않아야 할지, 아니면 해야 할지에 대한 물음이 제기되었다.[40] 하지만 이러한 규정의 도입은 거부되었다. 중요하게 고려해야 할 사항은 대리인에 대한 광범위한 책임배제는 필연적으로 '작은 것'보다 '큰 것'을 유리하게 해야 한다는 것이었다. 대부분 대리인은 그의 업무를 스스로 인식하게 되고 누구

37 Möller, Verantwortlichkeit des Versicherungsnehmers für das Verhalten Dritter, 1939, S. 95.
38 Bruck, Reichsgesetz über den Versicherungsvertrag. 7. Aufl. 1932, § 6 Anm. 14 f. und § 61 Anm. 10f.; Prölss/Martin, a.a.O., § 61 Rdn. 3 ff.
39 Prölss, Versicherungsvertragsrecht, 14. Aufl., 1963, § 6 Anm. 7; vgl. LG und OLG Bremen VersR, 51, 196.
40 Bericht der XIII. Kommission RT-Drucks. Nr. 364 12. Legislaturperiode I. Sesseion 1907 Anl. II S. 60.

나 제3자의 포괄적인 범위에서 이득을 얻고자 하는 경향을 띠기 때문에 입법화하지 않은 것으로 보인다. 그러므로 보험계약법이 보험계약자의 과책에 관하여, '보험계약자는 단지 자기 고유의 과책에 대해서만 책임을 부담해야 한다'는 것을 제시하지 않았던 것이다. 임법자는 "단지 과책이 없는 책임은 보험계약자를 관련시키지 못한다"는 것을 명확히 하고자 하였던 것이다. 즉 이러한 의도는 보험계약자가 아닌 제3자의 과책이 있다면 언제든지 보험계약자의 책임을 귀속시킬 수 있다는 것을 의미하게 된다.

## 2) 민법 제278조의 적용가능성

제3자의 행위와 관련하여 독일 보험계약법은 독일 민법 제278조상의 이행보조자의 책임과는 다른 상이한 하나의 상을 제시한다. 중과실로 보험사고를 야기한 경우에 입법위원회의 구성원들은 민법 제278조를 적용이 가능하지 않은 것으로 판단하였다. 왜나하면 개정 전 독일 보험계약법 제61조는 보험사고를 면하기 위하여 보험계약자의 의무를 전체조건으로 하고 있는 것이 아니라 중대한 과실로 인한 보험사고에 대한 보험자의 면책(이른바 주관적인 위험배제)을 규정한 반면에, 민법 제278조는 위험을 축소하고 손해의 감소를 위하여 '의무(Pflichten)'에 당연히 적용되기 때문이다.[41] 하지만 이익충돌의 해결을 위한 실정적인 결정은 이러한 사항을 고려하지 않았기 때문에 사례에서 해결책이 열려 있다고 할 수 있을 것이다.[42]

보험법적인 행위규범의 법적 성립에 관한 다음은 오늘날에도 카다란 의미를 가지고 있다. 개정 전 독일 보험계약법 제6조[43]에서 독일 민법 제278조의 적용가능성은 보험계

-----

41 Bericht der XIII. Kommission RT-Drucks. Nr. 364 12. Legislaturperiode I. Sesseion 1907 Anl. II S. 60f.
42 입법자의 가치결정에 대한 구속성에 대하여는 Looschelders/Roth, Juristische Methodik im Prozeß der Rechtsanwendung 1996, S. 155 ff.
43 개정 전 독일 보험계약법 제6조(계약상 간접의무) 제1항, "보험사고의 발생 전에 보험자에게 이행하여야 할 간접의무를 위반한 때에는, 보험자는 지급을 의무가 면제된다는 경우에, 그 의반이 고의 과실에 기인하지 아니한 때에는 발물효과가 발생하지 아니한다. 보험자는 그 위반이 고의 또는 과실에 기인하는 한 해약통고기간을 지키지 아니하고 1월 이내에 해약을 통고할 수 있다. 제2항, "위험이 감소나 위험증가의 방지의 목적으로 보험계약으로부터 보험금 지급면제를 주장하지 못한다." 제3항, "위험이 감소나 그에게 지배되고 있는 공무에 대한 영향력을 갖지 않은 경우에, 보험계약의 면책을 원용할 수 없다." 제3항, "보험사고 방생 후에 보험자에게 이행하여야 간

약자의 간접의무(Obliegenheiten)가 법적 의무로서 인정될 수 있는가에 달려 있다.[44] 독일 민법 제278조의 적용하기 어려움은 개정 전 보험계약법 제61조의 영역에서 예나 지금이나 보험사고를 면하기 위하여 부작 의무가 없다는 것에 있다.[45] 비록 보험계약자가 보험사고를 야기하거나 또는 간접의무를 위반한다고 할지라도, 보험목적을 어떠한 방법으로 다루느가에 대하여는 보험계약자의 자유이다. 그러므로 간접의무에 대하여 보험계약법상 법적 의무를 부담시킬 수 없는 것이고 때때로 보험자 역시 급부의무가 없다는 점에서, 보험자의 이익은 이미 그것으로 충분하다. 범적 의무가 존재하기 않는다는 것은 독일 민법 제278조의 적용에 상응하지 않는다는 것을 의미한다. 독일 민법에서 이행보조자에 대한 이행의무는 '채무자의 급부약속에서 거래는 채무자가' 보조자의 행당한 행위에 대한 보장'을 받아들여야 한다는 사고를 바탕으로 하고 있다.[46] 여기에서 중요한 것은 이에에 대한 형량조정이다.[47] 만약 채무자가 근로부분을 유리하게 이용하는 경우라면, 재무를 이행함에 있어서 재무자는 그의 보조자가 손실

점의무를 위반한 때에는 급부를 면제한다고 함의하는 경우에라도 그 위반이 고의 또는 중대한 과실로 인한 것이 아닌 때에는 함의된 법률효과는 발생하지 아니한다. 중대한 과실로 위반한 때에라도 그 위반이 보험사고의 확정 또는 보험자가 이행하여야 할 급부의 범위의 확정에 영향을 미치지 아니한 경우에는 보험자는 급부하여야 한다." 제4항. "간접의무의 위반 시 급부의무에 대하여 제28조[계약상 고지의무의 위반]이라는 제목으로 약간 수정된 내용을 담고 있다. 제1항. "보험사고 발생 전에 보험계약자로부터 보험계약자에게 이행해야 할 계약상 간접의무를 위반한 경우에, 보험자는 그가 그것을 안 후 1개월 안에 그 계약을 기한부로 해지할 수 있다. 그러나 그 위반이 고의나 중과실에 기인하지 아니한 경우에는 그러하지 아니하다.' 제2항. "보험계약자로부터 이행되어야 할 계약상 간접의무가 위반 시 보험자가 급부를 면하는 제약을 한 경우에, 보험계약자가 고의로 간접의무를 위반한 경우에는 보험자는 면책된다. 중대한 과실로 인한 간접의무를 위반한 경우에, 보험자는 보험계약자의 과책의 비율에 따라 급부를 줄일 수 있다. 중과실이 존재하지 않는다는 입증은 보험계약자가 부담한다. 제3항. "제2항과 달리 간접의무의 위반이 보험사고의 발생이나 확증에 대하여 뿐만 아니라, 보험자의 급부의무의 확충이나 범위에 대하여 인과관계가 없는 한, 보험자는 급부의무를 부담하게 된다. 하지만 발생 후에 나타나는 입대를 간접의무나 설명의 간접의무를 위반한 경우, 제3항에 따라 보험자의 온전하거나 부분적인 면책은 보험자는 보험계약자에게 서면으로 된 특별한 고지를 통하여 범적 효과를 일러주어야 한다는 전제조건을 갖는다.

44 인정되지 않는다는 전례로는 RGZ 62, 190 (191 f.); BGH VersR 81, 321; Bruck/Möller, a.a.O., § 61. Anm. 73; Knappmann, Zurechnung des Verhaltens Dritter zu Lasten des VN, VersR 97, 261 (262); Römer/Langheid, VVG, 1997, § 6 Rdn. 114; a.A. Prölss/Martin, a.a.O., § 6 Rdn. 30 und 48.

45 RGZ 83, 43 (44); BGHZ 11, 120 (122 f.) =Versr 53, 494; Bruck/Möller, VVG 8. Aufl. 1961, § 61 Anm. 2; Cyrus, a.a.O., Rdn. 31.

46 Mot. II, S. 30.

47 Palandt, Bürgerliches Gesetzbuch, 52. Aufl. 1993, § 278 Rdn. 1 ff.

을 야기하는 위험에 대하여 책임을 부담해야 한다.

그러나 이와 같은 이익가치에 대한 평가(Interessentwertung)는 보험자와 보험계약자 사이의 관계로 남기게 해서는 아니 된다. 대부분의 보험계약자가 갖는 중마는 '보험물적에 대한 보호가 아는 배나 그 스스로 행사될 필요는 없다'는 점일 것이다. 예를 들면 보험계약자는 보험목적에 대한 보호를 그의 부인에게 위탁하거나, 아니면 그의 친구에게 밭을 수도 있다. 그는 사용인대자로 이용할 수도 있다. 또한 그가 휴가를 떠나 동안에 그의 이웃을 통하여 관리될 수 있을 것이다. 영업과 관련된 범위에서는 보험계약자의 종사자가 보험목적에 대한 보호를 이행해야 하는 다양한 사례를 예상할 수 있다. 그러므로 보험계약자는 '(Obhutsgehilfen)'의 잘못된 행동으로 인하여 발생하는 손상에 대하여 보험계약자를 보호해야만 할 것이다. 만약 보험계약자에게 그러한 과실이 귀속되어야 한다면 그는 보험보호에 대한 완출를 포기하거나, 보험보호에서 점증하는 하자를 받아들이는 상황, 즉 양자를 판단하는 입장에 설 수도 있다.[48] 그러므로 보험계약에의 특수한 기능은 민법 제278조에 따른 '일상적인' 채무자와 간이 이행보조자의 과실에 대하여 보험계약자가 책임을 부담해야 하는 상황을 배제하게 되는 것이다.[49]

여기에서 고려해야 할 사항은 '손수한 보험보조자'의 보험계약자에 대한 귀속문제이다. '순수한 보험보조자'에 대한 보험계약자의 책임은 보험료 정당성의 원칙에 충돌하는 것은 아니라고 할 것이다. 왜냐하면 이러한 상황은 '위험의 범위에 있어서 각자의 차이가 보험료의 액수를 감소시키는 것을 제공하는 것은 아니기 때문이다.[50] 어떤한 순간에도 보험목적은 지나치다 싶은 정도로 조심스러운 독신(sorgfältiger Single)이[51]

--------

48 Martin, Sachversicherungsrecht, 3. Aufl. 1992, Rdn. O II 41: "Der Versicherer kann nicht erwarten und der Versicherungsnehmer rechnet nicht entfernt damit, dass mit Rücksicht auf einen Versicherungsvertrag Einwirkungen Dritter auf versicherte Sachen entweder möglichst reduziert werden müßten oder zu einer Lücke im Versicherungsschutz führen könnten."

49 Bruck/Möller, aaO., § 61 Anm. 72; Cyrus, Repräsentantenhaftung des Versicherungsnehmers, 1998, Rdn. 32 ff.; Römer, aaO., § 6 Rdn. 114; Maß, ZHR 13 (1869), 45 (58).

50 Martin, aaO., Rdn. O II 44.

51 여기서 조심스러운 독신이란, 보험목적이 보험계약자에게만 관리되는 것을 의미한다.

주어지는 것이 타당하겠지만, '보호보조자'의 개념은 이주 일상적인 현상이기 때문에 그것에 결합된 위험은 '일상적인' 보험보호로부터 벗어나서는 아니 될 것이다. 반면에 보험계약자가 보험목적의 관리를 완전히 제3자에게 양도한 것은 일상적인 것이라 볼 수 없다. 그러므로 보상을 요구하는 계약을 정당성 측면에서 제3자에 대한 보험계약자의 이행의무를 인정하게 되는 것이다.

채권법 통칙과 사법질서의 통일성을 가지고 보다 더 명확히 하고자 제3자의 책임을 적용함에 있어 민법 제278조를 엄격하게 적용하고자 하는 요구도 있었다.[52] 하지만 그러한 해결책은 오히려 문제해결에 있어서 혼란을 가중시킬 가능성이 있다. 왜냐하면 대표자책임을 통한 보험계약자의 이행책임은 독일 민법 제278조의 가치를 끌어올 수 있는 것이 아니기 때문이다. 사법질서의 통일을 명확히 하는 것은 비록 보험하자들에게 관심 속에 있는 중요한 문제이다.[53] 하지만 이러한 관심사는 보험법의 특수한 원칙을 민법의 일반적인 영역으로 변형시켜 적용하는 것을 통하여 실현될 수 있는 것이 아닌 것이다.[54] 그런 측면에서 대표자책임은 우리 사법질서에 배열될 수 있는 계약상 제3자 귀속(vertragliche Drittzurechnung)의 독자적인 표현이라고 할 것이고,[55] 민법 제278조를 통해 유추 적용하려는 입장은 타당하다고 할 수 없는 것이다.[56]

## 4. 오스트리아 보험계약법과의 비교법적인 검토

제3자의 행위에 대한 법적 효과로서 보험자의 면책을 야기하는 대표자책임이 보험

---

**52** R. Schmidt, Die Obliegenheiten, 1953, S. 246.

**53** 이러한 관심사의 의미에 대하여는 Weyer, a.a.O., Rdm. 119 ff. und 124.

**54** Lorenz, Bemerkung zu den "Tendenzen" und zur "Objektivität" in der wissenschaftlichen Arbeit am Privatversicherungsrecht, 1977, S. 31.

**55** Looschelders, Die Haftung des VN für seinen Repräsentanten -eine gelungene Rechtsfortbildung?, VersR 1999, 666 (670).

**56** 법하방법론적으로 유추 적용을 하기 위해서는 기본적으로 '진정입법의 흠결(Planwidrige Regelung)'과 '유사성(Vergleichbarkeit)'이 검토되어야 한다. 전자는, 입법적 흠결이 입법자가 전혀 예상하지 못한 사정으로서 만약 입법자가 예상하였거나 할 수 있었다면 당연히 그에 대한 입법을 하였을 것으로 판단되는 것인 경우를 말한다. 이와 같은 진정입법흠결의 경우, 그러한 흠결은 실제 재판에서 법관법을 통해 보완될 수 있다. 후자는 법적 규정이 정하고 있는 이해관계가 법적 규정으로 정한 바 없는 문제되는 사정에의 이해관계와 그 구도를 같이함으로써, 이른바 비교가능한 경우에 비로소 유추 적용이 인정된다고 할 것이다. 자세히는 Larenz, Methodenlehre der Rechtswissenschaft, 6. Aufl. 1991, S. 381 ff.

범에서 이익조정의 계약당사자에 상응하는 유일한 해결책인가라는 질문이 제기될 수 있다. 이러한 질문은 같은 대륙법체계의 오스트리아의 보험법의 비교를 통하여 고찰하게 된다.

오스트리아에서 보험계약의 실무는 대표자책임과 같은 원칙을 받아들이지 아니하고 합리적인 이익조정이 이루어지고 있다고 한다. 오스트리아의 법원은 대표자인 대신에 제3자의 개입사례에서 아주 엄격한 기준을 따라 보험계약자의 선발이나 감독의 과실을 가지고 판단한다.[57] 이는 위험영역의 명백한 이전을 야기하게 되는 제3자가 대표자로 인정되는 한 독일에서는 보험계약자에게 엄격한 이행의무를 답하게 한다. 일반적인 이행보조자의 경우는 오스트리아 법이 더 엄격하게 이행의무를 부 그러한 이행보조자와 관련하여 우수한가에 대하여는 거의 받아들여지지 않기 때문이다.[58] 어떠한 해결책이 더 우수한가에 대하여는 결정이 쉽지 않다. 그러나 보험범의 특수성을 고려하여 이익을 조정하는 계약당사자의 사고를 실현하기 위한 목적에서 자기책임을 설정함에 인정하고 있지 않은 한, 독일의 대표자책임은 하나의 적합한 도구임에는 틀림없다고 하겠다.

## IV. 우리 보험계약에서 대표자책임의 인정 여부

### 1. 논의의 실익

독일에서 활발히 논의되고 있는 대표자책임을 우리 보험계약에서도 인정해야 할 것인가에 대한 물음이 제기된다. 프랑스 보험계약법은 "민법 제1384조에 의하여 피보험자가 사법상 책임을 지게 되는 자의 행위로 생기는 손해에 대하여는 그 자의 과실의 종류 및 정도 여하를 불문하고 보험자는 이를 보상할 책임을 진다"

---

57 오스트리아 판례의 조심스러운 분석과 그것에 이어서 비교법적인 설명에 대해서는 Cyrus, a.a.O., Rdn. 391 ff und 419 ff

58 Cyrus, a.a.O., Rdn. 464.

고 규정하여 매우 엄격한 자기책임주의를 인정하고 있다. 피보험자 이외의 제3자의 보험사고조례에 대하여 보험자의 면책을 인정하지 않는 자기책임주의이하에서는 대표자책임을 인정하기가 어렵다고 할 수 있다. 하지만 스위스 보험계약법은 제14조 제3항에 "보험계약자 또는 청구권자의 동거가족, 그의 행위에 대하여 보험계약자 또는 청구권자가 책임을 지게 되는 자의 고의 또는 과실로 보험사고가 생기고 이들의 감독, 선임, 채용에 있어서 중대한 과실이 있는 경우에는 보험자는 보험계약자 또는 청구권자의 책임의 정도에 상응하는 비율에 따라 보험금을 감액할 수 있다"는 구정에서 알 수 있듯이, 자기책임주의를 인정하면서 보험자책임에 대한 감경가능성을 유보하고 있고 독일이나 일본 및 우리나라 역시 보험계약에서 자기책임여부상 자기책임주의를 명백하게 구정하고 있는 조문은 존재하지 않는다.59 따라서 독일이나 오스트리아에서 대표자책임이 학설이나 판례에서 계속 논의되고 있고 일반규정이 없는 우리나라 역시 보험계약자의 위치에 서서 보험의 목적을 필연적으로 계속적인 관리를 맡고 보험계약자 등의 권리와 의무를 실현하는 권능을 가진 자에 대한 대표자책임을 인정할 것인가에 대한 논의가 벌어질 수 있다.

## 2. 인정불가능하다는 입장

대표자책임이론을 우리나라에 수용하는 것에 대하여 반대하는 입장으로는 다음과 같은 근거를 제시하고 있다.60

첫째, 독일 판례에 의하여 인정되어온 대표자 책임이론은 그 본체가 반드시 명확한 근거를 가지고 증명되어 있지는 않다는 것이다. 대표자책임이론을 인정하는 판례와

---

59 한국에서는 대표자책임이 그다지 상세히 논해지고 있지는 않지만, 피용자가 사용자에게 보험금을 취득시킬 목적으로 방화한 사건에 관하여 판하여 피보험자와 세대를 같이 하는 친족 또는 고용인의 고의에 의한 보험사고의 경우에 면책된다는 보험약관이 상법 제663조에 위배되어 무효인지의 여부에 관한 논의(대법원 1984. 1. 17. 선고 83다카1940 판결)가 있었다. 이에 대하여는 양승규, "피용자의 보험사고유발과 보험자의 책임", 법학, 제25권 2, 3호, 서울대학교 법학연구소, 1984, 184면 이하.

60 이종근, "보험계약법에 있어서 Obliegenheit의 위반과 소위 대표자 책임 이론", 법조, 1985년 10월호, 29면 이하.

학설이, 그 대표자 개념의 규정에 관하여 명확히 제시하고 있지 않다는 점에서 이론적 근거를 결하고 있다고 한다.

둘째, 제3자가 대표자책임에서 말하는 소위 사실상 피보험위험의 관리자인 지위에 있다고 할지라도 당해보험계약에 관하여 명문규정이 없는 한 그 제3자의 행위에 대하여 보험계약자(피보험자)가 보험계약에 대하여 당연히 책임을 져야 할 이유가 없다는 것이다. 왜냐하면 그 관리자를 받고 있다는 것이 보험자에 대한 채무의 이행으로 다루어질 수도 없고[61], 또한 그 관리자의 행위로 보험사고 생긴 것이 보험자에 대한 가해행위로는 볼 수 없기 때문이라는 것이다.[62]

셋째, 상법 제692조가 "보험사고가 송하인의 또는 수하인의 또는 그의 또는 중대한 과실로 인하여 발생한 때에는 이로 인하여 생긴 손해를 배상할 책임이 없다"라고 하여 운송보조자의 고의 또는 중과실에 의한 보험사고를 피보험자의 그것과 마찬가지로 보험자의 면책사유로 하고 있으나, 이 규정은 송하인 또는 수하인은 피보험자가 아니더라도 일정한 권리와 의무(상법 제139~제141조)를 가지기 때문에 그들의 고의 또는 중과실로 인한 보험사고를 보험자의 면책사유로 한 것이지 않다는 것이다. 결국 이 규정을 가지고 대표자 책임이론을 연관시킬 수는 없다는 것이다.

넷째, 상법 제659조 제1항이 "보험사고가 보험계약자 또는 피보험자나 보험수익자의 고의 또는 중대한 과실로 인하여 생긴 때에는 보험자는 보험금액을 지급할 책임이 없다"고 규정하고, 다시 제663조에서는 "이편 규정은 당사자 간의 특정으로 보험계약자 또는 피보험자나 보험수익자의 불이익으로 변경하지 못한다"고 규정하고 있기 때문에 피보험계약자와 보험수익자의 특별한 제3자에 의한 당연하는 보험자의 면책사유가 없는 한 당연하는 제3자에 의한 보험사고조례와 책임위반은 보험계약자(피보험자)에게 귀책사유가 없는 보험계약자(피보험자)의 단순한 고의나 보험자의 면책사유로 하는 피용자의 단순한 고의나 중대한 과실로 인한 보험사고유발과 보험약관은 무효라는 것이다. 그러므로 피보험자의 면책사유로 하는 보험약관은 무효라는 것이다.

61 Ehrenzweig, Deutsches (Österreichisches) Versicherungsvertragsrecht, 1952, S. 267.
62 양승규, "피용자의 보험사고유발과 보험자의 책임", 법학, 제25권 2, 3호, 서울대학교 법학연구소, 1984, 185면.

결론적으로 프랑스 보험계약법상 자기책임주의를 규정하고 있지 않지만, 우리나라에서는 대표자책임을 인정할 수 없고 보험계약자(피보험자)와 특별한 관계에 있는 제3자의 채무위반의 경우에 이행보조자의 과실의 법리에 의한 규정(독일 민법 제278조와 우리 민법 제391조)을 유추적용하는 것이 타당하다고 한다.[63]

## 3. 인정가능하다는 입장

대표자 개념에 대한 명확한 기준의 부재로 대표자책임을 거부하는 입장에 대하여 받아들이기 어렵고, 이 이론 자체가 상당히 오랜 세월 속에서 다수의 판례를 통하여 성립된 것이므로 우리나라에도 인정가능하다는 견해가 있다.[64] 외국의 생활 사안에 대한 접근이 용이하지 못한 점에 비추어 대표자 적격에 대한 명확한 기준을 비교법적으로 쉽게 유도하는 것이 어렵기는 하지만, 제3자에 의한 보험사고 유발 시 보험자와 보험계약자 간의 위험분산기준인 대표자책임의 수용을 거부할 이유는 없다는 것이다.

이들의 견해에 따르면, 자기책임주의하에 있다는 스위스보험계약법도 보험자 책임의 감경가능성을 유보하고 있고(동법 제14조 제2항) 나아가 상법 제659조와 관련하여 제663조의 상대적강행규정을 내세워 대표자책임을 배제하는 입장도 타당하지 않다고 한다.[65] 상법 제659조의 고의 또는 중과실로 인한 보험사고의 유발이 제3자에 의하여 야기된 경우만을 놓고 대표자책임을 논하고 있으나, 이들에 의하면 대표자책임은 본래 상법 제659조가 아니라 고지 내지 통지의무 나아가 정보제공의무 이외의 책무위반이 제3자에 이해서 야기되었을 때, 그 간접의무의 법적 성질이 법적 의무가 아니어서 민법 제391조(이행보조자의 책임)를 적용기 어려우므로 이를 해결하기 위하여 독일 판례가 제시한 '이행행양의 원칙'인 대표자책임을 수용하고자 한다. 따라서 고의 또는 중과실로 보험사고 유발되

---

63 이중근, "보험계약법에 있어서 제3자의 Obliegenheit의 위반과 소위 대표자 책임 이론", 법조, 1985년 10월호, 31면.

64 최기원, 보험법, 제3판, 박영사, 2002, 205면 이하; 김정호, "보험계약자상의 책무론", 법학논집, 제31집, 고려대학교 법학연구소, 1995, 409면 이하.

65 김정호, 상법강의(하), 2000, 법문사, 436면.

지 않은 경우 이외의 간접의무의 위반이 제3자를 통하여 이루어지게 되는 경우 일정 요건
에 따라서 대표자책임을 인정하여 보험자의 면책을 가능하도록 해야 한다고 주장한다.[66]

상법 제659조와 제663조 외에도 상법 제653조, 제663조를 통한 약관내용의 통제가능
성은 배제될 수 없으나 대표자책임은 보험자와 보험계약자(피보험자) 간의 위험분산
을 보험계약법의 특수성을 고려한 신의 측에 의한 해결 수단이기 때문에 대표자책임
이 우리 상법 제663조의 내용통제로 인하여 수용될 수 없다고 단정하기는 어렵다고
한다.[67]

## V. 결론

독일 보험계약법상 제3자의 과책에 대한 보험계약자 책임의 책임과 관련하여 규정상의 하
자(Regelungslücke)가 존재함을 알 수 있다. 이러한 문제를 해결하기 위하여 독일의 판례
는 오래전부터 대표자책임을 인정하였고, 이는 하나의 성공한 법형성이다. 여기에
독일에서 발전된 대표자책임은 보험계약의 기능에 상응하는 당사자들의 이익을
보상하는 것을 실현하기 때문에 독일의 대법원은 대표자구역을 유지함으로써 그러한
하자를 봉합하고자 하였던 것이다. 그런 측면에서 자기책임으로서 그것을 성문화하고 있지
않은 독일 입법에서 활발하고 논의되고 있고 또 독일 판례가 그것을 인정하고 있는
이상, 우리나라에서 대표자책임의 수용에 대한 여지가 충분히 생각해 있다.

특히 주관적 위험배제약약과 관련하여, '피용자의 고의로 보험사고가 생긴 경우에
도 보험자가 피보험자의 귀책사유가 없는 이상 보험자는 보험금 지급의무를
면하지 못할 것이고, 또 보험약관에 의하여 피보험자의 가족이나 피용자의 단순한 고
의 또는 중대한 과실로 생긴 보험사고에 대하여 보험자의 면책사유로 하는 것은 무효

--------

66　특히 김정호, "보험계약법상의 책무론", 법학논집, 제31집, 고려대학교 법학연구소, 1995, 410면.
67　최기원, 보험법, 제3판, 박영사, 206면. 독일에서 대표자로 인정한 사례와 인정하지 않은 사례를 구체적으로
　　제시하고 있다.

이다'라고 하면서 대표자책임의 수용이 우리법제에 어렵다는 주장에 일리가 없는 것

은 아니다. 대법원 역시 보험계약자(피보험자)와 특별한 관계에 있는 제3자의 고의 또

는 중대한 과실로 보험사고가 발생한 경우에도 피보험자의 공모·교사 또는 방조와 같

이 보험계약자에게 일정한 귀책사유가 있는 경우에 한하여 보험자의 면책을 인정하고

있는 것으로 보인다.68

그러나 동 판례의 사실관계를 자세히 보면, 제3자가 영업주로부터 경영을 맡아 달라

는 제의를 받기는 하였지만 그 점원의 지위는 '단순한 요리사의 지위'에 해당된다는

점에 유의해야 한다. 독일 연방대법원이 인정하고 있는 것과 같이, 만약 그 종업원이

지점 경영을 위임받은 '지배인'이었다고 한다면 혹은 '상당한 범위에서 보험목적을 필

연적이고 계속적인 관리를 맡고 보험계약자의 권리와 의무를 실현하는 권능을 가지고

있는 자'였다면, 우리 대법원 역시 피보험자의 공모·교사 또는 방조와 같은 귀책사유

가 없다고 할지라도 그 종업원에 대하여 영업주의 대표자로 인정하고 보험자는 책임

을 면할 수 있었음을 추측할 수 있다. 이와 같은 면을 고려해보건대, 동 판례에서 우리

의 대법원이 대표자책임을 반드시 배제하고자 하였던 것이라고는 생각되지 않는다.

주관적인 위험배제영역 외에, 특정한 제3자의 행위를 보험계약자에게 귀속시키기기

위하여 독일 판례는 간접의무에서나 대표자책임을 인정하고 있다. 우리나라와 달리

독일은 개정 전 독일 보험계약법 제6조(개정 후 동법 제28조)에 '계약상의 간접의무

(vertragliche Obliegenheit)를 규정하고 그에 대한 위반에 대하여도 법적 효과를 제시하고

있다. 즉 개정 전에는 제1항에 "보험사고발생 전의 간접의무에 대하여는 과실이 없는

때에는 간접의무의 위반이 발생하지 아니한다"고 규정하고 있었고, 제3항에는 "보험

사고 발생 후의 간접의무에 대하여는 고의 또는 중대한 과실에 기인한 때에는 간접의

무의 위반이 발생하지 않는다"고 규정하고 있다. 그리고 개정법 제28조에 역시 '계

약상 간접의무의 손상에 대한 규정을 두고 있다. 이에 반하여 우리 상법은 제663조에

상대적 강행규정을 규정하여 제약에 의한 보험계약자 등이 불이익변경금지를 구정하

68 대법원 1984. 1. 17. 선고 83다카1940 판결.

160

고 있다. 독일과 같이 간접의무에 대한 일반규정이 없기 때문에, 간접의무에 대한 해석은 가능한가에 대한 불물이 제기될 수 있다. 우리나라에 독일과 같은 간접의무에 대한 일반조항이 존재하지는 않지만, 우리 상법 제663조는 제약자를 간접의무의 주체로 하고 있다고 사료된다. '제약상의 간접의무'인 일반규정을 전제하고 우리의 입법자는 보험제약자 등에게 불리하게 변경하지 못하도록 상법 보험편을 포괄적으로 상대적 강행법규한 것이라 하겠다. 그 결과 독일의 일반적인 간접의무를 담고 있는 조항이 있다고 하여 우리 보험제약법상 간접의무를 해석하는 데 있어 장애물이 있다고는 생각되지 않는다.

대표자책임과 관련하여 오스트리아는 자기책임주의의 입각하여 문제를 해결하고자 한 것으로 보인다. 하지만 왜 독일이 실무상 그리 효과적이지 않는 사용자의 감독이나 선발 등을 통한 자기책임주의의 방법으로 제3자의 책임문제를 해결하지 않고, 대표자라는 개념을 가지고 제3자의 행위에 대하여 보험제약자의 이행책무를 인정하고자 하는가에 대하여 주목해야 한다. 그런 측면에서 독일에서 제시하고 있는 대표자책임의 수용을 조심스럽게 제안한다. 독일 역시 고민하고 있는 대표자의 범위를 세밀하게 고찰하여 대표자에 대한 기준을 마련한다면, 우리의 보험실무에서도 이익형량의 원칙으로서 대표자책임을 수용할 수 있으리라고 본다.

# 제13장
# 계약법상 보험사기 문제

## I. 서론

인간이 경제생활을 하다보면 각종 우발적 위험에 직면하게 된다. 이러한 위험으로부터 스스로를 보호하기 위한 장치는 여러 가지가 있지만, 보험제도는 인간이 만들어낸 가장 우수한 제도 중의 하나이다. 보험제도는 우연한 사고로 인한 경제생활의 불안정을 극복하도록 하는 장점을 제공하기는 하지만, 적은 보험료를 내고 고의적으로 사고를 유발하여 거액의 보험금을 받고자 하는 보험사기의 유혹에 빠지기 쉬운 단점 역시 존재한다. 보험사기의 유혹은 보험금을 수령하기 위하여 보험자를 속이는 것으로 그치지 아니하고, 타인의 사망까지도 하거나 또는 실제로 타인을 살해하는 사건들이 끊임없이 등장하면서 크나큰 사회문제가 되고 있다.

보험계약 역시 하나의 민사계약에 해당한다. 보험계약자와 보험자는 청약과 승낙이라고 하는 의사표시를 통하여 계약을 체결하게 된다. 다른 계약과 달리, 보험계약은 피보험자를 동반하고 생명보험의 경우 보험수익자가 따로 존재한다. 피보험자와 보험수익자는 보험계약자 자신이 될 수도 있지만, 보험계약자가 아닌 타인이 되는 경우도 있다. 이들은 모두 보험계약의 이해관계인으로서 보험자와 밀접한 관련을 맺고 있다. 이들의 밀접한 관련성 때문에, 보험계약법은 이들에게 고지의무

(상법 제651조)라든가 통지의무(상법 제652조) 또는 위험변경증가통지의무(상법 제653조) 등의 다양한 의무를 부과하고 있고, 이러한 의무를 위반하는 경우에는 보험자가 일정한 기간 내에 해지권을 행사할 수 있도록 하고 있다.

## II. 계약법상 보험사기의 유형

### 1. 사기로 인한 초과보험계약

보험계약의 당사자가 약정에 의하여 정한 보험자 급여의무의 최고한도액을 보험금액이라고 하고, 피보험이익을 금전으로 평가한 금액을 보험가액이라 한다.[1] 물건이나 건물 등의 보험에서 당사자가 정한 보험금액이 보험가액을 현저하게 초과하는 보험이 바로 초과보험이다.[2] 초과보험은 보험계약체결 시에 발생할 수도 있지만, 체결 당시에는 하등의 문제가 없었으나 경기변동이나 예기치 않은 상황으로 피보험이익의 가치가 하락한 경우에도 발생할 수 있다. 초과보험은 손해보험에서 주로 나타나고, 정액보험에서는 발생할 여지가 없다. 초과보험에는 당사자의 의도와 관계없이 단순한 초과보험과 보험계약자의 사기에 의하여 이하여 초과보험이 발생할 수도 있다.[3]

---

1 양승규, 보험법, 제5판, 삼지원, 2004, 204면.
2 최기원, 보험법, 제3판, 박영사, 2002, 290면.
3 초과보험은 다음과 같은 형태에서 발생할 수 있다. 1) 1억 원짜리 가옥이 있다고 하자. 이 경우 보험계약자가 보험에 가입할 수 있는 최대 보험가액은 1억 원에 해당한다. 보험계약자가 보험사고 발생 시 1억 5천만 원을 받게 된다면, 5천만 원은 부당이득이 된다. 이 경우 보험가액을 현저하게 초과한 경우에 해당하게 되어 초과보험이 발생하게 된다. 2) 전물의 보험가액이 2억 원이라고 하자. 보험가입 시 매매가액의 5억 원의 초과금액으로 하는 보험계약을 체결하는 경우가 있다. 이 경우 역시 초과보험에 해당한다. 1)이나 2)의 경우 모두 초과보험에 해당한다. 다음의 경우는 앞의 두 사례와 약간 차이가 있다. 3) 건물의 가세도구 등 시설물에 대한 급여을 하이로 초과보험을 가입하는 경우가 있다. TV가 50만 원에 해당하는데, 보험금액 200만 원 받을 수 있도록 보험계약을 체결했거나, 내부인테리어 비용에, 1,000만 원이 들었는데 3,000만 원의 보험금으로 체결하는 경우가 여기에 해당한다. 이 경우에는 보험계약자의 고의에 의한 사기적 초과보험에 해당한다고 하겠다.

## 2. 사기로 인한 중복보험

보험계약자가 다수의 보험자와 피보험이익에 대하여 보험계약을 체결하면서, 보험금액의 총액이 보험가액을 초과하는 보험을 중복보험이라고 한다.[4] 중복보험은 여러 개의 보험계약이 보험의 목적·보험사고·보험기간·피보험자·피보험이익 등의 전부가 동일한 경우뿐만 아니라, 피보험이익을 제외하고 이들이 서로 다르지만 공통되는 부분이 있어서 보험사고가 발생했을 때 여러 개의 보험계약이 기능하는 경우에도 발생한다.[5]

여러 개의 보험계약을 2인 이상의 보험자와 체결해야 하는 요건이 충족되어야 하기 때문에, 동일한 보험자와 이와 같은 보험계약을 여러 개 체결하는 경우에는 단순한 초과보험이 발생한 것이지, 중복보험이 발생한 것은 아니다. 수인의 보험자와 각각 별도로 보험계약을 체결한 경우에도 발생한 것 또는 보험기간이 다른 경우에는 중복보험에 해당하지 않는다. 중복보험이 발생하는 것은 고가물에 대하여 보험자의 자력 우려 경우라든지, 혹은 1인의 보험자와 체결되는 보험계약의 지력 등의 우려 때문에 발생하게 된다. 그러나 이러한 경우라도 보험금의 합계가 보험가액의 합계를 초과하는 이상 그 초과부분은 보상이 인정되어서는 아니 된다.

## 3. 다수의 고액 생명보험계약

지방의 한 고속도로에서 연인관계로 추정되는 30대 초반 남성과 20대 여성이 타고 있던 승용차가 터널 입구를 들이받는 사고가 발생했다. 운전자였던 남성과 동승자인 여성은 그 자리에서 사망하였다. 단순한 교통사고라고 인정될 수 있는 사건이었다. 그러나 운전자인 남성의 사고발생 전 고액의 동시에 여러 건 체결된 생명보험과 유족의 생명보험금청구가 의혹으로 발생하게 되었다. 운전자 남성은 자신이 사망

4　박세민, 보험법, 제4판, 박영사, 2017, 424면.
5　이기수·최병규·김인현, 보험·해상법(상법강의 IV), 제9판, 박영사, 2015, 191면 이하.

할 경우 가족 2명이 각각 약 10억 원과 약 7억 원의 보험금을 수령할 수 있는 보험에 가입하였을 것이다. 남성은 그의 동승자였던 여성 앞으로도 3억~4억 원가량이 지금 되는 보험에 가입해둔 사실도 밝혀졌다. 수령금액만 20여 억이 넘는 보험이 보험사고 발생 며칠 전에 가입된 고액 다건 생명보험계약에 해당하는 사안이다.

## 4. 보험계약자 등의 사기로 인한 고지의무위반

보험계약자가 사기로 고지의무를 위반하는 경우가 있다. 민법 제110조는 사기나 강박에 의한 의사표시는 취소할 수 있음을 규정하고 있다. 강박에 의한 의사표시도 고지의무위반이 발생할 수도 있지만, 그러한 사례는 판례에서 거의 보이지 않고 있다.

다만, 보험계약자 등이 사기의 의도로 의사표시를 교부한 경우가 발생할 수 있다. 보험계약체결 시 보험계약자가 중요한 사항을 고지하지 않거나 부실고지를 하여 사기에 해당하는 경우, 상법 제651조에 규정된 보험자의 해지권만을 인정해야 할 것인지, 아니면 민법의 규정까지 적용하여 해당 보험계약에 대하여 보험자가 취소권까지 행사할 수 있는가에 대한 물음이 제기될 수 있다.[6]

제기될 수 있는 또 다른 문제는 보험자가 제공한 보험약관에 "고지의무위반을 이유로 한 보험자의 계약해지권에 대한 일정한 제척기간을 두고 있고, 또 사기로 인한 보험계약의 경우 무효로 한다"는 조항이 있는 경우에, 동 약관의 유·무효에 관한 사항이다. 상법 제663조 본문은 보험자가 보험약관을 작성함에 있어 상법의 내용보다 보험계약자 등을 불이익 하도록 하는 내용을 보험약관에 규정할 수 없도록 하고 있다.[7] 보험자에 의하여 임의적으로 작성되는 보험약관의 통제를 통하여, 보험계약에 비하여 전문성이나 경제적인 면에서 열등한 보험계약자 등의 이익을 보호하고자 하는 목적을 가지고 있다. 보험계약의 내용을 규정하고 있는 상별 보험편의 규정은 고지의무의 위반

---

6 대법원 1988. 6. 12. 선고 97다53380 판결; 대법원 1991. 12. 27. 선고 91다1166 판결.
7 김혜린, "상법 제663조에 대한 연구", 보험법연구, 제5권 제1호, 2011, 57면 이하.

시 보험자의 해지권을 인정한고 있고, 보험계약도 민법 제약법의 적용을 받는 이상 사기로 인한 계약을 취소하는 것이 가능할 것이다. 그런데 보험약관에 사기로 인한 보험계약에 대하여, 보험자가 등 보험계약을 무효로 하게 되는 것인 이익을 발생할 수 있는 지적이 있고, 이 경우 보험계약이 등을 붙이히하게 변경하지 못한다는 상법 제663조 본문을 벗어난 행위로 보아 본 약관을 무효로 보아야 하는가의 문제가 발생하게 되는 것이다.[8]

## 5. 이해관계인이 아닌 제3자의 사기행위

고지의무위반과 관련하여, 보험사기는 보험계약당사자인 보험계약자나 피보험자가 동 의무의 위반을 통하여 보험자를 기망함으로써 발생하게 된다. 그러나 타인을 위한 생명보험계약에서 계약에 참가하지 하지 않은 제3자의 사기로 인하여 보험계약이 체결된 경우 보험자는 이 계약을 취소할 수 있는가에 대한 물음이 제기될 수 있다. 같은 자신을 보험계약자이자 피보험자로, 아내 을이 보험수익자로 하는 생명보험을 보험자 정과 기입하기 위하여 건강검진을 받고자 한다. 같은 건강검진을 한 결과 갑에게는 위장암이 발견되있었다. 의사 병은 갑에게 이러한 사실을 알리지 않기 위해 건강검진 진단서에 위장암이 있다는 사실을 기재하지 않았다. 대신 이러한 사실을 보험자 인 아내 을에게 말해주었다. 보험자가 체공한 건강검진단서를 토대로 하여 생명보 험계약이 체결되있었다. 얼마 지난 후 피보험자인 갑은 위장암이 악화됨으로써 사망하 게 되었고, 보험수익자인 아내 을은 보험자에게 이미 위장암이 있었다는 사실을 알게 된 보험 지급사를 하면 도중 건강검진 당시에 이미 위장암이 있었다는 사실을 알게 된 보험 자는 사기를 이유로 보험계약의 의사표시를 취소하고자 한다. 이 경우 보험자의 취소 권 행사 여부에 대한 다툼이 제기될 수 있다.[9]

8    양승규, 상법사례연습 삼영사, 1998, 206면.
9    이병준 민법사례(종집편), 제3판, 세창출판사, 2007, 163면.

168

## 6. 사기적 보험금청구의 경우

직물제조 공장을 운영하는 자가 있다. 그 자는 보험계약자로서 보험회사와 동 공장에 대한 화재보험계약을 체결하였다. 보험기간에 화재가 발생하여 공장 건물이 전소 또는 사건이 발생하였고, 이에 따라 보험계약자이자 피보험자는 보험자에게 보험금지급을 청구할 수 있는 권리를 행사하고자 한다. 그러나 그는 보험자에 대하여 실제 손해액의 5배에 이르는 피해를 입었다고 주장하면서 보험금을 청구하였고, 그 과정에서 하위의 매매계약서, 견적서 등을 제출하였다. 반면 보험자는 "계약자 또는 피보험자가 손해의 통지 또는 보험금의 청구에 관한 서류에 고의로 사실과 다른 것을 기재하였거나 그 서류 또는 증거를 위조 또는 변조한 경우 피보험자는 손해에 대한 보험금청구권을 상실한다"는 보험약관에 따라 보험금청구권은 상실한 것이라고 주장한다. 이 사안은 적극적으로 하위의 손해내역을 창출함으로써 사기적인 방법으로 과다한 보험금청구를 한 경우에 해당한다. 전형적인 보험사기의 유형 중 하나라고 볼 수 있다.[10] 대법원은 동 약관이 유효하다는 입장[11]을 취하기도 하였지만, 시간이 지날수록 무효의 입장[12]에 있는 모습이다.

## III. 사기유형에 따른 예방책과 그 한계

### 1. 보험계약법상 초과보험과 중복보험의 경우

#### 1) 초과보험의 경우

상법은 보험금액이 보험가액의 현저한 초과 시 당사자가 선의인 경우에는 계약당사

10 대법원 2003. 5. 30. 선고 2003다15556 판결에서는 사기적보험금청구권의 취지에 설명하는 것으로 한정하면서 보험자의 설명의무와 관련된 내용을 다루고 있다.
11 대법원 2006. 11. 23. 선고 2004다2027(본소), 2004다20234(반소) 판결.
12 대법원 2007. 2. 22. 선고 2006다72093 판결; 대법원 2007. 6. 14. 선고 2007다10290 판결; 대법원 2007. 12. 27. 선고 2006다29105 판결.

지는 보험료와 보험금액의 감액을 청구할 수 있도록 함으로써, 단순한 초과보험의 경
우에 대처하고 있다(상법 제669조 제1항). 보험기간이 중에 현저하게
감소한 경우에도 계약당사자는 보험료와 보험금액의 감액을 청구할 수 있도록 하고
있다(제669조 제3항). 현저한 초과에 대한 것은 거래의 관념에 따라 정해야 하고, 초
과하였다는 사실에 대한 주장은 그것을 주장하는 쪽에서 입증하여야 한다. 보험료의
계약 전체가 무효가 되고, 보험사고가 발생한다더라도 보험자는 보험계약상의 책임을
부담하지 않게 된다.

감액에 대하여는 장래에 대하여만 효력이 있는 것으로 하고 있다(상법 제669조 제1항
단서).

상법은 초과보험계약이 보험계약자의 사기로 인하여 체결된 때에는 그 계약을 무효
로 하고 있다. 보험자는 그 사실을 안 때까지의 보험료를 청구할 수 있다. 특히, 보험계
약자의 사기에 의하여 초과보험이 된 경우에는 그 보험료의 비율에 따라 보상책임을
진다(상법 제672조 제1항). 연대비례보상책임을 인정하고 있는 것을 알 수 있다. 중복
보험의 경우, 보험계약자는 통지의무를 부담해야 한다. 즉, 동일한 보험계약의 목적과
동일한 사고에 관하여 여러 개의 보험계약을 체결하는 경우에, 보험계약자는 각 보
험자에 대하여 각 보험계약의 내용을 통지하도록 하고 있다(상법 제672조 제2항). 동
일한 위험을 두고 있는 이유는 보험계약자의 피보험이익에 대하여 동일한
정할 수 있는 이유는 보험에 붙였느냐 아니냐는 중요한 사항에 해당하는 것을
위험을 담보하는 다른 보험에 붙였느냐 아니냐는 중요한 사항에 해당한다고 보기
보험계약체결 시에 고지할 사항에 해당한다고 보기 때문이다.[13] 또한 보험사고발생 시

## 2) 중복보험의 경우

상법은 중복보험에 대한 규정을 두고 있다. 여러 개의 보험계약이 동시에 또는 순차
로 체결된 경우에 그 보험금액의 총액이 보험가액을 초과하는 때에는 보험자는 각자
의 보험금액의 한도에서 연대책임을 지고 각자의 보험금액의 비율에 따라 보상책임을

13　양승규, 보험법론, 제5판, 삼지원, 2004, 212면.

각 보험자의 손해보상액의 합계가 실제의 손해액을 초과하는 경우가 있기 때문에 이를 방지하고자 하는 목적이 있다고 하였다.

초과보험과 마찬가지로, 보험계약자가 다른 보험계약을 숨기기 위하여 그 통지를 하지 아니한 때에는 사기로 인한 보험계약으로 보아 모든 보험계약을 무효로 보고 있다(상법 제672조 제3항, 제669조 제4항). 보험계약자는 각 보험자가 중복보험계약의 보험계약자의 사기로 인한 경우에 그 사실을 안 때까지의 보험료를 지급해야만 한다.

## 2. 다수의 중복 생명보험계약의 경우

동일한 보험목적과 동일한 보험사고에 관하여 다수의 보험계약을 보험계약자가 체결하고자 하는 경우가 발생할 수 있다. 이미 설명한 바와 같이, 상해은 순해보험의 경우 중복보험에 대하여 적절한 제재방안을 마련하고 있다. 그러나 생명보험은 피보험이익이라는 개념이 존재하지 않아 다수의 중복보험계약에 대한 체결을 인정하면서, 다른 대처방안을 마련하고 있지 않다. 다만, 판례는 민법 제103조를 통하여 사기로 인한 보험계약의 제재를 간략히 고찰하고자 한다.

"다수의 생명보험계약이 체결되었고 그 보험료나 보험금이 다액이며 발생경위가 석연치 않은 교통사고로 보험계약자가 사망하였다는 사정만으로는 생명보험계약이 체결이 자신에 의하여 보험금을 부정취득을 노린 반사회질서적인 것이라고 단정하기 어렵다"는 대법원의 판단[14]이 있지만, "생명보험계약은 사람의 생명에 관한 우연한 사고에 대하여 금전을 지급하기로 약정하는 것이어서 금전을 취득할 목적으로 고의로 피보험자를 살해하는 등의 도덕적 위험이 우려가 있으므로, 그 계약 체결에 관하여 신의성실의 원칙에 기한 선의가 강하게 요청되는바, 당초부터 오로지 보험사고를 가장하여 보험금을 취득할 목적으로 생명보험계약을 체결한 경우에는 사람의 생명을 수단으로 이득을 취하고자 하는 불법적인 행위를 유발할 위험성이 크고, 이러한 목적

14 대법원 2001. 11. 27. 선고 99다33311 판결.

으로 체결된 생명보험 계약에 의하여 보험금을 지급하게 하는 것은 보험제도를 이용하여 부정한 이득을 얻고자 하는 사행심을 조장함으로써 사회적 상당성을 일탈하게 되므로, 이와 같은 생명보험 계약은 사회질서에 위배되는 법률행위로서 무효"라고 하거나,[15] "보험 계약자의 직업 및 재산상태, 다수의 보험 계약이 체결된 경위, 신체의 규모, 보험 계약 체결 후의 정황 등 제반 사정에 비추어 보거나 순수하게 생명·신체에 대한 우연한 위험에 대비하기 위한 것이라고 보기는 어렵고, 오히려 보험 사고를 가장하거나 혹은 그 정도를 실제보다 과장하여 보험금을 취득할 목적으로 체결하였음을 추인할 수 있는 경우라면, 보험금을 부정 취득할 목적으로 체결한 것이라고 판단하고 있다.[16] 그렇게 본다면, 다수의 생명보험 계약에서 보험금을 부정 취득할 목적으로 체결한 것이라고 판단하고 있다.

집서에 반한 무효"로 판단하고 있다.[16] 그렇게 본다면, 민법 제103조 소정의 선량한 풍속 기타 사회질서에 반한 무효로 판단하고 있다. 다수의 생명보험 계약이 보험금을 부정 취득할 목적으로 체결한 것이라고 판단하고 있다.

으로 불법 원인 급여에 해당하는 과다한 보험 계약을 체결하였다는 사정, 단기간에 다수의 보험에 가입할 합리적인 이유가 없음에도 불구하고 집중적으로 다수의 보험 계약에 가입하였다는 사정, 보험 모집인의 권유에 의한 가입 등 통상적인 보험 계약의 체결 경위와는 달리 적극적으로 자의에 의하여 과다한 보험 계약을 체결하였다는 사정, 저축성 성격의 보험이 아닌 보장성 성격이 강한 보험에 다수 가입하여 수입의 상당 부분을 그 보험료로 납부하였다는 사정, 보험 계약 시 동종의 다른 보험가입사실의 존재와 자기의 직업이나 수입 등에 관하여 허위의 사실을 고지하였다는 사정 또는 다수의 보험 계약 체결후 얼마 지나지 아니한 시기에 보험사고 발생을 원인으로 집중적으로 보험금 청구를 하여 수령하였다는 사정 등의 간접사실이 인정된다면, 이는 보험금 부정 취득의 목적을 추인할 수 있는 유력한 자료로 보고 있다.[17]

──────────
15  대법원 2000. 2. 11. 선고 99다49064 판결.
16  대법원 2005. 7. 28. 선고 2005다23858 판결.
17  대법원 2014. 4. 30. 선고 2013다69170 판결.

# 3. 사기로 인한 고지의무위반의 경우

## 1) 의의

계약체결 당시에 고지해야 할 의무를 이행하지 않으면서, 사기로 인한 보험계약을 체결한 경우라면, 우선적으로 상법 제651조에 따른 고지의무를 위반한 것이다. 보험자는 그 위반의 사실을 가지고 보험계약을 해지할 수 있다. 보험계약자가 고의로 보험자를 기망하여 착오에 빠지게 하여 보험계약을 체결한 경우에, 민법에서 정하고 있는 일반원칙에 따라 사기로 인한 취소권을 행사할 수 있는가에 대한 논의가 있다.

## 2) 학설

민법과 상법을 적용해야 한다는 양법적용설과 민법의 적용을 배제해야 한다는 민법적용배제설이 맞서고 있다. 전자는 상법의 고지의무제도와 민법의 사기에 관한 규정은 그 근거와 요건 그리고 효과를 달리하고 있으므로 상법상 고지의무규정은 민법상 사기구성을 배제하지 않는다는 입장이다.[18] 반면, 후자는 상법에서 고지의무를 구성하면서 보험자에게 해지권을 부여하고 있는 것은 보험단체를 고려한 입법목적을 가지고 있는 것이므로, 민법 사기에 관한 규정은 적용되지 않아야 한다는 주장이다.[19] 후자를 따르게 되면, 보험자는 일정기간 내에 해지권을 행사할 수 있지만, 그 일정한 기간이 도과되면 보험자의 해지권은 사라지게 된다.

## 3) 판례

공사도급계약과 관련하여 체결되는 이행보증보험계약 또는 지급보증보험계약에 있어서 공사기간이나 선급금액을 허위로 고지한 경우 보험자가 이를 이유로 보험계약을 취소할 수 있는가와 관련한 판례에서 대법원은 "공사도급계약과 관련하여 체결되는

---

18  양승규, 보험법, 제5판, 삼지원, 2004, 129면.
19  서돈각·정완용, 상법강의(하) 제4전정판, 법문사, 1998, 532면; 정희철, 상법학(하), 보정판, 박영사, 1990, 389면.

이행(계약)보증보험계약이나 지급계약보증보험에 있어 보험사고에 해당하는 수급인의 채무불이행이 있는지 여부는 보험계약의 대상으로 약정된 도급공사의 공사내용,

공사내용 및 공사기간과 지급된 선급금 등을 기준으로 판정하여야 하므로, 이러한 보증보험계약에 있어 공사기간이나 선급금액도 공사대금 등과 함께 계약상 중요한 사항

으로서 이를 허위로 고지하는 것은 기망행위에 해당할 수가 있고, 따라서 이러한 경우에는 민법의 일반원칙에 따라 보험자가 그 보험계약을 취소할 수 있다."[20] 또 다른 사건에서 대법원은 "소외 회사가 새로운 매매계약을 작성함에 있어

진대금이 종 매매대금의 50퍼센트 미만이 되어야 보험인수가 가능한 피고의 영업지침에 부합되게끔 계약내용을 고치고 집과 보험청약서의 앞서 피고의 대리점을 통하였을 경우하는 소

외 부합되게끔 계약내용을 고치고 집과 보험청약서의 앞서 피고의 대리점을 통하였을 경우하는 소외 조구성이 소외 회사와 보험청약서에 관하여 상의한 사실이 엿보이는 점 등의 사정에

비추어볼 때, 소외 회사는 피고 회사 측으로부터 제작인의 사정함에 아니라도 진대금의 비율조정에 관하여는 그 변경의 필요성을 통보받았을 것이

니라도 진대금의 비율조정에 관하여는 그 변경의 필요성을 통보받았을 것이기는 한편 이 사건 보증보험의 목적은 진대금지급의 이행보증으로서 그 진대

기는 한편 이 사건 보증보험의 목적은 진대금지급의 이행보증으로서 그 진대금의 에스크 지급방법은 보험청약상 핵심적인 사항에 관한 것으로써 진급

의 에스크 지급방법은 보험청약상 핵심적인 사항에 관한 것으로써 진급지급에 경우하는 방법은 보험사고의 위험이 현금지급의 경우보다 훨씬 작은 것이어서

지급에 경우하는 방법은 보험사고의 위험이 현금지급의 경우보다 훨씬 작은 것이어서 피고가 보험을 인수함에 있어서 상당한 영향을 주는 사항으로 보이어야 할 것이

피고가 보험을 인수함에 있어서 상당한 영향을 주는 사항으로 보이어야 할 것이라면거나 진대금 지급 방법에 관한 제약내용을 고치고 피고가 있었다는 점에 관한 아무런 주장이나 입증

라면거나 진대금 지급 방법에 관한 제약내용을 고치고 피고가 있었다는 점에 관한 아무런 주장이나 입증회사가 진대금 지급 방법에 관한 제약내용을 고치고 피고가 있었다는 점에 주장이나 요구에 의한

회사가 진대금 지급 방법에 관한 제약내용을 고치고 피고가 있었다는 점에 주장이나 요구에 의한 것이라는거나 가사 소외 회사로부터 진대금의 비율이 피고의 영업

이 없는 이 사건에서 가사 소외 회사로부터 진대금의 비율이 피고의 영업지침에 맞도록 제약내용을 고칠 것을 요구였다 하더라도 이에 더 나아가 보험계약

지침에 맞도록 제약내용을 고칠 것을 요구였다 하더라도 이에 더 나아가 보험계약의 중요부분인 진대금의 지급방법을 위하여 간이 고치고 이를 피고에게 알리지 않았다

의 중요부분인 진대금의 지급방법을 위하여 간이 고치고 이를 피고에게 알리지 않았다면 보험계약을 체결함에 있어 중요한 사실에 관하여 보험자를 속인 것이라 아니할 수

면 보험계약을 체결함에 있어 중요한 사실에 관하여 보험자를 속인 것이라 아니할 수 없다. 이와 같이 보험계약자의 고지의무위반이 사기에 해당하는 경우에는 보험자는

없다. 이와 같이 보험계약자의 고지의무위반이 사기에 해당하는 경우에는 보험자는 상법의 규정에 의하여 제약을 해지할 수 있음은 물론 민법의 일반원칙에 따라 그 보험

대법원 1988. 6. 12. 선고 97다53380 판결.

계약을 취소할 수 있는 것이라고 할 것이다"라고 하면서 보험자의 해지권 및 취소권

을 동시에 인정하고 있다.[21]

## 4) 사기로 인한 보험계약의 무효약관

### (1) 무효약관의 의의

민법 제110조는 사기에 의한 이사표시는 취소할 수 있도록 하고 있다. 보험계약의 경우에도 보험계약자의 사기에 의하여 이루어졌다고 한다면, 그 이사표시는 보험자에 이하여 취소될 수 있게 된다. 이러한 취소권과 별도로, 보험회사는 "사기로 인한 보험계약은 무효로 한다"는 약관규정을 두는 경우가 있다.

### (2) 동 약관의 무효를 주장하는 입장

일반적으로 보험에 대하여 잘 모르는 보험계약자는 보험계약의 내용이나 조건에 대하여 보험자와 구체적인 협의를 하지 않고, 보험자가 일방적으로 작성한 보통보험약관에 의하여 보험계약을 체결하게 된다. 보험계약법은 보험에 관하여 전문적인 지식을 가지고 있지 않은 보험계약자를 보호하기 위하여 상법 제663조를 마련하고 있다. 상법 제663조 본문은 "이 편의 규정은 당사자 간의 특약으로 보험계약자 또는 피보험자나 보험수익자의 불이익으로 변경하지 못한다"고 규정하여 화재보험이나 생명보험의 영역에서 보험계약자의 이익이 침해되지 못하도록 하고 있다.[22] 만약 사기로 인한 계약을 무효로 하는 약관을 인정하게 된다면, 동 약관의 인정이 상법 제663조와 비교하여 보험계약자 등을 불이익하게 할 수 있다는 지적이 제기될 수 있다.[23]

---

21 대법원 1991. 12. 27. 선고 91다1166 판결.

22 비판적 입장으로는 김혜란, "상법 제663조에 대한 연구", 보험법연구, 제5권 제1호, 2011, 67면 이하.

23 상법 제663조 단서에서 "재보험 및 해상보험 기타 이와 유사한 보험의 경우에는 그러하지 아니하다"라고 하면서, 보험자와 대등한 지위를 가지고 있는 보험계약자에 대하여는 상법 제663조 본문과 달리 계약당사자의 사적자치를 인정하고 있다.

## (3) 동 약관의 유효를 주장하는 입장

동 약관은 보험자가 해지권을 행사할 수 있는 기간도과로 인하여 해지권을 행사할 수 없거나, 또는 민법상의 취소권을 행사할 수 없는 상황에서, 보험자가 사기로 인한 해제 할 권을 제공하게 된다. 그러한 기간도과에 관계없이 보험자가 사기로 인한 계약의 해지를 주장하게 되는 것이다. 사기로 인한 계약을 무효로 하는 약관의 효력을 인정하게 되는 것이다. 사기로 인한 계약을 무효로 하는 약관의 효력을 인정하게 되는 것이다. 사기로 인한 계약에 따르면, 상법 제663조는 선의의 계약을 무효로 하는 약관의 효력을 직접에 의사표시를 통하여 보험계약을 체결하고자 하는 경우는 전형적인 역선택의 일정에 때문에, 비록 상법 제663조가 보험계약을 체결하고자 하는 규정하는 입장에 지급부반의 경우에 보험자에게 해지권을 인정하고 있다고 할지라도, 약관에 사기보험계약을 무효로 하는 것은 하등의 문제가 없다고 한다.[24]

## 5) 정리

고지의무와 사기가 결합된 경우에, 대법원은 상법과 민법, 양법이 적용될 수 있다는 입장을 취하고 있다.[25] 우리에게 많은 영향을 주었던 독일 보험계약법은 이를 명문으로 처리하고 있다. 독일 보험계약법 제22조는 '사기에 관한 민법의 규정이 고지의무위반의 경우에도 적용된다'는 사항을 명확하게 하기 위하여, '위험한 상황에 대한 사기로 인한 계약의 취소할 수 있는 보험자의 권리는 영향을 받지 아니한다'고 규정하고 있다. 우리의 경우 상법에 명문규정이 존재하지 않지만, 일반적으로 고지에 관한 보험계약자의 사기가 있는 경우 보험자는 상법상의 고지의무위반으로 인한 해지과는 별도로 민법의 일반원칙인 사기로 인한 취소를 인정하는 주장[26] 타당하다. 사기의 경우는 상대방을 기망하려는 의사의 존재를 요건으로 하기 때문에 고지의무위반의 경우

24  양승규, 상법사례연습, 삼영사, 1998, 212면.
25  대법원 1998. 6. 12. 선고 97다53380 판결.
26  양승규, 보험법, 제5판, 삼지원, 2004, 129면; 최기원, 보험법, 제3판, 박영사, 2002, 205면.

와 달라 양자는 일반법과 특별법의 관계에 있다고 할 수 없기 때문이다. 사기로 인한

여 제약을 취소하는 경우에는 보험자는 보험계약자가 이식적으로 중요한 사항을 고지

하지 않았거나 불실고지를 하였다는 것을 입증하여야 하지만, 이는 전형적인 경우에

생활의 경험상 보험자가 그 진정한 사실을 알았다면 보험계약을 체결하지 않거나 다

른 조건으로 위험을 인수하였을 것이라는 사실만 증명하면 된다고 할 것이다.

'사기로 인한 제약을 무효로 한다'는 약관조항은 상법 제663조에 위반하여 무효로 판

단될 가능성이 높다. 상법 제663조의 위반을 벗어나기 위해서는 상법에 '사기계약을

무효로 한다'는 명문규정을 두어야 할 것이다.

## 4. 사기적 보험금청구의 경우

사기적 보험금청구권과 관련하여, "보험금청구권의 상실이유는 보험계약에 있어서

신의성실의 원칙에 반하는 사기적 보험금청구행위를 허용할 수 없다는 취지에서 규정

된 것으로 보험계약당사자의 윤리성이나 신의성을 요구하는 보험계약의 특징 및 보험

의 투기화, 도박화를 막고 피보험자에게 실제의 피해 이상의 부당한 이득을 취하지

못하도록 하기 위하여 고의로 많은 보험사고의 경우에는 보험자의 면책을 인정하고,

사기조과보험의 경우 그 계약 자체를 무효로 규정하고 있다"는 점을 대법원[27]이 밝힌

이후, 신의성실의 원칙에 반하여 사기적인 방법으로 과다한 보험금을 청구하는 경우

에는 그에 대한 제재로서 보험금청구권을 상실하도록 하는 것으로 보면서 동 약관의

유효성을 인정한 경우도 있다. 그러나 기본적으로 대법원은 "동 약관은 피보험자 등이

서류를 위조하거나 증거를 조작하는 등 신의성실의 원칙에 반하는 사기적인 방법으로

과다한 보험금을 청구하는 경우에는 그에 대한 제재로서 보험금청구권을 상실하도록

하려는 데 있는 것으로 보아야 한다"고 하면서, "독립한 여러 물건을 보험목적물로 하

여 체결된 화재보험계약에서 피보험자가 그중 일부의 보험목적물에 관하여 실제 손해

27  대법원 2006. 11. 23. 선고 2004다20227(본소), 2004다20234(반소) 판결.

보다 과다하게 허위의 청구를 한 경우에 허위의 청구를 한 당해 보험목적물에 관하여

위 약관조항에 따라 보험금청구권을 상실하게 되는 것은 당연하다 할 것이나, "민일"

위 약관조항을 피보험자가 허위의 청구를 하지 않은 다른 보험목적물에 관한 보험금

청구권까지 한꺼번에 상실하게 된다는 취지로 해석한다면 이는 허위 청구에 의해 피

제로서의 상당한 청구를 초과한 것으로 고객에게 부당하게 불리한 결과를 초래하

신의성실의 원칙에 반하는 해석이 되지 않을 수 없으므로, 위 약관에 의해 보험금

보험자가 상실하게 되는 보험금청구권은 의미한다고 해석함이 타당하다"고 하면서, 사기로 인한

물의 손해에 대한 보험금청구권을 의미한다고 해석함이 타당하다"고 하면서, 사기로 인한

보험금청구권에 관한 약관조항을 인정하지 않고 있다.[28] 이렇게 본다면, 사기로 인한

보험금청구권을 근절하기 위해서는 대법원이 동 약관을 유효한 것으로 인정해야 하는

데, 이를 수용하지 않은에 따라 사기적 보험금청구를 근절하기 위한 적절한 방안이

이루어지지 않고 있다는 지적은 계속해서 제기될 수 있다.

## 5. 타인을 위한 보험계약에서 제3자가 사기를 인식한 경우

### 1) 의의

보험계약자가 보험계약을 체결할 때 사기에 의한 의사표시로 보험계약을 체결하게

된 경우 계약상대방인 보험자는 민법 제110조 1항을 들어 취소권을 행사하게 된다. 그

러나 제약당사자나 이해관계인이 아닌 제3자의 사기로 인하여 보험계약이 체결되었

고, 보험계약자가 그 사실을 알지 못했다고 한다면, 민법 제110조를 근거로 하여 취소

권행사는 불가능하다고 하겠다. 그러나 타인을 위한 생명보험계약에서 제약당사자는

아니지만 계약으로부터 직접적인 보험금청구권을 행사하게 되는 보험수익자가 제3자

의 사기를 알았거나 알 수 있었을 경우에 민법 제110조 제2항을 적용할 수 있는가에

대한 물음이 제기될 수 있다. 타인을 위한 생명보험계약에서 제약에 참가하지 않은

제3자의 사기로 인하여 보험계약이 체결된 경우에 계약당사자는 아니지만 계약으로부터 직접 권리를 취득하는 수익자가 제3자의 사기를 알았거나 알 수 있었다고 한다면, 민법 제110조 제2항에서 규정하고 있는 바에 따라 그 의사표시의 취소권을 인정해야 한다는 주장과 이를 부정해야 한다는 주장이 대립하고 있다.

## 2) 취소권을 긍정하는 견해

보험수익자가 사기사실을 알았거나 알 수 있었을 경우에는 보험자의 취소권을 인정하자는 입장이다.[29] 이 입장은 제3자를 위한 계약에 있어서 보험수익자도 상대방과 갈이 취급하여야 하고, 이 경우 민법 제110조 제2항을 유추 적용할 수 있다고 한다. 동 규정을 유추 적용하게 되면, 수익자가 제3자의 사기를 알았거나 알 수 있었을 때에는 계약상대방의 인식가능성이 없다고 할지라도 보험자의 취소권행사는 가능하게 된다.

## 3) 취소권을 부정하는 견해

보험자의 취소권을 부정하는 입장은 보험수익자는 보험계약의 당사자가 아니라는 점에 주목한다.[30] 계약당사자자가 아닌 이상 계약의 효과와 제3자에게 발생하는 것이 아니기 때문에, 수익자 이외에 제3자가 의사표시의 당사자를 기망한 경우에는 오로지 의사표시 당사자만을 기준으로 선의나 악의를 구별해야 한다는 것이다. 이 주장을 따르게 되면, 비록 보험수익자가 제3자의 사기사실을 알았다 하더라도 보험자의 취소권은 인정될 수 없게 된다.

## 4) 정리

실제로 타인을 위한 보험계약에서 수익자가 제3자의 사기에 의한 사실을 인식한 사

────────

29  김상용, 민법총칙, 전정판 증보, 법문사, 2003, 512면; 이은영, 민법총칙, 제3판, 박영사, 2004, 550면; 이영준, 민법총칙, 개정증보판, 박영사, 2007, 463면.

30  김형배, 채권각론(계약법), 박영사, 1998, 186면; 곽윤직, 채권각론, 박영사, 1990, 118면.

해는 아직 실무에서 발견되지 않았지만, 인제든지 발생할 가능성이 있는 사례에 해당한다. 이를 입법적으로 해결하는 방안이 마련되어야 할 것이다.

## IV. 계약법상 보험사기에 대한 예방(언)에 대한 타당성 여부

상법은 사기로 인한 조과보험이나 중복보험에 대하여 무효라고 하면서, 두 영역에 있어서는 사기를 근절하기 위한 제약법상의 방안이 마련되어 있다. 그러므로 여기에서는 조과보험과 중복보험 영역 외의 이익 예방조치가 이루어지고 있지 않은 실정이다.[31]

### 1. 사기로 인한 보험계약의 경우

#### 1) 사기계약의 무효

보험사기가 민연하게 되면 중대 범죄의 유발요인으로 작용할 뿐만 아니라 보험료 인상으로 작용하게 되어 선의의 보험계약자에게 피해를 주는 행위가 되는 것은 지면하다. 그림에도 불구하고 보험제법은 보험사기에 관한 규정이 없어 보험사기에 효과적으로 대처하지 못하고 있는 상황이다.[32] 보험제약자나 피보험자는 보험사고를 발생후에 사기사실이 발각되지 않으면 헌 보험금을 받을 수 있고, 사기사실이 발각되더라도 보험금 전액을 돌려받을 수 있다고 할 것이다. 또한 사기에 의한 고지의무 위반을 이유로 제약을 무효로 돌릴 수 있는 실무상의 약관은 상법 제663조의 보험제약자 등을 불이익하게 변경한 것이 아닌가 하는 다툼의 소지도 있다.[33] 그러므로 보험제약자나 피보험자의 사기에 의하여 체결된 제약의 효력을 무인할 수 있게 하고, 사기계약의 체결을 예방하기 위한

31 심경법상 보험사기의 예방책에 고절한 것으로는 유주선, "보험사기의 문제점과 예방에 관한 고절", 경영법률 제18집 제4호, 2008. 7, 276면 이하.

32 장경환, "보험사기와 관련한 보험제약상의 몇 가지 문제(2) -생명보험과 상해보험을 중심으로", 생명보험, 2006년 5월, 22면 이하.

33 최병규, "보험사장선진화와 보험법 개정의 의미", 소비자 중심의 보험법 개정 토론회, 2007. 12, 5면 이하.

법적 근거를 마련하고자 상법 보험편에서 사기계약에 대한 무효규정을 두고자 하는 방안이 제시되었다.

개정(안) 내용을 보면, '보험계약자'의 사기로 인한 계약의 경우에, 그 사기를 이유로 계약의 효력을 부인하게 된다. 보험계약자와 피보험자가 서로 다른 계약에서는 '피보험자'의 사기로 인하여 체결된 계약도 계약효력의 부인이 적용된다.[34] 손해보험에 있어서 피보험자는 보험의 목적에 대하여 소유권 등의 피보험이익을 가지고 있는 자이고, 생명보험의 경우 피보험자는 자신의 생명과 신체를 보험에 붙인 자에 해당한다. 그 자는 위험사정에 관하여 오히려 보험계약자보다 더 잘 알 수 있고, 그 위험사정을 숨기거나 허위로 알릴 수 있는 지위에 있다는 사실을 알 수 있다. 이러한 이유로 고지의무나 위험변경증가통지의무는 이를 보험계약자뿐만 아니라 피보험자도 부담하도록 하고 있는 주장은 타당성을 잃지 않는다.

| 현행 | 상법 제655조의2 개정안<br>(사기에 의한 계약) |
|---|---|
| 없음 | ① 보험계약자의 당사자 또는 피보험자의 사기(詐欺)로 인하여 체결된 보험계약은 무효로 한다. |

## 2) 보험료청구권의 부여

보험계약자 등의 사기행위로 인해 체결된 계약이 무효가 되거나 취소되어 보험자가 처음부터 보험보호를 해주지 않게 되더라도, 보험자에게 일정기간의 보험료청구권을 부여해야 하는가에 대한 논의가 있다.[35] 이 경우 '사기의 사실을 알게 된 때'까지의 보험료청구권을 허용하는 방안과 '사기의 사실을 알게 된 당해 보험료기간의 종료 시'까지의 보험료청구권을 허용하는 방안을 생각해볼 수가 있다. 독일의 보험계약법이 보

---

34  손해보험에서 '타인을 위한 보험계약'과 인보험에서 '타인의 보험계약'에 관해서는 유주선, "타인의 생명보험계약에서 피보험자의 동의요건과 단체보험에 관한 연구-개인보험과 단체보험에서-", 인하법학, 제25호(하권), 2007. 11, 947면 이하.

35  독일보험계약법 제39조 제1항 및 프랑스보험법 제113-8조 제2항을 참조.

험료가분의 원칙을 보험자에게 지나친 이익을 주게 된다는 이유로 이 원칙을 포기하였고,[36] 상법 제669조 제4항과 제672조 제3항도 초과보험계약과 중복보험계약이 사기로 인하여 무효가 되는 경우에 보험자가 '사기의 사실을 안 때'까지의 보험료를 청구할 수 있도록 규정하고 있는 점을 근거로 하여, '사기의 사실을 알게 된 때'로 개정하는 방안이 제시되었다.

| 현행 | 개정안 |
| --- | --- |
| 없음 | 상법 제655조의2 개정안<br>(사기에 의한 계약)<br>② 제1항의 경우에 보험자는 그 사실을 안 때까지의 보험료를 청구할 수 있다. 다만, 인보험(人保險)에서 보험수익자를 위하여 적립한 금액은 보험계약자에게 지급하여야 한다. |

## 3) 정리

사기로 인한 보험계약을 무효인 것으로 하고자 하는 의도는 보험사기를 근절해야 한다는 강한 요구를 반영한 것이다. 독일 보험계약법이 사기로 인한 계약을 취소로 하고 있는 반면에, 프랑스 보험법은 이를 무효로 하고 있다. 비교법적인 관점에서 보건대, 사기계약을 무효로 한다는 주장은 설득력이 없는 것은 아닐 것이다. 중요하게 고려할 만한 주장이라 하겠다.

## 2. 사기적 보험금청구의 경우

### 1) 의의

앞에서 설명한 바와 같이 '보험계약자 등이 손해의 통지 또는 보험금의 청구에 관한 서류·증거의 위조, 변조하거나 이에 허위기재를 하는 등에 의해 손해를 부풀려 보험

---

36 2008년 독일 보험계약법 개정 전 제40조 제1항 참조, 그러나 현 독일 보험계약법 제74조 제2항 제2문 "보험계약이 무효가 되는 상황을 안 시점까지의 보험료에 대한 권리를 보험자는 보유한다"고 하여 독일의 입법자는 '보험료불가분의 원칙'을 폐지하였다.

금을 청구하는 행위에 대해서 보험금청구권을 상실한다'고 하는 '보험금청구권상실조항'을 실무는 공공연하게 사용하고 있었다. 그러나 우리 상법이 '보험금청구권상실'에 관하여 규정한 바가 없기 때문에, 실권조항의 효력이 붙이익변경금지에 위반되고 있다는 주장이 제기된 바 있었다.[37] 이러한 이의제기를 상쇄하기 위해서는 상법에 명문으로 '실권조항'에 상응하는 내용이 구정되어야 할 필요성이 있었다. 개정(안)은 사기로 인한 보험사고를 가장한 보험금청구를 예방하기 위한 법적 근거를 상법에 마련하고자 하는 시도를 하였고, 이를 통하여 보험금청구권실권조항에 대한 다툼을 지양하고자 하였다.

## 상법 제657조의2 개정(안)

| 현행 | 상법 제657조의2 개정안<br>(사기에 의한 보험금청구) |
|---|---|
| 없음 | ①보험계약자, 피보험자, 보험수익자 또는 보험금청구권을 가지는 제3자가 보험금을 청구한 경우에 사기의 목적으로 다음 각 호의 어느 하나에 해당하는 행위를 하여 보험금의 지급 여부 또는 그 산정에 중대한 영향을 미친 때에는 보험자는 그 사실을 안 날부터 1개월 이내에 보험금청구권의 상실된다는 뜻을 통지하여 보험금의 지급책임을 면할 수 있다.<br>1. 손해 통지 또는 보험금 청구에 관한 서면이나 증거를 위조하거나 변조하는 행위<br>2. 손해 통지 또는 보험금 청구에 관한 서면에 거짓된 사실을 기재하는 행위<br>3. 그 밖에 보험금의 지급 여부 또는 그 산정에 중대한 영향을 미치는 사항을 거짓으로 알리거나 숨기는 행위<br>②제1항의 경우 보험자가 이미 보험금을 지급한 경우에는 그 반환을 청구할 수 있다. |

그러나 동 개정(안)은 상법 보험편에 명시적으로 입법하는 것이 타당한가의 문제와, 보험계약자 등이 손해를 부풀려 과다한 보험금을 청구하는 경우에, 부풀리지 않은 손해부분(즉, 실제 발생한 손해부분)에 대하여도 보험자의 면책으로 하는 것이 타당한가에 대한 심한 다툼을 야기하게 되었다.

---

37 양승규, 보험법, 제5판, 삼지원, 2004, 226면.

## 2) 반대하는 견해

보험사고 발생 시 사기적 보험금청구를 행사하는 경우에, 실제로 손해가 발생하지 않은 부분에 대해서도 보험금을 지급하지 말 것을 주장하는 상법 개정(안)에 대하여 반대하는 입장은 사기에 대한 개념이 불명확하다는 점에서 개정(안)이 타당하지 않다고 주장한다.[39] 현행 형법하에서도 사기에 대한 과다한 보험금청구는 그 보상액수에 있어서 이익을 얻을 수 있고 형법에 의하여 신중한 접근이 필요하다는 입장에서 볼 수 있는 등 제재의 수단이 있기 때문에 면책사유는 사고발생 자체를 고려할 것으로 필요하다는 입장[40]도 같은 맥락일 수 있다. 또한 보험자의 면책사유는 근거으로 보험자가 면제되는데, 보험금청구의 과다성 과다 청구가 있다고 하여 면책사유와 동일한 처리를 한다는 것은 형평에 맞지 않을 수 있다고 하면서, 상법 제659조 인위적 사고로 인한 보험자 면책과 비교하여 가혹한 면이 있지 않느냐는 주장[41] 등이 제기되었다.

## 3) 찬성하는 견해

사기적 보험금청구권 개정(안)의 반대에 대하여, 보험금청구조항의 형태가 약관인 경우 효력 등과 관련하여 논란이 될 수 있으므로 구체적인 요건 및 효과를 정하여 실정법의 형태로 두는 것이 바람직하고, 그 효과는 단에 해 보험금청구권 상실과 함께 관계를 낀 불신행위를 이유로 보험계약을 해지할 수 있도록 하되, 그 효력은 사기적 보험금청구 시부터 발생하는 형태가 되어야 한다는 주장[42]이 있고, 보험계약자 등이 악의적으로 손해를 부풀려 과다한 보험금을 청구하는 경우, 부풀리지 않은 실제 손해

--------

38  정경영, 상법 보험편 개정시안 공청회, 법무부, 주제발표(1), 2007, 31면 이하.

39  조연행, "상법 보험편 개정(안)에 대한 소비자의견", 보험법연구, 제4권 제2호, 한국보험법학회, 2007, 181면.

40  장덕조, "사기적 보험금청구-상법 보험편 개정안 비판", 인권과 정의, 통권 제386호, 대한변호사협회, 2008, 10, 65면.

41  한창희, "사기적 보험금청구", 밥조, 통권 제623호, 법조협회, 2008, 08, 74면 이하.

42  배현모, "화재보험에서 사기적 보험금 청구의 규율방향에 관한 고찰", 저스티스, 통권 제125호, 2011, 08, 한국법학원, 50면.

부분에 대하여 보험금을 지급해야 한다면, 보험계약자 등에게 '입저야 본전'이라는 인식을 심어주게 되기 때문에 이를 제재해야 하며, 비교법적으로 보아도 영국과 호주는 과다청구에 대한 보험자면책을 인정하고 있고, 독일 보험계약법은 사기청구에 대한 직접적인 제재규정은 없다손 사기청구 시 약관상 면책조항을 둘 수 있음을 전제로 하여 그 효과를 규율하고 있는바 사기청구의 억제가 강하게 상황하에서 사기청구에 대한 보험자면책의 인정은 과잉제재가 아니라고 한다.[43] 보험사기로 인하여 발생하는 부담은 다수의 선의보험계약자가 지게 되는 것이고, 이러한 아이러한 과다한 보험금 청구행위를 사전에 차단하기 위해서, 보험금청구권 자체를 박탈하여 한 푼의 보험금도 받을 수 없도록 하는 것은 타당성을 잃지 않는다는 주장[44]도 찬성의 입장에서 있다. "보험회사가 불법행위로 손해배상을 청구할 수 있다고 하더라도 보험자가 일일이 보험계약자 등의 사기청구를 증명하여 손해배상을 받는다는 것은 현실적으로 그 노력과 비용의 문제로 쉽지 않고 또한 그 조사와 증명에 마드는 비용을 보험료로 전가되는 점"을 제기하는 동시에 "형사처벌은 형사범의 원리상 신중하게 이루어질 수밖에 없고 형사처벌의 대상이 되는 사기청구위와 보험법의 입장에서 규제해야 할 사기청구행위가 반드시 일치하지 않으므로, 형사처벌의 제도로 사기청구를 대처하기에는 중분지 않다"는 주장[45]도 사기적 보험금청구를 입법해야 하는 당위성을 제공하고 있다.

## 4) 정리

사기적 보험금청구권에 관한 내용을 상법에 입법하는 방안은 여러 가지 어려운 점에 직면하게 된다. 보험사기를 예방하고 근절하고자 하는 입법 방향에 있어서는 지지를 얻을 수 있겠지만, 보험사기의 대처방안이 보험자의 자의에 의하여 행사될 수 있다

43  한기정, "사기에 의한 보험금청구에 관한 연구", BFL, 제56호, 서울대학교 금융법센터, 2012. 11, 37면.
44  이에 대한 찬성의 견해로는 김선정, "법무부 상법개정안 제론", 비교법연구 제9권 제1호, 2008. 10, 214면; 김형기, 보험업법 현안문제 해결을 위한 정체세미나 토론자료, 한국보험학회, 2008. 11. 14. 3면.
45  장경환, "보험사기청구에 대한 보험계약법상의 입법론의 검토-한국에서의 논의를 중심으로-", 건전한 사회와 보험(Insurance & Good Society) 보험사기와 소비자보호-한일 공동세미나-, 2014 보험관련 연합학술대회, 2014년 8월 20~21일, 8면.

는 점을 고려하면, 입법 방식에 있어서는 보험계약자 측의 지각을 연기는 어려울 것으로 보인다. 이 부분은 계약법 영역보다는 우선적으로 합병에서 예방하는 방안을 마련하고, 차후 제약벌적인 예방책을 속고하는 방안이 제시되었으면 한다.

## 3. 다수 생명보험계약과 반사회질서 법률행위

### 1) 반사회질서 법률행위 응로로

생명보험계약은 주로 보험회사 간 지원한 유지경쟁을 통하여 이루어지는바, 보험회사가 사전에 과다한 보험계약의 체결을 방지하기 위한 아무런 노력도 기울이지 않은 채, 오로지 실적 체고의 차원에서 경쟁적으로 보험계약을 체결한 다음 보험계약이 유효함을 전제로 보험료를 제속 징수하여 오다가 보험사고가 발생하면 이제야 그 무효를 주장하는 것은 신의성실 또는 금반언의 원칙에 반하는 것으로 허용되지 말아야 한다는 주장[46]도 있지만, 상해보험계약의 경우 피보험자의 수입 등을 참조하여 지나치지 않은 때에는 다수의 도박보험으로 보아 그 보험계약의 효력을 부인해야 한다고 하면서, 이는 피보험자가 발생한 배에 고액의 보험금을 노려 수많은 상해보험계약을 체결하는 것은 도덕적 위험이 높고 또한 선량한 보험자에게 고지 또는 통지하지 않은 보아 인보합계약의 경우에 반사회질서 법률를 적용하는 입장[47]이 있고, 사기로 인한 무효를 인정하고 있는 일부의 경우를 참조하여 과다한 상해보험계약의 경우에는 공서양속 위반으로 인하여 무효의 법리는 사기로 인한 무효의 경우와 크게 다르지 않다는 점에서 반사회질서 법리가 보험금청구에 대응하기 위한 법논리로서 인정되어야 한다는 입장,[48] 보험자는 신의의 보험기업자를 위하여 보험계약을 관리하는 지위에 있고 불량한 보험가입을 하여 주는 경우 보험단체 자체의 건전

46　성낙손, "과다한 생명보험계약과 사회질서위반", 민사판례연구회, 제25권, 2003. 2. 144면 이하.
47　양승규, "사회질서에 어긋난 상해보험계약의 효력", 순해보험, 1999. 11, 98면 이하.
48　홍석한, "사기적 보험금청구와 공서양속의 원리, 변호사, 제30호, 서울지방변호사회, 2000. 1, 325면.

한 발전을 해하는 것이므로 불항위험에 적극 대처한다는 차원에서 반사회질서 법리를 적극 활용해야 한다는 주장[49] 등이 있다.

## 2) 반사회질서 법률행위의 기준

2014년 4월 30일 대법원의 판시는 다수의 생명보험계약을 체결한 보험계약자가 사기적으로 보험금을 취득하고자 하는 것에 대한 일정한 기준을 찾아볼 수 있다.[50] "비록 보험계약자가 보험금을 부정취득할 목적으로 다수의 보험계약을 체결한 것이라는 사실을 직접적으로 인정할 증거가 없다고 할지라도 보험계약자의 직업 및 재산상태, 다수 보험계약의 체결 시기와 경위, 보험계약의 규모와 성질, 보험계약 전후의 정황 등 제반 사정이 있다면, 민법 제103조에 규정된 반사회질서에 해당하여 그 계약은 무효로 볼 수 있음"을 판시한 것은 생명보험계약상 사기적 보험금취득에 대한 적극적인 예방책을 마련하고자 하는 당위성을 엿볼 수 있다.

## 3) 정리

보험금청구권의 역기능을 예방하기 위한 방안을 강구함에 있어, 입증이 용이하지 않은 주관적 사실에 대한 주장, 입증책임을 완화하고 객관적 사실들을 통한 정치한 요건을 확립하여 반사회질서의 법리를 인정하는 방안이 마련되는 것은 타당하다. 다만, 이 경우 보험자가 일정한 기준 없이 반사회질서의 법률행위를 주장함으로써 민법 제103조를 남용할 가능성이 없지 않으므로, 보험계약자의 직업 및 재산상태, 다수 보험계약의 체결 시기와 경위, 보험계약의 규모와 성질, 보험계약 전후의 정황 등이 있는 존재하는 보험계약의 경우에는 반사회질서의 법률행위로 주정하고, 그 반사회질서의 법률행위가 아니라는 사실에 대하여는 보험계약자가 증명책임을 하도록 하는 방안을 제시해볼 수 있다.

49 김창준, "상해보험에 있어서의 보상사고와 면책사고", 보험법의 쟁점, 법문사 2000, 507면.
50 대법원 2014. 4. 30. 선고 2013다69170 판결.

## 4. 보험계약당사자가 아닌 제3자에 의한 사기의 경우

이 사안의 경우는 아직 우리 사건에 나타난 바가 없지만, 실무에서 나타날 가능성이 농후하고 또 학설의 다툼이 벌어질 가능성이 있다는 측면에서 입법적 해결이 타당하다. 특히 민법은 제123조 제2항 제2문에 "의사표시의 상대방이 아닌 자가 그 의사표시로부터 직접 권리를 취득하는 경우 그 자가 기망행위를 알았던 경우에는 그 의사표시는 그 자에 대하여 취소할 수 있다"고 규정하고 있다. 우리 민법에 이러한 규정을 때문으로 입법하는 방안도 생각해볼 수 있지만, 오히려 보험계약을 규정하고 있는 상법 보험편에 동 규정을 마련하여, 제3자를 위한 보험계약의 경우 수익자인 제3자가 사기의 사실을 알았거나 알 수 있었을 경우에는 보험자가 보험계약을 취소할 수 있도록 하는 방안을 제안한다.

## V. 결론

보험계약은 사행성을 본질적으로 가지고 있고, 보험과정에서 발생하는 도덕적 위험 및 보험가입자의 역선택 등과 관련된 보험사기는 보험회사가 직면하고 있는 가장 큰 문제 중의 하나이다. 보험사기로 인한 실질적 피해자는 보험사기와 전혀 무관한 대다수 선의의 보험가입자라는 사실을 잊어서는 아니 된다. 반드시 보험사기는 근절되어야 할 사항이라 하겠다.

민사법에서 발생하는 사기로 인하여 발생할 수 있는 보험계약에 관한 여러 가지 유형을 살펴보았다. 보험사기를 예방하기 위한 체계적인 규율이 없는 판례로 불법행위책임을 물을 수밖에 없는 상황에서, 보험회사가 불법행위로 인한 손해배상청구권을 위주로 하는 것은 그 한계가 있다고 하겠다. 그런 측면에서 보험사기에 대한 계약법적인 접근방법은 의미가 있을 것이다.

# 제14장
# 초보험료의 지급지체와 법적 효과

## I. 의의

1991년 개정 전 우리 상법 제650조에는 최초보험료와 계속보험료를 구분하지 아니하고 보험료가 적당한 시기에 지급되지 아니한 때에는 보험자가 상당한 기간을 정하여 보험계약자에게 최고하고 그 기간 내에 지급하지 아니한 때에 한하여 제약을 해지할 수 있도록 하고 있었다. 그러나 지급이 없으면 보험자의 책임이 개시되지 않는 최초보험료의 지체에 대한 효과와 이미 개시되고 있는 보험자의 책임에 대하여 지급기일에 그 지급이 없다고 해서 보험관계를 소멸시키는 방식과 동일해서는 안 된다는 취지하에 계속보험료에 있어서는 최초보험료의 경우와 달리 규정하고 있다.

독일 보험계약법이 지급지체에 관한 문제를 최초보험료와 계속보험료를 구분하여 각각 제37조와 제38조에서 규정하고 있는 것과 유사하게, 현 우리 상법은 제650조 제1항에서 최초보험료의 지급지체에 대한 효과를 규정하고, 제2항에서는 계속보험료의 지급지체에 대한 효과를 규정하며, 타인을 위한 보험에서 보험계약자가 보험료의 지급지체에 있는 사안에 대하여는 제3항이 규정하고 있다.

1  양승규, 보험법, 제5판, 삼지원, 2004, 155면.

보험계약 당사자인 보험자와 보험계약자가 보험계약을 체결하게 되면 보험계약자는 보험료지급의무를 부담한다(상법 제638조). 그리고 당사자의 다른 약정이 없으면 최초의 보험료를 수령한 때부터 보험자의 책임이 개시되기 때문에(상법 제656조), 일반적으로 보험계약자는 보험계약이 성립한 후 지체 없이 보험료의 전부 또는 제1회 보험료를 지급하게 되다(상법 제650조 제1항 제1문). 또한 보험계약이 성립한 때 보험자는 지체 없이 보험증권을 교부하여야 하지만(상법 제640조 제1 본문) 보험계약자가 보험료의 전부 또는 최초의 보험료를 지급하지 아니한 때에는 보험증권을 교부할 필요가 없다(제640조 제1항 단서). 반면 독일 보험계약법에서는 보험계약의 체결되고 보험료의 전부나 최초보험료에 대한 급여이 함의되었다면 보험료의 지급이 보험증권의 도답을 전제조건으로 하고 있다(제33조)는 점에서 약간의 차이를 보이고 있다.

독일 보험계약법 제37조는 최초보험료의 지급지체에 관한 내용을 규정하고 있고,2 2008년에 독일에서는 대폭적인 개정을 한 보험계약법이 효력을 발생하고 있고,3 최초보험료의 지급지체로 인한 법적 효과에 관한 문제에 있어서도 새롭게 입법화된 바 그 내용에 대한 이해가 필요하다.

# II. 독일 보험계약법상 최초보험료 지급지체

## 1. 보험계약법 제37조의 입법목적

독일 민법 제323조는 쌍무계약에서 채무자가 급부를 이행하지 않거나 계약에 합당한

---

2    독일 보험계약법 제37조(최초보험료의 납입지체) (1) 전부 또는 최초의 보험료를 제때에 납입하지 못한 경우, 보험자는 그 계약을 해제할 수 있다. 그러나 보험계약자가 책임 없이 보험료를 지급하지 않은 경우에는 그러하지 아니하다. (2) 보험사고의 발생 시 전부보험료와 최초보험료가 납입되지 않은 경우, 보험자는 급부에 대하여 책임을 지지 아니한다. 그러나 보험계약자에게 텍스트 형식의 특별한 통지나 보험증권의 눈에 지점을 통하여 보험료를 지급하지 않은 것에 대한 효과를 알려 준 경우에는 책임을 면하게 된다. 이필규·최병규·김은경 역저, 2009년 독일 보험계약법(VVG), 세창출판사, 2009, 25면.

3    김은경, "독일 보험계약법 개정과 그 시사점", 상사법연구, 제25권 제4호 2007, 226면 이하, 최병규, "2007년 독일 보험계약법개정안에 관한 소고, 통죄무역을 중심으로", 상사판례연구, 제20집 제1권 2007. 3, 179면 이하.

이행을 하지 않는 경우에 대하여 규정하고 있다.[4] 이 경우 채권자는 채권자에 대한 해제권을 행사할 수 있다.[5] 그러나 채권자가 해제권을 행사하기 위해서는 채무자의 계약위반이 우선 전제되어야 하고, 청구권을 행사함에 있어서 채무자에게 급부 또는 추완을 위한 기간을 지 맏아야 하며 맏기에 있어야 한다. 그리고 채무자에게 급부 또는 추완을 위한 기간을 정함에 있어, 급부에 대한 최고, 적절한 기간 그리고 채무자의 협조를 요구하고 있다. 보험계약법 제37조 역시 보험계약자가 최초보험료를 제 때에 지급하지 못하는 경우에 민법과 마찬가지로 해제를 할 수 있도록 하고 있다. 하지만 민법 제323조와 달리, 채권자인 보험자는 추완을 위한 기간을 설정하는 등의 전제요건 없이 해제권을 행사할 수 있도록 하고 있다. 일반적인 채권자인 전제요건 없이 해제권을 체결하고 난 후 일반적으로 책임을 개시하게 하는 일반적인 채권자인 전은 경우에, 기간을 설정하지 않고 보험계약에 대한 보험자의 해제권을 인정하고자 하지 않합보험을 체결하고 있다. 무엇보다도 계약의 운영을 명확하게 제공하고자 하는 무적을 가지고 있다고 할 것이다.[6] 그런 의미에서 최초보험료의 지급에 대한 지체를 규정하고 있는 보험계약법 제37조 제1항은 민법 제323조의 특별규정에 해당한다.

## 2. 최초보험료와 계속보험료

독일 보험계약법은 제37조와 제38조에서 최초보험료와 계속보험료를 구분하고 있다. 보험계약법은 최초보험료에 대한 개념을 정의하고 있지 않지만, 규정의 체계이 제시하다시피 최초보험료는 보험기간에 해당하는 보험료를 일시에 지급하는 '제1회적 보험

---

4  독일 민법 제323조(급부의 불이행 또는 계약에 좋지 아니한 이행으로 인한 해제) (1) 쌍무계약에서 채무자가 채무자
   가 이행하기 도래한 급부를 실행하지 아니하거나 계약에 좋이 실행하지 아니한 경우에, 채권자는 채권자
   에 대하여 급부 또는 추완을 실행하기 위한 기간을 정하였으나 그 기간이 경과한 때에는 계약을 해제할
   수 있다. (2) 다음의 경우에는 기간설정이 요구되지 아니한다. 1. 채무자가 급부를 진지하게 종국적으로 거
   절한 경우, 2. 채무자가 계약에 정하여진 기일 또는 기간에 급부를 실행하지 아니하고 또 채권자가 계약에
   서 급부가 적시의 행하여지는 것에 자신의 급부이익을 결합시킨 때, (3) 이하 생략.
5  Palandt, Bürgerliches Gesetzbuch, 69. Aufl. 2010, C.H.Beck, § 323 Rdn. 10 ff
6  Looschelder/Pohlmann/Stagl, VVG, Carl Heymann Verlag 2010, § 37 Rdn. 1.

료(einmalige Prämie)' 뿐만 아니라 처음으로 지급하는 '첫 번째 보험료'(die erste Prämie)의

의미를 포함하고 있다. 보험계약법 제38조에서 지급지체를 규정하고 지급하고 있는 계속보험료
와 달리, 최초보험료는 실질적인 보험개시와 관계없이 시간적으로 보험기간의 가장
이른 시기에 지급하는 보험료와 관련이 있는 것이다.[7]

일반적으로 보험자의 위험부담은 보험계약의 체결 후에 개시된다. 그러나 계약당사
자가 보험자의 위험부담을 계약체결 전 일정시점에서 개시하도록 합의할 수 있는 소
급보험(독일 보험계약법 제2조)과 보험계약자가 보험계약을 청약하는 즉시, 즉 제1회
보험료를 지급하지 않았다 하더라도 보험자가 자신의 위험을 인수하는 잠정보상의 영
역(독일 보험계약법 제49조)에서는 보험계약자가 보험료를 지급하지 않더라도 보험자
의 책임이 개시된다. 이 경우 첫 번째로 지급되는 보험료가 최초보험료로 인정되기
때문에, 최초보험료라는 개념이 반드시 보험자의 책임을 전제로 하는 것은 아닌 것이
다. 소급보험과 잠정적인 보상에서 보험계약자가 지급하는 첫 번째 보험료에 관한 사
항은 독일 보험계약법 제37조의 적용을 받게 된다.[8] 보험계약자의 채좌에 지급해야 금
액이 없음으로 인하여 보험자가 최초보험료를 인출하지 못하게 되었고, 그 결과 양
당사자가 보험보호의 개시를 2개월 미루게 되었다면 그 경우에 지급되는 보험료 역시
최초보험료에 해당한다.[9]

계속보험료의 개념은 보험계약에서 매우 광범위하게 존재할 수가 있다. 우선 계속
보험료는 독일 보험계약법 제37조에서 이미하는 최초보험료에 해당되지 않는 보험료
를 의미한다.[10] 그 외에도 보험기간 중 보험료를 지급해야 할 기간의 경과 후에 지급되
는 보험료,[11] 해지되었지만 계속 진행되고 있는 계약에 대한 보험료,[12] 계약의 발생 중

7　BGHZ 21, 122 (132); OLG Hamburg VersR 1963, 819; Prölss/Martin, VVG, 28. Aufl., C.H.Beck, 2010, § 37, Rdn. 2; Lanheid/Wandt, Versicherungsvertragsgesetz, C.H.Beck, 2010, § 37, Rdn. 4.
8　BGH 25. 6. 1956-II ZR 101/55, BGHZ 21, 122.
9　OLG Oldenburg 8. 10. 2003-3 U 52/03, NJW-RR 2004, 182.
10　BGHZ 21, 122; BGHZ 44, 178.
11　LG Hamburg VersR 51, 75.
12　Breslau JW 32, 2552.

확정되는 보험료[13] 등은 계속보험료에 속하게 되고, 계속보험료의 지급지체에 대하여는 최초보험료의 지급지체와 다른 요건을 요구하고 있다.[14]

## 3. 개념구분의 실익과 구별기준

### 1) 구분의 실익

독일 보험계약법은 최초보험료의 지급지체와 계속보험료의 지급지체에 대하여 구분을 하고 있다. 이 양자의 구별의 실익은 아래에 있을까 하는 의문이 제기된다. 보험계약법 제38조가 계속보험료의 지급지체 시 보험계약자에게 2주간의 지급기한을 제공하고, 지급기한의 경과 후에는 해지할 수 있다고 규정하고 있다. 계속보험료의 지급지체와 관련하여 중요한 사항은 지급기한의 제공이다. 그리고 보험자가 계속보험료의 지급지체 시 해지하고자 한다고 임중한 관련하여 최고(Mahnung)가 매우 중요한 의미를 갖게 된다.[15] 반면에 보험계약법 제37조는 최초보험료의 지급지체의 보험료의 미지급에 대하여 해제사유가 있다고 하면 보험자는 어떠한 전제조건이 보험계약을 해제할 수 있다는 점에서 차이가 있다. 이 점에서 보험계약자가 지급하는 보험료가 최초보험료인지 아니면 계속보험료인지에 대한 구별의 실익이 있다고 할 것이다.

### 2) 구별기준

이미 발생하고 있는 계약을 전환하는 계약이 발생할 수가 있다. 이 경우 전환된 계약의 첫 번째 보험료를 최초보험료로 보아야 할 것인가 아니면 계속보험료로 보아야 할 것인가의 문제가 제기될 수 있다.[16] 당사자의 의사에 따라 새로운 계약이 체결된 것으로 한다면 첫 번째 보험료를 최초보험료로 보아야

.........
13  ÖOGH VersR 73, 977; Wahle, VersR 61, 168.
14  유주선, "계속보험료 지급지체에 대한 법적 효과―한국과 독일의 비교법적 관점에서―", 법제연구, 제38호, 2010, 265면 이하.
15  Rüffer/Halbach/Schimikowski/Karczewski, Versicherungsvertragsgesetz, 1. Aufl., 2009, § 37 Rdn. 2.
16  Prölss/Martin/Knappmann, Versicherungsvertragsgesetz, 28. Aufl., 2010, § 37 Rdn. 5.

경우에만 단지 최종보험료에 해당한다고 할 것이다. "계약의 동일성을 보장하는 조건 하에" 예전의 계약이 단지 변경된 경우라면, 이는 최종보험료에 해당되지 않는다고 보아야 한다.[17]

계약의 변경과 관련하여 전환된 계약을 신계약으로 판단하기 위해서는, 예전 계약을 단지 변경하는 것에 그치지 않고 내용적으로 새로운 계약이라는 근거가 있어야 한다. 보험목적·보험금·보험료·보험기간 등의 본질적이면서 실제적인 변경사항이 존재한다면 새로운 계약으로 볼 수 있을 것이다. 그러나 새로운 청약행식이나 새로운 보험증권과 같이 형식적인 면에서 이루어진 변경은 계약의 변경이라고 볼 수 없고, 그 결과 보험료의 지급지체 시 최종보험료에 관하여 규정하고 있는 보험계약법 제37조를 적용하지 못한다.

보험금과 보험료가 본질적으로 변경되거나 계약에 다른 약관조항이 편입되는 경우 이는 새로운 계약으로 보아야 한다.[18] 보험목적의 본질적인 변경, 예를 들면 차량보험에서 일부에 대한 부보사항을 전체로 변경한 경우라면, 이는 새로운 계약이라고 보아야 한다. 보험목적을 완전하게 교체하는 것 역시 새로운 계약에 해당한다. 그러나 자동차의 경우에는 주의해야 한다. 즉 자동차를 양도하고 동일한 종류와 동일한 사용목적을 위하여 자동차를 장만한 경우에, 자동차보험약관 제6조와 제5조는 계속보험료의 지급에 관한 보험계약법 제38조가 개입한다[19]고 규정하고 있다.

## 3) 상법 제650조 제3항에 대한 논의

우리 상법 제650조는 보험료의 지급과 지급지체에 대한 효과를 보험료의 종류에 따라 각각 다른 절차를 제시하고 있다. 제1항은 최초보험료에 있어서 지급지체에 대한 법적 효과를, 그리고 제2항은 계속보험료에 대한 지급지체의 효과를 규정하고 있다.

17  ÖOGH VersR 86, 271; Hamm VersR 76, 1032; LG Würzburg VersR 69, 52.
18  OLG Köln 16. 7. 2002-9 U 48/01, VersR 2002, 1125.
19  Rüffer/Halbach/Schimikowski/Karczwski, a.a.O., § 37 Rdn. 5.

그리고 제3항은 "타인을 위한 보험에서 보험계약자가 보험료의 지급을 지체하고 있는 경우에 보험자는 그 타인에게도 상당한 기간을 정하여 보험료의 지급을 최고한 후가 아니면 그 계약을 해제 또는 해지 못한다"고 규정하고 있다. 그런데 타인을 위한 보험계약이 체결된 후 2개월 내에 보험료의 전부 또는 최초보험료를 지급하지 않은 경우에 보험계약이 제1항에 따라 해제되거나, 아니면 제3항에 따라 보험자는 그 타인에게 상당한 기간을 정하여 보험료의 지급을 최고한 후가 아니면 그 계약을 해지 못하는 것으로 보아야 하는가에 대한 다툼이 있다.[20] 우선 제1항의 규정을 적용하여 보험계약자의 최고하고 계약을 해지할 수 있는 것이 아니라 피보험자 또는 보험수익자에게도 보험계약자에게만 최고하고 계약을 해지할 수 있는 기간을 정하고 최고한 후 보험계약을 해제 또는 해지할 수 있다는 입장[22]이 있다. 그러나 후자의 입장에 동의하지만, 좀 더 구분하여 말하자면 타인을 위한 보험계약자가 2개월 이내에 전부보험료나 최초보험료를 지급하지 아니하면 그 타인에게 상당한 기간을 정하여 최고를 이행하고 해제할 수 있다고 보아야 하고, 계속보험료의 경우에는 역시 상당한 기간을 정하여 그 타인에게 최고하고되 최고하고 난 후 해제가 아닌 해지할 수 있다고 보는 것이 타당하다.

# III. 최초보험료의 지급지체로 인한 법적 효과

## 1. 보험자의 해제의제조항과 해제권

### 1) 해제의제조항

보험계약법이 개정되기 전 제39조 제1항 제2문에 따르면, 최초보험료의 지급지체와 관련하여 "보험자가 기간 만기일의 3개월 이내에 보험료의 청구권이 재판상 주장되지

--------
20　이기수·최병규·김인현 보험·해상법, 상법강의 IV, 제9판, 박영사, 2015, 156면 이하.
21　제이식, 상법강의 IV, 박영사, 2001, 484면.
22　양승규, 보험법, 제5판, 삼지원, 2004, 187면.

"않을 경우 해제된 것으로 본다"고 하는 해제의제조항을 두고 있었다.[23] 계약당사자간에 이한 보험계약이 체결되고 난 후 최초보험료를 곧 바로 지급하는 것이 일반적이지만, 그렇지 아니하고 여러 해가 지난 후 최초보험료의 지급을 통하여 보험계약자는 실질적으로 보험을 개시할 가능성을 갖게 되었다. 여전히 그는 지급하지 않은 보험료에 대한 채무를 가지고 있게 된다. 보험계약법 제38조 제1항 제2문에서 해제의제조항을 마련함으로써 이러한 불합리함이 제기되었던 것이다.[24]

해제의제조항을 두게 되면 보험계약의 체결 후 최초보험료나 전부보험료가 적시에 지급되지 않은 경우에 계약의 운명은 유동적인 상태에 놓이게 된다. 보험자는 미지급된 보험료를 청구할 수 있는 3개월의 기간을 기다릴 수 있고, 그 기간이 지나면 해제의 계의 효과를 얻게 된다.

## 2) 해제의제조항의 문제점

보험계약법은 제38조 제1항 제2문에 해제의제조항을 두고 있을 뿐만 아니라, 적시에 보험료를 지급하지 않은 보험계약자에 대하여 보험자의 해제권을 인정하고 있었다. 그러므로 개정 전 보험계약법에 의하면, 해제권이 보험자에 의하여 명백하게 행사될 수도 있고(제1항 제1문), 특정한 기간 동안에 보험자는 어떠한 행위를 하지 않고도 법률에 의하여 해제의 효과를 얻는 결과를 갖기도 하였다(제1항 제2문). 그 결과 보험관계가 보험자의 오랜 기간 없이 오랜 기간 동안 유동적인 상태를 제거하는 장점도 있다.[25]

그러나 의제조항은 다음과 같은 점에서 다소 민감한 문제를 야기하게 되었다.[26] 만

---

23 개정 전 보험계약법 제38조 제1항 원문은 다음과 같다. "Wird die erste oder einmalige Prämie nicht rechtzeitig gezahlt, so ist der Versicherer, solange die Zahlung nicht bewirkt ist, berechtigt, vom Vertrag zurückzutreten. Es gilt als Rücktritt, wenn der Anspruch auf die Prämie nicht innerhalb von drei Monaten vom Fälligkeitstag an gerichtlich geltend gemacht wird."

24 해제의제조항을 입법하게 된 목적에 대하여는 Bruck/Möller, a.a.O., § 38 Anm. 25.

25 Prölss/Martin/Knappmann, a.a.O., § 37 Rdn. 33.

26 Römer/Langheid/Römer, Versicherungsvertragsgesetz, 2. Aufl., 2003, § 38 Rdn. 22.(개정 전 최초보험료에 대하여는 독일 보험계약법 제38조에서 규정되어 있었음).

약 보험계약자가 지급하는 보험료가 수의사(Tierarzt)의 소견서 제출과 같은 보험계약자의 행위에 종속된 경우라면, 보험자는 해제의제조항을 적용함에 있어서 3개월 이내에 행위의무의 이행에 대한 소송을 제기했어야만 한다.[27] 만약 3개월의 기간 후나 해제의 의사표시의 도달 후에 최초보험료가 보험계약자에 의하여 지급된 경우, 이는 새로운 계약의 체결을 위한 청약으로 볼 수 있다.[28] 이 보험료의 수령은 묵시적인 청약의 승낙으로 인정된다.[29] 또한 보험료의 일부가 지급되고, 그 지급이 보험자의 보험사고에 대하여 이미 보험자가 책임을 면하였었다고 한다면, 그러한 면책은 그 이후 보험료의 지급을 통하여 배제되지 않게 된다는 문제가 야기된다는 것이다. 이러한 문제를 제거하기 위하여 2008년 보험계약법은 해제의제조항을 삭제하였고, 현 보험계약법에서는 전부보험료나 최초보험료의 미지급 시, 보험자는 단지 계약을 해제할 수 있는 권리만을 갖게 된다.

## 3) 해제권과 귀책사유

개정 전 보험계약법상 보험자가 해제권을 행사함에 있어, 보험계약자의 귀책사유에 대한 유무는 고려대상이 아니었다. 연방대법원의 기타 법원의 판단이 그것을 뒷받침했다.[30] 그러나 보험자가 면책을 주장하기 전에 시간적으로 2일이나 3일에 해당하는 지급기간을 민법 제242조(신의성실의 원칙)에 따라 보험계약자에게 인정해주지 않으면 아니 된다는 입장이 있었다.[31] 또한 자동차보험일반약관 제1조 제2항 제4호에는 보험자가 이의를 제기하기 위해서는 보험계약자의 귀책사유가 필수적인 것으로 규정하고 있었다. 그 결과 보험계약법의 입법자는 제37조 제1항에서 보험료를 지급하지 않

..........

27 Hamm VersR 77, 1117; LG Frankenthal VersR 53, 141; LG Hildesheim VersR 53, 225.

28 Bruck/Möller, a.a.O., § 38 Anm. 24.

29 ÖOGH VersR 64, 599 m. Anm. Wahle=ZVerkR 272.

30 BGHZ 47, 352; BGHZ 55, 281; Hamm VersR 74, 557; München VersR 64, 1264; Köln VersR 66, 156.

31 Berliner Kommentar zum VVG, Kommentar zum deutschen und österreichischen VVG, hrsg. von Honsell, 1999, § 38 Rdn. 29.

은 경우 보험계약자에게 귀책사유가 없는 경우에만 보험자가 해제권을 행사할 수 있도록 개정하였다.[32]

현 보험계약법에 의하면, 보험계약자의 미지급이 그에 의하여 책임이 없다는 것을 임증하는 경우에는 해제권이 발생하지 아니한다.[33] 보험계약자가 지급을 위한 재정적인 재원을 마련하지 못한 경우에는 귀책사유로 받아들일 수 없다. 그러나 특별히 석시에 지급을 할 수 없는 경우, 예를 들면 단기간의 여행으로 인하여 장소에 있지 않든 경우라든가 건강상의 이유로 병원에 입원하여 보험료를 지급하지 못한 경우와 같이 보험계약자의 일신상의 이유로 보험료를 지급하지 못한 경우에는 귀책사유에 해당한다.

## 2. 보험자의 면책

### 1) 보험자의 주지의무

#### (1) 의의

개정 전 "보험사고의 발생 시점에 보험료가 지급되지 아니한 경우에, 보험자는 급부의무에 대하여 책임이 없다"고 한 내용과 달리, 현 보험계약법 제37조 제2항 제2문은 새롭게 보험자의 주지의무(Belehrungspflicht)를 도입하고 있다.[34] 즉 보험자가 보험계약자에게 텍스트 형식[35]의 특별한 통지나 보험증권에 눈에 띄는 표시를 통하여 보험료의 미지급에 대한 법적 효과를 제시하는 경우에만 보험자의 면책을 인정하고 있다. 동조항은 보험료의 미지급에 대한 법적 효과를 보험계약자가 정확하게 인식시켜주어야 한다는 정고제시의 기능이 있다.[36] 그러므로 이러한 새로운 내용은 개정 전에 판례와

32  Langheid/Wandt, a.a.O., § 37 Rdn. 26 ff.
33  Begr. RegE BT-Drucks. 16/3945, S. 71.
34  Niederleithinger, Das neue VVG, Nomos, 2007, S. 49 f.
35  독일 민법 제126조는 텍스트 형식을 규정하을 있다. 텍스트 형식이란 의사표시의 한 방법인 바, 범률에 의하여 텍스트 방식으로 정해진 경우라면 의사표시가 서면으로 또는 문서에 서명에 재생이 가능한 다른 방법을 포함한다.
36  Begr. RegE BT-Drucks. 16/3945, S. 71.

실정법에서 발생하였던 지이점을 해결하게 되었던 것이다.[37] 계약상 합의에 따라 보험보호가 이미 최초보험료의 지급 전에 개시되지 않으면 안 되는 경우에, 보험자의 주지의무를 통하여 보험계약자의 유사한 보험보호가 지급에서와 같은 효과를 발생시키게 된다. 보험계약자가 보험계약자에 대하여 매우 특별하게 면책의 효과를 받기 때문에, 그는 보험료가 지급되지 않거나 지급이 지체되는 경우에 발생할 수 있는 법적 효과를 보험계약자에게 명백하게 주지시켜야 하는 것이다.[38]

## (2) 방법과 형식

"주지의무"는 텍스트 형식의 특별한 통지나 보험증권에 눈에 띄는 표시를 해주어야 한다.[39] 경고의 특점이 있기 때문에 보험정약서나 자후의 철회문서로는 충분하지 않다.[40] 주지시켜주어야 사항은 활자형태로 명확하게 작성되어야 한다. 일반적으로 보험증권의 앞면에 주지해야 할 사항이 이행되어야 하고, 만약 뒷면에 있는 경우에는 앞면에 뒷면의 지시사항을 읽을 수 있도록 충분히 인식시켜주어야 한다.[41] 또한 주지시켜주어야 할 사항은 내용상 적절하면서도 완전하게 이루어져야 한다. 특히 보험계약자가 보험보호의 혜택을 얻기 위해서 얼마의 금액을 지급해야 하는가에 대하여 명백하게 인식될 수 있어야 한다. 아무른 법적 효과가 동반되어 있어야 하는지만, 보험료를 지체 없이 지급해야 하거나 보험증권을 적시에 교부해야 한다는 사항을 단순히 지적해주는 것만으로는 충분하지 않다.[42]

자동차보험에서는 책임보험료외 자기차량보험료에 대한 구분이 이루어져야 한다. 비록 보험계약자가 양자 중에서 단지 하나의 보험료를 지급한 경우에, 양 보험 가운데 하나에서 보험보호를 얻는다는 점을 보험자는 주지시켜주어야 한다.[43]

37　Vgl. Römer/Langheid/Römer, aaO., § 38 Rdn. 15 f.; Prölss/Martin/Knappmann, aaO., § 37 Rdn. 16.
38　BGH 5. 6. 1985-IVa ZR 113/83, VersR 1985, 981; OLG Düsseldorf 8. 9. 1998-4 U 201/97, VersR 1999, 829.
39　Langheid/Wandt, aaO., § 37 Rdn. 30 f.
40　OLG Celle 4. 3. 1999-14 U 97/98, VersR 2000, 314.
41　LG Bremen 18. 5. 1994-4 S 125/94, VersR 1995, 287.
42　OLG Hamm 6. 12. 1978-125/78, VersR 1980, 178.
43　OLG Hamm 24. 1. 1990-20 U 160/89, VersR 1991, 220.

## 2) 귀책사유

### (1) 의의

독일 민법 제286조는 채무자의 지체에 대하여 규정하고 있고, 특히 제4항은 급부가 채무자에게 책임 없는 사유로 행하여지지 않은 경우에는 채무자는 지체에 빠지지 않는다고 규정하고 있다. 보험계약법 제37조가 보험료의 미지급을 이유로 보험자의 책임을 면하고 있다는 점에서는 개정 전이나 개정 후 내용의 차이를 발견할 수 없다.

그러나 개정 후 보험계약법은 보험료의 미지급에 대하여 보험계약자가 책임이 없는 경우에 보험자는 책임을 부담하도록 하고 있다는 점에서, 보험계약법 제37조 제2항 제1문이 민법 제286조의 제4항을 수용하고 있는 것을 알 수 있다.

### (2) 보험자의 부책

보험계약법 제2항 제1문은 보험료의 체결과 제일의 최초보험료의 지급 사이에 시간이 존재한다는 것을 알 수 있다. 보험료의 지급이전에 보험자의 위험인수는 배제된다. 달리 표현한다면 보험보호의 전제조건은 보험료의 청구 후에 지체 없는 보험료의 지급이다. 보험계약자의 보험료는 보험증권의 도착 후 2주 내에 지체 없이 지급되어야 하기 때문에(보험계약법 제33조)[44], 해제기간이 경과하기 전에 이미 보험사고가 발생하였고 보험료의 지급은 그 후에 이루어진 상황을 상상할 수 있다.

---

예시

보험계약자가 7월 1일에 합당한 지시사항을 포함하여 보험증권을 수령하였다. 보험개시로서 7월 1일이 구정되어 있었다. 7월 6일에 보험사고가 발생하였고 7월 10일에 보험료가 지급되었다.

[44] 독일 보험계약법 제33조(만기) (1) 보험계약자는 보험료가 전부나 계속보험료가 합의된 경우라면 제1회 계속보험료를 보험증권이 도달한 후 2주 내에 지체 없이 지급하여야 한다. (2) 보험자로부터 보험료의 징수가 택스트 형식으로 요구된 경우에야 비로소 보험계약자는 보험료를 지급할 의무가 발생한다. 이필규·최병규·김은경 역저, 2009년 독일보험계약법(VVG), 세창출판사, 2008, 24면.

이 경우 보험료가 보험사고 발생 시 지급되지 않았다 하더라도, 보험료지급에 대한 의무가 만기에 이르지 않았기 때문에 보험계약자는 보험사고 시점에 미지급에 대한 책임을 부담하지 않는 것이고, 그 결과 보험자는 보험금에 대한 급부책임으로부터 벗어날 수 없게 된다(제37조 제2항 제1문).[45]

## 3. 상대적 강행규정성

보험계약법 제42조는 제37조에 대하여 보험계약자의 부담으로 하는 조건은 받아들일 수 없도록 하고 있다. 그러나 잠정적인 보상영역과 소급보험의 영역에서는 보험계약자에 대하여 변경할 수 있는 여지가 제공하고 있다. 이는 상대적 강행규정으로써 보험계약자를 불이익하게 변경할 수 없다는 의미이다.

## IV. 특징과 시사점

## 1. 특징

## 1) 우리나라의 경우

민법 제544조는 이행지체와 해제권의 행사에 관하여 규정하고 있다. 그 경우에 따르면, 계약당사자 일방이 채무를 이행하지 아니한 경우 그 상대방은 제약을 해제하기 위해서는 상당한 기간을 정하여 이행을 최고하고 그 기간 내에 이행하지 아니한 경우에만 그 계약을 해제할 수 있다. 그러나 우리 보험계약법은 최고의 보험료를 지급하지 아니한 경우 보험자의 제약해제의 의사표시를 하지 않고도 제약성립 후 2개월이 경과하면 자동적으로 최고와 제제되는 것으로 하고 있다(상법 제650조 제1항).[46] 이는 우리의

45 Schmikoswski/Höra, Das neue Versicherungsvertragsrecht-Text, Erläuterungen, Arbeitshilfen, Materialen, 2008, S. 134 f.; a.A Wandt/Ganster, Zur Harmonisierung von Versicherungsbeginn und Prämienfälligkeit durch AVB im Rahmen des VVG 2008, VersR 2007, 1034 (1035 f.), die das Kriterium des Vertretenmüssens erst für die Zeit nach der Fälligkeit für anwendbar halten.

46 우리 상법상 최초보험료와 계속보험료의 법적 효과에 대하여는 정찬형, 상법강의(하), 제12판, 박영사, 2010,

보험계약에 관한 규정이 민법에서 정하고 있는 일정한 절차를 배제하고 있다는 점에서, 민법에 대한 특별규정을 정하고 있음을 보여주고 있다.

## 2) 독일의 경우

독일 역시 보험계약법이 민법과는 다른 특별한 규정을 정하고 있음을 알 수 있다. 독일 민법 제323조는 쌍무계약에서 채무자가 이행기가 도래한 급부를 이행하지 아니하거나 계약에 합당하게 이행하지 아니한 경우에, 채권자는 채무자에게 급부 또는 추완을 위한 상당한 기간을 정해주고 그 기간이 경과된 때에 그 계약을 해제할 수 있다고 규정하고 있다. 그러나 보험계약법 제37조에서는 전부보험료나 최초보험료를 적시에 지급하지 아니한 경우 해제권을 인정함에 있어 일정한 기간을 부여하지 아니하고 있다.

## 3) 소결

결국 우리나라와 독일은 보험계약이 민법에서 적용되는 일반적인 계약과 다른 특수한 계약이라는 점을 인정하고 있을 뿐만 아니라, 최초보험료에 대한 법규를 적용함에 있어서 민법과 다른 특별한 규정에 보험자의 해제권을 인정하고 있는 것을 알 수 있다.

## 2. 시사점

최초보험료의 지급지체와 관련하여, 2008년 독일은 보험계약법을 개정하면서 판례와 학리에서 논란이 되고 있던 사항을 정리하였다. 그리고 동시에 독일 보험계약법 입법자는 보험계약이 민법의 계약에서 출발하고 있다는 점을 인식하면서, 한편으로는 민법의 일부내용을 수용하면서 또 한편으로는 민법의 특별규정을 인정하고 있는 모습을 보여준다.

---

576면 이하; 최준선, 보험법·해상법, 제3판, 삼영사, 2008, 123면 이하.

## 1) 해제의제조항

우리 상법 제650조 제1항은 최초보험료의 지급지체에 대하여 규정하면서, 보험료의 전부 또는 제1회 보험료를 지급하지 아니한 채 계약체결 후 2개월이 지나면 그 계약이 해제된 것으로 보는 해제의제조항을 두고 있다. 그 결과 보험계약자가 계약한 후 아무런 약정도 없이 2월이 경과할 때까지 보험료의 전부 또는 제1회 보험료를 지급하지 아니하면, 보험자는 계약의 해제의 의사표시 없이 처음부터 그 계약을 효력이 없는 것으로 의제하고 있다.[47]

반면, 독일의 경우 개정 전 보험계약법은 해제의제조항을 두면서 보험자의 해제권을 인정하고 있었다. 이러한 상황은 보험자에게 있어, 한편으로는 보험료 청구권을 행사하면서 또 한편으로는 보험사고에 대한 면책의 혜택을 향유할 수 있다는 점에서 미편의 여지가 있었고, 기간 만료 후에 보험료의 전부 또는 일부가 지급된 경우에 다양한 법적 문제들을 야기한다는 점에서 개정 보험계약법에서 해제의제조항을 삭제하였다. 그 결과 독일의 보험계약법은 전부보험료나 최초보험료의 지급지체 시 명백하게 보험자의 해제권만을 인정하고 있다. 우리 상법 제650조 제1항은 "…계약성립 후 2개월이 경과하면 그 계약은 해제된 것으로 보고 있다"는 규정을 두고 있어 볼문에 해제의제조항을 두고 있는바, 해제의제조항 대신에 해제권으로 수정하는 방안이 타당성을 갖는다.

## 2) 귀책사유

독일 보험계약법 제37조 제1항 제1문에 따르면, 전부보험료나 최초보험료가 보험자 그 발생 시에 지급되지 아니하면 보험자는 성립된 그 보험계약을 해제할 수 있고, 제37조 제2항 제1문에 따라 전부보험료나 최초보험료를 그 보험자가 지급하지 않는 한 보험자는 보험금 지급에 대한 채무를 이행해야 할 의무가 없게 된다. 이 점은 개정

47 양승규, 보험법, 제5판, 삼지원, 2004, 155면.

전에 규정되어 있던 보험계약자의 제3항 제1문 및 제2항의 내용상 차이가 없다. 그러나 개정 후 보험계약자법은 해제권 관련하여 보험계약자에게 책임이 없는 경우에 대하여는 해제권의 행사를 제한하고 있을 뿐만 아니라, 보험자에게 책임을 면할 수 있는 권리 역시 배제하고 있다. 현 보험계약자법은 독일 민법 제286조제48에서 규정하고 있는 이행지체의 내용을 수용하고 있다. 그 결과 보험계약자가 적시에 보험료를 지급하지 아니한 경우, 보험계약자가 책임이 있는 경우에만 보험자의 면책의 법적 효과가 발생하게 되고, 그 귀책사유에 대한 입증은 보험계약자가 부담해야 한다.

우리나라의 상법 제650조 제1항은 단지 보험자의 해제의제조항만을 구성한 채, 독일의 보험계약자법에서 볼 수 있는 귀책사유에 대한 면은 고려하고 있지 않은 것으로 보인다. 그러나 보험계약자의 체결 후 최초보험료나 전부보험료를 지급하지 않았다고 하여 무조건적으로 보험자의 해제의제조항을 인정하는 대신에, 보험계약자가 책임 없이 당해 보험료를 지급할 수 없는 경우에는 보험자의 해제권이나 면책의 예외를 인정하는 방법을 모색하는 것이 타당할 것으로 판단된다.

## 3) 주지의무

독일 보험계약자법의 입법자는 최초보험료 지급금지제 시 보험자의 면책을 주장하기 위해서는 새로운 의무은 존재해야 함을 구성하고 있다. 보험자가 해제의 권을 행사함으로써 그 계약이 소급하여 효력이 상실되고 보험자의 책임을 면하게 하는 것은 그 자체로 매우 중요한 의미를 갖기 때문에, 보험자에 대한 또 다른 전제조건을 구성함으로써 보험계약자를 보호하고자 한 것으로 판단된다. 그 결과 독일 보험계약자에서는 보험계약자가 보험료를 지급하지 못함에 대하여 책임이 있다고 할지라도, 보험자가 텍스트 형식에 의한 특별한 통지나 보험증권에 현저한 표시를 통하여 보험료를 지급하지

48 독일 보험계약자법 제286조는 채무자의 지체에 대하여 규정하고 있다. 특히 채무자가 책임이 없는 상황으로 인하여 급부를 이행하지 않은 경우(급부가 중지되는 경우), 그는 이행지체에 빠지지 않는다고 제4항은 규정하고 있다. 우리 민법 제396조 참조.

못한 경우에 보험계약자가 받게 되는 법적 효과를 알려주지 않게 한다면, 보험자는 보험금의 지급책임으로부터 벗어날 수 없게 된다(보험계약법 제37조 제2항). 그리고 특별한 통지나 보험증권의 도달에 대하여는 보험자가 입증을 부담해야만 한다.

우리나라 실무에서 보험계약을 체결함에 있어 보험계약자가 최초보험료를 지급하지 않았을 때의 법적 효과를 인식하지 못하는 경우가 많을 수 있다. 또한 보험자나 보험보조자로는 이러한 사항을 적절하게 설명을 하지 않는 경우가 여럿 있다. 이에 대한 예방책을 마련하기 위하여, 독일 보험계약법에 입법화된 보험자의 주지의무를 수용하는 방안 또한 고려하는 것은 의미가 있다고 판단된다.

## V. 결론

보험계약은 보험계약자와 보험자의 청약과 승낙이라고 하는 의사합치를 통하여 생하게 된다. 보험계약의 효력으로서 계약당사자인 보험당사자와 보험계약자는 각각의 권리를 행사할 뿐만 아니라 의무를 부담하지 않으면 아니 된다. 특히 보험자의 보험금 급여의무와 보험계약자의 보험료지급의무는 안 당사자가 부담해야 하는 의무 가운데 가장 중요한 의무라고 할 수 있고, 보험계약자의 보험료지급의무는 보험자가 보험금을 지급하기 위한 전제조건이 된다.

우리 상법 제650조 제1항에 규정되어 있는 내용과 독일 보험계약법 제37조의 규정내용을 보면, 양국의 입법자는 보험자의 쇄임개시를 전제조건으로 보험계약자의 최초보험료를 의무화하고 있는 모습을 볼 수 있는 점에서 공통점을 찾을 수 있다. 양국은 민법의 채권자와 채무자의 관계에서 발생하는 법적 관계를 입는는 수용하면서도, 보험계약이라는 특수성을 인정하는 특별한 규정을 정하여 보험자와 보험계약자의 이익관계를 조정하고 있는 것을 볼 수 있다.

독일의 경우 2008년 보험계약법을 개정하면서, 개정전보다 보험계약자의 보호에 세심한 배려를 하고 있는 모습을 보여주고 있다. 특히 해제권의제조항의 신제, 보험자의 해제권과 면책의 권리와 관련하여 보험계약자가 책임이 없는 경우에 양 권리를 인정하고 있지 않는 내용 및 보험료 미지급 시 법적 효과를 보험계약자가 인식할 수 있도록 한 경우에만 면책을 할 수 있도록 한 규정에서 그러한 점을 찾아볼 수 있다.

## 제15장
# 계속보험료의 지급지체와 법적 효과

## I. 의 의

상법 제656조에 의하면 보험계약이 성립되었다 하더라도 제1회 보험료의 지급이 없으면 다른 약정이 없는 한 보험자는 보험금의 지급책임을 부담하지 아니한다. 보험계약자가 지급하는 보험료는 보험자의 책임이 전제가 되는 것이다. 상법은 제650조 제1항에 최초보험료의 지급지체에 대하여 규정하고 있고 제650조 제2항에 계속보험료의 지급지체에 대하여 규정하고 있다. 전자는 계약체결 후 보험계약자는 보험료를 지급하여야 하는데, 이를 지급하지 아니하면 계약체결 후 2개월 후 해제된 것으로 본다고 규정하고 있다. 반면에 후자는 약정한 시기에 성립 후 보험계약가 지급되지 아니한 경우 보험자는 상당한 기간을 정하여 보험계약자에게 최고하고, 그 기간 안에 지급이 없는 때에는 계약을 해제할 수 있도록 하고 있다.

보험법제에서는 각종 보험약관에 계속보험료의 지급기일로부터 일정한 기간의 유예기간을 두고 그 기간 안에도 보험료의 지급이 없는 때에는 보험자가 계약해지의 의사표시를 기다리지 아니하고 보험계약의 효력을 상실하게 하는 규정을 두고 있었다. 이를 실효약관이라고 하는데, 그것의 인정 여부에 대한 다툼이 있었다. 우리 상법 제650조 제2항과 유사하게 규정하고 있는 독일 보험계약법 제38조를 살펴

볼 필요가 있다. 특히 우리의 실무에서 인정하고 있었던 실효약관이 실정법과 충돌되면서 대법원이 실효약관을 받아들이지 않았던 이유를 살펴보고, 독일 보험계약상 계속보험료를 지급하지 않은 경우 어떠한 방법으로 보험계약을 종결시키고 있는가를 고찰하는 것은 의미가 있다.

## II. 우리 생명상 계속보험료의 지급지체에 대한 법적 효과

### 1. 보험자의 계약 해지권

#### 1) 해지권의 행사요건

보험료의 지급시기는 당사자의 약정에 따르지만 제2회 이후의 계속보험료가 약정한 시기에 지급되지 아니한 때에는 보험자는 상당한 기간을 정하여 보험계약자에게 최고하고 그 기간 안에 지급되지 아니한 때에는 계약을 해지할 수 있다(상법 제650조 제2항). 그러나 보험자가 보험계약을 해지하기 위하여는 다음과 같은 네 가지 요건을 필요로 한다.[1] 첫째, 보험료가 약정한 시기에 지급되지 아니하였어야 한다. 약정한 시기라 함은 최초의 보험료의 지급이 있고, 보험자의 책임이 개시되는 것을 조건으로 제약에서 정한 제2회 이후의 보험료지급기이다. 그리고 보험료의 미지급은 보험계약자의 귀책사유로 인한 것이어야 한다. 둘째, 상당한 기간을 정하여 최고하여야 한다. 상당한 기간은 거래의 통념에 따라 정할 문제이나 2주 정도이면 충분하다고 사료된다. 최고는 구두로든 서면으로든 상관이 없다. 셋째, 최고에서 정한 기간 안에 보험료의 지급이 없어야 한다. 그리고 넷째, 보험자는 계약해지의 의사표시를 하여야 한다. 보험료미지급으로 인한 제약의 해지는 위의 요건을 갖춘 때에 보험자의 일방적인 의사표시로 이루어지나, 그 해지의 의사표시는 보험계약자에게 도달한 때에 효력이 생긴다(민법 제111조).

---

1 양승규, 보험법, 제5판, 삼지원, 2004, 156면 이하.

## 2) 해지권 행사의 법적 효과

보험자가 보험료의 미지급을 이유로 보험계약을 해지한 때에는 보험계약은 장래에 대하여 그 효력을 잃고 따라서 해지된 이후에 보험사고가 생긴 경우에도 보험자는 보험금을 지급할 책임이 없다(상법 제655조). 그리고 보험자가 위험을 담보한 기간에 속하는 보험료의 지급을 보험계약자에게 청구할 수 있다.

## 2. 실효약관의 인정 여부

### 1) 실효약관의 의미

우리 상법 제650조 제2항에서 계속보험료의 지급이 없는 경우에 상당한 기간을 정하여 최고하고 난 후 보험계약을 해지할 수 있도록 하고 있다. 그럼에도 불구하고 우리의 손해보험과 생명보험의 영역에서 제2회 이후의 계속보험료 지급기일로부터 일정한 기간의 유예기간을 두고 그 기간 내에 보험계약자가 계속보험료를 지급하지 않은 경우에, 최고나 해지의 의사표시를 하지 않는다고 할지라도 그 보험계약은 자동적으로 실효된다고 하는 실효약관을 이용하고 있었다.[2]

### 2) 실효약관에 대한 다툼

실효약관은 계속보험료의 지급이 지체되고 있는 경우에 '상당한 기간'을 정하여 최고하고 나서 그 계약을 해지할 수 있도록 한 상법 제650조 제2항과 충돌이 발생하고, 특히 상법 제663조가 보험계약자의 불이익을 금지하는 상대적 강행법규와 맞물려 심한 다툼을 야기하였다.[3]

---

2 실효약관을 인정하고자 하는 입장으로는 장경환, "보험약관에서 실효조항의 효력", 손해보험, 1998. 07, 21면.

3 법적 다툼에 대하여는 최병규, "보험계약에서 실효약관", 보험학회지, 제48집, 1996. 10, 247면 이하.

## (1) 유효설

보험계약에서 보험료를 분할로 지급하는 경우에 제2회 이후의 계속보험료 지급에 있어서 그 보험료의 지급기일로부터 일정한 유예기간을 설정하고, 그 기간까지 보험계약자가 보험료를 지급하지 아니한 때에는 그 이후에 보험계약의 효력이 상실된다는 실효약관은 상당한 유예기간을 두면 그 효력을 인정하여야 한다는 입장이다.[4] 이 견해는 결국 계속보험료의 지급기일로부터 상당한 유예기간을 두고 그 기간 동안에 보험자가 위험을 담보하고 있으므로 최고절차를 밟지 않고 보험계약의 실효를 인정하는 약관의 조항이 보험계약자에게 크게 불이익하게 변경한 것으로 보지 않는다는 것을 못한다고 할 수 있다.

## (2) 무효설

상법 제650조 제2항은 상법 제663조에 의하여 상대적 강행규정이므로 계속보험료의 지급이 없는 경우, 유예기간만을 설정하고 최고절차 없이 보험계약을 실효시키는 이른바 실효약관은 무효라고 보는 입장이다.[5] 이 견해는 상당한 기간을 보험료의 지급을 유예하고 있다 하더라도 최고를 하지 아니하고 보험계약의 효력을 잃도록 하는 약관 조항은 상법 제650조 제2항보다 보험계약자 등에게 불이익하게 변경함으로써 제663조에 의하여 그 효력을 인정할 수 없다고 한다.

실효약관의 효력을 인정하고자 하는 입장은 모두 해지사유와 실효약관의 차이점 및 해지사유를 실효약관으로 함의함으로써 나타나는 계약법상 문제점을 간과하였을 뿐 아니라, 이사의 통지인 최고에서 설정되는 상당한 기간과 보험약관에서 부여되 유예기간의 기능상의 차이를 무시하고 있다는 점에서 실효약관의 유효성은 타당성이 없다고 주장한다.[6]

4  양승규, "보험료납입유예기간 경과의 효력", 보험학회지, 제33집, 1989. 03, 259면 이하.
5  이기수·최병규·김인현, 보험·해상법(상법강의 IV), 제9판, 박영사, 2015, 158면.
6  심상무, "계속보험료 지급지체에 관한 유예기간부 실효조항의 효력", 상사법연구, 제12집, 1993, 275면 이하.

## 3. 대법원의 입장

### 1) 판례의 추이

1977년 대법원은 실효약관과 관련하여, "보험료의 납입은 그 유예기간을 넘어 납입일로부터 30일로 하고 그 유예기간을 도과하여 보험료를 납입하지 아니한 경우에는 보험계약은 별도 해지의 의사표시 없이 유예기간이 만료된 다음 날로부터 그 효력을 상실한다"고 정한 보험약관의 규정은 상법 제650조에 저촉되는 무효의 것이라고 볼 수 없다."고 하였다.[7] 그러나 보험료지급을 월납으로 하는 보험약관상 실효약관의 효력을 인정한 대법원을 찾을 수 없었다. 그 이후 역시 대법원은 보험료납입유예기간(14일)의 경과로 보험계약이 실효되는 것으로 약정한 경우에 있어 그 해지의 요건에 관한 규정으로서 보험자의 의사표시를 해지하는 보험료납입유예기간의 경과로 보험계약이 당연히 실효되는 것으로 약정한 경우에는 그 적용의 여지가 없다"고 하여 자동차종합보험의 보험료납입의 실효약관의 효력을 인정하였다.[8] 그러나 1992년 대법원은 3일간의 간격을 두고 실효약관의 효력을 또 다른 그것의 불이익으로 판단[10]하는 결과 심한 법적 불안정을 야기하였다.

1995년 대법원은 마침내 전원합의체 판결에서, "분납보험료가 소정의 시기에 납되지 아니하였음을 이유로 상법 제650조 소정의 최고와 해지절차를 거치지 아니하고 바로 보험계약이 해지되거나 실효됨을 규정하여, 보험자의 보험금지급책임을 면하는 특 규정한 보험약관은 상법 제650조와 제663조에 규정에 위배되어 무효라고 보아야

-------
7  대법원 1977. 9. 13. 선고 77다329 판결.

8  대법원 1987. 6. 23. 선고 86다카2995 판결.

9  대법원 1992. 11. 27. 선고 92다16218 판결.

10  대법원 1992. 11. 24. 선고 92다23629 판결.

할 것이다. 이와 같은 다른 견해를 취한 대법원의 종래 판례(대법원 1977. 9. 13. 선고 77다329 판결: 대법원 1987. 6. 23. 선고, 86다카2995 판결: 대법원 1992. 11. 27. 선고, 92다16128 판결을 변경한다"고 하였다.[11]

## 2) 판례에 대한 분석

실효약관의 문제는 생명보험이나 손해보험 또는 자동차보험의 영역에서 종종 발생되었다. 기본적으로 대법원은 구 상법하에서 실무상 널리 이용되고 있는 실효약관에 대하여 보험관리상의 효용을 인정하여 그 유효성을 인정하고자 한 것으로 보인다. 당시 상법 제650조는 최초보험료와 계속보험료를 구분하지 않고 보험료가 적당한 시기에 지급되지 아니한 때에는 보험자가 상당한 기간을 정하여 보험계약자에게 최고하고 그 기간 내에 지급하지 아니한 때에 한해 제약을 해지할 수 있도록 하였다.

여기서 우리는 대법원의 일관되지 않은 모순된 태도를 볼 수 있게 된다. 대법원은 어느 판례에서는 상법 제650조와 실효약관의 적용은 아무런 관계를 갖지 않는다고 하면서 실효약관은 당연히 인정되어야 한다는 점을 내세우면서도,[12] 또 다른 판례에서는 상법 제650조 소정의 최고 및 해지절차를 지키지 아니하고 보험계약을 해지하거나 면책을 주장하는 경우 보험계약자의 불이익변경금지를 규정하고 있는 상법 제663조를 위반한 것[13]이라고 한다.

우리 상법 제650조에서 규정하고 있는 최고와 해지절차 없이 보험계약이 실효됨을 규정하는 실효약관은 실정법상 인정받기 어렵다고 판단된다. 대법원이 전원합의체에 의해서 실효약관이 있듯이 실효약관은 명확하게 상법 제650조 제2항을 위반하고 있으며, 이러한 위반은 보험계약자를 불이익하게 해서는 안 된다는 상법 제663조에 의하여 무효라고 보아야 할 것이다. 그런 측면에서 대법원의 전원합의체 판결은 실효약관의 인정

---

11  대법원 1995. 11. 16. 선고 94다56852 판결.
12  대법원 1987. 6. 23. 선고 86다카2995 판결; 대법원 1992. 11. 27. 선고 92다16218 판결.
13  대법원 1992. 11. 24. 선고 92다23629 판결.

여부에 대한 해석론의 다툼에 종지부를 찍은 것이라 하겠다.

## 4. 현행 표준약관

우리 상법 제650조 제2항은 상당한 기간을 정하여 보험계약자에게 최고하도록 규정하고 있을 뿐 그 방법에 대해서는 규정하고 있지 않으나 대부분의 보험회사는 서면으로 통보하고 있어 사업비가 과다 발생하고 있다는 지적이 있었다. 또한 전자문서로 받고자 하는 경우에도 서면으로 받아야 하는 불편을 야기하고 있다는 지적에 따라 2010년 생명보험표준약관과 장기손해보험표준약관에 대한 개정이 동일하게 이루어지게 되었다.[14]

보험계약자가 제2회 이후의 보험료를 납입기일까지 납입하지 아니하고 보험료 납입이 연체 중인 경우에 보험자는 14일(보험기간이 1년 미만인 경우에는 7일) 이상의 기간을 최고기간으로 정하여 보험계약자에게 최고기간 내에 보험료를 납입한다는 내용과 그 기간은 납입하지 아니한 경우 최고기간이 끝나는 다음 날에 계약이 해지된다는 내용을 알려주도록 하고 있다. 알려주는 방법으로는 등기우편과 같은 서면, 음성녹음 또는 전자문서가 가능하다고 한다(제1항).

제1항에 따라 최고 전자문서로 보험자가 안내하고자 할 경우에, 보험자는 보험계약자의 서면에 의한 동의를 얻어 수신확인을 조건으로 전자문서로 하여야 한다. 또한 보험계약자가 전자문서에 대하여 수신을 확인하기 전까지는 그 전자문서가 송신되지 아니한 것으로 본다. 보험자는 전자문서가 수신되지 아니한 경우에는 제1항의 최고기간을 설정하여 제1항에서 정한 내용을 서면(등기우편 등) 또는 전화(음성녹음)로 다시 알려주도록 하고 있다(제2항).

---

14  생명표준약관 제12조와 장기손해보험표준약관 제12조는 보험료의 납입연체 시 최고와 계약의 해지에 대하여 규정하고 있다.

# III. 독일 보험계약법상 계속보험료 지급지체의 법적 효과

## 1. 보험료의 구분과 이행목적

### 1) 최초보험료와 계속보험료의 구분

최초보험료란 보험기간에 보험료를 지급하여야 할 의무를 부담하는 경우에 첫 번째로 부과되는 보험료를 의미한다.[15] 보험료가 유예되는 경우에는 동일한 사항이 적용된다. 그 결과 비록 보험계약법 제37조[16]에 잠정보상에 대한 보험료을 위한 첫 번째 보험료는 보험계약이 포함되어 있다고 할지라도 잠정적 보상의 동의 후에 최종적인 보험계약을 위한 첫 번째 보험료는 보험계약이 법 제37조의 규정이 적용하에 있게 된다.[17] 최초보험료는 실질적인 보험보호가 개시되기 위해서는 반드시 요구되는 보험료이다. 보험계약자의 제적에 지급해야 금액이 없음으로 인하여 보험자가 최초보험료를 인출하고 있고, 그 결과 양 당사자가 보험보호의 개시를 2개월 미루게 되었다면 그 경우에 지급되는 보험료는 최초보험료에 해당하게 된다.[18]

특히 보험지급에서는 다양한 변형이 발생할 수 있다.[19] 보험료의 전체금액이 바로 만

---

15 독일 보험계약법상 최초보험료와 전부보험료를 소개하고 있는 것으로는 최기원, 보험법, 1998, 박영사, 93면을 참조하기 바람. 독일 보험계약법상 최초보험료란 보험자의 지급이 없으면 보험자의 책임이 개시되지 않게 되는 보험료를 의미하고, 제1회의 보험료(einmalige Prämie)란 전보험기간에 대하여 1회에 전부 지급하는 보험료를 말하고 일시금 보험료(einheitliche Prämie)라고도 한다. 한편 계속보험료란 그 지급이 없으면 이미 개시된 보험자의 책임이 더 이상 계속되지 아니하는 보험료를 말한다. 최초보험료는 항상 제1회 보험료가 되는 것은 아니다. 제1회 보험료의 지급을 유예하는 경우에는 먼저 보험자의 책임이 개시되고 난 후에 제1회 보험료의 지급이 있게 되므로, 이 경우의 제1회 보험료는 최초보험료가 아니고 계속보험료가 된다. 제2회 이후의 보험료는 항상 계속보험료에 해당된다.

16 독일 보험계약법 제37조(최초보험료의 지급지체) (1) 전부 또는 최초보험료가 제때에 지급되지 아니하면 보험자는 보험계약을 해제할 수 있다. 그러나 보험료 부가금에 대하여 보험계약자가 책임이 없는 경우에는 그러하지 아니하다. (2) 보험사고가 발생 시 전부 또는 최초보험료가 지급되지 아니하며 보험자는 면제된다. 그러나 보험계약자가 부지급에 대하여 책임이 없는 경우에는 그러하지 아니한다. 보험계약자가 텍스트 형식의 특정한 통지를 통하여 또는 보험증권에 명시적인 지시를 통하여 보험료 부지급에 대한 법률효과를 알려준 경우에만 보험자는 면제된다. 이필규·최병규·김은경 역자, 2009년 독일 보험계약법(VVG), 세창출판사, 2009, 25면.

17 BGH 25. 6. 1956-II ZR 101/55, BGHZ 21, 122.

18 OLG Oldenburg 8. 10. 2003-3 U 52/03, NJW-RR 2004, 182.

19 Prölss/Martin/Knappmann, *Versicherungsvertragsgesetz, Kommentar zu VVG und EGVVG sowie Kommentierung wichtiger Versicherungsbedingungen -unter Berücksichtigung des ÖVVG und österreichischer Rechtsprechung* 27. Aufl. 2004, § 38 Rdn. 7.

기가 되고 보험자는 그 보험료를 부분적인 유예로 인하여 단지 분할로 제기된 경우와 보험계약자에 대하여 일반적인 제약상 지급이 특정한 분할로 규정되어 있는 경우 등을 생각해볼 수 있다. 첫 번째 사례에서는 전체금액과 관련하여 최초보험료가 존재하게 되고, 두 번째 사례에서는 단지 첫 번째 분할되는 금액이 최초보험료이며, 그다음에 지급되는 보험료는 계속보험료에 해당하게 된다. 결국 계속보험료란 최초보험료 제37조가 의미하고 있는 전부보험료나 최초보험료가 아니면 각각의 보험료로서 보험계약별 제37조에 따른 최초보험료가 지급되지 아니하였고 보험자가 해제권을 행사하지 않은 경우에는, 보험계약별 제38조가 규정하고 있는 계속보험료에 해당하게 된다.

## 2) 보험계약별 제38조의 입법목적

독일 민법 제323조는 쌍무계약에서 채권자는 급부나 후발적 이행을 위하여 적정한 기간을 부여한 후에 해제권을 행사할 수 있도록 규정하고 있다. 그러나 보험계약별 제37조는 보험계약자가 보험료를 이행하지 않은 경우에, 보험료의 미지급에 대하여 책임을 질 수 없는 경우를 제외하고 민법 제323조 제1항과 제2항에서 해제권을 행사하는 후발적 이행을 위한 기간설정(Nachfristsetzung) 없이 보험료제권자인 보험자는 해제권 행사할 수 있도록 하고 있다. 결국 일반 제권별과 달리, 최초보험료를 지급하지 않은 경우에 기간설정을 하지 않고 보험자는 해제권을 행사할 수 있는 것이다.

계속보험료의 지급의무를 부담하는 보험계약자의 지급지체에 해당하는 보험 계약별 제38조는 독일 민법 제323조[20]를 대신하는 특별규정에 해당한다. 독일 보험 계약별 제38조[21] 제1항은 보험계약자가 계속보험료를 지급하지 않은 경우에 대한

---

20 독일 민법 제323조(권리 이행되지 않거나 계약에 합당하지 않은 급부로 인한 해제권) (1) 쌍무계약에서 채무자가 만기에 전혀 급부를 이행하지 않거나 계약에 합당하지 않은 급부를 이행하는 경우, 급부나 추완을 위한 적정한 기간을 헛되이 지정하였다면 채권자는 그 계약을 해제할 수 있다. 그러나 다음의 경우, 즉 제2호, 채무자가 급부를 진지하고 최종적으로 거절한 경우 제2호, 채무자가 계약에서 정하여진 일정한 기간 내에 급부를 이행하지 아니하고 채권자가 급부이익의 지속을 그 급부의 정시성에 결부 하고 있는 경우 제3호, 안 당사자의 이익을 고려하여 즉시의 해제를 정당화하는 상황인 경우에는 기간설정 이 의미 없다. (3) 이하 생략.

21 독일 보험계약별 제38조는 계속보험료의 지급지체에 대하여 규정하고 있다. 간혹은 다음과 같다. (1항) 계속보험료가 적시에 납입되지 않은 경우 보험자는 보험계약자에게 그의 비용으로 텍스트 행식으로 적어도

법적 효과를 규정하고 있다. 동조 제1항은 개정 전과 비교하여 내용상 변하지 않고 기

정 전 보험계약법 제39조 제1항과 제4항을 대신하고 있다. 제2항 역시 본질적으로 변

함없이 개정 전 보험계약법 제39조 제2항에 상응하고 있다. 그러나 개정 전 제39조 제3

항과 달리 크게 수정된 사항은 보험사고가 이미 발생한 경우에도 보험계약자가 보험

료지급을 통하여 보험관계의 해지를 예방할 수 있도록 한 내용이다.[22]

## 2. 지급기간의 설정

지급기간을 설정하기 위해서는 보험계약자가 계속보험료를 적시에 지급하지 않

아 한다(보험계약법 제38조 제1항). 여기서 중요한 사항은 급부이행이 아니라 급

부행위의 적시성에 있다.[23] 과실이나 지체는 필요하지 않다. 보험계약자가 만기에 보

험료를 객관적으로 지급하지 않았다는 사실만으로 지급기간을 설정하는 것이 가능하

다. 하지만 보험계약자가 보험료를 적시에 명백하게 지급할 수 있도록 보험

자는 반드시 보험계약자가 보험료를 얻어야 할 사항을 제시하며 보험료를 지급할 수 있도록 하

여야 한다. 만약 보험자가 보험료의 수령권한을 가지고 있었고 만기에 보험료가 적시

에 계좌에서 인출될 수 있는 상황이 있다면, 적시에 지급되지 않은 사항에 해당된다고

볼 수 없다.

적시에 보험계약자의 보험료가 지급되지 아니하면, 보험자는 보험계약자에게 그의 비용

으로 적어도 2주간에 해당하는 지급기간을 설정할 수 있다. 건물보험(Gebäudeversicherung)에

---

2주간에 해당하는 지급기한을 정할 수 있다. 마지막급액에, 이자 및 비용을 구체적으로 변호를 매기고 제2항과 제3항에 다른 기한정과와 관련한 범률효과를 기입한 경우라면 이 같은 기산을 정한 것은 유효하다. 통함된 보험계약의 경우라면 금액으로 각각 독립하여 기재되어야 한다. (2) 보험사고가 기한이 경과 후에 발생하고 그때 보험계약자가 보험료, 이자 및 비용의 납입을 지체하고 있었던 경우 보험자는 면제하게 된다. (3) 보험계약자가 납입지체를 하고 있는 한 보험자가 기한이 경과한 후에는 해지예고기간을 준수함 필요 없이 계약을 해지할 수 있다. 해지는 그 종료시점에 지체 중이면 그 기간 경과시점에 해지가 효력으로 발생하는 방식으로 함 수 있다. 보험계약자는 해지의 경우 명시적으로 이에 대하여 보험료를 납입하면 지시받아야 한다. 보험계약자가 해지 후 1개월 내에 또는 기한이 경과 후 1개월 내에 보험료를 납입하면 계약은 유효하다. 제2항은 영향을 받지 않는다. 이필규·최병규·김은경 역저, 2009년 독일 보험계약법(VVG), 세창출판사, 2009, 26면.

22  Rüffer/Halbach/Schimikowski/Karczewski, *Versicherungsvertragsgesetz*, Nomos, 2009, § 38 Rdn. 1.

23  Vgl. Prölss/Martin/Knappmann, a.a.O., § 39 Rdn. 4.

서 지급기간이 적어도 한 달의 기간이 주어져야 한다는 개정 전 보험계약법 제91조[24]는 동 보험에 대하여 특별히 다르게야 할 필요성이 발생하지 않는다는 점에서 폐지되었기 때문에 이제 건물보험에도 역시 적용된다.[25] 이러한 경우에 기간을 정하기 위하여 언제 최고가 도달되어야 하는가가 명확히 정해져야 한다.[26]

기간 역시 명확히 표시되어야 한다. "최고도달 후 2주 이내에 지급이 이행되어야 한다"라고 하는 형식의 문구사항은 타당하지 않는다. 왜냐하면 그런 문구를 사용하게 되면 최고가 14일째 이행되는 경우에 지급은 기간에 합당한 것으로 집작할 수 있기 때문이다. 반면에 법전(Gesetzestext)에 따르면, 최고도달 후 15일째 지급 역시 "적시에"로 볼 수 있게 된다.[27] "미지급된 금액을 송금하기 위하여 최고서면의 도달 후에 보험계약자는 2주간의 기간이란고 하는 시간을 가지고 있으며, 기간경과 후에 발생된 보험사고의 시점에 보험계약자가 보험료를 아직도 완전하게 지급하지 않았을 경우에는 보험보호가 발생하지 않는다"는 사항을 일관주인다고 해서 중부된 것은 아니다. 왜냐하면 실질적으로 최고서면은 무행실으로 충부될 것이고, 급부이행에 달려 있는 것이 아니다 급부행위의 적시성에 달려 있기 때문이다.[28]

## 3. 최고장의 내용

### 1) 기본원칙

최고장은 합당한 기간설정 외에 보험료의 미지급금액·이자·비용 등이 세부적 순면으로 작성되어 있어야 할 뿐만 아니라 기간경과와 결합된 법적 효과가 담겨 있어야 한다(제2항과 제3항). 반드시 법적 위에 제시된 사항들이 존재하지 아니하

24 § 91 Alt-VVG (Zahlungsfrist bei der Gebäudeversicherung) Bei der Gebäudeversicherung muss die im Fall einer nicht rechtszeitigen Zahlung der Prämien nach § 39 zu bestimmende Zahlungsfrist mindestens einen Monat betragen.

25 BegrE, BT-Drucks. 16/3945, S. 71.

26 BGH 7. 10. 1992-IV ZR 247/91, NJW 1993, 130.

27 OLG München 15. 2. 2000-25 U 4815,99, VersR 2000, 1094.

28 OLG Oldenburg 16. 5. 2001-2 U 80/01, VersR 2002, 555.

면 지급에 대한 기간설정은 효력이 없게 된다. 그 결과 보험자는 제2항과 제3항에 따른 면제을 주장할 수도 없고 제3항에 따라 해지권 역시 행사할 수 없다.

보험자가 보험계약자에게 "알려주어야 할 사항(Belehrung)"은 내용상 완전하고도 틀림이 없이 담겨 있어야 한다. 그 내용은 평균적인 보험계약자라면 이해할 수 있는 수준이면 된다. 그러므로 보험자는 개별적인 사항뿐만 아니라 법으로 정해진 지급기간을 지키지 않은 경우에 발생하는 전체적인 법적효과에 대하여도 알려주어야 한다.29 보험자의 "알려주어야 할 사항"을 통하여 보험계약자가 오판할 수 있는 줄 어들고 기간정과 후에 지급은 보험계약자에게 더 이상 효용가치가 없어지게 된다. 그 러므로 지급지체의 효과로서 보험자의 급부의무에 대한 면제과 해지권은 "알려주어 야 할 사항(Belehrung)"과 함의사항에 숙하지 않는다. 범적 상황에 관하여 의심의 여지 가 발생할 수 있는 경우 "알려주어야 할 사항(Belehrung)"은 보험계약자의 보험보호를 위하여 적절한 시간 내에 이루어져야 한다. 또한 전혀 관련이 없는 최초보험료의 미지 급이나 다른 보험영역에서 고려되는 보험자의 "알려주어야 할 사항(Belehrung)"은 충분 한 것이 아니다.30 엄격한 형식적 조치를 요구하고 있는 근거는 범적 안정성과 범적 명확성에 기인하고 있다.31

## 2) 세부적인 사항

미지급금은 보험료, 이자 및 비용 등 세부적인 사항에서 순번으로 지정되어 있어야 한다. 보험증권에 개별적인 보험계약이 축약되어 있는 사례에서 각 보험에 해당하는 미지급된 보험료가 분리하여 안내되어야 한다(보험계약부법 제38조 제1항 제2문). 이러 한 사항은 책임보험과 자체보험과 자체보험에 안내되는 특히 자동차보험에서 의미가 있다.32 만약 서로 다른 보험증권을 가진 범물적으로 독립적인 다수의 보험계약과 관

........
29  BGH 9. 3. 1988-IVa ZR 225/86, VersR 1988, 484.
30  BGH 6. 10. 1999-IV ZR 118/98, VersR 1999, 1525.
31  BGH 9. 3. 1988-IVa ZR 225/86, VersR 1988, 484.
32  Vgl. BGH 9. 10. 1985-IVa ZR 29/84, VersR 1986, 54.

판되는 경우, 미지급금에 대한 안내는 분리되어 제공되어야 한다. 지급청구에서 역시 명백하게 분리되어 있어야 한다. 또한 최초보험료와 계속보험료의 명백한 구분이 이 행되어야 한다. 현실의 연체금액이 정확하고 타당하게 안내되는 것이 중요하다. 사소 한 사항을 다수 청구하는 것(geringfügige Zuvielforderung)은 최고를 발생하지 않게 한다.[33] 또한 보험자는 연체금에 대하여 한 푼도 빼-점없이 정확하게 계산해야 하는 것이다.[34]

최고장은 민법 제130조[35]에 의하여 수취인의 수령영역에 도달되어 수취인이 일반적 인 상황에 인식할 수 있어야 한다.[36] 주변의 우편함이나 그의 사물에 투여하는 경우 에, 일반적으로 그 함이 비워지는 것이 예상될 수 있는 시점에 편지가 도달되어야 한 다. 여행 중이라든가 혹은 질병과 같은 수령인의 장애는 그리 중요한 것이 아니다. 보험계약법의 특별한 사항으로써 보험계약자에 제13조[37]가 효력을 찾게 된다. 보 험계약자가 보험영업소나 성명변경을 고지하지 아니한 경우, 보험계약자에게 교부되는 의사표시에 대하여는 마지막으로 알려준 보험계약자의 주소나 성명에 대한 등기우편의 송부로 충분하다.[38] 만약 보험계약자에게로의 접근이 용이하지 않다면, 수령권한이 있는 제3자에게 교부하는 것으로 충분할 수 있

33 BGH 7. 10. 1992-IV ZR 247/91, NJW 1993, 130(215마르크 20센트 대신에 215마르크 80, 213마르크 60센트 대신에 213마르크 90센트 und 548마르크 대신에 548마르크 60센트); OLG Oldenburg 8. 3. 2000-2 U 304/99, OLGR 2000, 142 (16센트는 매우 많은 것으로 판단); ferner Prölss/Martin/Knappmann, § 39 Rdn. 18; Römer/Langheid/ Römer, Versicherungsvertragsgesetz – Mit Pflichtversicherungsgesetz(PflVG) und Kraftfahrzeug- Pflichtversicherungsverordnung (KfzPflVV), § 39 Rdn. 10.

34 OLG Oldenburg 8. 3. 2000-2 U 304/99, OLGR 2000, 142.

35 독일 민법 제130조(격지자에 대한 의사표시의 효력발생) (1) 타인에 대하여 행하여지는 의사표시를 격지자에게 하는 때에 그것이 상대방에게 도달하는 때에 효력이 발생한다. 의사표시는 효력이 발생하기 전이나 동시에 철회가 상대방에게 도달하는 때에는 의사표시는 효력이 발생하지 않는다. (2) 표의자가 의사표시를 발송한 후에 사망하거나 행위무능력이 되는 것은 의사표시의 효력에 대하여 영향을 미치지 아니한다.

36 BGH 3. 11. 1976-VIII ZR 140/75, BGHZ 67, 271 (275).

37 독일 보험계약법 제13조(주소와 성명의 변경) (1) 보험계약자가 자신의 주소변경을 알리지 않은 경우에 보험계약자에게 보내는 의사표시는 우편의 발송 후 3일째에 보험계약자에게 얀려진 보험계약자의 최종 주소로 송부된 등기우편으로 충분한다. 의사표시는 우편의 발송 후 3일째에 도달한 것으로 본다. 제1문과 제2문은 보험계약자가 자신의 영업부위 안에서 보험계약을 체결한 경우에는 영업소의 변경의 경우에도 동일하게 적용된다. (3) 제1항과 제2항은 의사표시에 대하여도 적용된다.

38 Rüffer/Halbach/Schimikowski/Karczewski, Versicherungsvertragsgesetz, Nomos, 2009, § 38 Rdn. 9. 등기를 송부하는 것이 단지 업무에 불과하기 때문에 실무상 등 조항은 카다란 의미를 갖는 것은 아니라고 지적한다.

다. 그러므로 부부 중의 한 사람에게 교부하는 것(따로 사는 경우에는 해당되지 않는다), 결혼하지 않았지만 동거생활을 하는 동거인 또는 보험계약자가 부모님과 함께 사는 경우 부모님 그리고 보험계약자의 동의를 받고 그를 위하여 우편을 수령하는 가정부에게 교부하는 것으로 충분하다.[39]

등기로 송부하는 경우에, 집배원에 의하여 남겨진 통지서는 등기의 도달을 대치시키지 못한다. 왜냐하면 보험계약자가 서면에 대하여 얻어야 하는 것이지, 단지 통지서만을 얻어야 하는 것은 아니기 때문이다.[40] 그러나 보험계약자가 통지서를 수령하였음에도 불구하고 예측 가능한 방법으로 수취하고자 하는 노력을 하지 않는다고 한다면, 신의 성실의 원칙에 따라 그 서면은 보험계약자에게 적시에 도달한 것으로 보아야 할 것이다. 각자의 상황에서 다른 효과를 발생할 수 있는데, 만약 보험계약자가 짧은 기간(1~2주 정도) 집을 비우는 상태라면 보험자의 통지가 그에게 도달할 것에 대한 예방조치를 취할 필요는 없다.[41] 그러나 장기간 집을 비우는 경우라면 보험계약자는 보험자의 서면을 예상하지 않으면 아니 되는 한, 예방조치가 필요하다고 보는 것이 일반적이다.

## 4. 증명문제

### 1) 원칙

최고장의 본질적인 문제는 보험계약자에게 최고장의 도달 여부에 있다. 실무상 주목해야 할 사항은 계속보험료의 미지급으로 인하여 보험자의 면책이나 해지권을 제기하는 경우에, 보험계약자는 최고장의 도달에 이의를 제기한다는 점이다. 임증의 용이함으로 인하여 등기의 이용가능성도 있지만, 보험자는 비용 때문에 등기를 통한 최고장 송부를 꺼려한다. 그러나 최고장의 도달에 대하여 상세히 설명하고 임증해야 할

39  Prölss/Martin/Knappmann, a.a.O., § 39 Rdn. 19.

40  BGH 3. 11. 1976-VIII ZR 140/75, BGHZ 67, 271 (275); BGH 18. 12. 1970-IV ZR 52/69, VersR 1971, 262.

41  OLG Köln 20. 6. 1991-5 U 183/90, r+s 1991, 290.

의무가 보험자에게 주어진다.[42] 단순한 송부는 도달를 입증을 입증하지 못한다는 점에서 문제

의 소지가 있다.

보험대리인에게 행위를 통보게 하는 경우에 보험계약자가 도달를 인증하는 경우가 가능하다. 하지만 세부적 사항에서 보험계약자와의 사이에서 의사표시의 내용에 관한 여 얽고 있는지 않다고 한다면, 보험자가 이전에 제정해놓은 사항에서 도달를 인증하고 자 하는 것은 주의를 요한다. 미리 제정해놓은 의사표시나 인증책임의 전환과 결합되 어 이미 보험약관에 담겨 있는 도달에 관한 규정은 독일 민법 제308조 제6호,[43] 제309조 제12호[44]와 합치될 수 없다고 보이야 한다. 마침내 보험자가 수령증을 동반한 등기를 느 등기를 통하여 매우 소중한 사항을 대방으로 송부하고자 하면서 도달의 보장을 얻 고자 하는 지는 역시 대항방식에 대한 입증의 함당한 위험을 부담하지 않으면 아니 된다.[46]

특별한 사항은 투입등기(Einwurfeinschreiben)에서 발생한다. 여기에는 수령증과 통지 서가 존재하지 않는다. 그러나 집배원에 의하여 어떠한 형식에서, 그리고 인제 배달이 이행되는가에 대하여 우선점으로 근무하고 있는 내부에 일력되게 된다. 서면이 실질 적으로 수령지의 권한범위 내에 도달된다고 한다면, 의관사 도달의 입증은 긍정될 수 있을 것이다.

---

42  OLG München 21. 4. 2004-7 U 5648/03, VersR 674; OLG Köln 23. 10. 2001-9 U 226/00, r+s 2001, 447; Römer/Langheid/Römer, a.a.O., § 39 Rdn. 21; Prölss/Martin/ Knappmann, a.a.O., § 39 Rdn. 14.

43  독일 민법 제308조는 평가를 유보인 금지조항을 담고 있다. 그리고 제6호에 도달의 의제를 규정하고 있는 데, "특별한 의미 있는 약관사용자의 의사표시가 상대방 당사자에게 도달 된 것으로 간주하는 조항"에 대하여 효력이 없는 것으로 하고 있다.

44  독일 민법 제309조는 평가기준을 없는 금지조항을 담고 있다. 제6호는 인증책임에 관하여 규정하고 있는데, 약관사용자가 입증책임을 상대방 당사자에게 불리하게 변경한 조항, 특히 약관사용자가 1) 상대방 당사자에게 자신의 책임영역 내에 있는 제반사정의 입증책임을 부과하는 사항 2) 상대방 당사자에게 특정한 사실이 진실임을 인정하도록 하는 경에 대하여 무효로 하고 있다. 그리고 1)은 개별적으로 서명 또는 전자서명을 인정받인에 대하여 적용되지 않도록 하고 있다.

45  So zutr. auch OLG Köln 7. 5. 2004-9 U 75/03, r+s 2004, 316.

46  LG Düsseldorf 24. 9 2004-20 S 82/04, r+s 2006, 13.

## 2) 세부적인 사항

수령증과 같은 사항으로 먼저 승부하고 나중에 보험자가 서면으로 승부한 죄고가 고려되는 경우, 입증책임이 판례에서 제기되었다.[47] 그러나 그러한 경우 입증책임이 보험계약자에게 전환되어 도달을 지체 없이 다투어야 하는 의무를 부담하지 않는다고 보는 것이 다수설이다.[48] 도달의 입증책임에 대하여 보험계약자가 부담해야 한다고 하는 것은, 별률이나 보험관계의 본질 그리고 신의 성실의 원칙에 의하여도 도출될 수 없다[49]고 할 것이다. 최고장 도달의 시점에 대하여는 보험자가 원칙적으로 입증책임을 부담한다.[50] 최고장의 도달의 확실하다면 이는 보험자가 알고 있는 내용을 담고 있다고 보는 일반적일 것이다.[51] 그런데 보험계약자가 알고 있는 사항과 서면에 있는 사항이 서로 다른 내용이 있거나 하자 있는 내용이 있다고 한다면, 그는 그 하자에 대한 사항을 설명하고 입증을 해야 할 것이다.

## 5. 지급지체 시 면책

### 1) 기본원칙

설정된 기간의 경과 후에 보험사고가 발생하고 보험계약자가 보험료나 이자 혹은 비용의 지급의 시점에서 지연되고 있는 경우, 보험자는 급부로부터 면제[52]이 된다(제2항). 그러나 지체에도 불구하고 보험사고의 발생 전에 보험계약자가 보험료를 지급하면, 보험자는 보험금지급의 책임을 부담해야 한다. 반면에 보험사고가 이미 발생한 경우에 보험계약자가 지급의무의 시점이 지급지체 중에 있었느냐의 여부는 매우 중요하

47 So auch OLG Köln 23. 10. 2001-9 U 226/00, r+s 2001, 447; OLG Köln 7. 5. 2004-9 U 75/03, r+s 2004, 316; LG Düsseldorf 24. 9. 2004-20 S 82/04, r+s 2006, 13.
48 Römer/Langheid/Römer, a.a.O., § 39 Rdn. 16; Prölss/Martin/Knappmann, a.a.O., § 39 Rdn. 16
49 하급심 판례로서 반대 입장으로는 LG Hamburg 27. 6. 1991-405 O 161/90, VersR 1992, 85.
50 OLG Koblenz 28. 7. 2000-10 U 192/99, r+s 2000, 441; Römer/Langheid/Römer, a.a.O., § 39 Rdn. 23.
51 Prölss/Martin/Knappmann, a.a.O., § 39 Rdn. 28.
52 보험자의 면책에 대하여는 Terbille, Versicherungsrecht, Münchner Anwalts Handbuch, 2. Aufl., 2008, S. 91.

다. 그러므로 보험료가 적시에 지급되었다는 점은 보험계약자가 입증을 해야 한다.[53]

핵심이 되는 것은 급부의 이행이 아니라, 급부행위가 적시에 이루어져야 한다는 것이다. 지체는 보험자가 최고하였던 보험료를 가지고 발생한다. 그리고 최고되지 않은 보험료의 지급지체는 고려대상이 될 수 없다.[54] 만약 보험료를 지급하거나 지급지체에 대하여 보험계약자에게 과실이 존재한다면 보험자는 책임을 면하거나 지실이 존재하지 않는다는 설명에 대한 의무와 입증에 대한 의무는 보험계약자가 부담한다(독일 민법 제286조 제4항).[55] 만약 보험자의 행위로 인하여 보험계약자가 보험료의 약속을 명확하게 알지 못하였지만, 그가 그 불확실함을 제거한 후 지급한 경우라면 과실이 존재하지 않는다.[56] 반면에 보험계약자 자신의 보험중개인이 이미 보험료 조과하여 지급했다고 보험계약자에게 고지한 경우, 보험자의 최고장에 대하여 명백히 이의를 제기한 것은 하자 없는 과실로 입증되지 않는다.[57]

보험계약자가 비교적 적은 액의 보험료를 지체하고 있는 경우 역시 보험자의 면책은 인정된다. 만약 보험계약자가 알면서 의도적으로 보험료를 완전하게 지급하지 않는 경우, 미지급이 매우 적은 금액이라는 것을 참작하여 형평성을 고려하고자 하는 여지는 발생하지 않는 것이다.[58] 다른 측면에서 그러한 상황은 보험자가 지급되는 보험료를 정확히 최고한 것으로부터 발생한다.

## 2) 면책의 예외

보험자의 면책에 대한 예외는 보험자가 법적 권리를 포기한 경우와 유예의 경우에 발생한다.

--------

53 Römer/Langheid/Römer, a.a.O., § 39 Rdn. 24.

54 OLG Köln 16. 9. 1992-5 W 29/92, r+s 1992, 398.

55 민법 제286조는 채무자의 지체에 대하여 규정하고 있다. 특히 4항에서는 "급부의 이행이 채무자가 책임있는 사유로 인하여 중단된 경우, 보험계약자는 지체에 빠지지 않는다"고 규정하고 있다.

56 Prölss/Martin/Knappmann, a.a.O., § 39 Rdn. 26.

57 LG Berlin 8. 7. 2003-7 O 319/00, r+s 2005, 95.

58 BGH 9. 3. 1988-IVa ZR 225/86, VersR 1988, 484; OLG Düsseldorf 3. 12. 2005-14 U 3/03, zfs 2006, 523 (Zahlung nur einer von zwei ausstehenden Raten über jeweils 32,20 DM); Prölss/Martin/Knappmann, a.a.O., § 39 Rdn. 19.

보험자가 제2항과 제3항에서 그에게 인정된 법적 범적 효과를 포기한 경우에는, 보험자의 면책과 계약에 대한 보험자의 해지권은 발생하지 않는다.[59] 그러나 보험자가 보험사고 발생 후 이의제기 없이 보험료를 수령한 경우에는, 면책에도 불구하고 그는 보험료에 대한 청구권을 가지고 있기 때문에 그러한 포기는 인정될 수 없다.[60] 또한 지급되지 않아 최고를 받았거나 최고된 다수의 보험료 가운데 한 보험료가 보험자에 의하여 수령된 경우에는 포기에 해당하지 않는다. 그러나 만약 보험자가 보험기간 중에 원칙에 맞게 계속보험료를 수령하면서 1년이 경과한 계속보험료라는 이유로 하여 면책을 주장하는 것은 신의 성실의 원칙에 위반하는 사례로 볼 수 있다. 또한 유보된 최초보험료에도 불구하고 계속보험료를 보험계약자에게는 지급하기 때문에, 보험자는 보험계약자가 급부의무를 인식할 수 있도록 명확히 설명해주어야 할 의무가 있다.

보험자의 면책에 대한 예외로써 유예가 제시된다. 보험자가 계속보험료의 유예에 대하여 이미 설명한 경우에는 여러 가지 측면을 고려해보아야 한다. 우선 그 유예가 보험사고 발생 전이나 후에도 보장되느냐에 대한 구분이 이루어져야 한다. 또 다른 측면에서 실질적으로 유예합의가 이루어졌지만 이에 대하여 당사자가 행위를 하지 않았던 점에 대하여 항상 명확히 확인되어야 한다.[61] 만약 유예의 합의가 이미 보험사고 발생 전에 이루어졌다면, 그 설정된 지급기간은 유예기간을 경과할 때까지 연장된다. 반면에 그 유예가 보험사고 발생 후에 이루어진 것이라면, 그 유예는 지급기간을 원칙적으로 관련시키지 못한다. 보험자의 급부의무는 미지급된 보험료의 보상이 이루어진 경우에 바로 그 시기(ex nunc)부터 발생하게 된다. 그러나 이러한 사례에서 보험자는 과거에 발생하였던 급부의무를 알려주어야 할 의무를 부담해야만 한다.

59  Hierzu im Einzelheiten Prölss/Martin/Knappmann, a.a.O., § 39 Rdn. 35; Römer/Langheid/ Römer, a.a.O., § 39 Rdn. 17.
60  BGH 24. 1. 1963-II ZR 89/61, VersR 1963, 376.
61  이에 대하여 문제점을 지적한 것으로는 Prölss/Martin/Knappmann, a.a.O., § 39 Rdn. 37~41.

## 6. 계약의 해지

### 1) 해지의 의사표시

최고장과 관련하여 기간경과의 또 다른 법적 효과로써 보험자에 대하여, 보험계약자가 이행해야 할 보험료의 지급을 지체하고 있다고 하면 기간제한 없이 해지가 발생하게 된다(제3항 제1문). 또 다른 측면에서 지급기간의 지정과 결합되어 발생할 수 있고, 그 결과 보험계약자가 지급시점에 지체권의 지정과 결합되어 발과 함께 해지자가 두 번째에 연급된 종류와 방법에서 우선하고자 한다면, 그는 보험계약의 해지를 행사할 시 그러한 사항을 명백히 언급하여야 한다(제3항 제2문). 실무에서 종종 발생하는 바와 같이 해지권의 효력이 발생하게 된다(제3항 제2문). 실무에서 종종 발생하는 바와 같이 해지권의 최고장과 결합되어 있지 않지만, 그 해지권이 명백하게 언급되어야 한다. 그러므로 단순하게 해지의 고지만으로는 충분한 것이 될 수 있다.[62] 그러므로 해지권에 대한 시간적 제한에 대하여는 보험계약법이 규정하고 있지 않다. 그러므로 그 제한은 신의성실의 원칙을 가지고 판단하게 된다. 보험자가 적절한 시간보다도 더 장시간 주저하였다면, 이주 극단적인 사례에서는 해지권의 실효를 야기하게 된다. 그러나 이것이 적용되기 위해서는, 현저한 시간이 경과되어야 하고 보험계약자는 보험자의 또 다른 행위를 통한 조건 속에서 정당하게 해지권자속을 의도하고 있어야 한다. 그러나 이러한 사항과 관계없이 해지권은, 그것이 효력이 있다고 하더라도 보험계약법 제39조 제1항에 따라 해지권에 대한 적정한 속려기간에 상응한는 시점까지만 보험료가 보험자에게 발생하게 된다. 타당한 근거 없이 권리남용에해지권의 계속적인 지멸을 통하여 보험자가 보험계약법 제39조[63]에 따라 발생하는 할

62  OLG Köln 19. 3. 1992=5 U 134/91, r+s 1992, 151 (.. werden wir kündigen).
63  독일 보험계약법 제39조(기한 도래 전의 보험종료, (1) 보험관계가 보험기간이 경과하기 전에 종료하는 경우에 보험상의 보호가 존재하는 기간에 상응하는 보험료가 보험자에게 귀속한다. 보험관계가 제19조 제2항에 근거하여 해제가 되거나 악의에 의한 사기를 이유로 취소를 한 경우 종료일에 보험자에게 해제의 의사표시나 취소의 의사표시가 효력이 있을 시점까지 보험료가 귀속한다. 보험자가 제37조 제1항에 따라 해제한다면 보험관계의 종료 이후에 해당하는 운영비를 요구할 수 있다. (2) 제16조에 따라 보험관계가 종료하는 경우에는 보험계약자는 보험료의 종료 이후에 해당하는 보험료에서 이 기간에 적용된 비용을 공제한 나머지 반환을 청구할 수 있다.

당된 보험료의 청구를 증액하는 것은 허용될 수 없다.[64]

## 2) 해지권 효력의 상실

보험계약자가 해지권 행사 한 달 이내에 혹은 해지권이 기간경과와 결합되어 있는 경우, 기간경과 후 한 달 이내에 보험계약자가 보험료를 지급하게 되면 해지권은 효력을 발생하지 않는다(제3항 제3문). 동 규정은 이미 보험사고가 발생 한 경우에, 보험계약자가 보험료의 지급을 통하여 보험자의 해지권을 여전히 저지할 수 있다는 점에서, 개정 전 제39조 제3항 제3문에 대한 본질적인 개정내용을 담고 있다.[65] 그럼에도 불구하고 제3항 제3문은 제2항의 영향을 받지 않는다고 규정함으로써, 보험사고가 기한의 경과 후에 발생하고 그때 보험계약자가 제반비용을 지체하고 있다고 한다면, 보험자는 여전히 보험금에 대한 면제가 허용된다. 새로운 규정으로 말미암아 보험료의 추후지급을 통하여 자격 있는 보험계약자가 혹수나 분리된 위험검토로 인하여 자격 있는 이익을 향후 향유하게 되는 보험관계를 지속할 가능성이 보험계약자에게 계속 존재하게 된다.

## IV. 비교법적 고찰을 통한 실효약관의 인정 여부

## 1. 전원합의체 판결에 대한 비판가능성

독일 보험계약법 제38조를 고정함으로써, 우리와 비교법상 논의의 가치를 발견할 수 있는 영역은 실효약관의 인정 여부에 있다. 앞에서 제시한 바와 같이 대법원은 전원합의체 판결[66]로써 실효약관에 대하여 무효의 판단을 하였다. 그러나 실효약관을 인

---

64  Vgl. auch schon zum früheren Recht bei § 40: OLG Düsseldorf 20. 2. 2001-4 U 107/00, VersR 2002, 217; OLG Loblenz 29. 9. 2000-10 U 193/99, VersR 2002, 699; aA Funck, VersR 2008, 163, der eine Obliegenheit der VR zum Ausspruch einer Kündigung verneint.

65  Begr. RegE, BT-Drucks. 16/3945, S. 71.

66  대법원 1995. 11. 16. 선고 94다56852 판결.

정한 고지하는 입장[67]은 다음과 같은 이유를 제시하면서 대법원의 판결에 대하여 비판한다.[68]

첫째, 실효약관이 보험자가 상법 제650조 제2항에 따라 최고와 해지의 절차를 밟는 경우에 부여되는 기간보다 훨씬 장기간의 유예기간을 부여하고 있다고 한다면, 상법 제650조 제2항보다 실효약관은 더 불이익한 것이라고 볼 수 없다고 한다.

둘째, 유예기간이 종료하고도 한참 지난 후에 보험사고가 발생한 경우, 보험자가 최고의 절차를 밟지 않았다고 해서 그 보험사고가 발생할 때까지 보험료를 지급하지 않은 보험계약자에게 보험금을 지급해야 함은 보험사고가 지급기일에 성립히 지급해야 한은 보험료를 지급기일에 성립히 지급한 다른 보험계약자와의 관계에서 공평한 것이 아니라는 것이다.

셋째, 보험자가 보험료 지급기일이 도래하기 전에 지급기일이 연체라는 뜻과 그 지급기일로부터 일정 유예기간이 경과할 때까지 보험료를 지급하지 아니하면 계약이 실효된다는 뜻을 통지함으로써 보험계약자가 보호를 충분히 이루어질 수 있다는 것이다. 그러므로 보험계약자 보호를 위해 지급기일이 도래한 후에 다시 보험료를 최고해야 할 이유가 없다는 것이다.

## 2. 최초보험료와 계속보험료 지급지체 시 절차상의 차이

변경된 대법원 판례에 의하여 상법 제650조 제2항의 절차를 거치지 아니하고 보험자가 보험계약을 해지하거나 실효됨을 규정하는 상법 제650조와 제663조를 위반하게 되어 인정하기 어렵다는 점은 명약관화하다. 우리 상법 제650조 제1항은 보험계약자가 계약 성립 후 지체 없이 제1회 보험료를 지급하지 아니한 경우에, 다른 약정이 없는 한 계약 성립 후 2월이 경과하면 그 계약은 해제된 것으로 보고 있

----

67 장경환·권기범, "상법 제650조 제2항과 실효약관", 법학, 제40권 1호, 1999. 5, 121면 이하.

68 장경환, "상법 제4편(보험) 제2장(통칙)의 주요 개정내용", 창간호, 2007. 8, 34면 이하. 상법 36면에서 개정(안)으로써 우리 상법 제650조 제2항 단서에 "다만, 지급기일로부터 2주 되도 무효의 것이라고 볼 수 있다"고 "실효약관은 심효된다는 뜻을 지급기일 전에 보험계약자에게 통지하는 것으로 약정할 최고 없이 계약이 심효된다는 뜻을 하고 있다. 수 있다"는 제약을 하고 있다.

다. 이와 같이 최초보험료에 대해서는 보험자의 책임개시와 관련하여 붙인한 법률관계를 명확히 하고자 하는 입법자의 의도가 담겨 있다. 그러나 계속보험료를 지체하는 경우에는 최초보험료의 경우와 달리 계약당사자가 중대한 이해관계를 가지고 있기 때문에 최고와 해지의 의사표시를 하도록 구성하고 있다는 지적은 의미가 있다.

독일 보험계약법 역시 최초보험료의 지급지체와 계속보험료의 지급지체에 대하여 구분하여 입법하고 있다.[69] 보험계약법 제37조는 최초보험료의 지급지체를 구성하면서, 전부 또는 최초보험료를 제때에 지급하지 않은 경우에는 보험자가 그 계약을 해제할 수 있도록 하고 있다(제1항). 그리고 보험사고의 발생 시 전부보험료나 최초보험료가 지급되지 않은 경우, 보험자는 급부책임을 지지 아니하게 된다(제2항 제1문). 한편 보험자는 보험계약자에게 텍스트 형식으로 특별한 통지나 보험증권란에 눈에 띄는 지점을 통하여 보험료를 지급하지 않음에 대한 효과를 연할 수 없도록 하고 있다. 그러나 독일 약 그것을 이행하지 아니한 경우에는 책임을 연할 수 없도록 하고 있다(제2항 제2문). 만 보험계약법은 제38조에서 계속보험료의 지급지체에 대한 법적 효과를 규정하고 있어서, 최초보험료의 지급지체를 정하고 있는 보험계약법 제37조와 다른 절차를 요구하고 있다는 점[70]을 잊어서는 아니 된다. 보험계약자가 적시에 계속보험료를 납입하지 않을 경우 보험자는 반드시 보험계약자에게 최고를 하되, 그의 비용으로 적어도 2주간의 기간을 정하여 지급을 할 수 있도록 하고 있다.[71]

## 3. 실효약관의 불인정

독일 보험계약법상 보험자는 보험계약자에게 독일 민법 제126b조[72]에서 정하고 있는 텍스트 형식으로 기간을 설정할 수 있도록 하고 있다. 최고의 송부에 대하여 입증

69  Niederleithinger, *Das neue VVG*, Nomos, 2007, S. 40 f.
70  Looschelders/Pohlmann/Stagl, *VVG*, Carl Heymanns Verlag, 2010, Rdn. 4 ff.
71  Deutsch, *Das neue Versicherungsvertragsrecht*, VVE 2008, S. 137.
72  독일 민법 제126조(텍스트 방식) 법률에 의하여 텍스트 방식이 정하여진 경우에는 의사표시는 서면으로 또는 텍스트 방식에의 지속적 재생에 적합한 다른 방법으로 행하여져야 하고, 표의자가 표시되어야 하며 또한 의사표시의 종결이 이름의 모사(Nachbildung) 또는 다른 방법으로 인식될 수 있어야 한다.

을 보험자가 부담하기 때문에 서면을 이용하게 되는데, 이 최고장의 미지급 금액·이자·비용이 세부적으로 명훈에 따라 작성되어 있어야 하며 기간과과 결합된 법적효과가 남겨 있어야만 한다. 독일 보험계약법 역시 제속보험료의 경우에 최고장에서 정한 기간이 경과한 후에 보험사고가 발생하고 보험계약자가 보험료, 이자 및 비용을 납입하지 않는다면 면책이 된다는 것을 알 수 있다.

우리나라에서 제속보험료와 관련하여 중요하게 논의되고 있는 문제가 바로 실효약 관이다. 그러나 독일의 보험계약법을 살펴보면, 보험계약자에서 보험료를 분할하여 지급하기로 하는 경우에 제2회 이후의 제속보험료의 지급기일로부터 일정한 유예기간을 두고 그 기간 안에 보험료를 지급하지 아니하면 보험계약의 효력을 상실하게 된다고 하는 실효약관은 인정되기 어렵다. 왜냐하면 독일 보험계약자가 면책이 되기 위한 일정한 기간을 정하는 최고장을 발송하는 지급지체로 인하여 우리의 보험료를 상실하게 되면 바와 같이, 제속보험료의 지급지체를 인정하는 것이 타당한가에 유사하게 규정되어 있음에도 불구하고 우리나라에서 실효약관을 인정하는 것이 타당한가에 대하여는 의문이 있을 뿐만 아니라, 실효약관의 보호가 보다 소홀해 진다는 비판을 면하기 어려울 것이다. 독일과 우리의 보험료에 대한 전문지식이나 경제력에서 약자인 보 험계약자의 보호가 보다 소홀해 진다는 비판을 면하기 어려울 것이다.

## 4. 해지예고부통지의 허용

우리 실정법상 보험자는 보험계약자가 제속보험료를 지체한 경우 반드시 일정한 기 간을 정하여 최고를 하고 그 기간 내에 보험료를 지급하지 아니한 경우에야 비로소 제약을 해지할 수 있다. 이 경우 최고와 동시에 실효의 예고를 하는 것에 대한 인정 여부가 다투어질 수 있다. 그러나 보험자는 보험료지급에 대한 최고에서 지정된 기일 안에 보험료의 지급이 없으면 보험계약은 당연히 해지된 것으로 본다는 이른바 해지 예고부통지[73]를 허용하는 것이 타당하다고 본다. 독일 보험계약법 역시 이점을 인정하고 있다.[74] 보험자는 그 최고 기간 안에 보험료의 지급이 없으면 그 후에 보험사고가 발생하였다고 하더라도 보험계약을 해지하고 보험금의 지급을 거절할 수 있게 된다. 아무튼 계속보험료의 지급을 지체하고 있는 경우에 보험자가 보험계약을 해지하고자 한다면, 실정법의 해석상 최소한 한 번의 최고통지는 불가결한 것이다.

## V. 결 론

보험계약은 보험계약의 당사자인 보험자와 보험계약자에 의하여 체결된다. 그리고 보험료의 지급과 동시에 보험자의 책임이 개시된다. 이 점 양국은 동일하다. 뿐만 아니라 보험계약자가 지급하는 최초보험료와 계속보험료의 지급지체에 경우에 있어서도 양국의 입법자는 상호 유사하게 규정하고 있음을 알 수 있다. 특히 계속보험료의 지급을 지체하는 경우에는, 독일의 보험계약법이나 우리 상법 보험편은 반드시 보험자가 최고를 하지 않으면 아니 된다. 반면에 우리나라에서 인정하고자 하는 실효약관은 최고를 배제하고 일정한 기간만 지나면 보험계약이 실효되는 결과를 가져오기 때문에 보험계약자가 붙이어하게 되다는 비판을 면하기 어렵다. 여러 부문에서 개정하였던 독일 보험계약법이 계속보험료의 지급지체를 구정하고 있는 내용을 크게 수정하지 않은 점은 계속보험료의 경우에, 보험자의 보험계약자에 대한 최고가 반드시 필요하다는 점을 인식하고 있는 것이다.

74 de Gruyter & Co, 1954, § 39 Rdn. 40.
실제로 우리나라 생명보험표준약관과 장기손해보험표준약관 제12조가 해지예고부통지를 반영하고 있다.

# 제16장

# 보험자의 보험금지급채무와 그 이행기

## I. 서론

계약당사자인 보험계약자와 보험자 사이의 권리와 의무에 대한 내용에 대하여는 우리는 상법 보험편에 규정하고 있다. 보험계약은 유상·낙성계약을 특징을 가지고 있고, 보험계약자의 보험료지급의무는 보험사고를 전제로 하여 보험자의 보험금을 수령하는 것에 대한 반대급부로 지급한다. 일반적으로 채권자의 권리는 채무자가 채무내용에 좇아 그 내용의 실현을 통해 채무를 이행하고 그 이행을 통하여 채권이 소멸하게 된다. 일반계약상 채무의 이행기에 관하여는 민법 제387조가 규정하고 있다. 반면에 일반계약과 다른 특수계약인 보험계약에 대하여는 상법 보험편 제658조에서 규정하고 있다.

민법상의 계약과 보험자의 보험금에 대한 이행기에 대하여 상법에서 규정하고 있는 의미를 고찰하고 그것에 대한 평가를 하고자 한다. 비교법적인 측면에서 일본의 보험법과 독일의 보험계약법을 고찰한다.

# II. 보험자의 보험금지급채무

## 1. 보험금의 지급의무

보험자가 부담하는 다양한 의무 가운데, 가장 중요한 의무가 바로 보험금의 지급의무라고 할 수 있다. 즉 보험자와 보험계약자 사이에 보험계약이 체결되면 보험계약자의 보험료지급에 대한 반대급부로써, 보험자는 보험사고의 발생 시 보험금을 지급해야만 한다. 그 점에 대하여 상법은 제638조에서 명확히 규정하고 있다.

## 2. 보험금지급에 대한 발생요건

### 1) 보험기간 내 보험사고 발생

상법 제638조에 따르면, 보험자는 보험기간 내에 보험사고가 생긴 때에 피보험자 또는 보험수익자에게 보험금을 지급해야 한다. 보험자가 보험금에 대한 지급책임이 발생하기 위한 전제요건으로서 보험사고가 보험기간 안에 발생하여야 하는 것이다. 그러므로 보험사고가 보험기간에 발생하고 손해가 보험기간 이후에 나타난 것이라 할지라도 보험자의 보험금지급의무는 배제될 수 없다.[1]

## 2) 최초보험료의 지급

상법 제656조는 보험료의 지급과 보험자의 책임개시에 대하여 규정하고 있다. 동 규정에 따르면, 다른 약정이 없는 한 보험계약자가 최초보험료를 지급한 때부터 보험자의 책임이 개시된다. 그러므로 보험계약자의 최초보험료를 지급하지 않으면, 보험자는 보험금에 대한 지급의무를 부담하지 않게 된다.

1  이기수·최병규·김인현, 보험·해상법(상법강의 IV), 제9판, 박영사, 2015, 136면.

## 3) 승낙의제에 따른 보험자의 부책

### (1) 일반적인 제약과 상거래에 있어서 제약

계약이란 함은 청약과 승낙이라고 하는 의사표시의 합의가 있어야 성립하게 된다. 그러므로 청약자의 청약에 대하여 상대방의 통지의무가 없을 뿐만 아니라 일정한 기간 내에 승낙을 하지 않으면 그 청약은 효력이 상실하는 것이 일반적이다(민법 제529조) 또한 상거래에서도 상시 거래관계가 있는 상인 사이가 아니라면 이는 민법과 동일하게 적용된다(상법 제52조). 다만 상시 거래관계에 있는 상인 사이의 관계에서는 청약에 대한 낙부통지가 지체 없이 이루어져야 하고, 이를 해태한 때에는 승낙을 의제한 것으로 보고 있다(상법 제53조).

### (2) 보험계약의 경우

상법 제638조의2 제1항에 따르면, 보험계약자로부터 보험계약의 청약과 함께 보험료 상당액의 전부 또는 일부를 지급받은 때로부터 다른 약정이 없으면 30일 내에 보험자는 낙부의 통지를 하도록 규정하고 있다. 그리고 보험자가 낙부통지를 해태한 경우에는 제2항에 따라 보험자는 승낙을 한 것으로 인정된다. 그리므로 보험자의 청약에 대한 승낙 전에 보험사고가 발생한 경우라도, 일정한 요건하에서 보험자는 보험금의 지급책무를 부담해야 하는 상황이 발생하게 된다.[2]

## 3. 보험자의 보험금지급에 대한 면책

### 1) 발생면책사유

상법 제659조는 보험계약자, 피보험자나 보험수익자의 고의 또는 중과실로 인하여 보험사고가 발생한 경우에는 보험자의 보험금지급에 대한 책임을 면한게 된다.[3] 상법

---

2 독일 보험계약약관 제49조 내지 제52조에는 잠정적 보상을 규정하고 있는데, 이는 우리의 승낙의제와 승낙전 사고담보와 비교법적 관점에서 검토할 가치가 있다.

3 이에 대한 비판적 입장으로는 최병규, "중과실비례보상제도 도입가능성에 관한 연구", 일감법학, 제14호,

제659조는 모든 영역의 보험에 적용되는 것이 일반적이지만, 생명보험의 영역에는 특칙이 규정되어 있다(상법 제732의2조). 그러므로 생명보험의 영역에서는, 보험계약자 등의 고의에 대하여는 면책되지만 중과실에 대하여는 보험자의 책임을 면하고 있지 않다.

상법은 보험사고가 전쟁 기타의 변란으로 생긴 경우에는 당사자 사이에 다른 약정이 없는 한 보험금지급책임이 보험자에게 없음을 규정하고 있다(제660조). 이러한 상황에서 보험자의 면책을 인정하고 있는 이유는 전쟁 기타의 변란이 위험산정의 기초가 되는 통상의 사고가 아닐뿐더러 통상의 보험료로서는 그 위험을 인수할 수 없다는 점에 있다. 그 외에도 보험목적의 성질에 의한 손해의 경우에 면책될 수 있다. 약정한 보험사고가 아니라 보험의 목적의 성질, 하자 또는 자연소모로 인하여 발생하는 손해의 경우, 보험자는 책임을 부담하지 않게 된다(우리 상법 제678조).

## 2) 약정면책사유

### (1) 상대적 강행규정

일반적으로 보험자는 법정면책사유 이외에 기타의 면책사유를 보통보험약관에 규정하게 되는데, 이를 면책약관이라 한다. 그러나 법정면책사유와 달리 약관에서 정하고 있는 면책약관은 보험계약자 등을 불이익하게 변경하지 못하도록 하고 있는 상법 제663조와 충돌할 가능성이 상존하고 있다.[4] 상법 제663조는 보험편의 규정을 당사자의 특약에 의하여 보험계약자 등에게 불리하게 변경하지 못하도록 보험계약의 자 등을 보호하기 위한 목적을 가지고 있다. 상법 제663조 단서가 말하고 있는 바와 같이 재보험이나 해상보험 기타 이와 유사한 보험의 경우에는 상대적 강행규정성이 인정되지 않고 사적자치를 인정하고 있는 반면에, 화재보험이나 생명보험 등 가계보

2008년 하반기, 163면 이하; 김은경, "중과실비례보상제도에 관한 소고", 보험법연구, 제2권 제2호, 2008, 76면 이하.

4 대법원 1980. 11. 25. 선고 80다1109 판결에서, "상해보험약관에 '외과적 수술 기타의 의료처치의 경우에는 보험금지급의 책임을 지지 아니한다'는 특약은 상법 제663조에 위반하지 아니한다"고 판시하고 있다.

협의 경우에 대하여는 보험계약자 등을 불이익하게 약관에서 변경한 경우에는 그 약관은 효력이 발생하지 않게 되는 것이다.

## (2) 대표자책임

보험자의 면책과 관련하여 제기되는 문제가 대표자책임(Repräsentantenhaftung)에 대한 사항이다. 2010년 개정된 화재보험약관 표준약관 제8조 제2호에서 면책사유로써 규정하고 있었던 '피보험자에게 보험금을 받기 위하여 피보험자와 세대를 같이하는 친족이나 고용인이 고의로 일으킨 손해'에 대한 약역을 삭제하고 있다. 계약당사자가 아닌 제3자의 행위에 대하여 면책사유로 정하는 것은 자기책임의 원칙에 반한다는 점과 상법 제663조에서 정하고 있는 불이익변경금지의 원칙에 반할 수 있다는 점을 삭제의 원인으로 제시된다.[5]

그러나 보험계약자 등의 고의 또는 중과실로 보험사고를 야기한 때 보험자의 면책을 규정하고 있는 우리 상법 제659조를 해석함에 있어 단지 보험계약자, 피보험자 또는 보험수익자만을 적용대상으로 삼지 말고, 보험계약자 등과 사실상 밀접한 관계를 형성하고 있는 자가 유발시키기는 보험사고에 대하여도 적용한 점을 반한다는 주장은[6] 위험단체의 이익에 대한 부담한 침해를 방지하는 효과를 거둘 수 있다는 점에서 타당성이 있다고 사료된다. 독일 대법원과 학설 역시 조심스러우면서도 지속적으로 '일정한 관계에 있는 제3자'에 대하여 대법원과 대표자로 지정하고, 그의 행위에 대하여 제약당사자에게 귀속시키는 책임관계를 인정하고 있다.[7]

5　이준근, "보험계약법상 Obliegenheit", 부산대학교대학원법학박사학위논문, 1996, 150면 이하.
6　개정약관과 관련하여 최재호, "화재·배상책임보험 표준약관에 관한 소고", (사)한국보험법학회 2010년도 하계학술발표회, 서울보증보험 3층 대강당, 2010. 5. 28, 12면 이하.
7　유주선, "독일 보험계약법상 대표자책임의 타당성과 우리의 수용가능성-대표자책임-", 보험법연구, 제2권 제1호, 2008, 43면 이하.

236

## III. 보험금지급채무의 이행기

## 1. 우리나라에서 실정법상 논의

### 1) 일반적인 채무자의 이행기

민법에서 채권이라 함은 채권자가 채무자에 대하여 일정한 급부를 청구하는 것을 내용으로 하는 권리를 말한다. 채권자의 청구에 응하여 채무자가 임의로 채무의 내용에 좇은 급부를 함으로써 채권은 정상적으로 실현된 것이 만족을 얻고 소멸하게 된다. 그리고 채무자가 채무의 내용에 좇아 채무내용을 실현하는 과정이 바로 채무의 이행이다.[8] 채무는 이행기에 이행되어야 한다. 채무가 이행기에 있고 또한 그 이행이 가능함에도 불구하고 채무자가 그에게 책임 있는 사유로 채무의 내용에 좇은 이행을 하지 않는 경우에 이행지체가 발생하게 된다.[9] 이행지체는 채권자의 채권에 대한 침해로 아기하게 된다.

민법 제387조는 이행기와 이행지체에 대하여 규정하고 있다. 채무이행의 확정한 기한이 있는 경우에는 채무자는 기한이 도래한 때로부터 지체책임이 있고, 채무이행의 불확정한 기한이 있는 경우에는 채무자는 기한이 도래함을 안 때로부터 지체책임이 있다(제1항). 또한 채무이행의 기한이 없는 경우에는 채무자는 이행청구를 받은 때로부터 지체책임이 있다(제2항).

### 2) 보험자의 이행기

보험기간 동안에 보험사고가 발생한 경우 보험자가 보험금을 지급해야 하는 대상은 피보험자와 보험수익자이다. 생명은 양자의 약정이 있으면 약정에 따라 보험자가 보험금을 지급하면 되고, 약정이 없는 한 보험사고에 대한 발생의 통지를 받은 후 지체 없이 보험자는 보험금액을 정해야 한다. 그리고 정해진 날부터 10일 이내에 피보험자

........
8    김형배, 채권총론, 제2판, 박영사, 1998, 150면.
9    이행지체에 대하여는 지원림, 민법강의, 홍문사, 2002, 871면 이하.

나. 보험수익자에게 보험금을 지급하지 않으면 아니 된다(제658조).

## 3) 개정(안) 제시

### (1) 문제점

보험금지급채무의 확정문제와 관련하여 우리나라에서 상법 제658조에 대한 개정을 해야 된다는 논의가 있었다.[10] 보험자가 보험금을 지급하기 위해서는 현 상법 제658조가 불명확하게 규정되어 있는바, 보험사고에 해당하는가에 대한 여부(손해보험, 인보험 모두), 순해액의 확정(손해보험에서) 등을 내용으로 하여 보험자의 지급채무의 이행기가 규정되어야 한다는 것이다. 또한 보험계약자 등의 책임 있는 사유에 따라 손해사정이나 사고조사가 방해되는 경우라든가, 보험사고에 대한 조사나 손해사정에 대한 보험계약자 등에게 요구되는 협조 등의 내용이 상법 제658조에 구비되어 있지 않아 문제점으로 지적되어있다.

### (2) 제안 내용

법무부 개정시안 제658조는 약정한 기간이 있는 경우에는 그 기간 내에 지급하여야 하고(제1항), 약정이 없는 경우에는 손해사정 또는 보험사고조사에 소요되는 통상의 기간 내에 지체 없이 지급할 보험금액을 정하고 보험금을 정한 날로부터 10일 이내에 지급하되(제2항, 본문), 그 통상의 기간은 손해사정 또는 보험사고조사가 보험계약자 또는 보험금청구권자의 책임 있는 사유에 의하여 방해되는 기간이 진행되지 아니하는 것으로 하였다(제2항 단서).

## 2. 우리나라 표준약관에 관한 논의

우리나라 표준약관에 대하여는, '생명보험표준약관'과 '장기손해보험표준약관' 두

가지로 나누어 설명할 수 있다.

## 1) 생명보험표준약관

생명보험표준약관 제29조를 보면, 보험금지급에 필요한 서류를 접수한 때에는 접수증을 교부하고 그 서류를 접수한 날로부터 3영업일 이내에 보험금을 지급하도록 하고 있고(제1항 본문), 회사가 보험금지급사유의 조사 및 확인이 필요한 때에는 접수 후 10영업일 이내에 지급하도록 되어 있다(단서). 보험금의 지급시기가 도래한 때에는 도래일 7일 이전에 그 사유와 회사가 지급하여야 할 금액을 계약자에게 알려주어야 하며(제2항), 보험금지급사유의 조사와 관련하여 보험금청구자 등은 의료기관 또는 국민건강보험공단, 경찰서 등 관공서에 대한 회사의 서면조사요청에 동의해야 하고, 만약 동의하지 않으면 사실확인이 끝날 때까지 보험금 지급지연에 따른 이자를 지급하지 않도록 하고 있었다(제3항).

그리고 회사는 보험금 지급사유의 조사 및 확인을 위하여 위 지급기일 이내에 보험금을 지급하지 못할 것으로 예상되는 경우에는 그 구체적인 사유, 지급예정일 및 보험금 가지급 제도에 대하여 보험금청구권자에게 통지하고 장해지급률의 판정 및 지급할 보험금의 결정과 관련하여 보험금지급이 지연되는 경우에는 보험수익자의 청구에 따라 회사가 추정하는 보험금을 우선적으로 가지급할 수 있다고 규정하고 있다(제3항).

## 2) 장기손해보험표준약관

장기손해보험표준약관 제33조는 신체손해에 관한 보험금은 서류접수일로부터 3영업일, 배상책임손해에 대한 보험금은 10영업일, 재산손해에 대한 보험금은 20영업일 이내에 지급하고, 이 지급기일의 초과가 명백히 예상되는 경우에는 그 구체적인 사유와 지급예정일을 피보험자나 보험수익자에게 서면으로 통지하며, 추가로 조사하는 경우에는 피보험자나 보험수익자의 청구에 따라 회사가 추정하는 보험금의 50% 상당액을 가지급 보험금으로 지급하고, 보험금이 지급유예기간에 지급되지 아니하였을 때에는 그다음 날로부터 지급일까지의 기간에 대하여 보험계약대출이율을 연 단위복리로 계산한 금액을 더하여 주되, 제약자 또는 보험수익자의 책임 있는 사유로 지연 되는 경우에는 그 해당기간에 대한 이자는 더하여 주지 아니한다고 규정하고 있었다.

## 3) 표준약관의 개정

2010년 금융감독원은 각종 보험약관에 대한 대대적인 개정을 하게 되었 다.[11] 자동차보험을 포함하여 생명보험약관과 장기손해보험표준약관을 2010년 1월 29일 개 정하게 되는데, 개정 전 생명보험표준약관 제29조의 규정을 단지 제30조로 변경되었고 개정 전과 후의 내용에 있어서는 큰 차이점이 발견되지 않고 있다. 한편 장기손해보험 표준약관은 그 명칭이 폐지되고 '질병·상해보험표준약관(손해보험 회사용)'으로 변경 되었다.[12] 개정 전에 배상책임손해와 재산손해에 대하여 보험금 지급 시 각각 10억원 을, 20억원으로 정하고 있는 사항을 '질병·상해보험표준약관(손해보험 회사용)'에서는 삭제하고 있는 모습을 보이고 있고, 그 내용에 있어서는 생명보험표준약관과 개 정 전과 큰 차이가 없는 것으로 판단된다.

## 3. 평가

일반계약과 마찬가지로 보험계약은 보험계약자의 청약과 승낙을 통하여 계약을 체 결하고 되고 그 계약에 대한 제약당사자가 권리와 의무가 발생하게 된다. 하지만 제무 의 이행기에 있어서 상법은 민법과 특별한 규칙을 규정하고 있다. 일반적인 계약 에서 채무확정의 기한이 있는 경우에는 기한이 도래한 때로부터 이행지체가 되고, 제무 이행의 불확정한 기한이 있는 경우에는 채무자가 기한이 안 때로부터 지체책임이 있 는 것으로 되지만(민법 제387조), 보험계약은 법적 위험공동체의 형성과 대수의 법칙

---

11 개정 질병·상해보험 표준약관, 생명보험 표준약관에 대하여는 (사)한 국보험법학회, 2010년 5월 28일 서울보증보험에서 하계학술발표회 자료집을 참고하기 바람.
12 장경환, "질병·상해보험 표준약관의 문제점", (사)한국보험법학회 2010년도 하계학술대회, 2010. 10. 2면 이하.

에 따라 보험료를 징수하고 보험사고 발생 시 보험금을 지급해야 하는 구조를 갖고 있기 때문에, 보험자의 보험금에 대한 지급채무에 대하여 민법과 달리 정하고 있는 것이다. 보험계약이 일반계약과 다른 특성들을 가지고 있다는 점을 고려할 때 상법 제658조를 인정하고자 하는 입법태도는 타당하다고 할 것이다.

그러나 일반계약에 대한 특칙을 구정하고 상법 제658조는, 보험사고의 발생 시 보험자가 일정한 조사를 하고 보험금을 지급해야 하는 측면과 신속하게 보험금을 지급받고자 하는 보험계약자의 측면을 고려함에 있어서 부족한 부분이 있다는 점을 부인할 수 없다. 그 결과 약정이 없는 경우 '손해사정 또는 보험사고조사에 소요되는 통상의 기간 내에 지체 없이 지급할 보험금액을 정하고'라는 문구를 삽입하고, 손해사정 또는 보험사고조사가 보험계약자 등의 책임 있는 사유로 발생한 경우에는 기간이 진행되지 않는다고 구정하고자 하는 개정(안)이 제시되었음에도 불구하고, 이에 대한 문제점을 계속 지적되고 있다.[13] 그러한 의미에서 우리와 유사한 법제를 가지고 있는 다른 국가들의 입법태도를 고찰하고, 비교법적인 검토를 통하여 시사점을 제시하는 것은 중요한 의미를 부여하게 될 것이다.

## IV. 지급채무의 이행기에 대한 비교법적 고찰

### 1. 일본

### 1) 민법의 규정

보험계약이을 구정하고 있는 일본의 경우, 일본 상법에서 보험금청구권의 행사에 대하여 특별한 구정을 두고 있지 않았다. 그렇기 때문에 보험사고가 발생하고 보험금을 지급해야 하는 상황이 발생하게 되면, '이행의 기한과 채무자의 이행지체'를 구정하고

---

13 김선정, "일본의 보험법개정과 시사점", 상사법연구, 제28권 제4호, 2010, 31면. 개정 내용 가운데 '지체 없이'가 구체적으로 무엇을 의미하는지 모호하다는 지적이 있다. 그리고 신속히 지급하라는 취지에서 마련된 '10일'이라는 기간설정이 보험금지급을 위한 조사에 응하지 아니하면서 민법을 제기하는 데 악용된다는 것이다.

있는 일본 민법 제412조[14]에 따라 문제를 해결할 수밖에 없는 상황이 있다. 그 결과 보험계약자가 보험사고 발생 후 보험금지급에 대한 청구를 하게 되는 보험자는 그 이행

의 청구를 받을 때부터 이행지체의 책임을 부담하게 되었다.

보험사고가 발생하면 보험금부를 확정하기 위한 조사기간이 요구되는 것이 일반적이다. 그러나 상법에 특별한 규정을 규정하지 않았던 일본은, 실무상 약관을 통하여 문제를 해결하게 되었다.[15]

## 2) 약관과의 문제점

생명보험약관의 경우 보험금지급에 필요한 사무도달일의 익일로부터 5영업일 이내, 손해보험약관은 보험계약자 또는 피보험자가 약관소정의 보험금지급청구를 마친 날로부터 그날을 포함하여 30일 이내에 지급하도록 되어 있었다. 그리고 그 기간 내에 필요한 조사를 마칠 수 없는 합리적인 사정이 있는 때에는 이를 마친 후 지체 없이 보험금을 지급하도록 하였다.

보험자의 보험금이행가의 권한하여 일본 최고재판소는 화재보험약관상 '30일 이내 지급조항은 보험금지급채무의 이행기를 정한 것이라고 보고, 만약 보험자가 그 기간 내에 필요한 조사를 마칠 수 없는 사정이 있다고 하더라도 그 기간이 경과되면 보험자는 보험금지급에 대한 지체책임을 부담한다고 판시하였었다.[16] 등 판결에 대한 비판이 제기되었고, 그 문제의 해결책으로써 보험법 제21조가 신설된 것이다.[17]

---

14 일본 민법 제412조(이행기와 이행지체) ① 채무의 이행에 대해 확정기한이 있는 경우에는 채무자는 그 기한이 도래한 때로부터 지체의 책임을 진다. ② 채무의 이행에 대해 불확정기한이 있는 경우에는 채무자는 그 기한이 도래한 것을 안 때로부터 지체의 책임을 진다. ③ 채무의 이행에 대해 기한을 정하지 않았을 때에는 채무자는 이행의 청구를 받은 때부터 지체의 책임을 진다.

15 김창기, "일본 보험법의 주요 개정내용", 손해보험 2009. 1, 32면 이하.

16 최고재판소 평성 9년 3월 25일 판결.

17 김선정, "일본 보험법개정에서의 보험금지급채무의 이행기와 지급지체", 보험학회지, 제85집, 2010. 04, 161면 이하.

## 3) 개정 후

일본 보험법의 입법자는 제21조에 '보험금부의 이행기'라고 하는 제무하에 민법 제

412조의 특직을 마련하였다.[18] 생명보험에서 보험금부를 이행할 기간을 정한 경우라

할지라도 보험금에 대한 면제되는 사유에 해당하기 위한 확인을 필요로 하는 경우,

상당한 기간의 경과로 납을 보험금부를 할 기한으로 하고(제1항), 보험금부를 정하지

아니한 때 보험자가 보험금부의 청구를 받은 후 청구에 관련한 보험사고의 확인을 위

해 필요한 기간을 경과하는 날까지 보험자의 지급지제가 발생하지 않으며(제2항), 보

험금부에 대한 지체책임을 부담하지 않음을 정하고 있다(제3항). 예를 들면 보험사고

의 확인을 위하여 보험자가 필요한 조사를 함에 있어 피보험자 또는 보험수익자가 정

당한 사유로 당해 조사를 방해하거나 이에 따르지 않은 경우가 이에 해당한다. 제1항

과 제2항을 보험법 제26조에서 상대적 강행규정으로 정하여 피보험자에게 불리한 것

은 효력이 발생하지 않는 것으로 하고 있다.

## 2. 독일

## 1) 보험계약법 제14조의 의미

독일 민법 제271조[19]는 "청구권의 발생 후에 의심스러운 경우 채권자는 해당되는 급

부를 즉시 요구할 수 있다"고 규정하고 있다. 독일 민법 제271조가 채권관계의 지급기

한에 대한 일반조항의 역할을 하고 있다면, 독일 보험계약법 제14조는 이익형량에 맞

춰 보험자의 보험금부의 지급기한에 대한 시기에 있어서 특별한 규정을 정하고 있다.

독일 민법의 규정과 달리, 보험법적인 특별사항을 고려하여 보험사고의 발생 후에 보

험자가 급부의무를 부담하기 위해서는 충분하게 보험사고에 대한 검토의 기회를 가질

수 있음을 규정하고 있는 것이다.[20]

18  김형기, "일본 보험법의 제정경위 및 주요 개정내용", 보험법연구, 제2권 2호, 2008. 12, 180면 이하.
19  김형기, "일본 보험법의 제정경위 및 주요 개정내용", 보험법연구, 제2권 2호, 2008. 12, 180면 이하.
20  Vgl. allgemeine zur Vorgängervorschrift Asmus, NVersZ 2000, 361.

## 2) 특칙 내용

보험자의 급부이행기를 규정하고 있는 독일 보험계약법 제14조를 보면, 보험자의 급부이행은 민법의 규정과 달리 보험자의 이행범위에 대한 확정을 위하여 필요한 조사가 종료되어야 한을 조건으로 하고 있다(제1항). 동조 동항에 따라, 보험자가 보험금을 지급하기 전에 보험사고에 대한 조사와 지급해야 될 보험금의 범위를 확정해야 할 기간을 갖게 된다.

독일 보험계약법은 보험금의 지급이 예상과 달리 늦어지지게 되면, 분할지급을 인정하고 있다. 즉 보험사고에 대한 조사가 보험계약자의 보험사고에 대한 통지를 교부한 후 1개월 안에 종료되지 않은 경우에, 보험계약자는 보험자에게 지급받을 보험금의 범위 내에서 분할지급에 대한 청구권을 행사할 수 있는 것이다(제2항 제1문). 보험계약자의 과실로 인하여 조사가 종료될 수 없는 경우, 보험계약자에 따르면 그 기간은 진행되지 않는다(제2항 제2문). 보험자의 보험금에 대한 지체가 발생하게 되면 지연이자를 부담해야 한다. 그러므로 보험자의 지연이자 지급의무가 면제된다는 합의를 통하여 보험계약자를 불이익하게 해서는 아니 된다(제3항).

## 3. 시사점

### 1) 약정의 유무

우리 상법 제658조는 당사자의 약정에 의한 약정기간의 유무에 따른 구별을 하고 있다. 약정이 있으면 당사자의 약정에 따른 보험금을 지급하게 된다. 그리고 개정 (안)에도 그러한 약정에 대한 사항은 계속적으로 유지되고 있다. 그러나 약정에 대한 유무를 굳이 상법에 규정해야 하는가에 대한 의문이 있다.

보험사고가 발생하면 보험자는 약정한 기약의 보험금에 대한 지급하게 된다. 그러나 발생한 사고가 보험금을 지급해야 하는 함당한 사항인가에 대한 조사나 얼마의 보험금을 지급해야 하는가에 대한 조사기간이 필요함에도 기간을 고려하지 아니하고 양 당사자가 미리 합의를 한다는 것은 무리가 있다. 일반적인 계약에서 말하는 채무이행과 달리, 보험금의 보험금의 지급이라고 하는 채무이행은 약정이 중요한 것이 아니라 보험자의 보험사고에 대한 조사와 이행범위의 확정에 필요한 조사가 매우 중요하다. 일본의 보험법이나 독일의 보험계약법이 현 상법이나 개정(안)에서 제시되고 있는 약정에 대한 유무를 고려하지 않고 있다는 점을 유념해야 할 필요가 있다.

## 2) 보험금지급에 대한 시기

현 우리 상법에서 '사고통지 후 지체 없이'라든가 개정(안)이 '손해사정 또는 보험사고 조사에 소요되는 통상의 기간 내에 지체 없이' 지급할 보험금을 정하고, 정한 날로부터 10일 이내에 보험금을 지급하도록 하고 있다. 하지만 보험제약의 권리와 의무를 규정하고 있는 일본이나 독일의 경우 그러한 내용을 담고 있지 않다. 일본의 경우, 이행기간을 정했다 할지라도 확인에 필요한 상당한 기간이 경과한 다음에야 급부기한이 된다. 독일 역시 보험자의 급부이행은 보험사고와 이행범위에 대상의 확정을 위한 조사가 종료한 다음에야 가능하도록 하고 있다. 비교법적으로 보건대, 우리 현 상법이나 개정(안)에서 제시되고 있는 보험자가 급부를 10일 이내에 이행하라고 하는 규정 대신에, 보험사고나 지급할 보험금의 확정에 대한 조사기간의 경과 후에 보험자가 급부를 이행하도록 하는 방법이 고려되어야 할 것이다.

## 3) 보험계약자의 과실로 인한 보험금지급채무의 지연

우리 상법 개정(안)에서, '손해사정 또는 보험사고조사가 보험계약자 또는 보험금청구권자의 책임 있는 사유에 의하여 방해되는 경우에는 기간이 진행되지 않는다'는 내용의 도입은 환영할 만한 사항이다. 독일은 보험계약자에서 보험계약자의 과실로 인하여 보험사고의 조사가 종료될 수 없는 경우에는 보험금에 대한 지급지체가 발생하지 않는다고 규정하고 있어, 우리의 개정방향과 일맥상통하고 있다. 반면 일본 보험법은 구체적으로 그러한 내용을 담고 있지는 않다. 단지 '보험자가 청구를 받은 후 청구에 관련한 보험사고의 확인을 위해 필요한 기간을 경과하는 경과하는 보험자의 지급지채가 발생하지 않는다'고 하는 내용에 대한 해석을 통하여 피보험자나 보험수익자가 조사를 방해하지 않도록 하고 있다. 결국 보험계약자의 과실부분에 대한 고려사항은 일본 보험법의 규정보다도 독일의 보험계약법이나 우리의 개정(안)이 보다 더 명확하게 규정하고 있고, 그러한 독일과 우리의 경우보다 더 보험자와 보험계약자의 이익에 대한 조화를 모색하고 있다고 할 것이다.

## 4) 상대적 강행규정

일본 보험법이나 독일 보험계약법은 '보험금부의 이행기'에 있어서 보험계약자를 불이익하게 해서는 아니 된다고 규정하고 있다. 일본은 보험법 제26조에 따르면, 보험계약자를 불이익하게 하는 것은 효력이 발생하지 않게 된다. 독일 보험계약법 역시 지연이지와 관련하여, 보험자의 보험금에 대한 지체가 발생하게 되면 지연이자를 부담해야 하는데, 보험자의 지연이자 지급의무가 면제된다는 합의를 통하여 보험계약자를 불이익하게 해서는 안 된다는 규정을 두고 있다. 안 범제레와 유사하게, 우리 상법 제663조가 보험편의 모든 규정에 대하여 보험계약자 등을 불이익하게 변경해서는 아니 된다는 규정하고 있기 때문에 큰 차이를 보이고 있지 않다.

## V. 결론

보험자의 채무이행기와 관련하여, 독일과 일본의 대륙법 국가들의 입법체계를 보면 민법에서 규정하고 있는 내용과는 달리 특별한 규정을 보험제에 관한 실정법에 규정하고 있는 것을 볼 수 있다. 상법 보험편에서 보험계약을 규정하고 있는 우리나라 역시 큰 차이가 없다.

보험사고가 발생하면 보험자에 대하여 보험금에 대한 청구권을 행사하게 된다. 그러나 보험자의 보험금 지급채무는 보험사고의 발생에 대한 통지를 받고 난 후 고지의무에 대한 위반 여부를 조사해야 하고, 보험자의 면책에 해당하느냐에 대한 판단 또는 보험계약의 종류에 따른 보험금액의 확정 등의 기간이 요구된다. 그 외에도 보험금의 지급은 보험사고에 대하여 전문가에 의한 손해사정 및 확정 그리고 보험사고를 조사하기 위하여 경찰서 등 관공서의 협력이 필요하기 때문에 일정한 시간이 필요하다는 점을 간과해서는 아니 될 것이다.

보험사고가 발생하면 가능한 한 보험자는 신속하게 보험금을 지급하여 보험계약자 등이 보험의 혜택을 받을 수 있도록 해야 할 것이다. 그러나 민법상의 지급채무의 이행과 달리 보험계약에서는 채무를 이행할 때, 보험금의 지급 여부나 금액범위를 조사하고 그 조사의 종료 후에 보험자가 급부를 이행해야 한다는 측면 역시 배제되어서는 아니 될 것이다.

# 제17장

# 보험계약에서 위험변경·증가
# 통지의무 및 위험유지의무

## I. 서론

보험계약은 일정한 기간 내에 발생하는 보험사고를 예정하고 사고 발생 시 보험금을 지급하는 계약에 해당한다. 운송보험이나 자동차보험과 같이 보험기간이 비교적 짧은 보험도 있지만 생명보험과 같은 보험은 일정한 기간 동안 계속하는 장기계약의 성격을 띠고 있다. 장기 보험계약을 포함한 보험의 경우 계약체결 후 체결 전의 위험과 달리 현저하게 변경 또는 증가된 위험이 존재할 수 있다. 보험기간 중에 변경된 위험의 경우에, 변경 전을 기준으로 한 보험계약을 유지하는 것은 타당하지 않을 것이다. 왜냐하면 보험료율과 산정의 기초가 된 위험상태가 현저하게 변경된 경우에는, 체결 전산정되었던 보험료율와 사고 시 지급되는 보험금이 상응해야 하는 수지상등의 원칙에 어긋날 수 있기 때문이다. 그러므로 보험계약 체결 후 사정이 변경되었다면 이를 다시 산정하고 또는 교정해야 할 필요성이 있다. 이러한 재산정은 보험단체를 적정하게 유지할 수 있도록 하여 주는 동시에 보험가입자를 보호할 수 있도록 한다.

보험자는 다수의 보험계약을 상대로 보험계약을 체결한다. 하나의 보험자가 다수의 보험계약자에 대한 정보를 수집하는 것은 그리 용이한 것이 아니다. 우리 보험법은 이러한 면을 고려하여 보험계약 체결 전이나 체결 후 보험계약자나 피보험자 또는 보험수익자가 보험자에게 협조를 해야 할 의무를 부과하고 있다. 이러한 의무는 보험계약에서 볼 수 있는 특유한 성질에 속한다.

## II. 보험계약에서 위험인수와 위험의 변동가능성

### 1. 위험의 인수와 보험계약자 등의 고지의무

일반적인 계약의 경우 계약당사자들은 계약을 체결함에 있어 그 자신이 계약으로 인하여 발생할 수 있는 장점과 단점을 조사하고 또 이에 대비하게 된다. 보험계약도 계약법의 적용을 받는 이상, 계약당사자들은 계약체결 전에 계약관계로부터 발생할 수 있는 유리함과 불리함에 대한 사항을 고려하고 또 수집하여야 할 것이다. 보험계약자는 보험자에 의하여 제공되는 다양한 보험 상품을 통하여 위험에 대한 경제적인 이익을 얻고자 자신의 유리한 방식과 내용을 가지고 계약관계에 들어서고자 할 것이고, 보험자는 보험계약을 체결하고자 하는 이들의 위험에 대한 정도를 조사하고 어떠한 조건으로 어떻게 급부를 제공할 것인가를 위하여 그들의 정보를 가지고 있어야 한다. 양 당사자가 계약체결을 위한 정보를 획득하기 위해서는 스스로 수집하는 것이 합당할 것이다. 그러나 보험계약은 일방의 보험자와 다수의 보험계약자에 의하여 체결된다는 점에서, 보험계약자로 하여금 자신의 정보를 보험자에게 제공해주도록 하는 의무를 부담하고 있다. 다른 계약과 달리, 보험계약의 경우에는 계약체결 전에 보험계약자나 피보험자가 일정한 사항을 보험자에게 알려야 할 필요성이 있는 것이다.

보험계약의 체결단계에서는 보험계약자나 피보험자는 보험자의 위험을 측정할 수 있는 기초가 되는 사항을 보험한다. 보험자가 스스로 다수의 보험계약자에 대한 정보수집이 불가능하다는 점을 고려하여, 우리 보험계약법은 보험계약자나 피보험자가 알아야 할 사항을 미리 알려주어야 하는 고지의무를 명시적으로 규정하고 있다.[1]

## 2. 보험기간 중 위험의 변동과 조정 필요성

### 1) 위험의 변동

보험계약의 경우 체약체결 당시에 측정된 위험의 변동이 생길 수 있다. 위험의 변동은 감소될 수도 있지만 증가될 수도 있다. 위험변경이나 증가의 개념은 보험기간 중에 발생한 것을 전제조건으로 한다. 보험계약체결 당시에는 예측되지 않았지만, 보험기간 중에 체결 당시의 위험이 변경될 경우가 발생한다. 위험의 변경은 보험기간 기초를 변경하는 것이다.[2] 보험계약의 체결 이후에 위험측정의 기초가 된 사정이 변경된 경우에는 보험자로 하여금 그러한 사정을 변경하게 하는 기초이거나 개시할 필요가 있다. 왜냐하면 위험의 변경은 보험자가 체결을 변경기간의 개시가 전 요의 기초를 저해하는 것이기 때문이다. 보험계약의 체결 기간 동안 개시까지 위험을 저해하는 것이기 때문이다. 보험자가 최초에 위험의 전제조건에 존재하였던 위험이 변경, 증가된 때에는 보험의 변동이 생긴 것이다. 여기서 위험의 변경은 보험계약 성립한 이후에 그 위험상태가 심체로 변경된 것을 한다. 보험계약 성립 전 위험상태에 해당한 것이지(상법 제651조), 위험의 변경 및 증가는 고지의무의 대상에 니라 하겠다.[3] 그런 측면에서 좋지 않은 위험상태가 계약 성립 전에 존재하였음을 보험계약체결 후 알게 된 경우에는, 위험의 증가에 해당하는 것은 아니지만, 그럼에도 불구하고 보험계약자나 피보험자는 그 사실을 보험자에게 통지해야 할 필요성이 제기된다.[4] 왜냐하면 계약상대방인 보험자는 이를 알지 못할 가능성이 매우 높기 때문이다.

<hr/>

1　김은경, 보험계약법, 보험연수원, 2016, 189면 이하. 유주선, "고지의무의 발생적 문제와 개선방안", 경기법조, 제20호, 2013, 758면 이하.

2　양석완, "보험계약에 있어서 위험의 변경·증가에 관한 법적 쟁점", 상사법연구, 제30권 제2호, 2011, 678면 이하.

3　양승규, 보험법, 제5판, 삼지원, 2004, 162면.

4　구 독일보험계약법 제29a조 참조. 이러한 사항은 개정 독일 보험계약법 제23조 제3항에서 유지되고 있다.

## 2) 계약관계의 조정기능성

보험계약에서 보험료와 보험자가 지급하는 보험금지급책임에 대한 대가로서 보험계약자가 지급하는 금액을 말한다. 보험계약자가 지급하는 보험료는 다수의 병적에 따라 보험사고의 발생에 관한 개연율에 따라 산출된다. 보험료의 산출은 통계적인 확률을 이용하여 각 보험계약자가 지급하는 보험료의 총액이 보험사고로 지급될 보험금의 총액과 균형을 유지하도록 하지 않으면 아니 된다. 보험계약체결 전 보험계약자의 고지를 통하여 획득된 정보를 가지고 보험자는 지급받을 보험금와 보험사고 발생 시 지급할 보험금을 산출한다. 보험은 다수의 병적에 의하여 위험단체 안에서 보험사고의 발생률에 따라 보험료총액과 보험금총액이 균형이 이루어지도록 설계되어 있다. 보험계약체결 후 보험기간 중 계약 전의 위험과 현저하게 변경 또는 증가된 위험이 존재할 수 있다. 보험기간 중에 위험상태가 변경된 경우에는 종래의 변경 전을 기준으로 한 보험계약에을 유지하는 것은 타당하지 않을 것이다.[5] 보험료산정의 기초가 된 위험상태가 현저하게 변경된 경우에는 보험계약에 영향을 미치게 되고 보험단체의 유지를 위태롭게 하며 궁극적으로는 보험가입자의 보호를 도모할 수 없는 상황에 직면할 수 있다.[6] 보험계약 체결 후 계약체결 당시의 상황과 달리 위험이 변경된 경우나 보험계약자의 등이 의도적으로 위험이 변경된 경우에, 보험자는 이러한 상황을 인식하고 대처를 해야 할 필요성이 있다.

## 3. 보험계약자 등의 의도적 위험증가·변경 금지

보험기간 중 위험이 변경은 보험계약자나 피보험자의 의지와 상관없이 발생할 수도 있지만, 보험계약자 등이 의도적으로 위험을 변동 또는 증가시킬 가능성도 있다. 보험기간 중 위험의 증가로 보험사고발생의 가능성이 높아지고 이에 따라 보험사고가 발생하면 보험금지급책임을 발생시킨다. 보험기간 중 보험계약자나 피보험자는 고의 또

5  이기수·최병규·김인현, 보험·해상법(상법강의 IV), 제9판, 박영사, 2015, 70면.
6  김선광·심영·유주선·천경훈·최병규, 상법요해, 피엔씨미디어, 2016, 246면 이하.

는 중대한 과실로 보험사고 발생의 위험을 현저하게 변경 또는 증가시켜서는 아니 된다. 보험계약자나 피보험자는 보험계약체결 시의 위험사항이 변하지 않을 것을 전제로 하는 이른바 위험변경·증가금지의무를 부담해야 한다.[7]

## III. 우리 보험계약법상 위험변경·증가 금지, 통지의무 및 위험유지의무

### 1. 위험변경·증가에 대한 통지의무

#### 1) 의미

우리 상법은 보험기간 중에 보험계약자 또는 피보험자가 사고발생의 위험이 현저하게 변경 또는 증가된 사실을 안 때에는 지체 없이 보험자에게 통지하도록 하고 있다(제652조 제1항). 이것은 보험계약자의 위험변경 및 증가의 통지의무라 한다. 입법자가 이러한 통지의무를 규정한 것은 무엇보다도 보험단체 전체의 이익과 위험을 인수한 보험자 보호에 그 목적이 있다.[8] 위험이란 보험사고발생의 가능성을 나타낸다. 보험계약에 있어서 위험의 현저한 변경이나 증가라 함은 그 정도의 위험을 계약체결 당시에 존재하였다고 하면 보험자가 계약을 체결하지 않았다든가 또는 적어도 동일한 조건으로는 그 계약을 체결하지 아니하였으리라고 생각되는 정도의 위험의 변경이나 증가를 말한다.[9] 이 통지의무의 부담주체는 보험계약자나 피보험자이다. 이들은 보험의 목적을 지배 및 관리하고 있어 자신의 주위환경에 대한 변화 등을 가장 잘 알 수 있는 지에 해당한다.

7 최한준, "위험증가규정의 적용범위", 보험학회지, 제52호, 1998, 177면 이하.
8 박세민, 보험법, 제4판, 박영사, 2017, 323면.
9 대법원 2000. 7. 4. 선고 98다62909, 62916 판결.

## 2) 성질

상법 제652조에 따른 보험계약자 등이 부담하는 통지의무의 법적 성질이 무엇인가에 대한 논의가 있다. 보험계약의 성립 후에 생기는 것이므로 순수한 채무(Pflicht)의 성질을 가지고 있다는 주장이 있지만, 위험변경·증가에 대한 통지의무는 보험기간 중에 발생하는 의무로서 그 의무를 계을리한 경우에 보험자의 계약해지에 의하여 보험보호를 받을 수 없는 간접의무(Obliegenheit)에 해당한다. 순수한 채무와 달리, 간접의무는 채권자에게 이행청구권·소권·집행가능성 및 의무의 위반으로 인한 손해배상청구권이 주어지지 않고, 채무자는 해당 의무를 이행했더라면 얻을 수 있는 이익을 얻지 못하는 결과를 초래한다.[10] 통지의무의 위반은 보험계약자가 단지 법률상 불이익이 보험자에 의하여 해지권행사가 가능할 수 있을 뿐이라는 점에서, 간접의무의 특징을 볼 수 있다.

## 3) 발생요건

위험변경이나 증가에 대한 보험계약자 등의 통지의무가 발생되기 위해서는 첫째, 위험의 변경 또는 증가가 보험기간 중에 발생해야 한다. 상법 제652조가 엄격하게 적용되기 위해서는 보험계약이 이미 성립하고 난 이후에 그 위험상태가 실제로 변경되어야 함을 요구한다. 보험계약자가 계약의 청약을 하고 보험자의 승낙을 받지 못한 상태에서 위험의 변경이 생긴 경우에, 보험계약자나 피보험자는 통지의무를 부담해야 하는가에 대한 물음이 제기될 수 있다.[11] 상법 제652조의 통지의무가 '보험기간 중'이라고 하고 있기 때문에, 청약의 의사표시를 하고 보험자가 인수를 하지 않은 상태에서 발생한 위험증가에 대하여는 통지의무가 발생하지 않는다는 주장이 있기 전에 생기고 위험의 청약으로부터 승낙이 있기 전에 생기고 위험의 청약으로부터 승낙 시에 얻지 못한 위험증가에 대하여도 적용한다."고 증가를 보험자가 신청에 대한 승낙 시에 얻지 못한 위험증가에 대하여도 적용한다."고

10  이기수·최병규·김인현, 보험·해상법(상법강의 IV), 제9판, 박영사, 2015, 101면.
11  양승규, 보험법, 제5판, 삼지원, 2004, 161면.

규정했던 구 독일 보험계약법 제29a조(청약의 승낙 전의 위험의 증가를 참조하건대,
이는 우리 상법상 위험증가라고 할 수 없고 이미 발생한 사실에 해당하므로 고지의무
를 추가로 이행하는 것으로 보아야 할 것이다.[12] 둘째, 위험의 변경이나 증가가 현저한
것이어야 한다. '위험의 변경이나 증가가 현저한 것'이란 '그 변경 또는 증가된
위험이 보험계약의 체결 당시에 존재하고 있었다면 보험자가 계약을 체결하지 아니하
였거나 적어도 그 보험료로는 보험을 인수하지 아니하였을 것으로 인정되는 사실'을
의미한다.[13] 셋째, 보험계약자 또는 피보험자가 그 위험의 현저한 변경이나 증가의 사
실을 인지하였어야 한다. 그 위험의 변경이나 증가의 사실을 스스로 알게 된 것이든,
다른 사람이 알려주어 알게 된 것이든 묻지 않는다. 다만, 보험자가 이미 위험의 변경
이나 증가사실을 알고 있다면 보험계약자나 피보험자는 이를 통지할 의무가 없다.[14]

## 4) 시기와 방식

보험사고 발생에 대한 위험이 현저하게 변경되었거나 증가된 경우에, 보험계약자
또는 피보험자는 그 사실을 안 때에 지체 없이 통지해야 한다. 입법자는 '지체 없이'란
는 용어를 사용함으로써 그 의미를 구체적으로 밝히고 있지 않지만, '귀책사유 없이'
가능한 한 빨리'의 의미를 가지고 있다. 구체적인 시기는 사회통념에 따라 정하게 될
것이다. 위험변경이나 증가에 대한 통지방식은 별물에 특별히 정해진 것이 없지만, 각
종 보험보통약관은 보험계약자나 피보험자는 서면으로 보험자에게 통지하도록 하고
있다.[15]

---

12 현 독일 보험계약법 제23조 제1항은 고지의무에 관한 정부분안 제19조 제1항에 대응하는 규정으로 개정된
   것으로 피보험자의 청약은 통상은 신청의 의사표시라는 점에서 구별 제29a조의 규정을 필요 없이 되었다.

13 대법원 2014. 7. 24. 선고 2013다217108 판결.

14 대법원 2000. 7. 4. 선고 98다62909, 62916 판결.

15 화재보험표준약관 제15조 제1항 제4호는 '보험의 목적 또는 보험의 목적을 수용하는 건물의 용도를 변경함
   으로써 위험이 증가하는 경우에 지체 없이 서면으로 회사에 알려야 할 것을 규정한다. 배상책임보험표
   준약관 제15조 제3호 역시 서면으로 회사에 알려야 할 것을 규정하고 있다.

## 5) 위반효과

보험계약자 또는 피보험자가 위험변경이나 위험증가의 사실을 안 때에 보험자에게 통지하지 않은 경우에, 보험자는 그 사실을 안 날로부터 1개월 내에 보험계약을 해지할 수 있다. 1월의 기간은 제척기간으로 보기 때문에, 이 기간이 경과하면 해지권을 행사할 수 없고 보험료증액청구권도 행사할 수 없게 된다.[16] 보험자가 위험변경 또는 증가통지의무의 위반을 이유로 보험계약을 해지한 때에는, 보험계약은 효력을 상실하게 되고 보험계약관계는 종료한다. 보험자는 그 위험의 현저한 변경 또는 증가의 사실을 알고 보험계약을 해지한 때까지의 기간에 대한 보험료를 청구할 수 있는 것으로 보아야 한다.[17] 또한 보험사고가 발생한 후에 보험자가 위험변경 또는 증가의 사실과 인과관계가 없다는 증명을 하지 못하는 한 보험자는 보험금지급책임을 부담하지 않는다(제655조 단서 참조).

## 2. 위험유지의무

## 1) 의의

독일 보험계약자법 제23조 제1항은 보험계약자의 체결에 대한 의사를 표시한 후에 보험자의 동의 없이 위험을 증가하거나 제3자를 통하여 위험을 증가시키는 것을 금지하고 있다. 이를 보험계약자의 위험유지의무(Gefahrstandspflicht)라고 한다.[18] 우리 상법 제653조는 독일 보험계약자법과 약간의 차이가 있다. 상법 제653조는 '보험계약자 등의 고의나 중과실로 인한 위험증가와 제약해지'라는 제목으로 '사고발생의 위험이 현저하게 변경 또는 증가시키는 것'을 금지하고 있다. 상법 제653조는 보험계약자 등이 계약체결 시점의 위험을 계약 체결 후에도 동일하게 유지해야 할 의무가 있는 것이 아니다,

16  최기원, 보험법, 제3판, 박영사, 2002, 262면.
17  Prölss/Martin, VVG, § 23 Rdn. 45.
18  독일 보험계약자법 제23조 제1항 참조. 이필규·최병규·김은경, 2009년 독일 보험계약법(VVG), 세창출판사, 2008, 20면.

고의 또는 중과실로 인한 것이 아닌 경과실로 인한 사고발생에 대한 '위험의 현저한 변경이나 증가'의 경우 보험자는 계약의 해지권행사를 정당할 수 있다.[19] 반면, 독일의 경우 고의 또는 중과실에 기인하여 통지의무를 위반한 경우에 연체든지 계약해지가 가능하고, 경과실에 기인한 경우에도 해지가 행사가 가능하지만, 그 기간은 고의나 중과실 요건과 달리하여 1개월 내에 해지권 행사가 가능한 것으로 하고 있다. 이 점 우리와 독일 보험계약법의 차이점이 발견된다.

## 2) 위반 시 법적 효과

보험계약자 등이 상법 제653조를 위반한 경우에, 보험자는 보험료증액청구권이나 계약해지권을 행사할 수 있다. 양 권리는 위반사실을 안 날로부터 1월 내에 행사되어야 한다.

### (1) 계약해지권

보험계약자 등의 고의 또는 중대한 과실로 현저한 위험의 변경 또는 증가가 있는 경우에는 보험자는 보험계약해지권을 행사할 수 있다. 보험자의 보험계약해지권은 보험사고의 발생 전후를 묻지 아니한다. 제653조는 보험계약자 등의 통지의무를 부과하고 있지 않은데, 이는 의도적으로 위험을 현저하게 변경시킨 자가 보험자에게 통지하는 것을 기대하기 어렵다는 면을 고려한 것이라 하겠지만, 신의칙상 보험계약자 등은 통지의무를 부담하는 것으로 해석해야 할 것이다.[20] 보험자의 해지권은 객관적인 위험변경이나 증가의 경우와 같이 보험자가 그 사실을 안 날로부터 1월이라는 제척기간 두고 있다.

보험자가 계약을 해지하기 전에 그 위험의 변경이나 증가한 상태가 이전의 상태로 회복되었거나,[21] 보험사고가 발생한 이후에는 보험계약자 또는 피보험자의

----

19　양승규, 보험법, 제5판, 삼지원, 2004, 165면.
20　김성태, 보험법강론, 법문사, 2001, 313면.
21　현 독일보험계약법 제24조 제3항을 참조. 구 독일보험계약법 역시 제24조 제2항에 그러한 내용을 담고 있었다.

자의 고의 또는 중대한 과실로 인한 위험의 변경이나 증가된 사실이고에 영향을 미치지 아니한 경우에는, 보험자의 계약해지권은 배제된다. 고의 또는 중대한 과실로 인한 위험의 현저한 변경이나 증가사실이 보험사고와 인과관계가 없다는 사실에 대하여는 보험계약자가 증명해야 한다. 이 경우 보험자는 보험금지급책임을 부담하며

이미 지급한 보험금의 반환청구권도 행사할 수 없다.

## (2) 보험료증액청구권

보험계약이 체결된 후 사정이 변경된 경우 원래의 보험계약에 영향을 미치게 되어 보험계약의 변경이 이루어져야 한다. 보험기간 중에 위험의 변동이 발생하면 보험계약자는 보험료감액청구권을, 보험자는 보험료증액청구권을 행사할 수 있다. 보험계약자, 피보험자 또는 보험수익자가 위험을 유지해야 할 의무를 위반하여 위험을 현저하게 증가시킨 경우에, 보험자는 계약을 해지하는 대신에 보험료증액청구권을 행사할 수 있다(제653조). 계약해지권 행사와 마찬가지로 그 사실을 안 날부터 1월 내에 행사하여야 한다.

## (3) 청구권의 순위

보험기간 중에 예기하지 아니하였던 사고발생의 위험이 현저하게 증가된 때에는 보험자는 그 위험이 증가된 상태에 따른 보험료율에 의하여 그 변경이나 증가 후의 보험료의 증액을 청구할 수 있게 된다. 계약체결 전의 위험이 변경 또는 증가되면, 보험자는 사정변경의 원칙을 근거로 하여 위험변동 전에 산출되었던 보험료 대신에 보험료의 증액을 청구할 수 있고, 보험료증액청구권을 거부하는 경우에는 보험계약을 해지할 수 있게 된다.[22] 우리 상법은 보험료증액청구권과 계약해지권이 우선적 순위를 두고 있지 않기 때문에, 보험자는 임의대로 양 권리를 선택적으로 행사할 수 있다.

---

22 프랑스 보험법도 "위험증가의 경우 보험자는 계약을 해지하거나 새로운 보험료율을 제시할 권리가 있고, 보험계약자가 그것을 승낙하지 아니한 때에는 보험계약은 해지된다."고 명시적으로 규정하고 있다(L134-4 제3항).

## 3. 양자의 비교

현저한 위험에 대한 변경과 증가에 대한 상법 제652조와 제653조는 적용요건과 법적 효과에서 차이를 보이고 있다.[23]

### 1) 주체

상법 제652조와 제653조는 일정한 의무를 부담해야 한다는 점에서는 동일한다. 그러나 부담주체에 있어서는 차이가 있다.[24] 전자의 경우 사고발생의 위험이 현저하게 변경 또는 증가된 사실이 있는 경우에, 그 사실을 통지해야 할 의무의 부담주체는 보험계약자와 피보험자에 한정된다. 반면, 653조는 위조적으로 보험사고 발생의 위험을 현저하게 변경 또는 증가시킬 수 있는 지위에 있는 자가 의무부담의 주체로 등장하게 된다. 손해보험의 경우에는 보험계약자나 피보험자가 위험을 유지해야 할 보험사고의 주체로 등장하고, 생명보험의 경우에는 보험계약자, 피보험자뿐만 아니라 보험사고의 발생 시 보험의 이익을 얻는 보험수익자도 의무를 부담해야 한다.

### 2) 고의 또는 중과실 여부

상법 제652조는 위험이 현저하게 변경되거나 증가된 원인에 대하여 묻지 않고 보험계약자나 피보험자가 현저하게 위험의 변경 또는 증가를 알게 된 경우에 발생하는 의무에 해당한다. 즉, 상법 제652조는 위험의 변경에 대한 변경이나 증가가 자신이 의도하고 증가시키지 않았던 객관적인 위험의 변동을 상정하고 있는 규정이라고 한다면, 상법 제653조는 보험계약자, 피보험자 또는 보험수익자가 주관적 요건인 고의 또는 중과실로 현저하게 위험을 변경하거나 증가한 경우에 적용된다.[25] 결국 객관적 위험과 주관적 위험으로 양자를 변경하거나 증가한 경우에 적용된다.

23 안승규, 보험법, 제5판, 삼지원, 2004, 위험변경·증가의 통지의무에 대하여는 160면 이하. 위험유지의무에 대하여는 165면 이하.

24 주기동, "상법상 통지의무의 보험약관상 통지의무", 법조, 제562호, 2003. 8면.

25 양석완, "보험계약에 있어서 위험의 변경·증가에 관한 법적 쟁점", 상사법연구, 제30권 제2호, 2011, 690면.

자는 구분된다고 볼 수 있다.

## 3) 의무 내용

상법 제652조는 보험계약자나 피보험자가 위험이 현저하게 변경 또는 증가에 대한 사실을 알게 된 경우에 보험자에게 통지를 해야 할 의무를 부담한다. 위험이 증가된 원인을 묻지 아니하고 보험계약자나 피보험자에게 위험을 증가하게 하는 일정한 사태의 발생을 안 경우에는 보험자에게 통지해야 한다. 반면, 상법 제653조는 보험계약자, 피보험자 또는 보험수익자 등의 통지의무를 부과하고 있지 않다.

## 4) 법적 효과

상법 제652조는 보험계약자와 피보험자의 통지의무를 부과하면서, 통지를 한 경우와 통지를 하지 않은 경우를 구분하고 있다. 통지를 한 경우에 보험자는 통지를 받은 때로부터 1월 내에 보험료의 증액을 청구하거나 계약을 해지할 수 있다(제2항). 반면, 통지를 하지 않은 경우에는 보험자는 위험 변경·증가 사실을 안 날로부터 1월 내에 계약을 해지할 수 있다(제1항). 반면, 제653조에 따라 보험자는 사고발생이 현저하게 변경 또는 증가된 경우에 보험료증액청구권 또는 계약해지권을 행사할 필요가 없고, 위험이 현저한 변경과 증가에서는 보험계약자 등의 통지의무가 일정한 기간 내에 양 권리를 행사하면 된다.

한편, 생명보험계약에서 보험사고 발생위험의 변경 또는 증가사실에 대한 통지의무를 해태하는 경우 보험금을 삭감하기로 하는 보험약관의 효력 및 위 약관에 대하여 상법 제653조 소정의 해지기간에 관한 규정이 적용되는지 여부에 대한 대법원은 다음과 같이 판시한 바 있다.[26]

........

26 대법원 2003. 6. 10. 선고 2002다63312 판결.

## 대법원 2003. 6. 10. 선고 2002다63312 판결

대법원은 "피보험자가 직업 또는 직무의 변경 사실을 피고에게 알리지 않은 경우 변경 후 요율이 변경 전 요율보다 높을 때에는 보험의 변경 전 요율의 변경 후 요율에 대한 비율에 따라 보험금을 삭감하여 지급한다.'고 규정한 이 사건 보험약관 제10조 제4항의 의미를 '피보험자가 직업이나 직무의 변경 사실 통지의무를 위반한 경우에 피고가 그 사실을 안 날로부터 1월 내에 한하여 보험계약을 해지할 수 있다.'고 규정한 약관 제17조 제2항과 관련하여 위 규정에 따라 보험계약을 해지한 경우에 한하여 보험금을 감액하여 지급할 수 있다는 것으로 해석할 것은 아니다.",고 하면서, "피보험자의 직업이나 직종의 변경에 따라 보험금 가입도에 차 등이 있는 생명보험계약에서 피보험자가 직업이나 직종을 변경하는 경우에 그 사실을 통지 하도록 하면서 그 통지의무를 해태한 경우에 직업 또는 직종이 변경된 보험 요율의 직업 또는 직종이 변경됨에 따라 보험금을 삭감하여 지급하는 부분에 관한 삭감하여 지급하는 것은 실질적으로 약정된 보험 중에서 삭감하여 지급하는 부분에 관한 여 보험계약을 해지하는 것이라 할 것이므로 그 해지에 관하여 설명하여야 할 제653조에서 규정하 고 있는 해지기간 등에 관한 규정이 여전히 적용되어야 할 것이다.",라고 판시하고 있다.

## 대법원 2008. 1. 31. 선고 2005다57806 판결

"상법은 보험계약의 중도에 사고발생의 위험이 변경되거나 증가되었다는 통지를 받은 경우에 관하여 이른바 보험료기간의 원칙에 관한 규정, 즉 보험자는 보험료 계산의 기초가 되는 단위기간인 보험료기간 전부의 보험료를 취득할 수 있고 이 과기간에 대한 보험료의 받은 경우 미경과기간에 대한 구성을 두고 있지 않으며, 오히려 상법 제 649조에 제1항과 제3항에서는 위 보험료기간의 원칙이라는 취지의 규정을 달리 보험사고의 발생 전에는 보험계약 자가 언제든지 보험계약을 해지하고 미경과기간에 대한 보험료의 반환을 청구할 수 있도록 구성하 고 있다.

한편, 상법 제652조는 제2항은 보험기간 중에 사고발생의 위험이 변경되거나 증가되었다는 통지를 받은 경우 보험자는 1월 내에 보험료의 증액을 청구하거나 보험계약을 해지할 수 있도록 규 정하면서도 보험계약의 해지로 미경과기간에 대한 구성을 두지 않고 있다. 그러나 요컨대 본 보험료기준의 원칙이나 상법의 태도를 고려하여 볼 때, 보험자가 피보험자 등으로부터 사고발생의 위험이 변경 또는 증가되었다는 통지를 받고 이를 이유로 그 보험 약관 해지하는 경우, 보험약관에서 미경과기간에 대한 보험료를 반환하도록 정하고 있다면 그 보험 료만을 유증하는고, 그것이 상법 또는 상법상의 반환하도록 위반하여 무효라고 볼 수 없다. 그리고 이는 보험약관고 보험사고가 발생하였으나 보험계약의 종료되지 않고 원래 약정된 보험 금액에서 위 보험사고에 관하여 지급한 보험금액을 경우에 위반하여 보험기간에 대한 보험금 액으로 하여 보험금액을 조정시키는 경우에도 마찬가지라고 할 것이다."

## 4. 대법원 판결 검토

### 1) 의의

상법 제652조에서 규정하고 있는 보험계약자 등의 위험변경증가의 통지와 보험자의 계약해지 권리와 관련하여, 대법원은 2014년 7월 24일, 동일한 날짜에 두 개의 유사한 사건을 판시하고 있다. 뒤에 언급되는 두 사건은 위험의 변경 및 증가 관련 사건에 해당되지만, 대법원은 서로 차이가 있는 결론을 도출하고 있다.[27] 이에 대하여 고찰하기로 한다.

### 2) 2012다 62318 판결

이 등을 피보험자로 하여 상해로 추우장해를 입을 경우 보험금을 지급받는 보험계약을 체결한 이후에 피보험자가 운전면허를 취득하여 오토바이를 운전하다가 두개골 골절 등 상해를 입고 추우장해에 대한 보험금 지급을 청구하자, 보험회사가 오토바이 운전에 따른 위험의 증가를 통지하지 않았다는 이유로 보험계약을 해지하겠다는 의사를 표시한 사건에서,[28] 대법원은 "보험청약서에 오토바이 운전을 하겠다면 보험회사가 보험계약을 체결하지 않았거나, 적어도 그 보험료보다 보험을 인수하지 않았을 것이라고 주정되는 점, 피보험자가 위 사고 이전에 오토바이 사고를 당한 적이 있는 점, 보험계약자는 보험청약서의 오토바이 소유 및 운전 여부를 묻는 질문에 '아니오'라고 대답함으로써 오토바이 운전이 보험 인수나 보험료 결정에 영향을 미친다는 점을 알게 되었다고 보이는 점 등에 비추어보면, 보험계약자는 피보험자의 오토바이 운전 사실과 그것이 보험사고 발생 위험의 현저한 변경 증가에 해당한다는 것을 일었다고 보이고 피보험자의 오토바이 운전 사실을 보험회사에 통지하지 않아 상법 제652조 제1

.........

[27] 양승규, "위험변경, 증가와 보험계약의 해지 – 대법원 2014. 7. 24. 선고 2012다62318 판결–", 손해보험, 제554호, 2015, 64면 이하; 박은경, "위험의 현저한 변경·증가 시 통지의무에 관한 판례-대법원 2014. 7. 24. 선고 2013다217108 판결–", 법학연구, 제58집 2015, 137면 이하; 최병규, "보험법상 위험변경증가와 최근 판례 동향", 재산법연구, 제31권 제3호, 2014, 312면 이하.

[28] 대법원 2014. 7. 24. 선고 2012다62318 판결.

항에서 정한 통지의무를 위반하였으므로, 보험회사는 상법 제652조 제1항에서 정한 해지권 행사가 가능하다."고 판시하였다.29

## 3) 2013다 217108 판결

'보험계약을 체결한 후 피보험자가 직업 또는 직무를 변경하게 된 때에는 보험계약자 또는 피보험자는 지체 없이 보험회사에 알려야 한다.'는 약관조항을 둔 보험자가 대학생을 피보험자(특히 종피보험자)로 하여 체결한 보험계약에서,30 대법원은 다음 두 가지 사항을 설시하였다.31 첫째, 약관조항의 명시·설명의무에 관한 것이다. 대법원은 보험자가 명시·설명해야 하는 보험계약의 중요한 내용에 해당하는 사항이다. 대법원은 위 약관조항은 상법 제652조 제1항 및 제653조가 규정하는 '사고발생의 위험이 현저하게 변경 또는 증가된' 경우에 해당하는 사유를 단순히 개별적으로 규정하는 것이어서 상법 제652조 제1항이나 제653조의 규정을 단순히 되풀이하거나 부연하는 정도의 조항이라고 할 수 없는데도, 이와 달리 보아 보험약관의 명시·설명의무가 인정되지 않는다고 본 원심판결에 보험약관의 명시·설명의무 등에 관한 법리오해의 위법이 있다고 판시하였다. 둘째, 직업변경으로 인한 피보험자의 사고발생 위험에 대한 변경이나 증가의 인지 불가능성을 들 수 있다. 대법원은 "보험회사가 보험계약 체결 시 피보험자특히 대학생인 종피보험자)에게 직업 변경이 통지의무의 대상임을 알렸던가, 방송장비대여 등 업종이 사회통념상 일반적인 대학생이 졸업 후 취업하는 것을 예상하기 어려운 직업이라든가, 방송장비대여 등 업종이 고도의 위험을 수반하는 직업이라는 등의 사정을 알 수 있는 자료가 없고, 나아가 피보험자가 직업 변경으로 사고발생의 위험이 현저하게 변경 또는 증가된다는 것을 알았다고 볼 자료가 없는데도,

---

29 안승규, "위험변경·증가와 보험계약의 해지-대법원 2014. 7. 24. 선고 2012다62318 판결-", 손해보험, 제554호, 2015, 64면 이하.

30 대법원 2014. 7. 24. 선고 2013다217108 판결.

31 박은경, "위험의 현저한 변경·증가 시 통지의무에 관한 판례 연구-대법원 2014. 7. 24. 선고 2013다217108 판결-", 법학연구, 제58집, 2015, 137면 이하.

보험회사가 통지의무 위반을 이유로 보험계약을 해지할 수 있다고 본 원심판결에 상고법 제652조 제1항의 통지의무에 관한 법리오해 등 위법이 있다."고 판시하였다.

## 4) 검토

보험계약을 체결한 이후에 운전면허를 취득하여 오토바이를 운전하다가 상해를 입자 보험금을 청구한 사건에서, 우리가 주목해야 할 사항은 피보험자가 보험계약체결 당시 오토바이를 소유하지도 않았고 운전하지도 않았다는 사실이다. 보험계약자은 총 두 건이다. 제1보험계약 보통약관은 "보험계약체결 후 피보험자가 그 직업 또는 직무를 변경할 때 또는 피보험자의 연령을 정정할 때에는 보험계약자 또는 피보험자는 지체 없이 서면으로 회사에 알려야 하고, 그 일별 의무를 이행할 수 있다."고 규정하고 있다. 보험자는 지체 없이 손해발생의 전후를 묻지 않고 계약을 해지할 수 있다."고 규정하고 있다.

제2보험계약 보통약관은 "보험계약 체결 후 피보험자가 그 직업 또는 직무를 변경하거나 이륜자동차 또는 원동기장치 자전거를 직접 사용하게 된 경우 보험계약자 또는 피보험자는 지체 없이 서면으로 회사에 알려야 하고, 무면한 위험의 증가와 관련된 위 임을 의무를 이행하지 아니하였을 경우 회사는 손해발생의 전후를 묻지 않고 보험계약을 해지할 수 있다."고 규정하고 있다. 대법원이 판시하고 있는 바와 같이, 피보험자는 계약체결 당시에 오토바이를 소유하지도 않았고 운전하지도 않았음을 보험청약서에 기재하였었고, 보험기간 중에 운전면허증을 받아 오토바이를 운전한 것은 명백히 보험사고의 발생 위험의 현저한 변경·증가에 해당하는 것이라 하겠다. 위험의 변경·증가의 사실을 알고 있는 피보험자는 지체 없이 그 사실을 보험자에게 통지했어야만 했다. 피보험자의 통지의무위반에 대한 보험자의 지체의 해지권은 타당한 것이라 하겠다.

2012다6318 판결이 '위험변경·증가와 계약의 해지'에 초점을 두고 있는 반면, 2013다

32 보험계약체결 당시에 오토바이 운전하지 않음을 고지하였지만, 계약체결 후 운전면허증을 취득하여 운전을 하였다는 사실은 고려적인 위험증가사실이 있는 것으로 보아 상법 제653조가 적용되어야 하는 것이 아닌가 하는 지적으로는 양승규, "위험변경·증가와 보험계약의 해지 – 대법원 2014. 7. 24. 선고 2012다6318 판결 –", 손해보험, 제554호, 2015, 64면 이하.

217108 판결은 '위험변경·증가 통지의무'에 관한 내용과 함께 '보험자의 보험약관에 대한 명시·설명의무'의 내용을 함께 다루고 있다. 앞 판결은 이 쟁점에 차이를 보이고 있고, 결론에 있어서도 상당히 다른 결과를 초래하고 있다. 후자 판결의 경우, 2006년 12월 12일 피고 보험회사와 원고가 이 사건 보험사고가 발생한 집합금수 1급에 해당하는 대학생에서의 신문이었다. 그러나 이 사건 보험사고는 2012년 5월 20일에는 집합금수 2급에 해당하는 방송장비대여 시 종사하였던 집합금수이었다. 여기서 제기되는 쟁점은 보험계약체결 시 보험자가 해당 약관조항을 설명해야 할 사항인가, 아니면 약관설명의무가 배제되는가에 있다.[33] 원심은 해당 약관조항은 상법 제652조에서 규정한 통지의무를 구체적으로 부연한 정도의 해당하게 변경된 일반적이고 공통된 것이어서 보험자가 별도로 요구되지 않았던 설명이 현저히 변경상 대상이라고 판시하였다.[34] 대법원은 이를 수용하지 않았다.[35] 대법원은 이 사건 약관조 항은 상법 제652조 제1항 및 제653조가 규정한 '사고발생의 위험이 현저히 변경 또는 증가된' 경우에 해당하는 사유를 개별적으로 규정하고 있는 것으로서 상법의 규정을 단 순히 되풀이 하거나 부연한 정도의 조항이라고 볼 수 없다는 점을 제시하였다. 더 나아 가 대법원은 원고가 이 사건 약관조항의 내용을 충분히 잘 알고 있다거나 피보험의 집안이 방송장비대여 등 임종으로 변경된 경우에 사고발생의 위험이 현저히 증가된 경우에 해당하여 이를 피고에게 지체 없이 통지하여야 한다는 내용을 예상할 수 있었다 고 볼 만한 자료가 없다는 점을 제시하면서, 보험계약자는 해당 약관조 항을 구체적이면서 상세하게 설명할 의무가 존재한다는 점을 명백히 밝혔다.

## 5. 소결

상법 제652조의 법문을 보면 통지를 하지 않은 경우에 보험자는 보험료의 증액을

---

33 최병규, "보험법상 위험변경증가와 최근 판례 경향", 재산법연구, 제31권 제3호, 2014, 313면.

34 대구지방법원 2013. 11. 13. 선고 2013나300589 판결.

35 대법원 2014. 7. 24. 선고 2013다217108 판결. 대법원 판결은 "위험의 현저한 변경· 증가 시 통지의무에 관한 판례 연구-대법원 2014. 7. 24. 선고 2013다217108 판결-", 법학연구, 제58집 (2015), 149면.

청구할 수는 없고, 오로지 계약의 해지권만을 해사할 수 있는 것처럼 임힐 수 있다. 그러나 통지를 하지 않은 경우에도 보험료 증액청구권 행사는 가능할 것으로 판단된다. 상법 제653조는 통지의무를 부담할 필요가 없다. 이렇게 된다면, 통지 여부에 따른 차이는 존재하지 않게 된다는 점에서 양자의 차이가 없다는 입장[36]은 타당한 면이 없는 것은 아니라 하겠다. 적용요건에서 제652조의 내용으로 포함될 수 있고 두 조문의 법률효과가 동일하다는 것을 고려하여 제653조의 존재에의는 상대적으로 약하다는 주장[37]도 같은 맥락이다.

제652조와 제653조가 적용요건 면에서 동일한 효과가 있다고 할지라도, 양자의 차이점을 간과할 수는 없다고 하겠다. 전자는 객관적인 위험의 변경 또는 증가만을 의미하고 있는 것임에 반하여, 후자는 보험계약자 등의 고의 또는 중대한 과실이라고 하는 주관적인 위험의 현저한 변경 또는 증가의 경우를 상정하고 있다. 현저한 위험은 보험계약자 등에 기인하지 않은 외부적인 환경변화에 의하여 발생할 수 있고, 보험계약자의 이해관계자에 의한 의도적인 현저한 위험의 변경 또는 증가가 발생할 수 있다는 점에서, 양자의 구분에 대한 필요성은 있다. 특히, 후자의 경우에는 보험계약자의 선의성을 위반한 점을 고려하여 보험자의 면책범위를 전자보다 폭넓게 인정해야 할 가능성이 부여되어야 할 것이다.

## IV. 독일 보험계약법상 위험변경·증가 통지의무

### 1. 개요

독일 보험계약법 제23조에서 제27조까지 계약체결 후의 위험증가에 대한 규정을 두고 있다.[38] 제23조는 보험계약자의 주관적 위험이 증가될 수 없음을 규정하고 있고, 제

---

36  박세민, 보험법, 제4판, 박영사, 2017, 327면.
37  최준선, 보험·해상법, 삼영사, 2008, 141면 이하.
38  이하에서는 위험증가금지와 통지의무에 대한 사항을 독일 보험계약법에 있는 내용을 요약하는 방법으

24조는 위험증가에 따른 보험자의 해지권 행사에 대한 내용을 규정하고 있으며, 제25조는 해지권 행사 대신에 보험자는 보험료증액청구권을 행사할 수 있음을 규정하고 있다.[39] 제26조는 위험의 증가에 대한 의무를 위반한 경우에 보험자의 책임이 없음을 규정하고 있고, 제27조는 경미한 위험의 증가에 대하여는 제23조 내지 제26조가 적용되지 않음을 규정하고 있다. 보험기간 동안에 현저한 위험이 증가된다면, 보험계약법에 따라 보험자는 언제든지 보험계약을 해지하거나 위험증가에 따른 보험료의 증액을 청구할 수 있다. 우리 상법과 달리, 독일 보험계약법은 위험의 변경에 대하여는 침묵하면서 위험증가에 대한 내용만을 다루고 있다.[40]

## 2. 위험증가의 금지

보험계약자가 계약체결에 대한 의사를 표시한 후에 보험자의 동의 없이 위험을 증가하거나 제3자를 통하여 위험을 증가시키지 말아야 할 의무를 독일 보험계약상 위험증가금지의무(Gefahrerhöhungsverbot)라고 한다.[41] 구 보험계약법 제23조는 '주관적 위험증가'라는 제목으로 보험계약자는 보험계약체결 후 위험을 증가시킬 수 없도록 하고(제1항), 보험계약자가 위험의 증가를 인식한 후 지체 없이 보험자에게 통지해야 할 의무를 부담해야 할 의무를 규정하고 있었다. 즉, 보험계약자는 의도적으로 위험을 증가시켜서는 아니 되고, 위험증가의 사실을 안 게 된 경우에는 통지의무를 부담하고 있었다.

구 보험계약법 제23조는 현 보험계약법 제23조와 유사한 모습을 띠고 있다. 양자를 비교해보면, 단어 사용에 있어서 약간의 차이가 발견될 뿐 그 의미에 있어서는 차이가 없다. 현 보험계약법은 제3항을 신설하여 위험증가가 주관적인 요인과 관련없는 경우 없다.

⋯⋯⋯⋯

룰 설명하기로 한다. 독일 문헌에 대한 보다 자세한 사항으로는 Römer/Langheid, VVG, C.H.Beck, 4. Aufl., 2014, §§ 23-27; Rüffer/Halbach/Schimikowski, VVG, Nomos, 2009, §§ 23-27; Beckmann/Matusche-Beckmann, Versicherungsrechts-Handbuch, 3. Aufl., C.H.Beck, 2015; Prölss/Martin, Versicherungsvertragsgesetz, C.H.Beck, 28. Aufl., 2010, §§ 23-27.

39 Römer/Langheid, VVG, 4. Aufl., 2014, C.H.Beck S. 247 ff.
40 김은경, "독일 보험계약법상 위험증가금지의 문제", 비교사법, 제16권 제3호, 2009, 365면 이하.
41 Rüffer/Halbach/Schimikowski, VVG, 2009, S. 210.

에도 지체 없이 보험자에게 통지해야 할 의무를 부담하도록 하고 있다. 그러나 이것은 구 보험계약약법 제27조 제1항과 제2항에서 규정하고 있었던 위험증가의 내용을 제23조 제3항으로 이전한 것뿐이다. 당시 제27조는 '객관적인 위험증가'라는 제목으로 주관적 위험증가 외에 객관적 위험의 증가를 금지하고 있었고, 그 위험증가를 인식한 후에는 바로 보험자에게 통지하도록 하고 있었다.

결국, 현 보험계약약법 제23조는 구 보험계약약법 제23조 제1항과 제2항 및 제27조를 모두 통합하여 하나의 조문을 두고 있는바, 그 내용은 '위험증가'라는 명칭으로 '주관적 위험'과 '객관적 위험'에 대하여 보험자에게 통지한 후에 발생하는 위험증가에 대하여는 사용. 즉, 제23조 제1항은 제약에 대한 의사를 표시한 후에 발생하는 위험증가에 대하여는 보험자의 사전 동의를 얻어야 함을, 제2항은 보험자의 사전 동의 없이 위험을 증가시켰거나 증가시켰음을 알게 된 경우에 보험자에게 지체 없이 통지해야 함을, 제3항은 주관적인 의도 없이 위험의 변경·증가가 발생한 경우 그 사실을 안 후 보험계약자는 지체 없이 보험자에게 이를 통지해야 함을 규정하고 있는 것이다.

## 3. 보험자의 해지권

### 1) 권리 행사

보험계약자가 계약체결에 대한 의사를 표시한 후에 보험자의 동의를 얻지 아니하고 위험을 증가시키거나 제3자를 통하여 위험을 증가시킨 경우에, 보험계약자는 통지의무를 부담해야 한다. 그러나 고의 또는 중대한 과실로 제약체결에 대한 의사표시를 한 후 보험자의 사전 동의를 득하지 아니하고 위험을 증가시키거나 제3자를 통하여 위험을 증가시킨 경우(제23조 제1항)에 해당하면, 보험자는 언제든지 해당 보험계약을 해지할 수 있다. 현 보험계약약법 제24조 제1항은 그 위반이 보험계약자의 책임으로 발생한 경우에는 그 해지권은 1개월 내에 행사될 수 있음을 규정하고 있었다(제24조 제1항 제2문. 이 내용은 변경되었다. 현 보험계약약법은 구 보험계약약법 제24조 제1항 제2문의 내용 대신에 '경과실에 기인한 경우에는 1개월 내에 보험자가 해지권을 행사할 수 있다'고 규정하고 있다(현 보험계약법 제24조 제1항 제2문). 또한 보험자의 동의 없이 위험이 증가했거나 증가시켰음을 추후에 알게 된 경우(제23조 제2항), 또는 객관적인 위험증가의 경우(제23조 제3항)에도, 보험자는 1개월 이내에 제약해지권 행사가 가능한 것으로 하고 있다.

## 2) 권리 배제

현 보험계약법 제24조 제3항은 보험자의 해지권 행사가 배제될 수 있음을 규정하고 있다. 위험이 증가했음을 안 날로부터 1개월 내에 보험자가 해지권을 행사하지 않거나, 또는 위험 전에 존재했던 상황으로 되돌아간 경우라면, 제24조 제1항에 따른 인제 든지 행사할 수 있는 해지권(보험계약자의 고의 또는 중과실로 인한 보험자의 해지권) 또는 제24조 제2항에 따른 1개월 내에 해지권 행사(계약체결 후 나중에 위험증가의 사실을 알게 된 후 통지의무 및 객관적인 위험증가의 경우에 통지의무의 위반에 따른 보험자의 해지권)는 소멸하게 된다. 현 보험계약법 제24조 제3항은 구 보험계약법 제24조 제2항을 제승하고 있다.

## 4. 보험자의 면책

### 1) 의의

현 보험계약법 제26조는 위험증가로 인한 보험자의 면책을 규정하고 있다. 현 보험계약법 제26조는 구 보험계약법 제25조의 내용을 일부 수용하면서, 새로운 내용으로 대체하고 있다.

### 2) 구 보험계약법 제25조

구 보험계약법은 위험증가 후에 보험사고가 발생한 경우에 주관적 위험증가의 해당하면, 보험자의 급부의무는 면하는 것으로 하고 있었다(제25조 제1항). 그러나 보험계약자의 의무위반이 그의 책임 없는 사유로 인한 경우에는, 보험자는 보험금지급의 책임을 인정하고 있었다(제25조 제2항 제1문).

개정 전 주요 내용은 다음과 같다. 즉, 보험자의 지급책임이 발생함에도 불구하고 다만, 구 보험계약법에는 "주관적인 위험증가의 경우 보험자에게 통지해야 할 의무를 위반하고, 그 통지가 보험자에게 도달되었어야 할 시점이 1개월이 지난 후에 보험사고가 발생한 경우에는, 보험자는 보험금 지급책임을 면하게 된다(제25조 제2항 제2문). 그러나 보험자가 그 시점에 위험증가의 사실을 알았다면 그러하지 아니하다(제25조 제2항 제3항). 보험사고의 발생시점에 보험자의 해지권 행사기간이 경과하여 해지권이 행사되지 않았거나, 또는 위험의 증가가 보험사고 발생에 영향을 미치지 않아 보험자의 보험금지급 책임은 여전히 남아 있다(제25조 제3항)."고 규정되어 있었다.

## 3) 현 보험계약법 제26조

현 보험계약법은 원칙적으로 구 보험계약법의 내용을 수용하고 있다. 그러나 주관적 위험증가의 경우(제23조 제1항), 고의와 중과실을 구분하여 고의로 인한 위험증가에 대하여는 보험자의 면책이 인정된다. 과실에 있어서는 경과실과 중과실이 구분된다. 특히 중과실의 경우에 보험계약자의 과실의 정도를 산정한 후, 보험자는 과실의 비율에 따라 지급될 보험금을 정하게 된다(현 보험계약법 제26조 제2항 전단). 구 보험계약법이 중과실의 경우에 보험자의 면책을 인정한 점을 변경하여, 중과실의 경우에도 보험자가 보험금지급책임을 부담할 수 있다는 점에서, 그 의미를 찾을 수 있다. 중과실이 존재하지 않음에 대한 증명은 보험계약자가 부담해야 한다(현 보험계약약법 제26조 제2항 후단).[42]

현 보험계약약법 제26조 제2항은 보험계약약법 제23조 제2항과 제3항에 따른 통지의무

---

42 최병규, "중과실비례보상제도의 도입가능성에 관한 연구", 일감법학, 제14호, 2008, 163면 이하.

를 위반한 경우에, 보험자가 보험금지급에 대한 책임을 면하게 되는 사항을 규정하고 있다. 특히, 보험계약자의 의사와 관계없이 위험이 증가한 사실을 그 자신이 알고 있음에도 불구하고, 이를 보험자에게 알려야 했을 시점보다 1개월 이후에 보험사고가 발생한 경우에, 보험자가 이 기간에 위험의 증가를 알지 못한 경우에는 보험자는 면책을 주장할 수 있다(제26조 제2항 제1문). 다만, 보험계약자별 제23조 제2항과 제3항에 따라 통지의무의 위반이 고의가 아니라면 보험자는 면책되지 않는다(제26조 제2항 제2문). 증과실로 인하여 위반한 경우에는 여기에서도 비례보상원칙이 적용된다(제26조 제2항 제2문 후단).

## 5. 보험료증액청구권

보험자가 행사할 수 있는 권리로서 해지권 외에 보험료증액청구권을 행사할 수 있다(현 보험계약법 제25조 제1항). 보험자는 위험증가의 시점부터 자신의 업무기준에 근거하여 증가된 위험에 상응하는 보험료를 청구할 수 있고, 증가된 위험에 대한 부보를 배제할 수 있는 권리가 있다. 그러나 해지권 행사기간이 경과되거나 해지권 행사가 소멸된 경우에는, 보험자는 등 청구권을 행사할 수 없게 된다(제25조 제1항 제2문).

## 6. 보험계약자의 계약해지권

위험증가의 결과 10% 이상 보험료가 인상되는 경우에 해당하거나 보험자가 증가된 위험에 대하여 부보하지 않을 것으로 결정한 때에는 보험계약자는 보험계약을 해지할 수 있다(제25조 제2항 제1문). 보험자가 보험료인상을 통지하거나 증가된 위험에 대하여는 부보하지 않겠다는 의사를 통지할 때, 그는 보험계약자가 해지권 행사할 수 있음을 언급하여야 한다. 해지권의 조제를 보험자가 언급한 경우에 한하여, 보험계약자는 보험자의 통지도달 후 1개월 내에 언제든지 그 계약을 해지할 수 있다.

## 7. 경미한 위험증가

구 보험계약법의 입법자는 위험의 경미한 증가에 대하여는 큰 의미를 두지 않았던 것으로 판단된다(제29조 제1문 참조). 또한 상황에 따라 위험증가를 통한 보험관계가 발생될 필요가 없음이 합의된 것으로 간주된 경우에는, 위험증가로 보지 않았다(제29조 제2문 참조).

현 보험계약법 제27조는 '경미한 위험증가'라는 제목으로 경미하게 위험을 증가하였거나 위험의 증가를 수인의 보험자가 공동으로 함의한 경우에는 제23조 내지 제26조의 규정내용은 적용되지 않도록 하고 있다. 현 보험계약법 제27조는 구 보험계약법 제29조를 계승하고 있다. 전자가 정량적인 경미한 위험증가를 고려한 것이라고 한다면, 후자는 정성적인 위험증가를 고려한 것이다.[43]

## 8. 증명책임

위험증가의 상태가 발생하여 보험자에게 해지권이 인정되는 경우라면 일반적으로 보험계약자에게는 적어도 중과실이 있었다는 점이 주장된다. 보험계약자는 자신의 행태가 중과실에 의한 행태가 아닌 그보다 더 경미한 관점에서 나타난 것이라고 하는 상황을 설명하고 이를 증명해야 한다. 보험사고와 위험증가 사이에 인과관계가 없다는 증명 역시 보험계약자가 부담하여야 한다. 즉, 위험증가가 보험사고의 발생에 영향을 미치지 아니하였거나 보험자의 이행의무의 범위에 영향을 미치지 아니하였다는 것을 보험계약자가 입증하여야 한다. 그러나 보험자의 동의 없이 위험을 증가하였거나 제3자를 통하여 위험을 증가시킨 제23조 제1항의 주관적 위험증가의 경우는 보험자에게 증명책임이 있다.

---

43 Rüffer/Halbach/Schimikowski, VVG, 2009, S. 232.

# V. 비교법적 검토를 통한 시사점 도출

독일 보험계약법은 우리 상법 보험편과 비교하여 위험증가에 대한 내용을 상세하게 규정하고 있는 모습이다.[44] 독일 법제의 연구를 통하여 몇 가지 주목할 사항과 시사점을 제시하고자 한다.

## 1. 통지의무의 통일적 규정

독일 보험계약법은 제23조 내지 제27조에서 계약체결 전에 발생한 위험과 다른 위험증가에 대하여 세부적인 내용을 담고 있다. 주관적 위험증가와 객관적 위험증가를 구분하여 규정하고 있고, 계약의 의사표시를 하고 난 후부터 보험기간 동안에 위험증가에 대한 사항을 알고 있는 경우에는 지체 없이 보험자에게 통지하도록 하고 있다. 통지의무는 객관적 위험증가의 경우는 물론이거나와 주관적 위험증가의 경우도 동일하게 규정하고 있는 모습이다. 우리의 경우 객관적 위험증가의 경우에는 통지의무를 부과하고 있지만, 주관적 위험증가의 경우에는 명시적으로 규정하고 있지 않아 해석론을 통하여 통지의무가 있음을 도출하고 있다. 주관적 위험증가 역시 보험계약자로 하여금 통지의무의 부담을 입법적으로 해결해야 할 필요성이 있다.

## 2. 위험증가에 따른 보험자의 권리

### 1) 해지권과 보험료증액청구권

양국 모두 위험증가에 대한 통지의무를 위반한 경우에 보험자는 일정한 권리를 행사할 수 있다. 보험계약을 해지하거나 보험료증액청구권을 행사할 수 있다는 점은 동일한 사항이다. 통지의무의 법적 성질 역시 양국 모두 간접의무로 보는 것이 통설의 입장이다. 또한 독일이나 우리나라 모두 통지의무를 위반한 경우에, 보험자가 일률적

44    한기정, "보험계약상 위험변경증가에 대한 입법론적 고찰", BFL, 제48호, 2011, 59면 이하.

으로 보험계약해지권을 행사하도록 한 것 대신에 계약당사자가 보험료를 상호 조정하여 보험계약관계를 유지할 수 있도록 하고 있다. 계약관계에서 일정한 사항을 위반하였다고 하여 보험관계를 무조건적으로 소멸시키는 것은 계약당사자 모두에게 붙이의을 초래할 것이다. 양쪽은 계약당사자의 합의를 통하여 보험료를 조정할 수 있도록 하여, 보험자는 보험계약관계를 유지하여 계속적인 보험료 수령의 이익을 연계 되고, 보험계약자는 인상된 보험료를 지급함으로써 보험보호의 혜택을 지속적으로 누릴 수 있게 된다.

## 2) 보험자의 담보배제 권리

독일 보험계약법은 위험증가에 대하여 보험자의 보험료증액청구권을 인정하고 있다. 즉, 보험자는 위험증가 증액을 시점부터 자신의 업무기준에 근거하여 증가된 위험에 대한 합당한 보험료를 요구할 수 있다. 그러나 보험료의 증액이 반드시 보험자에게 매력이 아닐 경우도 발생할 수 있고, 또 부분에 대한 불보험이 보험자에게 발생할 수도 있다. 독일 보험계약법은 이 점을 고려하여 보험자에게 증가된 위험만큼의 보험보호를 배제할 권리를 인정하고 있다. 결국 보험자는 양 권리에 대하여 보험료증액청구권을 행사하거나 담보배제의 선택권을 행사할 수 있는 것이다. 독일 보험계약법 제25조가 이러한 면을 구성하고 있는데, 동 규정은 2008년 보험계약법 개정을 통하여 새롭게 도입된 규정에 해당한다.

## 3. 중과실에 대한 비례보상원칙

특히 주목해야 할 점은 보험자의 면책과 관련된 사항이다. 보험계약자는 고의로 의무를 위반한 경우에는 보험자는 보험자의 보험금지급에 대한 면제을 주장할 수 있지만, 중대한 과실에 대하여는 보험계약자의 과실의 정도에 따라 보험금을 자동적으로 지급하도록 하고 있다. 이러한 지급방법은 2008년 개정 전에는 도입된 바 없었다. 실무상 제기될 수 있는 문제점이 없는 것은 아니지만, 고의와 중대한 과실을 동일한 선상에서 보는 것을 중단하고, 과실에 대하여 등급을 두어 보험금을 지급하고자 하는 노력은 배력적인 시도라 할 수 있을 것이다. 중과실이 없다는 사항에 대하여는 보험계약자가 증명을 하도록 하고 있다.

## 4. 보험계약자의 해지권

위험증가에 따라 보험자는 보험료증액청구권을 통하여 체결 전의 위험상황에 상응하는 모습으로 유지할 수 있을 것이다. 그러나 위험증가의 결과 보험계약자가 지급해야 하는 보험료가 10% 이상 증액이 요구되거나 증가된 위험에 대하여 보험자가 위험담보를 수용하지 않는 경우에, 보험계약자는 언제든지 보험계약에 대한 해지를 행사할 수 있다. 위험증가에 따른 보험 보전의 기회를 보험료증액청구권과 담보배제를 보험자에게 부여하였다고 한다면, 일정 이상의 보험료 증액으로 인하여 보험계약자가 수용하기 어려운 경우이거나 증가된 위험이 부보될 수 없어 보험계약자의 실익을 인기 어렵다고 한다면, 보험계약자는 보험계약을 해지함으로써 보험관계를 소멸할 수 있는 기회를 부여한 것이다.

## 5. 보험자의 보험금지급의무

독일 보험계약법은 위험증가로 인하여 발생할 수 있는 문제를 예방하기 위하여 보험계약자의 통지의무, 보험자의 해지권, 보험료증액청구권 등을 규정하고 있지만, 또다른 측면에서 보험자가 급부를 면할 수 있는 경우를 명시적으로 규정하고 있다. 즉, 통지의무를 위반한 보험계약자가 불이익을 받는 것이 타당하지만, 위험의 증가가 보험사고의 발생이나 급부의무의 범위에 대하여 인과관계가 존재하지 않은 경우에는 보험자는 보험금을 지급해야 할 의무를 부담한다. 또한 보험사고의 발생시점에 보험자의 해지기간이 경과한 경우에도 역시 보험자는 보험금지급의무로부터 벗어날 수 없다.

# VI. 결론

보험계약체결과정에서 보험의 대상이 되는 위험의 범위는 확정되어야 하고, 또 보험자와 보험계약자는 이것에 대하여 상호 협의하여야 한다. 보험계약의 선의성으로 말미암아 보험계약자는 보험기간 동안 계약체결 전의 위험을 스스로 또는 제3자를 통하여 변경시켜서는 아니 되고, 변경 시 보험계약자는 보험자에게 통지의무를 부담해야 한다. 외부적인 요인에 의하여 위험변경이 발생하는 경우 역시 보험계약자는 이를 알게 되는 즉시 보험자에게 통지해야 한다. 우리 생명 보험법과 독일 보험법은 전체적인 체계에서는 큰 차이가 있는 것은 아니라 하겠다. 다만, 세부적인 사항에서 입법을 통하여 문제를 해결하고자 하는 독일 보험계약법의 내용은 우리에게 시사점을 주고 있다. 위험증가와 관련하여, 독일은 2007년 보험계약법 개정 전과 개정 후에 큰 차이점은 발견되지 않고 있다. 그러나 중과실 비례보상 제도를 도입한 점이나, 특정한 사항에 대하여 보험자의 담보배제권리를 인정하면서도 통지의 보험금지급의무를 명시적으로 실정법에 포함한 점은, 보험계약법을 현대화하고자 하는 노력의 일편을 독일에서 엿볼 수 있다.

위험변경·증가의 금지의무 및 통지의무 관련하여, 우리 상법은 2개의 조문을 두고 있다. 제652조에 따라 위험변경·증가의 경우 보험계약자는 지체 없이 보험자에게 통지해야 하고, 이를 게을리한 경우 보험자는 이를 안 날로부터 1개월 내에 계약을 해지할 수 있다. 또한 통지를 받은 경우라 할지라도, 보험자는 계약을 해지하거나 계약의 유지를 위하여 보험료증액청구권을 행사할 수 있다. 우리 상법이 위험의 변경이라는 개념을 배제하지 않으면서 위험증가의 문제를 해결하고 있는 반면에, 독일 보험계약법은 위험의 변경이라는 개념 대신에 위험의 증가에 중점을 두고 보험자와 보험계약자의 이익을 고려하고 있다. 위험변경이라는 개념은 위험의 증가에 대한 의미도 있지만 감소의 의미도 있다. 우리 상법은 특별위험의 소멸로 인한 보험계약자의 보험료 감액청구권을 인정하고 있다(제647조). 이 점을 고려한다면, 변경의 개념은 큰 의미가 없을 것으로 판단된다. 생명보험 체계를 가지고 있다는 점에서 독일이나 우리나라는 동일하다. 다만, 독일의 경우 보험계약법이라고 하는 실정법을 통하여 법적 안정성을 피하고 있는 점은 매우 의미 있는 것이라 하겠다.

# 제18장

# 보험금청구권의 소멸시효

## I. 문제제기

2002년 독일에서 채권법에 대한 대폭적인 개정이 이루어졌다. 급부장애의 분야에서 채무자가 의무를 위반하는 경우, 민법 제280조 제1항에 따라 채권자는 다양한 법적 구제수단을 행사할 수 있게 되었다. 이미 판례에서 인정되고 있었던 '계약체결상의 과실(Culpa in Contrahendo)'의 문제와 '적극적 채권침해(Positive Forderungsverletzung)' 등을 입법하는 동시에, 매매법과 도급법의 채제에 대한 변화가 있었다. 또한 소비자보호법을 민법에 수용하였고, 보통거래약관법 역시 민법에 포함시키는 작업이 이루어지게 되었다.

특히 보험계약법과 관련하여 관심을 끄는 부분이는 개정된 소멸시효에 관한 내용이다. 미래의 불확실한 위험을 담보하기 위하여 보험계약자는 보험자와 보험계약을 체결하게 된다. 계약의 성립 후 보험계약자가 보험료를 지급하는 동안에 보험사고가 발생하면, 보험계약자 또는 기타 이해관계자는 보험자에게 보험금을 청구하게 된다. 그러나 보험사고가 발생했다고 할지라도 종종 보험금청구권자가 보험금을 청구하지 않는 상황이 발생하게 된다. 이 경우 우리 보험계약법은 일반채약관계와 마찬가지로 일정한 기간이 지나면 보험금청구권을 행사할 수 있는 가능성을 배제하는 소멸시효를 두게 된다. 우리 상법은 제662조에 따라 보험금청구권자가 자신의 청구권을 2

년간 행사하지 아니하면 소멸시효가 완성하게 된다. 장기간에 걸친 보험관계가 정리되지 않게 됨에 따라 발생할 수 있는 법률관계의 혼란과 불안정을 예방하고자 한 목적이 있다. 독일 보험계약법 역시 제15조에서 소멸시효의 정지에 관한 규정을 두고 있다.

## II. 민법과 보험계약법에서 소멸시효의 전개

### 1. 민법의 경우

#### 1) 일반적인 소멸시효

일반적인 소멸시효와 관련하여 독일은 2002년 민법 개정 시 소멸시효기간을 30년에서 3년으로 대폭 단축하고 있다(독일 민법 제195조). 개정 전 독일 민법은 30년의 일반적인 소멸시효의 원칙에서 출발하지만 민법 전반에 소멸시효의 기간, 시기, 진행 등에서 너무나 다양한 예외를 인정하고 있었다. 특히 6주에서 30년의 기간에 걸쳐 있는 각종 소멸시효기간과 상이한 기산방법 및 특별한 정지사유 등을 파악하는 것은 법률가라 할지라도 쉽지 않다고 하는 비판과 독일 민법이 제정된 이래 소멸시효의 구정들이 변화된 사회현실을 반영하지 못하고 있다는 지적이 제기되었다. 그 결과 독일의 입법자는 단순하고 명백한 소멸시효제도의 정립을 위하여 통일적이면서도 일반적인 소멸시효제도를 도입하게 된 것이다.

2002년 개정민법은 일반적인 소멸시효에 있어서 청구권의 기초가 되는 제반사정에 대한 청구권자의 인식 내지 인식가능성을 전제로 하는 주관적 단기소멸시효와 인식가능성을 전제하지 않는 객관적 장기소멸시효의 이중적인 구조를 도입하였다.[1] 특히 일반적 소멸시효의 체계는 주관적 체계를 수용하여 청구권의 기초가 되는 제반사정과 채무자의 신원에 대한 청구권자의 인식 내지 중대한 과실로 인한 부지의 사실이 있는 해가 종료한 때로부터 소멸시효기간이 시작되는 것으로 하고 있다(독일 민법 제199조

1　Lorenz/Riehm, Lehrbuch zum neuen Schuldrecht, München 2002, Rdn. 36.

제1항), 그리고 또 다른 측면에서 독일 민법은 청구권자의 주관적 인식 내지 인식가능성이 없는 경우를 간과하지 않고 있는 점을 들 수 있다(독일 민법 제199조 제2항에서 제4항까지). 즉 이 경우 소멸시효의 시기를 무한히 연기할 수는 없는 것이므로 청구권의 주관적 사정과 상관없이 일정한 기간(30년이나 10년)이 경과하면 소멸시효가 완성되는 보충규정을 두고 있다.

## 2) 특별 소멸시효

모든 청구권을 일반적 소멸시효로 적용하는 것을 상상할 수 있지만, 청구권의 성질을 고려하여 일반적인 소멸시효기간의 이상으로 권리의 강제적 실현가능성을 부여해야 할 필요성이 있는 경우에 대하여는 예외적으로 특별 소멸시효규정을 두고 있다. 예를 들면 민법 제197조는 소유권 및 다른 물권에 기한 청구권, 진족법 및 상속법상의 청구권, 기판력 확정된 청구권, 집행할 수 있는 화해 또는 집행할 수 있는 증서에 기한 청구권 및 도산절차에서 행하여진 확정에 의하여 집행할 수 있게 된 청구권에 대하여 30년의 소멸시효기간을 두고 있다. 그 외 주관적 체계의 도입이 불가능한 것으로 인정되는 계약의 담보책임에 있어서도 독일 민법은 특별 규정을 두고 있다.

## 2. 보험계약법 제15조의 소멸시효

독일 보험계약법은 제15조에서 소멸시효의 정지에 대하여 규정하고 있다.² 제15조의 일반복직을 실패보고 개정 전과 개정 후 어떠한 변화가 이루어졌는기를 고찰하기로 한다.

---

2  §15 (Hemmung der Verjährung) Ist ein Anspruch aus dem Versicherungsvertrag beim Versicherer angemeldet worden, ist die Verjährung bis zu dem Zeitpunkt gehemmt, zu dem die Entscheidung des Versicherers dem Anspruchsteller in Textform zugeht. 제15조(소멸시효의 정지) 보험계약에 근거하여 청구권의 행사가 보험자에게 신청된 경우에는 보험자의 결정이 청구권자에게 텍스트 행식으로 도달되기 전까지 소멸시효는 정지된다.

# 1) 내용의 변화

보험계약법 제15조는 개정 전 보험계약법 제12조3와 약간의 차이를 보이고 있다.[4]

세 개의 조문으로 구성되어 있던 개정 전 보험계약법 제12조는 개정 후 한 개의 조문

으로 단순화되어 있음을 알 수 있다.

**소멸시효에 대한 개정 전과 후의 독일 보험계약법**

| 개정 전 보험계약법 제12조<br>(소멸시효, 제소기간) | 현 보험계약법 제15조(소멸시효의 정지) |
|---|---|
| (1) 보험계약으로 인한 청구권은 2년으로 소멸시효가 완성한다. 생명보험의 경우에는 5년이다. 소멸시효는 보험급부를 청구할 수 있는 해의 말로부터 진행한다. | 보험계약으로부터 발생하는 청구권이 보험자에게 신청된 경우에, 소멸시효는 보험자의 결정이 청구권자에게 문서형식으로 도달한 때까지 정지된다. |
| (2) 보험계약자의 청구권이 보험자에게 신청된 경우에는 소멸시효는 보험자의 서면에 의한 결정이 도달할 때까지 정지된다. | |
| (3) 청구권이 6개월 이내에 법원에서 주장되지 않는 한 보험자는 면책된다. 이 기간은 보험자가 보험계약자에게 기간경과로 인한 면책효과를 알려주면서 보험계약자의 청구권을 서면으로 거절한 때로부터 진행한다. | |

우선 6개월의 배제기간 내에 보험계약자를 통한 청구권의 재판상 주장을 규정하고

있던 개정 전 보험계약법 제12조 제3항의 제소기간은 삭제되어있다. 또한 보험계약의 경

우에 소멸시효에 대하여 인정되었던 특별규정을 삭제하고 있다(개정 전 보험계약법

제12조 제1항을 참조). 단지 개정 전 보험계약법 제12조 제2항의 정지 구정만이 계속해

---

3   § 12 Alt-VVG(Verjährung; Klagefrist) (1) Die Ansprüche aus dem Versicherungsvertrag verjähren in zwei Jahren, bei der Lebensversicherung in fünf Jahren. Die Verjährung beginnt mit dem Schluss des Jahres, in welchem die Leistung verlangt werden kann. (2) Ist ein Anspruch des Versicherungsnehmers bei dem Versicherer angemeldet worden, so ist die Verjährung bis zum Eingang der schriftlichen Entscheidung des Versicherers gehemmt. (3) Der Versicherer ist von der Verpflichtung zur Leistung frei, wenn der Anspruch auf die Leistung nicht innerhalb von sechs Monaten gerichtlich geltend gemacht wird. Die Frist beginnt erst, nachdem der Versicherer dem Versicherungsnehmer gegenüber den erhobenen Anspruch unter Angabe der mit dem Ablauf der Frist verbundenen Rechtsfolge schriftlich abgelehnt hat.

4   Dazu Prölss/Martin, Versicherungsvertragsgesetz, 28. Aufl., Verlag C.H.Beck, 2010, § 15 Rdn. 1 ff.(Zum neuen Recht Rdn. 1f, zum alten Recht Rdn. 4 f.

서 존재의 필요성을 인정되어있고, 개정 전 제12조 제2항의 내용은 현 보험계약법 제15조에서 약간의 내용에 대한 변화가 있었다.[5]

## 2) 규정의 목적

보험계약법 제15조는 소멸시효의 정지에 대한 내용을 담고 있다.[6] 장기간에 걸쳐 보험자와 협상을 해야 하는 경우에 소멸시효가 개시하게 된다면 보험계약자의 이익을 감수해야만 한다. 또한 보험금청구권자가 보험금을 청구하는고 보험자에 의한 보험금지급의 정정이 되지 않은 상태에서 소멸시효의 기간이 경과하게 되는 우 역시 보험계약자의 불이익이이 발생할 수 있다. '보험계약자가 정지가 되는 경에 대한 지급의 정정을 수령한 경우에만 소멸시효의 정지가 중요하게 되는' 하는 보험계약법 제15조는 기본적으로 보험계약자를 보호하기 위한 보험금 즉 보험계약자의 청구권이 유효하지 아니면 유효하게 대한 불투한한 상황에서 소멸자의 기간이 제속해서 행사할 수 있는 청구권이 소멸시효를 통하여 상실될 수 있는 위험을 배제하는 효과를 갖게 된다.[8] 그러나 보험자의 결정이 보험금청구권에게 도달된 경우에는 보호필요성을 배제함으로써 보험자와 보험금청구권자 간의 소멸시효에 대한 명확성이 발생한다.[9]

목할 만한 사항은 개정 전 보험계약법 제12조 제2항에서 신청된 청구권이 '보험계약자의 결정이 보험금청구권자에게 도달하게 되면 소멸시효는 개시된다. 특히 주

.........
5 발생과정에 대하여는 Bruck/Möller, Versicherungsvertragsgesetz, De Gruyter Recht: Berlin, 9. Aufl., 2008, § 15 Rdn. 1 f

6 보험계약법 제15조는 "Hemmung des Verjährung)이라는 제목을 받고 있다. 2002년 독일 민법의 현대화의에 시 개정 민법은 소멸시효와 관련하여 구민법상의 소멸시효의 정지(Hemmung), 완성유예에(Ablaufhemmung) 및 중단(Unterbrechung)이라는 세 가지 시효장애를 제승하고 있다. 단만 개념의 명확성을 도모하기 위하여 소멸시효의 중단이라는 용어 대신에 제시작(Neubeginn)이라는 새로운 용어를 사용하고 있으며 종래의 중단사유를 대폭 정지사유로 전환하여 규정하고 있다.

7 Rüffer/Halbach/Schimikowski/Muschner, Versicherungsvertragsgesetz, Nomos, 2009, § 15 Rdn. 1.

8 So zur Vorgängervorschrift OLG Hamm 13. 1. 1993-20 U 224/92, VersR 1473, r•s 1993, 237.

9 Zur Regierungsbegründung Niederleithinger, Das neue VVG, Nomos, 2007, S. 123 f.

자'에게만 발생하도록 하고 있는 것을 '보험계약으로부터 발생할 수 있는' 것으로 개정함으로써, 단지 보험계약자에게만 발생하는 것이 아니라, 저당권자(혹은 질권자)이나 양수인 등의 이해관계인의 청구권이 발생하는 경우에도, 소멸시효가 정지되도록 함으로써 보다 그 범위가 확장되고 있음을 알 수 있다.[10]

## 3. 보험계약의 민법에 적용

2008년부터 발효되고 있는 보험계약법은 독자적인 소멸시효규정을 가지고 있지 않다. 독자적인 규정을 가지고 있지 않다는 이미는 일반법인 민법의 적용을 받는다는 것을 의미한다. 그 결과 보험계약으로부터 발생하는 청구권에 대한 소멸시효는 독일 민법 제195조에 따라 3년의 일반적인 소멸시효가 적용된다.[11] 개정 전 보험계약법은 보험계약에서 발생하는 청구권에 대하여는 2년의 소멸시효기간을, 생명보험에 대하여는 5년의 시효기간을 정하고 있었다. 그러나 개정된 보험계약법은 민법에 규정된 3년의 소멸시효기간을 통일적으로 적용하고자 한다.[12]

---

10 Begr. RegE, BT-Drucks. 16/3945, S. 64.

11 Begr. RegE, BT-Drucks. 16/3945, S. 64; 독일의 개정민법은 특별소멸시효가 적용되지 아니하는 모든 청구권의 일반소멸시효를 규정함에 있어 소멸시효기간을 종전의 30년에서 3년으로 대폭 단축하고 있다. 또한 개정 전과 달리 소멸시효의 주관적 체계를 채택하여 청구권의 기초가 되는 채무자의 신원에 대한 청구권자의 인식 내지 중대한 과실로 인한 부지의 사실이 있는 해가 종료한 때로부터 소멸시효 기간이 시작되는 것으로 규정하고 있다. 그런데 청구권자의 주관적 인식 내지 인식가능성과 상관없이 일정한 도 소멸시효의 시기를 무한히 연기할 수는 없는 것이므로, 청구권자의 주관적 사정과 상관없이 이를 일반소멸시효 기간(10년 또는 30년)이 경과하면 소멸시효가 완성되는 것으로 하는 보충규정을 두고 이를 일반소멸시효의 최장기간이라고 명명하고 있다. 그런 측면에서 독일 개정민법상의 일반소멸시효는 청구권의 기초가 되는 채권사정에 대한 청구권의 인식 내지 인식가능성을 전제로 하는 주관적 단기소멸시효와 그러하지 아니한 객관적 장기소멸시효의 이중구조를 띠고 있다고 볼 수 있다. 독일 문헌으로는 Muschner/Wandt, Die Verjährung im Versicherungsvertragsrecht, MDR 2008, 609; Lorenz/Riehm, Lehrbuch zum neuen Schuldrecht, München, 2002, Rdn. 36.

12 Terbille, Versicherungsrecht, C.H.Beck, 2. Aufl., 2008, Rdn. 335 f.

# III. 보험계약법상 소멸시효의 개시

## 1. 소멸시효의 전제요건

2008년 보험계약법이 개정된 후 발생하는 신계약은 민법 제199조 제1항[13]의 주관적 시효의 영향을 받게 된다. 기간개시의 타당성을 찾기 위해서는 '청구권이 발생'되어야 한다는 객관적인 전제조건 외에 주관적인 요소로서 청구권의 원인이 되는 상황 및 채무자의 인식에 대한 필요성, 특히 '중대한 과실로 인한 인식부재가 존재해야 한다. 그리고 소멸시효는 안 전체조건이 존재하는 그 해의 경과와 함께 개시된다.[14]

## 1) 객관적 요소

보험계약으로부터 발생하는 청구권소멸시효기간의 기산점은 민법 제199조가 중요한 의미를 부여하고 있다. 민법 제199조는 일반소멸시효기간의 기산점에 대하여 규정하고 있고, 기산점이 개시되기 위한 조건으로 '청구권의 성립'을 요구하고 있다(제1항 제1호, 이는 청구권이 이행될 수 있는 경우에만 소멸시효의 기산점이 개시되는 것을 의미하게 된다.[15] 결국 보험금청구권의 소멸시효기간은 보험계약법 제14조의 지급기한과 함께 개시되는 것으로 보아야 한다.[16]

---

13 독일 민법 제199조(일반소멸시효기간의 기산점 및 최장기간) (1) 일반소멸시효기간은 다음의 연도가 끝나는 때로부터 진행한다. 1. 청구권이 성립하고, 2. 채권자가 청구권을 발생시키는 사정 및 채무자의 신원을 알았거나 중대한 과실 없이 알았어야 했던 때 (2) 생명, 신체, 건강 또는 자유의 침해를 이유로 하는 손해배상청구권은, 그 성립 여부와 관계없이, 그리고 인식 또는 중대한 과실로 인한 불인식에 관계없이 발생 시점부터 30년의 소멸시효에 걸린다. (3) 기타의 손해배상청구권은 1. 인식 또는 중대한 과실로 인한 불인식에 관계없이 그 성립 시점부터 10년의 소멸시효에 걸리고, 2. 그 성립 여부에 관계없이, 그리고 인식 또는 중대한 과실로 인한 불인식에 관계없이, 행위, 의무위반 시 또는 손해를 발생시키는 기타 사건의 발생 시부터 30년의 소멸시효에 걸린다. 이 중 먼저 완료되는 기간이 기준이 된다. (4) 손해배상청구권 이외의 인식 또는 중대한 과실로 인한 불인식에 관계없이, 항위, 의무위반 시 또는 손해를 발생시키는 기타 사건의 발생 시부터 10년의 소멸시효에 걸린다. (5) 청구권이 부작위를 목적으로 하는 경우에는, 소멸시효는 그 성립 시로부터 시가 아니라 위반행위 시로부터 진행한다.

14 Palandt/Heinrich, BGB, C.H.Beck, BGB, 2010, § 199 Rdn. 2.

15 BGH 17. 2. 1971-VIII ZR 4/70, BGHZ 55, 340 (341); BGH 22. 2. 1979-VII ZR 256/77, BGHZ 73, 363 (365); BGH 18. 12. 1980-VII ZR 41/80, BGHZ 79, 176 (178).

16 BGH 55, 340 (341)-VII ZR 168/67, BGHZ 53, 222 (225); BGH 17. 2. 1971-VIII ZR 4/70, BGHZ 55, 340 (341); BGH 19. 12. 1990-VIII ARZ 5/90, BGHZ 113, 193; Palandt/Heinrich, BGB, § 199 Rdn. 3.

보험사고가 발생하면 보험금청구권자는 보험금을 청구하게 된다. 보험금청구권자의 희망대로 재빨리 보험금이 지급되면 바라는 것이 없겠지만, 보험자는 보험금을 지급하기 전에 보험사고에 대한 점증과 조사를 수행하게 된다(보험계약법 제14조를 참조).[17] 보험자의 급부이행은 보험사고와 보험자가 급부이행의 범위를 확정하기 위한 조사가 이행된 후 이루어지게 된다. 이러한 지급기간의 타당성을 갖기 위해서는 때때로 보험계약자의 협조행위가 있어야 한다. 그러므로 보험계약자가 보험사고를 통지하지 않았거나 보험자가 요청하는 조사에 협조를 하지 않는 경우에는 소멸시효기간의 개시가 연기될 수 있다.[18] 그러나 보험자가 보통보험약관에 협조행위에 대한 간접의무(책무)를 정하고, 고의적인 간접의무(책무)의 위반 시 보험자는 책임이 없음을 주장할 수 있다(보험계약법 제28조 제2항). 반면 보험계약자는 간접의무의 위반이 보험사고의 발생이나 확정 또는 보험자의 급부의무의 범위에 인과관계가 없는 경우라면, 보험자는 급부를 이행해야 한다(보험계약법 제28조 제3항).[19]

소멸시효기간의 개시와 관련하여, 판례는 간접의무를 통하여 보험계약자가 남용할 수 있는 행위를 방지하기 위하여 다양한 조치들이 제시하고 있다.[20] 즉 보험계약자가 협조의무를 이행하지 않거나 의무를 게을리하여 보험자가 취할 수 있는 이익을 연기하게 침해한 경우에는, 협조의무가 이행되었어야만 하는 그 시기에 소멸시효기간이 개시된 것으로 보고 있다. 또한 보험계약자가 설득력 있는 근거를 제시하지 않고 협조

17 자세하는 유주선, "독일 보험계약법상 보험금급부의 지급기한", 고려법학, 제59호, 2010. 12, 23면 이하.

18 BGH 13. 3. 2002-IV ZR 40/01, VersR 2002, 698.

19 보험계약법 제28조(보험계약상의 책무위반) ① 보험사고가 발생하기 전 보험자에 대하여 보험계약자로부터 이행되어야 하는 계약상의 책무가 위반된 때에는 의무위반이 의무위반자의 고의 또는 중과실에 의한 경우 보험자는 이부터만 자료부터 1개월 내에 연계되는지 그 계약약을 해지할 수 있다. ② 보험계약자로부터 이행되어야 하는 계약상의 책무가 위반되어졌을 보험자가 급부를 할 의무가 해제되는 것은 정한 경우 보험계약자가 고의로 의무를 위반하였을 때에만 그 보험자의 급부의무도 해제된다. 의무를 중과실에 위반한 경우에는 보험계약자의 책무위반이 고의로 의무를 위반하였을 비율에 따라 보험자의 급부의무는 공제된다. 중과실이 없었음에 대한 입증책임은 보험계약자에게 있다. ③ 의무의 위반이 보험사고의 발생이나 확정이 또는 보험자의 급부의무의 확정이나 범위에 인과관계가 없는 경우에는 보험자는 제2항과 달리 급부의무를 진다. 보험계약자가 책무를 악의로 위반한 경우에는 제2항은 적용되지 않는다. ④ 제2항에 따른 보험자의 전부 또는 일부의 면제은 보험사고의 발생 후 하게 되는 정보제공의무 또는 설명의무의 위반 시 보험자가 의반 간접의무가 보험계약자를 이 의무위반에 대한 법률효과를 텍스트 형식의 통지를 통하여 지시하였을 것을 전제로 한다. ⑤ 계약상의 책무를 위반한 경우 보험자가 계약을 해제할 수 있음을을 정한 것은 무효이다.

20 BGH VersR 2002, 698 = r+s 2002, 217 = NVersZ2002, 309.

를 지연하고 있는 경우라든가 보험자의 급부의무에 대한 대항사유와 관련하여 보험자의 지위를 악화시키도록 하는 경우에는, 비록 그러한 것이 의도적이 아니라 할지라도, 그 이전에 기간개시가 발생하게 되는 것으로 판단하고 있다.

## 2) 주관적 요소—인식 또는 중대한 과실로 인하여 알지 못함

개정 전 보험계약법 제12조 제1항과 달리, 소멸시효기간의 개시와 관련하여 민법 제199조는 단지 객관적 전제조건에만 연결시키고 있지 않다. 이는 보험급부에 대한 청구권의 지급기한에 대하여도 동일하게 적용된다. 소멸시효기간의 개시에 대하여 민법 제199조 제1항은 부가적인 주관적 요구사항을 기술하고 있다. "청구권을 근거하는 사실이나 채무자 그 자신에 의하여 채권자가 알았거나 중대한 과실로 알지 못한 것이 발생되어야 한다. 하지만 대부분의 보험관계에서 청구권의 지급기한에 대한 근거는 이미 보험계약자 등의 협력행위(예를 들면 보험계약에서 청구서류의 교부)를 전제하고 있다. 그러므로 이러한 사례에서 보험계급청구권자는 청구권을 행사할 수 있다는 사실을 인식하고 있다고 보는 것이 일반적이다. 보험계약자가 알고 있지 않은 보험사고에 대하여는 신고할 수 없는 것이 당연하다. 그러므로 실무상 주관적인 요소는 그런 큰 의미를 갖지 않는다는 의견[2]도 제시되고 있다.

## 2. 기산점

소멸시효기간의 기산점은 독일 민법 제199조 제1항에 규정되어 있다. 일반소멸시효기간의 기산점은 청구권의 성립(제199조 제1항)과 채무자가 청구권을 발생시키는 사정 및 채무자의 신원을 알았거나 중대한 과실 없이 알았어야 했던 그 시점으로 보는 것이 아니라, 그러한 전제조건들의 충족되는 연도 말로부터 진행하게 된다.

## 3. 시효기간

### 1) 소멸시효의 원칙

2008년 1월 1일부터 새로운 제약은 원칙적으로 민법 제195조 이하의 규정에 따라 적용된다.[22] 민법 제195조에 따라 일반적인 소멸시효기간은 3년에 해당한다. 법률이 더 짧거나 더 장기의 소멸시효기간을 규정하고 있지 않거나 당사자가 기간을 연장하는 경우, 특히 기간을 단축하는 것을 합의하지 않는 한, 보험계약으로부터 나오는 모든 청구권은 일반적인 소멸시효원칙이 효력을 갖게 된다.

### 2) 소멸시효 최장기간의 제한

민법 제199조 제1항은 소멸시효가 개시되기 위한 주관적인 요소로서 채권자가 청구권을 발생시키는 사정에 대한 인식이나 중대한 과실로 인하여 알지 못한 것을 요구하고 있다. 하지만 채권자의 인식에 대한 시점이 대부분 정해지지 않고 있을 뿐만 아니라 특별한 상황에서 그러한 시점은 결코 개시되지도 않는 경우를 생각해볼 수 있다. 그러므로 법적안정성의 측면에서 채권자의 채권자의 인식과 관계없이 경과하게 되는 부가적인 면서 절대적인 최장기간이 정해져야 할 것이다. 독일 민법 제199조 제4항이 그것을 고려하고 있다. 손해배상청구권 이외의 청구권은 그 성립 시로부터 10년의 소멸시효에 걸리거나(제199조 제3항 제1호, 그 성립 여부에 관계없이, 또한 인식 또는 중대한 과실로 인한 불인식에 관계 없이 행위 시 · 의무위반 시 · 손해를 발생시키는 기타 사건의 발생 시부터 30년의 소멸시효에 걸리게 되는데(제199조 제3항 제2호). 이 중 먼저 완료되는 기간이 기준이 된다. 보험계약으로부터 발생하는 급부청구권에 대하여도 역시 동일한 효력을 발생하게 된다(민법 제199조 제4항).

22 Niederleithinger, A Rdn. 83; Deutsch, Das neue Versicherungsvertragsrecht, 6. Aufl., VVW, 2007, S. 128.

## 4. 기간의 종료

독일 민법 제188조는 기간의 종료에 대하여 정하고 있다. 일(日)로 정해진 기간은
기간의 최종일의 경과로써 종료하게 된다(제188조 제1항). 주, 월 및 여러 개의 월을
합친 시간, 즉 년·반년(6개월의 기간)·6개월의 절반(3개월의 기간)로 정해진 기간은,
제187조 제1항[23]의 경우에는 최종의 월의 일에서 최종의 주 또는 최종의 월의 수에
그 사건 또는 그 시점의 당일에 상응하는 날의 일에서 그 명칭 또는 수에 의하여
전단). 제187조 제2항[24]의 경우에는 최종의 주 또는 최종의 월의 일에서 그 명칭 또는 수에 의하여
의하여 그 사건 또는 그 시점의 당일에 상응하는 날의 전날의 경과로써 종료한다.

## IV. 보험계약법상 소멸시효의 정지

### 1. 보험계약자의 신청

소멸시효의 정지를 규정하고 있는 민법에 대한 특별규정인 보험계약법 제15조는 개
정전 보험계약법 제12조 제2항과 비교하면 내용에 있어서 약간의 차이가 있다. 소멸
시효의 정지는 보험계약으로부터 발생하는 청구권이 신청되는 것에 달려 있다. 신청
은 손해통지를 통하여 묵시적으로 이행할 수 있는 청구권의 제기이며,[27] 순해통지는
보험계약자가 청구권을 행사할 것이라고 하는 것일 수 있도록 해야 한다. 보험계약
자에 의하여 제기되는 청구권의 범위에 대한 규제적인 신고는
시 반드시 필요한 것은 아니다.[28]

......

23 제187조(기간의 개시) ① 기간이 이벤트한 사건의 발생으로 또는 하루의 어느 시점에 개시하는 것으로 정하
여진 경우에는 기간의 계산에 있어서 그 사건 또는 그 시점의 당일은 산입하지 않는다.

24 제187조(기간의 개시) ② 어느 날의 처음으로부터 기간이 개시되는 경우에는, 기간의 계산에 있어서 그 날
은 산입된다. 연령의 계산에 있어서 출생일에 대하여도 또한 동일하다.

25 Das gesetzliche Erfordernis der Schriftform ist durch das der Textform ist § 126b BGB ersetzt worden.

26 OLG Hamm 2. 11. 1976-20 U 51/76, VersR 1977, 1155.

27 BGH 20. 1. 1955-II ZR 108/54, VersR 1955, 97; BGH 29. 9. 1960-II ZR 135/58, VersR 1960, 988 = NJW 1960, 2187.

28 BGH 25. 1. 1978-IV ZR 122/76, VersR 1978, 313.

보험의 종류에 따라 보험계약자의 신청내용이 달라질 수 있다. 상해보험에서는 상
해에 대한 순수한 통지만으로 충분하지 않다. 상해보험에서 대부분 다수의 급부사항
이 제약적으로 보장(치료비용, 폐질보상금) 때문에, 보험계약자는 어떠한 청구권을
주장할 것인가를 보험자에게 알려주어야만 한다. 자동차 책임보험에서는 피해를 당한
제3자가 보험자에 대하여 청구권을 행사하는 경우에, 그것은 충분한 것으로 볼 수 없
다.[29] 보험계약자가 피해자에게 보험자의 주소와 보험번호를 고지한 경우에만 효력이
발생하게 된다.[30] 법률비용보험에서는 비용확정결의(Kostenfestsetzungsbeschluss)의 교부
만으로 충분하다.[31] 또한 보험계약자가 충분한 신고를 하지 않은 경우에는, 청구권에
대한 효과적인 신청이 존재하지 않는 것[32]으로 보는 것이 타당하다.

## 2. 보험자의 결정과 소멸시효의 정지종료

### 1) 결정을 통한 정지종료

보험계약법 제15조는 보험자의 '결정'에 대하여 언급하고 있다. 보험자의 결정은 급
부의무의 이유와 범위에 대한 명백하고도 최종적인 입장이다.[33] 이러한 결정은 보험자
가 빠짐없이 그리고 철저하게 그 청구권을 설명하고자 하였다는 점을 보험계약자가
알 수 있도록 해야 한다.[34] 그러므로 보험자의 거절결정은 단지 정지를 종료하는 것일
뿐 아니라 정지를 허용하는 하나의 결정이기도 하다.[35]

29　OLG Köln 25. 4. 1985-5 U 171/84, r+s 1985, 235.
30　OLG Koblenz 27. 2. 1975-4 U 695/74, VersR 1975, 442; OLG Koblenz 11. 12. 1975-4 U 531/75, VersR 1976, 1080.
31　KG Berlin 24. 4. 1990-6 U 695/74, VersR 1975, 442; OLG Koblenz 11. 12. 1975-4 U 531/75, VersR 1976, 1080.
32　Vgl. etwa OLG Düsseldorf 13. 3. 1990-4 U 146/89, r+s 1991, 23.
33　Looschelders/Pohlmann, Versicherungsvertragsgesetz, Carl Heymanns Verlag, 2010, Rdn. 20 ff.
34　Vgl. OLG Düsseldorf 31. 3. 1998-4 U 78/97, VersR 1999, 873＝NVersZ 2000, 239.
35　BGH 30. 4. 1991-VI ZR 229/90, VersR 1991, 878＝NJW 1991, 1954.

## 2) 무답변 통한 정지종료

보험계약자가 보험자의 질문에 대하여 대답을 하지 않지 않은 경우에 정지가 종료되는가의 문제와 언제 종료되느냐의 문제가 제기될 수 있다. 보험계약자의 조사에 협력의무를 거절함으로써 정지와 신의 속에 위반하여 방해하는 경우에 정지의 종료가 고려된다. 이 경우 보험계약자가 정지의 타당한 행위를 했더라면 보험자가 정지적인 결정을 할 수 있었던 시기로 되돌아가면 보험자가 받아들일 수 있다.[36] 보험자는 급부를 거절할 수 있게 되고, 보험자의 급부거절을 통하여 소멸시효 개시된다.

## 3) 소구의의 부존재로 인한 정지종료

보험계약자가 신청된 청구권을 분명하게 더 이상 소송을 제기할 수 없는 경우라면, 더 이상 보호의 필요성이 없다고 할 것이다.[37] 보험계약자가 협조를 하지 않는다는 것을 이유로 하여 보험자가 최종적으로 조사·신청(Regulierung)을 유보하는 경우에, 보험계약자의 이익은 이제 더 이상 보호가치를 갖지 못한다.[38] 이 경우 보험계약을 통한 거절은 요지 않는다. 청구권을 행사했음에도 불구하고 보험계약자가 필수적인 사류를 제출하지 않는 경우가 발생할 수 있다. 이 경우 보험자는 지금까지인 시설에 대한 설명을 근거로 하여 손해사정을 결정할 수 있다는 점을 보험계약자에게 통보할 수 있다. 이러한 사항을 보험자가 통지하게 되면 소멸시효는 정지되지 않는다.[39]

## 3. 결정통보의 형식과 수령인

### 1) 형식

개정 전 보험계약법 제12조 제2항은 보험자의 결정을 서면으로 통보하도록 하고 있

36 Vgl. OLG Hamm 3. 11. 1976-20 U 51/76, VersR 1977, 1155.
37 BGH 14. 12. 1976-VI ZR 1/76, VersR 1977, 335.
38 OLG Celle 20. 10. 1994-8 U 164/93, VersR 1995, 1173.
39 OLG Düsseldorf 8. 3. 1999-4 U 175/98, VersR 2000, 756.

있다. 서면요구사항은 보험계약자 보호를 위하여 포기될 수 없는 사항이 있다. 그러나 현 보험계약법 제15조는 서면을 유지하는 조안의 원칙적인 결정에 상응하면서, 텍스트 형식으로 수정하여 임법하게 되었다.

## 2) 수령인

원칙적으로 결정사항의 수령자는 보험계약자이다. 보험계약자가 청구권을 소지하고 있는 자에 해당하는 경우에만 결정사항의 수령자로서 효력이 있다. 제3자를 위한 보험의 경우와 같이 피보험자가 청구권을 가지고 있는 경우에 해당한다면, 보험자는 그 결정사항을 피보험자에게 교부해야 한다. 보험수익자나 진실한 채권자에 대하여도 동일함이 적용된다.[40]

## 4. 소멸시효의 정지에 대한 효력

### 1) 민법의 적용

민법 제209조[41]에 따라 소멸시효가 정지되는 기간은 소멸시효기간 안에 포함되지 않게 된다. 청구권의 제기 시 이미 소멸시효기간이 경과하게 되면, 보험계약자가 보험자의 효과적인 결정을 수령할 때까지 소멸시효는 정지된다.[42] 하자가 있는 행위등으로 인한 단지 소멸시효 정과를 정지한다. 소멸시효에 대한 개시나 기간은 수정되지 않는다.

---

40 Vgl. Römer/Langheid/Römer, VVG, § 12 Rdn. 26.

41 민법 제209조(재판상 청구에 의한 시효중단) ① 소멸시효는 권리자가 청구권의 만족 또는 화인을 구하는 소송, 집행문의 부여나 집행판결을 구하는 소송을 제기한 때에는 중단된다. ② 다음 각 호의 사유는 소의 제기와 함께 동시되다. 1. 독촉절차에서의 독촉결정의 송달. 1의 a. 민사소송법 제794조 제1항 제2호에 정하여진 방법으로 제소 전 화해기관에 제소를 신청함으로써 하는 청구권의 행사 2. 파산절차 또는 해상법상의 배당절차에서의 청구권의 신고. 3. 소송에서의 청구권의 상계의 주장 4. 청구권의 손부와 내용이 그 결과에 달려 있는 소송에서의 소송고지 5. 집행행위의 착수 및 강제집행이 법원 또는 기타 관청의 관할에 속하는 경우에 강제집행의 신청

42 Vgl. OLG Köln 17. 9. 1987-5 U 12/87, VersR 1987, 1210.

## 2) 새로운 합의

보험자가 거절할 결정한 후에 양 당사자가 새로운 협의를 하는 경우에, 보험자가 진행되었던 결정이 아직한 변화도 있어서는 안 된다는 점을 명시하려는 경우에만 단지 정시효와 대하여 영향을 미치게 된다. 이러한 사례는 보험자가 그의 급부의무에 대한 불응을 다시 오픈한 것으로 간주하였고 새로이 결정하고자 하는 것을 지한 경우에 해당된다.[43] 그러나 보험자가 급부의무의 문제를 새로이 지우에는 고려하지 아니하다. 새로운 협의는 협상대상에 대한 소멸시효의 정지에만 작용을 하게 된다.

---

예시

상해보험과 의료보험을 가지고 있는 보험계약자에게 보험사고가 발생되자 그는 청구권을 신청하였다. 보험자의 첫 번째 결정 후, 상해보험과 관련하여 안 당사자가 새로이 협의를 한다. 의료보험으로부터 발생하는 청구권은, 새로운 협의를 통하여 발생하는 소멸시효의 정지된다.[44]

---

## 3) 소송행위와 그 이외 행위

정지는 민법 제203조[45] 이하에 규정되어 있는 전체조건의 준재와 함께 발생하게 된다. 일부소송의 경우에는, 소멸시효가 단지 소 제기당한 일부 청구권의 범위에서만 정지된다.[46] 유보하에 이행된 선급 지급 후 제기구를 제기한 보험자의 소송은 보상청구의 소멸시효가 정지되지 않는다.[47] 보험 음부조만에 대한 보험계약자의 항변은, 보험 음부조만 절차법 제12조 제1문에 따라 소멸시효를 정지하게 된다. 그러나 금융감독청

........

43 OLG Hamm 14. 7. 1993-20 U 6/93, VersR 1994, 465.

44 OLG Hamm 22. 11. 1991-20 U 145/91, VersR 1992, 729=r+s 1992, 146.

45 독일 민법 제203조(협의에서 시효정지) 채무자와 채권자 사이에 청구권 또는 청구권을 발생시키는 사정에 대한 협의가 진행 중인 때에는 소멸시효는 일반 또는 타방이 협의의 계속을 거절할 때까지 정지한다. 소멸시효는 정지의 종료 후 적어도 3월이 경과하여야 완성한다.

46 BGH 2. 2. 1984-III ZR 13/83, VersR 1984, 390 (391).

47 OLG Köln 26. 10. 1989-5 U 55/89, VersR 1990, 373.

(BaFin)에 하는 항변은 그러하지 아니하다.[48]

## 5. 상대적 강행규정

독일 보험계약법 제18조는 보험금청구권의 소멸시효가 정지된다고 하는 사항에 대하여 상대적 강행규정임을 제18조에 규정하고 있다. 이는 보험계약자를 보호하고자 하는 규정임을 알 수 있다.[49] 그러므로 원칙상 보험자는 보험계약자를 불이익하게 하는 내용으로 보험약관이 변경되어서는 아니 된다.

## V. 보험금청구권 소멸시효에 대한 시사점

### 1. 실정법

우리 민법에 따르면, 소멸시효는 권리를 행사할 수 있는 때로부터 시효기간이 개시된다(민법 제166조 제1항). 그리고 상법 제662조는 보험료청구권과 보험금청구권에 대한 특별히 민법과 달리, 보험료청구권에 대하여는 1년의 시효규정을 두고 있고 보험금청구권의 시효는 2년으로 하고 있다. 그러나 보다 중요한 의미를 갖는 것은 소멸시효에 대한 기산점이다. 실무에서는 보험금청구권 소멸시효 기산점에 대한 다툼이 발생한다.

대법원 2001. 4. 27. 선고 2000다31168 판결

"보험금청구권은 보험사고가 발생하기 전에는 주상적인 권리에 지나지 아니할 뿐 보험사고의 발생으로 인하여 구체적인 권리로 확정되어 그 때부터 그 권리를 행사할 수 있게 되는 것이므로, 특별한 다른 사정이 없는 한 원칙적으로 보험금액청구권의 소멸시효는 보험사고가 발생한 때로부터 진행한다고 해석해야 할 것이고, 다만 보험사고가 발생한 것인지의 여부가 객관적으로 분명하지 아니하여 보험금청구권자가 과실 없이 보험사고의 발생을 알 수 없었던 경우에도 보험사고가 발생한

---

48  AG Köln 30. 11. 1992-119 C 285/92, VersR 1993, 215.

49  Langheid/Wandt, Versicherungsvertragsgesetz, Verlag C.H.Beck, 2010, § 15 Rdn. 101.

때로부터 보험금청구권의 소멸시효가 진행한다고 해석하는 것은, 보험금청구권자에게 너무 가혹하여 사회정의와 형평의 이념에 반할 뿐만 아니라 소멸시효제도의 존재이유에 부합된다고 볼 수 없으므로 이와 같이 객관적으로 보아 보험사고가 발생한 사실을 확인할 수 없는 사정이 있는 경우에는 보험금청구권자가 보험사고의 발생을 알았거나 알 수 있었던 때로부터 보험금청구권의 소멸시효가 진행한다고 해설할 것이다."

### 대법원 2006. 1. 26. 선고 2004다19104 판결

"보험금액청구권의 소멸시효의 기산점은 특별한 사정이 없는 한 보험사고가 발생한 때라고 할 것이지만, 약관 등에 의하여 보험금액청구권의 행사에 특별한 절차를 요구하는 때에는 그 절차를 마친 때, 또는 채권자가 그 책임 있는 사유로 그 절차를 마치지 못한 경우에는 그러한 절차를 마치는 데 소요되는 상당한 기간이 경과한 때로부터 진행한다고 보아야 할 것이며, 보험금액청구권의 소멸시효기산점을 판단함에 있어서는 그 보험사고가 무엇인지와 보험금액청구권의 특별한 제한이 있는지를 확정하는 것이 중요한 전제가 된다고 할 것이다."

"이 사건 보험은 원심에서 인정한 바와 같이 그 보험금의 확정 및 지급절차가 마치 청산절차와 유사하게 진행되는 특수성이 있고, 그에 따라 채권자인 위 운영구정에 2회의 신문 공고를 하고 그 공고기간이 만료되어 채권신고가 미갈등으로서 보험금을 지급받을 채권자 및 그 보험액이 확정된다는 것이므로, 이 사건 보험금액청구권은 행사할 수 있는 것으로서 그러한 보험금청구의 절차가 마쳐지지 못하면 위 운영구정에 특별한 절차를 마친 것이며, 따라서 이 사건 보험금청구권의 소멸시효는 앞서 본 법리에 따라 위 운영구정의 청산절차를 마치거나, 채권자가 그 책임 있는 사유로 이를 마치지 못하였다면 그러한 절차를 마치는 데 필요하다고 볼 수 있는 시간이 경과한 때로부터 진행한다고 할 것이다.

그럼에도 불구하고, 이 사건 보험계약을 해석함에 있어서 참작하여야 할 여러 중요한 사정에 관한 심리를 다하지 아니한 채 소외 회사의 운영 채무가 확정된 위 대법원 판결시를 소멸시효로 본 나머지, 소외 회사가 언제 '도산 등'의 상태에 돌입하였다고 볼 것인지, 원고가 의사로 있었다면 위 운영구정에서 정한 청산절차를 거칠 수 있었는지 여부에 관하여 심리하지 아니한 채 이 사건 보험청구권의 시효로 소멸되었다는 이유로 원고의 청구를 배척한 원심의 조치에는, 보험금청구권의 시효 및 소멸시효 기산점에 관한 법리를 오해하여 판결 결과에 영향을 미친 위법이 있다고 할 것이다."

## 2. 개정논의

자살로 인한 보험사고 시 보험금청구권 소멸시효의 문제가 부각된 것은 바로 후자 사건 이후이다. 소멸시효 기간 자체는 민법상 소멸시효 제도라는 큰 틀에서 함께 논의하는 것이 타당하다고 할 수 있겠지만, 보험금청구권의 특수성을 고려하여 소멸시효의 중단이나 정지 사유를 별도 마련해야 할 필요성이 제기되고 있다.[50] 다양한 입법안이 제시되고 있다.

## 1) 박영진 의원 입법(안)

2016년 7월 12일 발의된 보험업법에 대한 개정발의(안)이다. 이 법안의 특징은 보험계약자 측의 보험금지급청구를 보험금청구권 소멸시효 중단사유로 추가하는 방안으로 보험업법 제103조의2(시효의 중단)를 신설하는 내용을 제시한다.

| 보험업법 현행 | 보험업법 개정안 |
|---|---|
| 없음 | 제103조의2(시효의 중단) ① 보험계약자, 피보험자 또는 보험금을 취득할 자의 보험금 지급 청구는 보험금청구권 소멸시효 중단의 효력을 가진다. ② 제1항에 따라 중단된 소멸시효는 보험금 지급 여부에 대한 회신이 있을 때부터 새로 진행한다. |

## 2) 주승용 의원 입법(안)

2016년 7월 21일 주승용 의원 외 11인은 보험자의 책임 있는 사유로 보험금의 전부 또는 일부를 지급받지 못한 경우 금융분쟁조정위원회에 분쟁조정 신청을 한 경우를 보험금청구권 소멸시효 중단사유로 추가하고자 한다. 즉, 현 상법 제62조의 본문을 1항으로 하고, 제2항과 제3항을 신설하는 내용이다.

---

50 박은경, "보험금청구권 소멸시효제도 개선을 위한 상법 개정안 연구", 2017년 한국금융법학회 특별 하술대회, 2017년 9월 8일, 생명보험교육문화센터 3층 대회의실, 53면 이하.

| 현행 | 개정안 |
| --- | --- |
| 상법 제662조(소멸시효) 보험금청구권은 3년간, 보험료 또는 적립금의 반환청구권은 3년간, 보험료청구권은 2년간 행사하지 아니하면 시효의 완성으로 소멸한다. | 상법 제662조(소멸시효) ① 보험금청구권은 3년간, 보험료 또는 적립금의 반환청구권은 3년간, 보험료청구권은 2년간 행사하지 아니하면 시효의 완성으로 소멸한다.<br><br>② 제1항에 따른 보험금청구권의 소멸시효는 다음 각 호의 어느 하나의 사유로 인하여 중단된다.<br>1. 보험자의 책임 있는 사유로 보험금의 전부 또는 일부를 지급받지 못한 경우<br>2. 「금융위원회의 설치 등에 관한 법률」 제51조에 따른 금융분쟁조정위원회에 분쟁조정을 신청한 경우<br><br>③ 제2항에 따라 중단된 보험금청구권의 소멸시효는 보험금청구권자가 지급받지 못한 보험금의 청구가 가능함을 알았거나 알 수 있었던 때로부터 새로 진행한다. |

### 3) 김해영 의원 입법(안)

2017년 1월 16일 김해영 의원 등이 제기한 입법(안)이 있다. 상법 제662조에 규정되어 있는 3년의 보험금청구권의 소멸시효기간을 5년으로 연장하고, 단서조항을 신설하여 보험업법 제95조의2에서 규정하고 있는 바와 같이, 보험자가 설립의무 및 설명의무를 간과한 경우에는 보험금청구권의 소멸시효가 걸리지 않도록 하고자 한다.

### 4) 민병두 의원 입법(안)

2017년 2월 2일 민병두 의원 외 9인은 다음과 같은 입법(안)을 제시한다. 두 가지의 변경이 핵심이다. 첫째, 보험금청구권의 소멸시효 기간을 현재의 3년에서 5년으로 연장하여 보험금청구권자의 이익을 보다 더 고려하고자 한다. 둘째, 보험금청구권의 기산점을 명확히 하고자 한다. 즉, 보험금청구권의 소멸시효의 기산점을 보험금제약자 즉의 청구권이 발생하였음을 알았거나 중대한 과실이 없었다면 알 수 있었던 때로부터 새로 규정하고자 하는 것이다.

## 3. 주요국의 경우

일본과 독일 등의 보험계약 관련 법률을 고찰함으로써, 우리 상법 개정안의 내용에 대한 의미를 파악해볼 수 있다.

### 1) 일본

일본 보험법은 보험금청구권, 보험료반환청구권, 보험료적립금반환청구권의 소멸시효기간을 3년으로 하고, 보험료청구권의 소멸시효기간을 1년으로 규정하고 있다(보험법 제95조 제1항, 제2항).[51] 일본의 경우 순해보험과 생명보험을 구분하여 전자에 대하여는 2년으로, 후자에 대하여는 3년으로 정하고 있었으나, 현 보험법은 그 차이를 인정하고 있지 않은 모습이다.

### 2) 독일

독일 보험계약법 제15조는 보험금청구권 소멸시효의 정지(중단)에 관한 규정을 두고 있다.[52] 즉, 보험계약자로부터 발생하는 청구권이 보험자에게 신청된 경우에, 소멸시효는 보험자의 지급결정이 보험금청구권자에게 문서형식으로 도달할 때까지 정지(중단)된다는 내용이다. 보험금청구권자가 보험금을 청구했음에도 불구하고 보험자에 의한 보험금지급결정이 되지 않은 상태에서 소멸시효의 기간이 경과하게 되는 경우에는 보험계약자의 불이익이 발생할 수 있다는 점을 고려한 것이라 하겠다.

### 3) 프랑스

프랑스는 원칙적으로 보험금청구권의 소멸시효를 2년으로 한다. 그러나 생명보험계

51  김선정, "일본의 보험법개정과 시사점 − 총론과 공통규정을 중심으로 −", 상사법연구, 제28권 제4호, 한국상사법학회, 2010, 38면.
52  유주선, "보험금청구권의 소멸시효와 시효기간의 정지 − 독일 보험계약법을 중심으로 −", 경영법률, 제21집 제4호, 한국경영법률학회, 2011, 486면 이하.

약 가운데 보험계약자와 보험수익자가 다른 경우에는 2년이 아니라, 소멸시효기간을 10년으로 연장하고 있다(보험계약법 제114-1).[53]

## 4) 유럽보험계약법

2002년 유럽보험계약법 준칙에 따르면 보험자의 지급보험금액 결정한 때 또는 청구하였을 것으로 보는 때로부터 3년, 보험사고 발생 후 최장 10년을 넘지 못한다는 규정을 두고 있다(동 준칙 제7-102조).[54] 또한 생명보험계약의 경우에는 소멸시효기간을 30년으로 연장하고 있는 모습이다.

## 5) 중국

중국은 보험사고의 발생을 알았거나 알 수 있었던 날로부터 일반보험은 2년, 생명보험은 5년으로 규정하고 있다. 생명보험의 영역에서 이와 같이 장기간의 둔 이유는 보험계약자나 피보험자가 보험수익자와 다른 경우가 많아 보험사고의 발생을 보험수익자가 즉시 알 수 없는 경우가 있다는 점을 고려한 것이다.[55]

## 6) 검토 및 평가

발의된 입법안과 주요국의 입법례를 보면, 각국 마다 보험청구권의 소멸시효를 다양하게 규정하고 있다는 점이 발견된다. 일본은 우리나라와 유사한 체계를 가지고 있다. 다만, 보험금청구권 소멸기간에 1년의 차이가 있을 뿐이다. 독일의 경우는 소멸시효에 대한 사항은 민법을 통하여 적용하도록 하는 방식을 취하면서, 보험금청구권이 정지(중단)될 수 있는 시점을 고려하여 보험계약자의 불이익이 발생하지 않도

......

53 정진세・김성태 역, 프랑스보험계약법, 법무부, 2016, 61면.

54 한창희, 보험법, 제3판, 국민대학교 출판부, 2017, 274면 이하.

55 박은경, "보험금청구권 소멸시효 개선안 연구", 2017년 한국금융법학회 특별 학술대회, 2017년 9월 8일, 생명보험교육문화센터 3층 대회의실, 60면.

록 하는 모습이다. 위의 국가들은 일반보험과 생명보험에 대한 구분을 하지 않고 통일적으로 규정하고 있다.

반면, 프랑스의 경우는 생명보험계약에서 보험계약자와 보험수익자가 차이가 있는 타인을 위한 보험계약은 10년으로 매우 연장하고 있는 모습이며, 유럽보험계약법 준칙은 보다 더 연장되어 30년으로 하고 있다. 중국 보험법 역시 일반보험과 생명보험을 구분하여 보험금청구권의 소멸시효를 달리 정하고 있다. 이는 생명보험계약에서 보험계약자와 보험수익자가 다른 경우에, 보다 더 보험수익자의 권리를 보호하고자 하는 면이 있다.

각국의 입법례를 보면 그 국가의 사정에 따라 보험금청구권의 소멸시효기간을 달리 정하고 있다. 그런 점에서 보다면, 우리 상법 제662조가 보험금청구권 소멸시효를 3년으로 한 것은 큰 문제가 없다고 생각한다. 생명보험과 손해보험의 영역을 구분하여 소멸시효기간을 정해야 한다는 주장이 있는데, 이러한 주장이 타당한 것인가에 대하여는 의문이 있다. 손해보험과 생명보험이든 보험사고가 발생한 후 일정한 기간 내에 보험금을 청구할 수 있도록 하는 일정한 기간을 정함에 있어서, 차이를 두는 점은 설득력이 떨어진다. 다만, 보험금 지급을 청구할 수 있는 자가 그 청구권이 있음을 인지할 수 있도록 하는 방안을 마련해야 할 것이다.

## 4. 소결

### 1) 기산점

독일은 소멸시효의 기산점을 독일 민법에 준용함으로써 소멸시효에 대한 복잡하고 시대에 뒤떨어진 부분을 개정하여 현실성을 갖추는 동시에 통일성을 기하고자 하였다. 우리 상법 제662조는 보험금청구권에 대하여 기산점을 어떻게 할 것인가에 대하여 명확하게 규정하고 있지 않다. 보험금청구권에 관한 시효의 기간을 2년에서 3년으로 하는 것도 중요한 사항이 될 수 있겠지만, 오히려 소멸시효의 기산점을 상법 보험편에 보다 명백하게 규정하는 것이 타당할 것이다.

## 2) 주관적인 요건의 명문화

독일 보험계약법은 개정 전과 달리 소멸시효의 기간계산이 객관적인 요건 이외에도 주관적 요건이 요구된다. 즉 보험금청구권의 소멸시효의 진행을 위하여 채권자가 보험금청구권의 근거사실을 알았거나 중대한 과실로 인하여 알지 못했어야 한다(민법 제199조 제1항). 일반적으로 보험사고가 발생하면 보험금청구권이 보험자에게 보험금을 청구한다는 점에서, 보험금청구권자의 주관적 요건은 당연하다고 볼 수도 있지만 그러나 인식 없는 상황이 발생할 소지도 존재한다. 그럼에도 불구하고 민법 제199조 제4조에 따라, 보험금청구권에 대한 소멸시효에 대하여는 10년의 최장기간을 갖게 된다.

우리 대법원은 보험금청구권의 시효기간의 개시와 관련하여 원칙적으로 보험사고 발생을 취하고 있으나, 예외적으로 보험금의 발생 여부가 객관적으로 분명하지 아니한 경우에는 보험가입자가 보험사고의 발생을 알 수 있었던 때로부터 진행한다고 한다.[56] 이는 우리 대법원이 원칙적으로 보험사고설을 취하면서 예외로 비지칠 보호하기 위하여 예외적으로 객관적인 요건 이외에 주관적인 요건으로 이러한 대법원의 판단은 법적 불안정을 야기할 수 있는 소지가 있다. 우리의 보험금청구권에 대한 소멸시효 관련하여, 객관적인 요건 이외에 주관적인 요건으로 도서 보험계약 측의 인식을 명문으로 규정하는 것이 타당한 면이 있고, 소멸시효가 정지되는 사항을 명확하게 명문화하여 보험계약자의 이익을 고려하는 방안이 마련되어야 할 것이다.

## 3) 보험자 결정의 도달

보험사고가 발생하면 보험계약자 측이 보험금을 신청이나 청구하게 된

56 대법원 판례는 보험사고발생시점 이외에도 보험가입자의 객관적 인식가능성이라는 기준을 병행하여 보험금청구권의 소멸시효산점을 정하고 있다(대법원 1993. 7. 13. 선고 92다39822 판결; 대법원 2002. 9. 6. 선고 2002다30206 판결; 대법원 2006. 1. 26. 선고 2004다19104 판결 등).

다. 이 경우 보험금청구권과 동시에 보험금청구권에 대한 시효가 기산되는 것으로 해

석될 수 있다. 그러나 보다 중요한 사항은 보험금청구에 대한 보험자의 결정과 그 결

정이 보험금청구권자에게 도달되어야 한다는 점이다. 그러므로 소멸시효가 개시되기

위해서는 보험자의 결정이 보험계약자에게 도달되어야 하고, 그 도달에 대한 증명은

보험자가 부담하도록 명시적으로 규정하는 것이 합리적인 방안이라 할 것이다.

# 제3편

# 손해보험 일반적인 요약

# 제19장
# 보험계약법상 초과보험

## Ⅰ. 의의

보험가액과 보험금액은 양자가 일치하는 경우도 있고 상이한 경우도 있다. 보험가액과 보험금액이 일치하는 경우를 전부보험이라고 한다면, 보험금액이 보험가액에 미달하는 경우가 일부보험이며, 보험금액이 보험가액을 초과하는 경우가 초과보험이다.

한편, 동일한 내용의 복수의 보험계약을 복수의 보험자와 체결한 경우에, 그 보험금액의 합계가 보험가액을 초과하는 경우가 중복보험이다. 초과보험은 보험금액이 보험가액을 초과하는 손해보험의 영역에서 등장하고, 이러한 초과보험의 해당 여부는 원칙적으로 보험계약 체결 시의 보험가액이 기준이 된다. 초과보험은 보험계약자의 의도에 의하여 발생하는 경우도 있고, 경제상황에 따른 변화로 인하여 보험가액이 변동됨으로써 초과보험이 발생하기도 한다. 실손 보상을 원칙으로 손해보험에서 보험계약자가 고의의 보험금액을 수령하고자 하는 인위적인 보험사고를 야기할 수 있다. 이러한 요구에 의하여 보험금액은 초과보험에 대한 일정한 규제를 하게 되었다. 보험금액이 보험계약의 목적의 가액을 초과한 초과보험에 대하여 의용상법은 그 초과한 부분을 무효로 하고 있었다(의용상법 제631조). 그러나 제정 상법에서는 가급적이면 계약당사자의 의사를 중시하기 위하여 법률상 당연히 무효로 하지 않고, 이때에도 보험자나 보험계약자는 보험료와 보험금액의 감액을 청구할 수 있도록 하였다. 초과보험에 대한 법적 검토를 하기 위해서는 보험가액과 보험금액의 개념파악이 우선해야 한다. 보험자가 보상해야 할 법률상의 최고한도액이 보험가액이라고 한다면, 당사자가 정한 보험자가 보상책임의 약정최고한도액이 보험금액이다. 보험금액은 보험가액 한도에서 당사자가 자유롭게 정할 수 있지만, 보험가액 이상으로 정하는 것은 보험계약법이 인정하지 않고 있다. 보험가액과 보험금액은 상호 일치할 수도 있지만, 일치하지 않을 수도 있다. 후자의 경우에 발생하는 문제가 바로 초과보험, 중복보험 그리고 일부보험이다.

# II. 독일 보험계약법 제74조에 대한 개관

## 1. 입법 변화

초과보험에 대한 변화

| 구분 | 독문 | 독문 |
|---|---|---|
| 구 독일 보험계약법 제51조 | (1) Ergibt sich, dass die Versicherungssumme den Wert des versicherten Interesses (Versicherungswert) erheblich übersteigt, so kann sowohl der Versicherer als auch der Versicherungsnehmer verlangen, dass zur Beseitigung der Überversicherung die Versicherungssumme, unter verhältnismäßiger Minderung der Prämie mit sofortiger Wirkung, herabgesetzt wird.<br><br>(2) Ist die Überversicherung durch ein Kriegsereignis oder durch eine behördliche Maßnahme aus Anlaß eines Krieges verursacht oder ist sie die unvermeidliche Folge eines Krieges, so kann der Versicherungsnehmer das Verlangen nach Absatz 1 mit Wirkung vom Eintritt der Überversicherung abstellen.<br><br>(3) Schliesst der Versicherungsnehmer den Vertrag in der Absicht, sich aus der Überversicherung einen rechtswidrigen Vermögensvorteil zu verschaffen, so ist der Vertrag nichtig; dem Versicherer gebührt, sofern er bei dem Schließung des Vertrags von der Nichtigkeit Kenntnis hatte, die Prämie bis zum Schluß der Versicherungsperiode, in welcher er diese Kenntnis erlangt. | (1) 보험금액이 피보험이익의 가액(보험가액)을 현저하게 초과하는 경우에는 보험계약자와 보험자는 초과보험료의 배제를 위하여 보험료의 감액 또는 비율에 따라 보험금액이 감액할 것을 요구할 수 있다.<br><br>(2) 초과보험이 전쟁발생이나 전쟁으로 인한 관청의 조치로 발생하거나, 또는 초과보험이 불가피한 전쟁으로 인한 결과인 경우에는, 보험계약자는 초과보험의 발생효력을 가지고 제1항에 따른 요구사항을 배제할 수 있다.<br><br>(3) 보험계약자가 초과보험에 의하여 불법적인 재산상의 이익을 꾀할 의도로 계약을 체결한 경우라면 그 계약은 무효이다; 보험자가 계약을 체결함에 있어 무효라는 사실을 알지 못한 경우에는, 그가 이러한 사실을 알았던 보험기간의 보험료는 그 시점까지의 보험료는 보험자에게 귀속된다. |

## 초과보험에 대한 변화(계속)

| |
|---|
| 현 독일<br>보험계약법<br>제74조 |

(1) Übersteigt die Versicherungssumme den Wert des versicherten Interesses (Versicherungswert) erheblich, kann jede Vertragspartei verlangen, dass die Versicherungssumme zur Beseitigung der Überversicherung unter verhältnismäßiger Minderung der Prämie mit sofortiger Wirkung herabgesetzt wird.

(2) Schließt der Versicherungsnehmer den Vertrag in der Absicht, sich aus der Überversicherung einen rechtswidrigen Vermögensvorteil zu verschaffen, ist der Vertrag nichtig; dem Versicherer steht die Prämie bis zu dem Zeitpunkt zu, zu dem er von der Nichtigkeit begründenden Umständen Kenntnis erlangt.

(1) 보험금액이 피보험이익의 가액(보험가액)을 현저히 초과하는 경우에는 각 계약당사자는 초과보험을 배제하기 위하여 보험금액을 보험료의 비율에 맞추어 즉시 감액할 것을 청할 수 있다.

(2) 보험계약자가 초과보험에 의하여 불법적인 재산상의 이익을 피할 의도로 계약을 체결한 경우라면 그 계약은 무효이다. 무효가 되는 상황을 안 시점까지의 보험료는 보험자에게 귀속한다.

보험계약법 제74조 제1항은 구 보험계약법 제51조 제1항의 일부 변경이 이루어진 것이고, 내용적인 측면에는 큰 변화가 없다. 다만, 구 보험계약법 제2항에 규정되어 있었던 전쟁발생의 결과로 발생하게 되는 중복보험은 현 보험계약법이 수용하지 않았다. 동 규정은 1943년 4월 6일 보험계약법을 개정하면서 처음으로 보험계약법에 포함된 바 있었는데, 그러한 내용은 너무나 진부한 것으로 판단되었기 때문이다.[1]

보험계약법 제74조 제2항은 사기적 초과보험에 해당하는데, 동 규정은 기본적으로 구 보험계약법 제51조 제3항에 상응하는 내용이다. 초과보험에 대한 구 보험계약법 제51조 제3항만이 산재된 것이고, 그 외에는 양자의 큰 차이점은 없다고 하겠다.

## 2. 적용범위

독일 보험계약법 제2장은 손해보험에 대한 사항을 규정하고 있다. 보험계약법 제74조는 손해보험 부문에서 규정되고 있음을 알 수 있는데, 이것은 초과보험이 단지 손해보험의 영역에 대하여만 효력이 있다는 것을 보여준다. 그러한 측면에서 보험자는 보험계약법

1　Begr. zu § 74 BT Druck 16/3945, S. 78.

제74조는 정액보험에 적용되지 않고, 인보험의 경우에도 적용되지 않는다.[2] 또한 상해를 담당한 경우 보험종에까지 보상되는 위험보험의 경우에도, 동 규정은 적용되지 않는다.[3] 이러한 보험의 경우에는 함의한 대로 각각의 손해가 보험금액의 범위까지 보상되어야 하고, 더 적은 보험가에과 관련이 없다는 점이 고려될 것이다. 그러나 손해보험의 영역에 해당되기는 하지만 책임보험(Haftpflichtversicherung)은[4] 보험가에이 확정될 수 있는 경우에 한하여 단지 보험계약별 제74조가 적용될 수 있다.[5] 그러나 비록 민영 의료보험이 손해보험의 종류에 따라 산정된다 할지라도, 독일 판례는 민영 의료보험의 영역에서는 제74조가 적용되지 않는 것으로 보고 있다.[6]

## 3. 보험가에과 보험금액

### 1) 보험금액

일반적으로 보험자가 지급하는 보험금액은 대수의 법칙에 따라 산정된 보험료에 대한 반대급부로서 이행된다. 여기서 우리는 보험금액과 보험가에을 이해할 필요가 있다.[7] 보험계약의 당사자가 약정에 의하여 정한 보험자의 급부의무의 최고한도를 보험금액이라고 한다면, 보험가에은 금전으로 평가한 가에을 의미한다. 보험금액은 손해보험이나 인보험에서 모두 인정되는 개념이지만, 보험가에은 손해보험 가운데 물건보험에 적용되는 개념이다. 손해보험계약에는 그 성질상 피보험자가 어떤 이득을 받는 것이 아니라 손실을 보상받는 측면, 즉 손실보상계약에 해당한다. 물건보험에서 있어서 보험자는 보험가에 이상으로 보험계약자에게 손해보상을 하지 아니한

---

2 BGH 30. 5. 1990-IV ZR 22/89, NJW 1990, 2808; Beckmann/Matusche-Beckmann/Lorenz, § 1 Rdn. 87; Prölss/Martin/Kollhosser, § 51 Rdn. 2.

3 Römer/Langheid/Römer, § 51 Rdn. 1; Prölss/Martin/Kollhosser, § 51 Rdn. 2; DEutsch, Rdn. 297.

4 BGH 31. 3. 1976-IV ZR 29/76, VersR 1976, 847; Römer/Langheid/Römer, § 59 Rdn. 3.

5 Prölss/Martin/Kollhosser, § 51 Rdn. 2.

6 OLG Frankfurt 24. 5. 2006-3 U 145/05, OLGR Frankfurt 2006, 949; Römer/Langheid/Römer, § 51 Rdn. 1.

7 보험가에과 보험금액에 대한 개념은 독일법이나 우리법 모두 마찬가지이다. 자세히는 양승규, 보험법, 제5판, 삼지원, 2004, 204면.

다. 결국 피보험자의 보험사고로 인하여 그가 입은 손해액은 보험가액에 의하여 그 범위가 제한된다.

의 한도가 정해지고, 보험자의 손실보상액은 보험금액에 의하여 제한된다. 손해보험계약에서 보험자의 보상책임은 별폭상 최고한도이라고 한다면, 제약상 최고한도는 보험금액에 해당한다.

## 2) 피보험이익

보험금액이 보험가액을 현저하게 초과하는 경우에 초과보험이 존재하게 된다. 보험금액은 보험계약에서 제약의 요소로서 일반적으로 보험증권에 확정되어 있다. 하나의 보험계약에서 달리 정해져 있고, 상이한 위험이나 다양한 목적에 대하여 보험료와 함께 각각의 보험금액이 주어지는 한, 각각의 지위와 관련하여 독 규정이 적용가능하다.[8] 부보된 이익의 가치인 피보험이익은 범위으로 정의된다(제1항 제1문), 피보험이익 그 자체가 법적으로 정의된 것은 아니다. 그러나 우리는 재산의 침해가 권리주체에게 경제적 불이익을 야기하는, 즉 재산에 대한 권리관계를 이해하게 된다.[9] 무엇이 피보험이익과 관련되어 있는가에 대하여는, 보험계약의 제약자를 보호하고자 하는 물음에 대한 대답으로써 보험제약으로부터 제기된다.[10] 그 러므로 피보험이익은 보험제약 체결 시 보험제약 당사지에 의하여 가능한 것으로 인 정되는 재산적 불이익에 해당하는 것으로 보고, 그 재산적 불이익은 보험사고 발생 시 보험금부를 통하여 보상되어야 한다.[11]

## 3) 보험가액

부보된 재산에 따라 보험가액에 대한 상이한 가치조사의 가능성이 개입하게 된다. 입법자는 불보험과 운송보험에 대하여 보험가액의 조사를 위한 가능한 규정을

8　Prölss/Martin/Kollhosser, § 51 Rdn. 4.
9　Prölss/Martin/Kollhosser, Vor § 51 Rdn. 1.
10　Prölss/Martin/Kollhosser, Vor § 51 Rdn. 9.
11　BGH 20. 1. 1988-IVa ZR 165/86, NJW-RR 1988, 727.

제정하였다. 물보험에 있어서 보험가액은 보험사고 발생 당시 보험계약자가 새로운 가치를 부여할 수 있는 상태로 부보된 물건을 다시 조달하거나 재생산을 위하여 예전의 것과 새 것 사이의 차이로부터 발생하는 감가상각의 공제하에 사용되는 금액이다.[12] 운송보험에 있어서는 일반적인 상거래 가치가 적용되고, 그것이 존재하지 않을 경우에는 다양한 비용을 가산하여 일반적인 가치가 보험가치로서 적용된다(보험계약법 제136조).[13]

보험가액의 조사를 위한 구정이나 지침들이 보통보험약관에 포함되고 허용되는 것이 일반적이다. 그러한 구정이 존재한다면, 이러한 것들은 다음에 연급하게 되는 일반적인 고려사항보다도 더 중요한 것이 있게 된다. 독일 보험계약법 제136조 역시 운송보험에 있어서 동법 제74조와 유사한 면이 있다. 일반적으로 보험계약자는 해당 재산의 유지에 대한 이익을 가지고 있다. 다른 측면에서 그러한 가치는 보험자에 대하여 충분하고도 안전하게 산정될 수 있다. 재구입가액은 보험계약자를 대신하여 임의의 제3자가 동일한 종류, 재산 그리고 기능을 갖는 물건의 재구입을 위하여 사용되어야 하는 금액을 말한다. 그러므로 가액을 조사하고자 한다면, 보험계약자에게 주어져 있는 상황을 고려해야만 한다.[14] 예를 들면 보험계약자가 '신 세금공제(Vorsteuerabzug)'를 받을 자격이 있는가의 문제[15]와 당해 물건과 관련하여 보험계약자가 소비자인지, 소상인지 아니면 대상에 해당하는가를 탐색하는 것도 중요한 사항에 해당될 수 있다.[16] 소비자인 경우 재구입가액은 일반적으로 부가가치세뿐만 아니라 소매상인으로서의 이익(Händlergewinn)에 포함시켜야 한다.[17] 다른 측면에서 보험자를 위하여 인제나 시장

---

12 BGH 22. 2. 1984-IVa ZR 145/82, NJW 1984, 2165; Prölss/Martin/Kollhosser, § 52 Rdn. 2; Bruck/Möller/Sieg § 52 Anm. 5.

13 제136조(보험가액) (1) 통상의 거래가격 포함한 통상의 거래에 보험가액은 그 물건이 발송지에서 보험개시 시에 가지는 통상의 가액의 가액비용 및 운송이인 물건을 수령할 때까지 가지런 운임을 더한 것을 보험가액으로 한다. (2) 제1항에 따라서 계산된 물건의 가액은 또한 보험사고 발생 시의 물건의 가액으로 한다. (3) 물건의 손상된 경우 그 물건의 손상된 상태에서 인도지에서 가지는 가액은 보험가액에서 발송지에서 손상되지 아니한 상태의 물건의 가액을 가졌을 경우로부터 공제한다. 순상되지 아니한 상태에서의 물건의 가액에 대한 가치감소의 비율에 해당하는 보험금액의 부분을 이를 손해액으로 본다.

14 BGH 22. 2. 1984-IVa ZR 145/82, NJW 1984, 2165.

15 BGH 2. 10. 1985-IVa ZR 184/83, NJW 1986, 431.

16 BGH 22. 2. 1984-IVa ZR 145/82, NJW 1984, 2165.

17 BGH 2. 10. 1985-IVa ZR 184/83, NJW 1986, 431.

에서 행하여지는 확인과 특가를 고려하지 않으면 아니 된다.[18]

## 4. 민법 행위기초 장애에 대한 특별규정

### 1) 행위기초의 장애

독일 민법 제313조는 행위기초의 장애(Störung der Geschäftsgrundlage)에 대한 내용을 규정하고 있다.[19] 법률행위는 어떠한 상황의 존재를 하나 성립하는 수가 많다. 이러한 상황이 애초부터 존재하지 아니하였거나 존재를 전제로 한 내용이 변경되거나 소멸하면 이제 그 상황이 존재하지 아니하였거나 존재하였던 경우 이러한 것은 불합당한 결과가 된다. 독일 민법에는 오래 전부터 행위기초의 효력을 인정하는 것을 불합당한 결과가 된다.[20] 독일 민법 제313조는 이러한 판례의 결과가 된다. 독일 민법 제313조는 이러한 판례의 입장에 "계약의 기초가 된 사정이 계약체결 후 현저히 변경되고, 그 변경이 만약 당사자들이 이를 예견할 수 있었다면 계약을 체결하지 아니하였거나 다른 내용으로 계약을 체결하였을 경우에 해당하고, 개별적인 모든 사정, 특히 계약상 또는 법률상의 위험분배를 고려하면 당사자에게 원래의 계약에 구속되는 것이 기대될 수 없는 때에는 계약의 조정을 요구할 수 있다."[21]는 것을 명시적으로 규정하였다.

### 2) 보험계약법상 특별규정

독일 민법 제313조는 행위기초가 변경된 것에 대한 계약당사자의 조정의 가능성을

---

18  BGH 2. 10. 1985-IVa ZR 184/83, NJW 1986, 431.

19  Palandt/Palandt, Bürgerliches Gesetzbuch, bearbeitet von Bassenge, Brudermüller, Diederichssen, Edenhofer, Ellenberger, Grüneberg, Sprau, Thorn, Weidenkaff, 69. Aufl, 2010, § 313 Rdn. 2 ff.

20  Medicus Dieter, Bürgerliches Recht. 17. Aufl, Carl Heymanns Verlag KG · Köln · Berlin · Bonn · München, 1996, S. 100 ff. 우리나라에서는 이은영, 민법총칙, 개정증보판, 박영사, 2007, 82면 이하.

21  최초 판례로는 RG 103, 328. 주권적 행위기초에 대하여는 BGH 131, 209; 128, 231; 61, 153. 객관적 행위기초에 대하여는 BGH NJW 95, 592; 01, 1204; BAG NJW 91, 1563.

인정하고 그것을 조정할 수 있는 권리가 있다고 하면서 일반적인 내용을 담고 있는 규정에 해당한다. 그러나 일반적인 내용을 담고 있는 민법 제313조를 가지고 있는 특수한 계약형태인 보험계약에서 그대로 적용함에는 한계가 있었다. 독일 보험계약법은 이러한 한 '구성요건의 추상적인 면'과 '법적 효과의 불명확'이라는 민법의 한계를 고려하여, 손해보험계약에서 계약체결 당사의 상황과 비교하여 보험금액이 보험가액을 현저하게 초과한 경우라면, 각 계약당사자에게 일정한 권리를 행사할 수 있도록 하였다. 민법 제313조에서 구성되어 있는 내용과 달리, 보험계약에서 규정된 제74조는 행위기초의 장애에 대한 요건을 보다 더 명확히 하고, 불명확하게 구성된 법적 효과를 보다 분명하게 제시하고 있다.

### 3) 전부보험, 초과보험 및 일부보험

보험가액과 보험금액이 일치하는 전부보험이 일반적인 것이나, 이 양자가 일치하지 않는 경우가 발생할 수 있다.[22] 이 경우 초과보험과 일부보험에 문제가 발생하게 된다. 보험계약법 제74조에 구성된 초과보험과 제75조에 구성된 일부보험에 대한 규정은 아주 밀접한 관련을 가지고 있다. 일부보험은 보험사고 발생 시 보험금액이 보험가액보다 낮은 경우에 발생하게 된다. 그러한 측면에서 보험금액과 보험가액이 달라지는 초과보험과 일부보험은 예외적인 상황으로 볼 수 있다. 전부보험의 경우 보험금액이 피보험이익의 전체가액에 도달하거나 초과하게 되지만, 일부보험의 경우에는 그 반대의 현상이 발생하게 된다.

### 4) 초과보험의 유형

보험계약법 제74조에서 말하는 초과보험이 발생하기 위해서는 보험금액이 보험가액을 현저하게 초과해야 한다. 이러한 전체조건은 이미 보험계약을 체결할 당시에 발

22  Rüffer/Halbach/Schimikowski, VVG, 1. Aufl., Nomos, 2009, S471.

생활 수도 있다. 이를 선행적 초과보험(anfängliche Übersicherung)이라 하고, 보험기간 등
인에 보험금액에 비하여 보험가액이 현저하게 감소하는 경우가 발생할 수 있다. 이를
후천적 초과보험(nachträgliche Übersicherung)이라 한다.[23] 그러나 이와 달리 분류하는 것
도 가능하다. 단순한 초과보험(Einfache Übersicherung)과 사기적 초과보험(Betrügische
Übersicherung)으로 구분하는 경우도 있다.[24] 당사자의 선의인 경우에 보험금액이 보험
가액을 현저하게 초과하는 경우를 전의라 한다면, 보험계약자가 사기적인 의도를 가
지고 보험계약을 체결하는 경우는 후자에 해당한다. 여기서는 단순한 초과보험과 사
기적 초과보험으로 구분하여 설명하기로 한다.

## III. 단순한 초과보험의 적용요건과 법적 효과

### 1. 적용요건

#### 1) 의의

단순한 초과보험이 성립하기 위해서는 보험금액이 보험가액을 현저하게 초과하여야
한다. 보험계약법 제74조에서 말하는 보험금액은 전체계약에 대하여 적용할 뿐만 아니
라 개별적인 지위에서 합의된 구분된 보험금에 대하여도 효력을 발생한다. 보험가액
은 여기서 피보험이익을 의미한다. 부보된 물건의 경우에 보험가액은 보험계약법 제88
조에 따라 물건의 '일반적인 가액(Gemeine Wert)'을 의미한다.[25] 보험계약법 제88조는 보
험계약에 대한 개별적인 사례에서 그 물건이 가지고 있는 개별적인 가치를 의도하고

.........

23 Römer/Langheid, VVG, 4. Aufl., 2014, § 74 Rdn. 2.
24 Prölss/Martin, VVG, 28. Aufl., 2010, 단순한 초과보험에 대하여는 § 51 Rdn. 3, 사기적 초과보험에 대하여는
§ 51 Rdn. 15.
25 보험계약법 제88조는 물보험의 보험가액에 대하여 "달리 합의하지 않는 한, 보험이 물건이나 물건 전부와
관련된 경우에 보험계약자가 보험사고 시점에 재구입이나 원상복구를 위해 신품가격의 상태에서
에서 신구 사이의 차이에서 발생하는 감가분을 공제하여 지급해야 하는 금액을 보험가액으로 본다."고 규
정하고 있다.

있는 것이 아니라, 그 물건이 누구에게나 가질 수 있는 객관적인 가치를 의도하고 있다.[26] 이를 '거래가액(Verkehrswert)'이라 할 수도 있고 '일반적인 가액(Gemeiner Wert)'으로 명명하는 것도 가능하다.[27] 그러나 보험가액은 특별한 규정인 보험계약법 제88조나 제136조로부터 발생하는 경우도 있고, 보험약관을 통하여 발생하는 경우도 있으며, 경우에 따라서는 시가나 신가도 가능하다.

## 2) 시점

현저한 초과보험은 감액청구권을 행사하는 시점에 존재하고 있어야 한다. 언제부터 초과보험이 발생한 것인지, 어떠한 이유로 초과보험이 발생하였는지, 초과보험이 의도된 것인지 아닌지에 대하여는 중요한 것이 아니다.

## 3) 현저함

초과보험이 예방이 피부로 느낄 만한 보험료 감액을 야기하는 경우라면 이 초과보험은 현저한 것에 해당된다. 어느 정도의 범위를 현저한 것으로 볼 수 있을 것인가는 개별적인 사례의 상황에 달려 있다. 보험계약법 제76조는 협정가액을 규정하고 있는데, 제76조 제2문 후단에 해당하는 '현저하게 초과된 협정가액'의 경우에는 현저한 것으로 볼 수 있다. 초과보험은 지속적이어야 한다. 비록 초과보험이 현재는 비중이 있는 것으로 보이지만, 전체적으로 보아 그리 현저한 것으로 볼 수 없는 경우라면, 예측할 수는 있지만 일시적인 초과보험에 해당될 수 있다. 초과보험의 배제가 감지할 수 있는 보험료할인을 야기하는 경우에 초과보험이 현저한 것이다.[28] 그러나 비록 일시적인 초과보험이 주요한 시점에 관련되어 중요하게 보이다 할지라도, 그것이 단지 일시적인 것에 해당하는 경우에는 현저한 것에 해당되지 않는다.[29] 언제나 현저한 차이는

26  Prölss/Martin, VVG, 28. Aufl. 2010, § 88 Rdn. 2.
27  RGZ 97, 44 (46); BGH VersR 480, 481.
28  Prölss/Martin/Kollhosser, § 51 Rdn. 7; Römer/Langheid/Römer, § 51 Rdn. 2.
29  Prölss/Martin/Kollhosser, § 51 Rdn. 7, § 57 Rdn. 11 f.; Römer/Langheid/Römer, § 51 Rdn. 2.

존재한다고 하는 확고하게 정해진 한계는 제시될 수 없다. 그러한 한계는 언제나 개별적인 사례의 상황을 고려하면서 정해져야 할 것이다.[30] 그러나 독일 판례는 일반적으로 10%의 차이는 현저한 것으로 받아들여지고 있다.[31]

## 2. 법적 효과

보험계약법 제74조에 따른 보험계약자와 보험자는 감액청구권을 행사할 수 있다. 피보험자는 동조에서 규정되고 있는 권리를 행사할 수 없다. 제1항에 따른 권리는 하나의 형성권에 해당한다.[32] 동 권리는 상대방 있는 의사표시를 통하여 이행되고, 보험자나 보험계약자의 수령대리인에게 그 의사표시가 도달된 경우에 효력을 발생하게 된다. 전제조건이 충족되면 형성의 의사표시는 현재까지의 계약이 있던 제약을 장래를 향하여 즉각적인 효력으로 변경시킨다. 보험금액은 현재의 보험가액으로 감액되고, 보험료 역시 보험금에 비례하여 감소된다. 보험료 감액의 범위는 보험자의 요율체계로부터 발생하게 된다. 피보험자[33]가 아닌 보험계약당사자로서 보험자와 보험계약자는 보험금과 보험에 합당하게 보험료 감액청구권을 행사할 수 있다. 이 권리는 형성권인 성질을 가지고 있으므로, 일방적인 의사표시를 통하여 상대방에 대하여 주장될 수 있다.[34] 그 효력은 의사표시의 도달과 함께 장래를 향하고,[35] 소급적 효력은 주장될 수 없다. 이러한 경우 보험금액은 현실적인 보험가액으로 감액되고, 보험료는 그에 상응하여 줄어들게 된다. 동시에 감액된 보험금의 범위는 보험자의 해당되는 협정요금(Tarif)으로부터 나오고, 그것에 자동적으로 상응하게 되는 것이 아니라 보험금액 감소의 백분율에 따르게 된다.[36]

--------

30  BGH 4. 4. 2001-IV ZR 138/00, NJW 2001, 3539; Terbille/Terbille, 2. Aufl, § 2 Rdn. 308.
31  BGH 4. 4. 2001-IV ZR 138/00, NJW 2001, 3539; Prölss/Martin/Kollhosser, § 2 Rdn. 308; Römer/Langheid/Römer, § 51 Rdn. 2; Terbille/Terbille, 2. Aufl, § 2 Rdn. 11 f.;
32  Bruck/Möller/Möller, § 51 Anm. 23 ff.; BK/Schauer, § 51 Rdn. 19.
33  Prölss/Martin/Kollhosser, § 51 Rdn. 9.
34  H.M. Prölss/Martin/Kollhosser, § 51 Rdn. 11; Römer/Langheid/Römer, § 51 Rdn. 3.
35  Prölss/Martin/Kollhosser, § 51 Rdn. 11; Römer/Langheid/Römer, § 51 Rdn. 3.
36  Prölss/Martin/Kollhosser, § 51 Rdn. 11; Römer/Langheid/Römer, § 51 Rdn. 4.

## 3. 일부보험과의 관련성

보험가액이 다시 보험금액에 대하여 현저하게 상승하는 경우에는, 보험계약법 제75조에서 규정하고 있는 일부보험이 발생할 수 있다. 이러한 경우에는 초과보험과 반대로 일방적인 형성권의 의사표시로 가능한 것이 아니라, 단지 당사자의 합의를 통하여 예방될 수 있다.

## IV. 사기적 초과보험의 적용요건과 법적 효과

## 1. 적용요건

### 1) 대상

사기적 초과보험이 존재하기 위해서는 보험금액을 합의하기 전에 고의가 전제되어야 한다. 주후 증액합의의 경우에도 상응하여 동 규정이 효력을 발생한다. 독일 민법 제166조에서 규정하고 있는 그의 의사표시대리인, 대표자, 인지대리인도 보험계약자와 동등한 지위를 인정한다. 동일한 보험계약에서 다수 보험계약자가 중 1인의 고의가 있으면 사기적 초과보험으로 충분하다.

### 2) 위법적 재산상 이익

보험사고가 발생하고 난후, 보험금청구권자가 구체적으로 필요로 하는 부분을 초과하는 순해 보상의 수령은 위법적 재산상의 이익이 된다. 보험계약법은 범주에서 사기라는 용어를 사용하고 있지 않지만, '보험계약을 체결할 때 보험계약의 목적의 가액을 부당하게 평가하여 재산상의 이익을 얻을 목적'이라는 면을 고려하면, 이를 사기로 판단해도 무리가 없는 것으로 판단된다.

## 3) 고의

초과보험을 통하여 위법적인 재산상의 이익이 이인이 보험계약자나 피보험자에게 흘러 아가게끔 하는 의도가 있어야 한다.[37] 여기서 보험사고를 야기하고자 하는 요 구되지 않는다. 보험사고 발생 후 보험금에의 상상을 보험자에게 매개하는 것은 일반 적으로 고의적인 편이 인정될 수 있다.[38] 반면, 보험계약자가 일부보험을 예방하기 위한 목적으로 미리 대비한 의도적인 것은 고의로 보지 않는다.[39]

## 2. 법적 효과

사기적 초과보험의 경우에는 초과된 보험에 한정되는 것이 아니라, 전체 보험계약 은 처음부터 무효가 된다. 사기의도가 단지 부분규정에 대하여 관련되는 경우라도, 또한 구분되는 보험금액을 가지고 개별적인 지위에 대하여 관련이 있을지 라도 그 무효는 전체 계약을 포함한다. 지료는 고려되지 않는다. 보험자가 계약체결 시 보험계약의 무효에 예외적으로 알지 못했던 경우에, 보험자가 보험계약 제39조 제1항 제2문과 달리 이 사실을 알게 된 시점까지 보험료를 요구할 수 있다. 이 것을 통하여 행위를 조정할 수 있는 의도가 있음을 알 수 있다. 그 외에 지급된 계약상 급부는 독일 민법 제812조 제1문에 따라 부당이득의 법리에 의하여 반환되어야 한다. 독일 민법 제819조는 "수령자가 수령 시 법적 원인의 흠결을 알았거나 이를 안 때에는, 그는 수령 시 또는 흠결을 안 때로부터, 반환청구권이 그 때에 소송계속된 경우에 준하여 반환의 의무를 진다(제1항)."고 하고 있고, "수령자가 급부의 수령으로 인하여 법률상의 금지 또는 선량한 풍속에 위반하는 때에는 수령자는 급수령 시로부 터 동일한 내용의 의무를 진다."고 규정하고 있다. 이는 악의 경우 및 법률위반이나 양속위반의 경우에 책임을 가중하고 있는 내용을 담고 있다. 사기적 초과보험의 경우

--------

37　LG Hamburg VersR 60, 316 (317).
38　S. auch BGH VersR 63, 78 (79).
39　Dazu Martin, SVR, S I 19-22.

보험계약자는 독일 민법 제819조에 따라 가중된 책임을 부담해야 하는 경우도 발생할 수 있다. 또한 독일 형법 제263조, 제22조와 관련하여 독일 민법 제823조 제2항에 따른 보험자의 불법행위로 인한 손해배상청구권 행사는 아무런 영향을 받지 않는다.

조과보험으로부터 위법적인 재산적 이익을 제공받기 위하여 보험계약자가 의도적으로 계약을 체결하는 경우에 사기적인 조과보험이 존재하게 된다. 동시에 보험계약자에게 이미 계약체결 시점에 부정적인 의도가 존재해 있어야 한다.[40] 계약체결과 보험금액의 나중에 증액하려는 시점은 동일하다.[41] 동시에 위법적인 재산적 이익은, 보험사고에서 피보험이익을 조과하여 과도한 보험금액의 기초하여 지급되는 각자의 손해이다.

제2항의 전체조건이 존재하게 되면, 전체적인 계약은 처음부터 무효이다. 만약 사기 의도가 단지 개별적인 계약부분, 즉 분리된 보험금액을 가지고 있는 개별적인 지위(Position)와 관련되는 경우에, 무효는 전체의 계약을 포함한다.[42] 무효는 치유되지 아니한다. 사기의 예방을 위하여, 무효로 될 수 있는 이유에 대한 상황을 보험자가 알았던 그 시점까지 보험료를 수령하게 하고 있다.[43]

형법 제263조, 제22조 및 제23조와 관련하여 민법 제823조 제2항에 따라 손해배상청구권은 배제되지 않는다. 손해상황(Schadensposition)으로서 보험자의 일반적인 행정비용과 체결비용 및 자본비용 등이 고려된다. 그러한 청구권은 사기가 비교적 이른 시기에 폭로된 경우에 발생하게 된다. 예나하면 이러한 경우 보험자에게 남겨진 보험료가 일반적으로 보험관계의 초기에 발생하는 체결비용과 행정비용을 상응하지 못하기 때문이다. 그 외에 보험자는 이미 이행된 보험급부에 대하여는 민법 제812조 제1항 제1문 전단에 따라 가중된 반환을 청구할 수 있고, 보험계약자는 민법 제819조[44]에 따라 가중된

40 Prölss/Martin/Kollhosser, § 51 Rdn. 15; Römer/Langheid/Römer, § 51 Rdn. 5.
41 Prölss/Martin/Kollhosser, § 51 Rdn. 15; Römer/Langheid/Römer, § 51 Rdn. 5.
42 Prölss/Martin/Kollhosser, § 51 Rdn. 17.
43 Begr. RegE, BT-Druck. 16/3945, S. 78.
44 민법 제819조(악의의 경우 및 법률위반이나 양속위반의 경우 책임가중) (1) 수령자가 수령 시에 법적 원인의 흠결을 알았거나 후에 이를 안 때에는 수령자는 수령 시 또는 흠결을 안 때로부터, 반환청구권이 그때에 소송계속된 경우에 준하여 반환의 의무를 진다. (2) 수령자가 급부의 수령으로 인하여 법률상의 금지 또는 선량한 풍속에 위반하는 때에는 수령자는 수령자는 시부터 동일한 내용의 의무를 진다.

책임을 부담하게 된다.[45] 악의적인 사기를 규정하고 있는 민법 제123조에 따라 취소의 기능성이 발생하고, 만약 제2항에 따른 무효가 확정될 수 없는 경우에 발생하게 된다. 왜냐하면 초과보험의 전제요건이 입증될 수 없기 때문이다.

## V. 보험자의 상담의무, 충명책임 및 변경 가능성

### 1. 보험자의 상담의무

원칙적으로 보험계약자는 그 자신이 보험금액의 선택에 대한 책임을 부담해야 한다. 한편, 보험계약이행법 제63조는 보험자의 상담의무를 규정하고 있다. 동법 제6조는 "정안이 권유된 보험을 완전하기가 어렵거나 보험자의 인적 요소와 상황 등에 대하여 특정의 사유가 존재하는 경우, 보험계약자로부터 보험계약자의 희망이나 필요에 대하여 답하여야 하고, 상담비용과 보험계약자로부터 지급된 보험료와의 적절한 관계를 고려하여 상담을 해야 하며, 특정의 보험에 대하여 해야 할 조언과 그와 관련한 근거들을 알려주어야 한다."고 규정하고 있다(제1항 본문). 보험자는 보험계약이행법 제6조에 따라 상담의무를 이행해야 할 의무를 부담해야 한다.

원칙적으로 보험되는 물건의 가액을 고지하고, 충분한 보험보호에 애쓰는 것은 보험계약자의 본분이다. 보험계약자는 누군가에 대하여 보험자보다도 더 잘 알고 있다.[46] 다른 측면에서 소비자에 대한 상담의무를 보험자가 이행하게 되므로, 보험자는 다른 경우에 이미 있는 보험보호가 이루어지도록 노력하지 않아야 하고, 현저한 지나의 위험은 보험계약자에 의하여 부담되어야 한다.[47] 보험자는 '현저하지 않은 지나의 위험은 보험자에 의하여 부담될 수 있으면 아니 하고, 현저한 지나의 위험은 보험계약자에 의하여 부담되어야 한다.' 초과보험과 일부보험에 관한 규정의 상호작용에서 나타나게 된다. 만약 현저한 일부보험이 보험증개

--------
45    Prölss/Martin/Kollhosser, § 51 Rdn. 18.
46    Terbille/Terbille, 2. Aufl., § 2 Rdn. 314.
47    Terbille/Terbille, 2. Aufl., § 2 Rdn. 315.

자 또는 보험자의 상담의무에 대한 위반의 문제가 발생하게 되면, 보험계약자는 독법 제63조나 제6조에 따라 손해배상청구권을 행사할 수 있게 된다.

## 2. 증명책임

일반적인 원칙에 따라 감액의 전제조건에 대하여는, 감액을 요구하는 자가 입증책임을 부담하게 된다.[48] 사기의도가 존재한다는 것과 그것에 근거하여 초과보험이 존재한다는 것은 보험자가 입증을 해야 하고,[49] 보험자의 인식에 대하여 보험계약자가 부담한다.[50] 양자에게 입증의 어려움이 존재하기 때문에, 징표(Indiz)가 중요한 의미를 발생하게 된다. 초과보험의 객관적인 사실에 대하여, 사기적인 의도를 입증하기 위하여 또 다른 상황, 예를 들면 가중된 보험계약자의 책임가능성,[51] 부서진 물건에 대하여 보험금 산정을 위하여 고가의 위장매입가격 제시[52]하거나 보험계약자를 통한 방화[53] 등이 발생해야 한다. 이러한 징표들은 단지 그것 만으로는 혹은 전체적인 일전에서 상응하는 추론과 입증을 가능하게 한다.[54] 주택건축보험의 보험금으로써 토지매입가격의 신고와 관련하여, 만약 보험계약자가 건물을 헐고 토지에 다시 건축하는 것을 결정했다고 한다면, 그러한 토지매입가격의 신고는 사기의도에 대한 충분한 징표가 될 수 있다. 결과적으로 보험계약자에게 그 징표은 쓸데없는 것이있다.[55]

## 3. 변경 가능성

보험계약약관 제87조에 따라 보험계약약관 제74조에 관한 사항은 보험계약자의 불이익

---

48 Prölss/Martin/Kollhosser, § 51 Rdn. 20; Römer/Langheid/Römer, § 51 Rdn. 3.

49 OLG Karlsruhe 5. 6. 1997-12 U 33/96, VersR 1998, 977.

50 Prölss/Martin/Kollhosser, § 51 Rdn. 20; Römer/Langheid/Römer, § 51 Rdn. 5.

51 BGH 5. 5. 1982-IVa ZR 207/80, VersR 1982, 689; Prölss/Martin/Kollhosser, § 51 Rdn. 20.

52 BGH 19. 11. 1962-II ZR 207/60, BB 1963, 290; Prölss/Martin/Kollhosser, § 51 Rdn. 20.

53 BGH 5. 5. 1982-IVa ZR 207/80, VersR 1982, 689; Prölss/Martin/Kollhosser, § 51 Rdn. 20.

54 BGH 5. 5. 1982-IVa ZR 207/80, VersR 1982, 689; OLG Bremen 22. 5. 2003-2 U 97/02, VersR 2004, 107.

55 Schleswig-Holsteinisches OLG 17. 12. 1992-16 U 5/92, r+s 1995, 26.

으로 변경하지 못한다. 그 외에 제2항 전단은 보험자의 이익을 위하여 강행적인 만을 띄고 있다.[56]

## VI. 결론

순해보험계약에서 보험계약 당사자의 합의에 의하여 정한 보험금액이 보험사고로 인하여 받을 수 있는 최고한도인 보험가액을 초과하는 상황을 예상해 볼 수 있다. 이것은 계약체결 시에 발생할 수도 있고, 경기상황의 변경으로 인한 피보험이익의 가치의 감소의 경우에도 발생할 수 있다. 그러나 문제가 되는 보험계약자는 받을 수 있는 최고한도의 보험가액 이상의 보험금을 불필요하게 지급하게 되므로 초래하게 된다는 점이다. 독일 보험료를 조정할 수 있는 권리를 부여한 점을 고려하여 제급하게 되는 결과를 초래하게 보험금액이나 보험료를 조정할 수 있는 이러한 경우에는 보험료와 급부청구인 보험청구권 사이의 보상관계가 단지 경미한 차이를 보이는 경우에는 중요한 의미를 찾지 못한다. 그러나 그 차이가 현저한 경우에는 이를 규율해야 할 필요성이 제기될 수 있다. 독일 보험계약법 입법자는 동법 제74조에서 초과보험이라는 제목으로 해보험에서 보험가액의 현저한 차이가 발생하는 경우에, 이를 합리적으로 조정할 수 있는 법적 효과를 규정하고 있다.

우리 상법은 제669조에서 초과보험에 대한 내용을 규정하고 있다. 보험금액이 보험계약의 목적의 가액을 현저하게 초과한 경우에는 제약 안 보험금액과 보험금액의 감액을 청구할 수 있고(제1항), 초과보험계약이 보험계약자의 사기로 인하여 체결된 때에는 그 계약을 무효로 하고 있으므로, 보험자는 그 사실을 안 때까지 보험료를 청구할 수 있다(제4항). 이렇게 본다면, 우리 상법 제669조와 독일 보험계약법 제74조는 규정된 내용에 있어서 큰 차이점이 없다고 생각된다.

..........
56　Begr. RegE, BT-Drucks. 16/3945, S. 78; allgM, Prölss/Martin/Kollhosser, § 51 Rdn. 21; Römer/Langheid/Römer, § 51 Rdn. 6.

# 제20장
# 손해방지의무

## I. 의 의

보험제도는 동질적인 위험하에 있는 다수인이 대수의 법칙에 따라 우연적인 사고를 생의 개연율을 기초로 하여 공동의 재산을 구성하고, 이러한 공동준비재산으로부터 경제적인 수요를 필요로 하는 자를 위하여 준재하게 된다. 경제적인 수요를 필요한 자가 보험계약자이고, 그것을 위하여 보험료라고 하는 일정금액을 지급하게 된다. 한편 보험료를 지급받은 상대방인 보험자는 보험사고가 발생하였을 경우에 축적된 보험금을 지급하게 된다.

우리 상법은 보험에 대하여 크게 인보험과 손해보험으로 구분하고 있다. 인보험에 대하여는 상법 제727조가 규정하고 있는데, 사람의 생명 또는 신체에 관하여 보험사고가 생길 경우에 보험계약이 정하는 바에 따라 보험금액 기타의 급여를 하기로 하는 보험을 말한다. 인보험이 사람의 생존이나 사망에 대하여 보험보호를 하고 있다고 한다면, 손해보험은 재산상의 손해에 대한 급부를 지급하는 보험이라고 할 수 있다. 그러므로 손해보험은 보험사고로 인하여 생길 피보험자의 재산상 손해를 보상할 것을

양승규, 보험법, 제5판 삼지원, 2004, 33면.

320

목적으로 하는 보험인 것이다.

손해방지의무는 바로 손해보험계약에서 발생하는 보험계약자 등의 대표적인 의무 중의 하나이다.[2] 우리 상법 제657조에 의하면, "보험계약자 또는 피보험자, 보험수익자는 보험사고의 발생을 안 때에는 지체 없이 보험자에게 그 통지를 발송하여야 한다" 고 하면서 보험사고 발생에 대하여 보험계약자 등이 통지를 해야 할 의무를 부과하고 있다. 그리고 제680조에는 "보험계약자와 피보험자는 손해의 방지와 경감을 위하여 노력하여야 한다"고 하면서 보험계약자 등에게 손해방지의무를 부담하도록 하고 있다. 전자는 보험계약 전반에 걸쳐 보험계약자 등이 부담해야 하는 의무라고 한다면, 후자는 특히 손해보험에서 보험사고가 발생한 후에 보험계약자 등이 이행해야 할 의무를 규정하고 있다. 보험계약자 또는 피보험자는 보험사고가 생기기 전에는 위험변경·증가의 통지의무(제652조)와 위험변경·증가금지의무(제653조)를 지고 있으나, 일단 보험사고가 발생하였을 때에는 그 손해의 방지 또는 감소를 위하여 합리적인 조치를 강구할 의무가 있는 것이다.

## II. 손해방지의무의 의미와 법적 효과

### 1. 의의

보험제도는 공동의 위험단체를 전제로 하여 동질적인 위험에 대비하고자 하는 것으로, 보험계약은 우연한 보험사고가 발생해야만 보험금의 지급되는 사행계약의 성질을 맞고 있다. 그러므로 보험금을 수령하고자 투기나 도박 등의 도덕적 위험이 발생할 수도 있다. 보험계약자가 보험단체의 구성원이 되면, 보험자는 보험계약자의 위험을 인수하게 된다. 그 결과 보험기간 중에 보험사고가 발생하여 보험계약자에게 손실이

........
2  우리 상법은 손해보험에 대하여만 손해방지의무를 구성하고 있지만, 독일의 경우 상해보험에도 인정하고 있다. 개정 전 독일 보험계약법 제183조.

발생하게 되면, 보험자는 보험금 지급에 대한 부담이 있게 된다. 원칙적으로 보험기간 중에 보험사고로 인하여 손해가 발생한다고 할지라도 보험계약자나 피보험자는 그 손실을 부담해야 할 의무는 존재하지 않는다. 그러나 보험이 일종의 사행계약으로서 사실상 보험이 도박성의 위험을 일으키기 쉬운 폐단이 있으므로 보험자에 대한 신의성실의 원칙이 요구되고, 또 손해의 발생과 확대는 가능한 한 막아야 한다는 공익적 이유가 존재한다. 그러므로 보험계약기간 중에 보험사고로 인한 손해의 발생한 경우, 그 사고에 대하여는 보험자에게 보험금을 부담해야만 한다.[3] 우리 상법이 보험계약자 등에게 의무를 부과하고 있는 것은, 손해방지의무를 정당하는 공익적인 측면과, 이 비용은 보험사고의 발생으로 인한 손해이면서 보험자의 이익을 위해서도 필요한 범위 측면에 있다고 할 것이다.[4]

## 2. 법적 성질

손해방지의무는 보험계약당사자의 계약에 의하여 발생하는 의무가 아니다.[5] 단지 보험사고가 발생한 경우에 한하여 보험계약자 등에게 부과하는 의무이다. 일반적인 다른 계약과 달리, 보험계약은 사행계약 성질을 띠고 있기 때문에 계약당사자인 보험계약자뿐만 아니라 보험계약상의 이익을 받는 피보험자에게 특별히 법이 인정한 범

---

3 이기수·최병규·김인현, 보험·해상법(상법강의 IV) 제9판, 박영사, 2015, 225면.

4 앉슈구, 보험법, 제5판, 삼지원, 2004, 235면.

5 손해방지의무의 발생요건에 대하여는 보험·해상법(상법강의 IV) 제9판, 박영사, 2015, 226면에서 첫째, 보험사고가 발생한 경우에 그로 인한 손해가 생길 것을 인식하여야 한다는 점으로 인한 손해가 재산상 손실뿐만 아니라 그로부터 발생하는 제3자적 간접적으로 발생하는 개념으로서 보험사고로 인한 직접적 손실이 있어야 한다. 셋째, 반대의 특약이 없어야 한다. 과거에는 보험자가 손해방지의무를 부담하지 않는다고 지출되는 비용을 포함할 수 있다는 견해가 다수설에 따르면, 그러한 특약을 공익을 위한 강행규정의 성질 제680조의 규정에 반하여 무효라고 주장하였다. 반면에 보험금액의 한도 내에서만 손해방지비용을 부담한다는 특약은 제한하고 있기 때문에, 상법 제663조에 의하여 그러나 현행 상법은 보험계약비용의 규정을 모두 강행규정으로 하고 있기 때문에, 상법 제680조에 의하여 반하여 손해방지비용을 보험자가 부담하지 않는다거나 제한하는 약관의 규정은 상법 제680조에 의하여 무효가 된다.

의무인 것이다.

보험계약자 등이 고지의무나 위험변경증가의 통지의무를 위반할 경우에는 보험자는 그 보험계약을 일정한 기간 내에 해지를 할 수 있다. 그러나 고지의무나 통지의무와 달리, 손해방지의무는 보험자가 의무이행을 강제할 수는 없다고 할지라도, 만약 보험계약자 등이 손해방지의무를 위반함으로써 손해가 발생한 경우에는 손해배상청구권이나 손해보상액의 공제가능성이 발생한다.[6]

## 3. 손해방지의무의 요건

### 1) 손해방지의무자

손해방지의무자는 보험계약자와 피보험자이다. 피보험자는 보험의 목적에 피보험이익을 갖고 이를 관리·보관하는 지위에 있기 때문에 당연히 손해방지의무가 있다. 그리고 타인을 위한 보험계약에 있어서 보험계약자는 보험의 목적에 직접적 이해관계가 있는 것은 아니지만, 가령 창고업자나 운송업자가 물건의 소유자를 위하여 보험계약을 체결한 경우와 같이 보험의 목적에 용이하게 접근할 수 있는 지위에 있으므로, 이 경우에도 손해방지의무가 있는 것으로 본다. 보험계약자 또는 피보험자의 대리인도 동 의무를 부담하는 것으로 본다.[7]

### 2) 주관적 요건

상법 제680조는 주관적 요건을 명시적으로 받고 있다는 점에서, 보험계약자 등이 알지 못하는 보험사고의 발생에 대해서는 손해방지의무가 적용되지 않는 것으로 본다. 중과실로 알지 못한 경우에 손해방지의무가 적용되는가에 대하여, 이를 긍정하는 임장8과 보험계약자 등에게 탐지의무 등을 부과하고 하는 과도한 면을 고려하여, 이를

......

6 양승규, 보험법, 제5판, 삼지원, 2004, 231면.
7 박세민, 보험법, 제4판, 박영사, 2017, 422면; 김은경, 보험계약법, 보험연수원, 2016, 360면.
8 손주찬, 상법(하), 제11정증보판, 2005, 591면.

부정하는 입장도 있다. 보험계약자와 피보험자가 경과실로 상법 제680조 제1항 전문에서 정한 손해방지의무를 위반한 경우, 보험자가 의무 위반과 상당인과관계가 있는 손해에 대하여 배상을 청구하거나 보험금과 상계할 수 있는지 여부 및 이러한 범위는 재보험의 경우에도 마찬가지로 적용되는지 여부에 대하여, 대법원은 다음과 같이 판시한 바 있다.[10]

**대법원 2016. 1. 14. 선고 2015다6302 판결**

"보험계약자와 피보험자는 손해의 방지와 경감을 위하여 노력하여야 한다(상법 제680조 제1항 전문). 보험계약자와 피보험자가 고의 또는 중대한 과실로 손해방지의무를 위반한 경우에는 보험자는 손해방지의무를 위반한 경우에는 보험자는 손해방지의무 위반과 상당인과관계가 있는 손해, 즉 의무 위반이 없다면 방지 또는 경감할 수 있으리라고 인정되는 손해에 대하여 배상을 청구하거나 지급할 보험금과 상계하여 이를 공제할 수 있으나, 경과실로 위반한 경우에는 그러하지 아니하다. 그리고 이러한 범위는 재보험의 경우에도 마찬가지로 적용된다."

## 3) 객관적 요건

보험사고가 발생해야만 보험계약자나 피보험자는 손해방지의무를 부담하게 된다.

보험사고 발생 시 피보험자가 고의 또는 중대한 책임 여부가 판명되지 아니한 상태에서 피보험자가 손해확대방지를 위한 긴급한 행위를 함으로써 손해, 즉 의무 위반을 방지할 필요·유익한 비용을 보험자가 부담하여야 하는지 여부에 대하여, 대법원은 "손해보험에서 피보험자가 손해의 확대를 방지하기 위하여 지출한 필요·유익한 비용은 보험자가 부담하게 되는바(상법 제680조 제1항), 이는 원칙적으로 보험사고의 발생을 전제로 하는 것이므로, 손해보험의 일종인 책임보험에 있어서도 보험자가 보상책임을 지지 아니하는 사고에 대하여는 보험자의 비용부담 등의 문제도 발생할 수 없다. 따라서 사고발생 시 피보험자의 법률상 책임 여부가 판명되지 아니한

9  한기정, 보험법, 박영사, 2017, 489.
10  대법원 2016. 1. 14. 선고 2015다6302 판결.

상태에서 피보험자가 손해확대방지를 위한 긴급한 행위를 하였다면 이로 인하여 발생한 필요·유익한 비용도 위 법조에 따라 보험자가 부담하는 것으로 해석함이 상당하다."고 판시하고 있다.[11] 또한 대법원은 "상법 제680조 제1항이 규정한 손해방지의무는 원칙적으로 보험사고의 발생을 전제로 하는 것이나, 보험사고가 발생한 것과 같게 볼 수 있는 상태가 생겼을 때에도 그때부터 피보험자의 손해방지의무가 생기는 것이다."라고 하면서 예전 판례[12]와 함께 제시하고 있다.[13]

### 4) 의무의 정도

보험계약자 등이 부담해야 하는 손해방지의무의 정도를 어떻게 해석해야 하는가에 대한 물음이 제기될 수 있는데, 통설은 보험계약자 등이 보험에 가입되어 있지 않은 경우에 자신의 이익을 위해 행할 손해방지행위의 정도가 의무이행의 기준으로 보고 있다.

### 5) 범위

보험계약을 체결하기 전에 보험계약자가 이행해야 하는 고지의무나 보험기간 중에 위험변경이나 증가에 대한 통지의무와 달리, 보험계약자 등의 손해방지의무는 보험사고 발생하게 된다. 더 나아가 보험사고가 발생하였다 하더라도 보험계약에서 진술에 대하여야만 보험금을 지급하겠다는 내용을 담고 있는 경우에 본손의 위험이 있는 경우에는 방지의무가 발생하지 않게 된다.[14]

보험계약자 등의 손해방지의무는 보험사고 발생 시 손해의 발생을 방지해야 하는 내용을 담고 있을 뿐만 아니라, 손해 발생 시 손해의 확대를 방지하는 행위도 포함한다. 손해방지의 노력은 행위의 목적이 있으면 되지, 반드시 그 효과가 있어야만 가능한 것은 아니다.

11  대법원 1993. 1. 12. 선고 91다42777 판결.
12  대법원 2008. 4. 24. 선고 2007다1715 판결.
13  대법원 2016. 1. 28. 선고 2013다74110 판결.
14  양승규, 보험법, 제5판, 삼지원, 2004, 232면.

# 4. 위반 시 법적 효과

제680조는 단지 보험계약자 등의 손해방지의무만을 규정하고 있을 뿐, 보험계약자 등이 손해방지의무를 게을리한 경우에 대한 법적 효과를 규정하고 있지 않아, 학자들 사이에 견해의 다툼이 발생하게 되었다.[15]

## 1) 학설의 다툼

손해방지의무를 위반한 효과에 대하여, 손해방지의무자의 경과실로 인한 의무위반의 경우와 고의·중과실로 인한 의무위반의 경우를 구분하여 설명하는 견해가 있다.[16] 전자의 경우에는 채무불이행에 관한 일반원칙에 따라 보험자는 그로 인한 손해의 배상을 청구하거나 보험금에서 손해를 공제하고 지급하면 되고, 후자의 경우에는 보험 자는 보상책임을 면하게 한다면 된다는 것이다.

그 외에도 의무위반이 경과실이나 중과실, 고의에 의하였는가 하는 것을 구별하지 않고 일반원칙에 따라서 보험금에서 그로 인한 손해액을 공제하고 보험금을 지급하면 된다는 입장이 있지만, 경과실의 경우는 제외하고 고의·중과실로 인한 의무 위반의 경우에만 보험자는 지급할 보험금에서 보험계약자 또는 피보험지의 손해방지 의무를 이행했을 때 방지할 수 있었다고 인정되는 보험자의 손해액을 공제 또는 상계하여 지급할 수 있다는 견해가 또는 피보험자의 손해액을 공제 이러한 학설의 다툼으로 인한 불명료성을 방지하고자 개정의 필요성이 제기되었다.[17]

## 2) 판례의 입장

1971년 대법원은 손해방지비용과 관련하여, "해상보험증권상의 담보조건이 영국 해 상보험법상의 분손담보약관 및 손해방지약관에 의한 것일 때에는 이른바 협약준손·후

------

15  이기수·최병규·김인현 보험·해상법(상법강의 IV), 제9판, 박영사, 2015, 229면.
16  최기원, 보험법, 제3판, 박영사, 2002, 265면.
17  양승규, 보험법, 제5판, 삼지원, 2004, 224면.

정전손의 경우뿐만 아니라 주정전손이 성립하지 아니하여 위부가 부적함한 경우에도 소정비용로 정한 단독해손과 담보위험에 기인한 손해를 방지하기 위한 비용은 보험자가 부담한다"고 판시하고 있다.[18]

1994년 대법원은 "손해보험에서 피보험자가 손해의 확대를 방지하기 위하여 지출한 필요·유익한 비용을 보험자가 부담하게 되어 있는 경우, 이는 원칙적으로 보험사고의 발생을 전제로 하는 것이므로 보험자가 보상책임을 지지 아니하는 사고에 대하여는 손해방지의무가 없고, 따라서 이로 인한 보험자의 비용부담 등의 문제도 발생할 수 없는 원칙이지만, 다만 사고발생 시 피보험자의 별물상 책임 여부가 판명되지 아니한 상태에서 피보험자가 손해확대방지를 위한 긴급한 행위를 했다면 이로 인하여 발생한 필요·유익한 비용도 손해확대방지를 위한 비용으로서 보험자가 부담하는 것으로 해석해야 한다. 또한 자동차소유자인 피보험자가 사고 직후 자신에게 손해배상책임이 있는지 여부를 판단하기 어려운 가운데 중상을 입어 의식을 잃은 피해자를 신속하게 치료를 받게 함으로써 더 이상의 피해상태의 악화를 방지하기 위하여 치료비 제무의 연대보증을 하였다면, 피보험자의 책임 유무가 가려지지 아니한 상태에서 그가 손해배상책임을 저어 할 경우에 대비하여 한 최소한도의 손해확대방지행위라고 보아야 하므로, 이로 인하여 보험회사의 면책통보 이전까지의 치료비로서 피보험자가 지출한 금원은 보험자가 보상하여야 할 손해확대방지비용에 해당한다"고 판시하였고,[19] 1995년에는 "상법 제680조가 규정한 손해방지비용이란 함은 보험자가 담보하고 있는 보험사고가 발생한 경우에 보험사고로 인한 손해의 발생을 방지하거나 손해의 확대를 방지함은 물론 손해를 경감할 목적으로 행하는 행위에 필요하거나 유익하였던 비용을 말하는 것이므로, 위 제680조는 손해방지의무자인 보험계약자 또는 피보험자가 손해방지 및 그 경감을 위하여 지출한 필요한 유익한 비용은 보험금액을 초과한 경우라도 보험자가 이를 부담하도록 규정하고 있다"고 판시하고 있다.[20]

18 대법원 1971. 1. 11. 선고 71다2116 판결.
19 대법원 1994. 9. 9. 선고 94다6663 판결; 동지 대법원 1993. 1. 12. 선고 91다42777 판결.
20 대법원 1995. 12. 8. 선고 94다27076 판결

## 3) 소결

화자들의 견해나 대법원 판례를 중심으로 정리를 해보면지방법을 선택함에 있어 보험계약자 등에게 중대한 과실이 없는 한 손해방지를 위한 비용은 모두 방지의무의 이행비용이 되어야 할 것이다. 보험계약자나 피보험자로 하여금 손해 손해방지의무를 다할 수 있도록 하기 위하여, 보험자는 필요 또는 유익하고 액이 보험금액을 초과한다라도 이를 보상하여야 할 것이다(제680조 단서). 이는 보험 계약자 등의 노력으로 인하여 실제로 손해가 방지되거나 이익이 발생했을 필요는 요구되지 않는다. 그러므로 손해의 방지와 경감의 노력은 손행지의 목적만 있으면 되는 것이지, 그 효과가 반드시 생겨야 하는 것은 아니라고 해야 할 것이다.

## III. 손해방지의무에 대한 개선방안

## 1. 불완전법규로서 상법 제680조

우리 상법 제680조 제1조에 본문은, "보험계약자와 피보험자는 손해의 방지와 경감 을 위하여 노력하여야 한다"고 규정하고 있고, 단서에는 "이를 위하여 필요 또는 유익 하였던 비용과 보상에이 보험금액을 초과한 경우라도 보험자가 이를 부담해야만 한 다"고 하고 있다. 동법 제1항 단서에 따르면, 손해방지비용과 보상에이 보험금액을 초 과하더라도 특별한 제한 없이 보험자가 부담해야 한다. 그러나 손해방지의무를 규정 하고 있는 상법 제680조 제1항은 전단은, 보험계약자와 피보험자에게 손해방지의무가 있 다고만 규정하고 있을 뿐, 그 위반의 효과는 규정되어 있지 않다는 측면에서 불완전 법규라는 비난의 소지가 있었다. 또한 실무에서 사용되는 약관들은 이 의무위반의 효 과로서, 방지 또는 경감할 수 있었을 것으로 인정되는 손해액을 보험자가 지급할 보험 금에서 공제할 수 있는 것으로 규정하고 있다.

328

**손해보험표준약관 제17조(손해방지의무)** 보험사고가 생긴 때에는 계약자 또는 피보험자는 손해의 방지와 경감에 힘써야 한다. 만약 계약자 또는 피보험자가 고의 또는 중대한 과실로 이를 게을리한 때에는 방지 또는 경감할 수 있었을 것으로 밝혀진 값을 손해액에서 뺀다.

그 외에도 화재보험표준약관 제17조와 배상책임보험표준약관 제18조 2항에서 그와 유사한 내용을 규정하고 있었다. 그러나 손해방지의무와 관련하여 동 약관을 적용하고자 한다면, 이들 약관규정이 상법 제663조가 규정하고 있는 "보험계약자 등을 불이익하게 변경하지 못한다"라고 하는 상대적 강행규정에 위반될 수 있다는 다음의 소지가 발생하게 된다.[21]

또한 단서 조항 역시 "손해방지비용과 보상액이 보험금액을 초과하여 지급할 수 있음"을 실정법에 인정함으로써 "보험자의 보험금부책임의 최고한도는 보험금액으로 한다"는 보험계약의 구조가 허구화될 수 있는 비판이 직면하고 있어, 개정을 통하여 보인해야 한다는 목소리가 있었던 것이다.

그러므로 상법 개정위원들은 손해방지의무의 이행을 확보하기 위한 목적으로, 이들 약관 규정들이 상법 제663조에 위반 여부에 대한 다름을 예방하고자 손해방지의무의 위반효과를 상법에 명문화하고자 하였던 것이다.

# 2. 검토 사항

## 1) 위반효과에 대한 부존재

손해방지의무를 위반한 법적 효과를 명문화함에 있어, 상법 개정위원들은 다음의 사항들을 고려하였다.[23]

첫째, 악의적인 행위를 하는 보험계약자나 피보험자에게 지급해야 하는 보험금에 대하여 일정한 제재를 가하고자 한다. 보험기간 중에 보험사고가 발생하였을 경우에, 보험계약자 또는 피보험자는 이를 안 경우에는 손해를 방지하거나 손해를 경감하기 위한 조치를 취하는 노력을 해야 한다. 그러나 이러한 사항을 인식하고 있는 보험계약자나 피보험자가 고의적으로 손해방지나 경감조치를 취하지 아니한다면서도 거액의 보

---

손해방지의무를 위반한 경우에는 인과관계가 연체되도록 규정하고 있다(독일 보험계약법 제82조 제4항). 이는 악의의 보험계약자를 제재하기 위한 면에서는 바람직하지만, 상법에서는 악의와 고의를 구별하는 것이 일반적이지 않다. 따라서 손해방지의무의 위반과 손해의 발생 및 확대 간의 인과관계가 있는 경우에 한하여 보험자가 보험금지급채임을 면하거나나야하는 것이고 로 인한 의무위반의 경우, 보험금을 감액할 수 있는 것(중과실로 인한 의무위반의 경우)으로 해야 할 것이다.

---

21 장경환, 상법 보험편 개정시안 공청회, 법무부, 77면.

22 독일에서는 보험계약자가 '악의'로 손해방지의무를 위반한 경우에는 인과관계가 없더라도 보험자가 면책되

23 장경환, 상법 보험편 개정시안 공청회, 법무부, 77면.

협금을 취득하는 것은 문제가 있다는 것이다.[24] 그 결과 손해방지나 경감의무를 위반

함으로써 확대된, 즉 손해방지·경감조치를 취했다면 경감할 수 있었던 손해액을 지급

해야 할 보험금에서 공제하고자 하는 것이 타당하다는 다수의 입장을 따르고자 하였

다.[25] 또한 상법상 고지의무의 위반요건으로 의무자의 고의 또는 중과실

을 요구하는 것과 균형을 맞추고, 보험계약자를 보호하기 위하여 보험계약자가 경과실

로 인하여 손해방지의무를 위반한 경우에는 불이익을 주지 않도록 하고자 하였다.

둘째, 손해방지의무의 위반과 그 위반으로 인한 손해의 확대 사이에 인과관계가 있

어야 한다는 점을 간과하지 않았다. 보험계약자가 손해방지의무를 위반함으로써 손해

가 발생하였다고 한다면, 당연히 보험자는 그 의무위반으로부터 연을 수 있는 이익을 받

지 못한다. 그러나 손해방지의무의 위반을 했다 할지라도, 그 위반이 손해의 발생 및

확대와 인과관계가 없다면 보험자는 보험금을 특별히 줄이는 이유로 삼을 수 있는 반

면이 아니다. 그러므로 손해방지의무를 위반한 것을 이유로 보험금을 지급

하지 않거나 보험금을 감액하는 것은 타당하지 않다는 것이다.[26]

## 2) 손해방지비용의 보상한도

손해방지비용이란, 보험계약자 또는 피보험자가 보험사고로 인한 손해의 방지 또는

경감을 위하여 필요하고도 유익한 비용을 의미한다. 그런 측면에서 손해방지비용은,

보험계약에 의하여 보험자가 담보하는 위험으로 인한 손해를 방지하거나 경감시키기

위하여 소요되는 비용이고, 보험자가 담보하는 위험으로 인한 보험의 목적에 생긴 손

해의 방지를 위하여 드는 비용은 이것에 포함되지 않는 것으로 본다.[27] 상법 제680조 제1

항 후단은 보험방지의무 등의 손해방지의무 이행을 정구하기 위하여, 손해방지비용이

--------

24　시도각·정완용, 상법강의(하), 제4전정판, 법문사, 1998, 417면.
25　앙승규, 보험법, 제5판, 삼지원, 2004, 234면.
26　화재의 위부의 임정나서 보험계약자가 손해방지·경감조치를 취했다고 하더라도 건물의 전소되었을 경우
　　에는, 보험자는 보험계약자가 그 조치를 취하지 아니하였다면도 손해방지의무의 위반효과를 연용할 수 없
　　다고 할 것이다.
27　대법원 1977. 1. 11. 선고 기다2116 판결.

손해보상액과 합산하여 보험금액(보험가입금액)을 초과하더라도 그 전액을 보험자가 부담하도록 규정하고 있다. 1991년 보험계약법법이 개정되기 이전에서도 보험약관에서 손해방지비용은 보험자가 부담하지 않는다든가 보험금액의 한도에서만 부담한다고 정한 경우에 그 약관의 효력을 인정하는 유효설과 동 약관을 약관을 부인하는 무효설의 다툼이 있었다. 그러한 현 상법은 보험계약법법의 규정을 모두 상대적 강행규정으로 하고 있으므로 상법 제680조에 반하여 손해방지비용을 보험자가 부담하지 않는다든지 제한하는 약관을 정하고 있다면, 상법 제663조에 의하여 무효라고 할 것이다.

1993년 대법원은 "손해배상책임이 없는 피보험자가 가해자로서 교통사고와 직후에 자신의 책임유무를 판단하기 어려운 가운데 피해자를 신속하게 치료받게 함으로써 피해상태의 악화를 방지하기 위하여 지출한 지급보증하고 치료받게 하여 가해자가 치료비를 지출하였다면 보험자의 면책통보 시까지 발생한 지료비는 손해방지비용으로 보험자가 보상하여야 한다"고 판시[28]하였고, 이어 1994년 대법원은 손해방지비용과 관련하여, "손해보험에서 피보험자가 손해의 확대를 방지하기 위하여 지출한 필요, 유익한 비용을 보험자가 부담하게 되어 있는 경우 이는 인적적으로 보 보험사고의 발생을 전제로 하는 것이므로 보험자가 보상책임을 지지 아니하는 사고에 대하여는 손해방지의무가 없고 이런 피보험자의 비용부담 등의 문제도 발생할 수 없는 것이 원칙이지만, 다만 사고발생 시 피보험자가 피보험자의 법률상 책임 여부가 판명되지 않은 상태에서 피보험자가 손해확대방지를 위한 비용으로서 보험자가 부담하는 것으로 해석하여야 하는바, 이 사건 경우는 원고가 이 사건 트럭의 소유자로서 사고 직후 자신에게 손해배상책임이 있는지 여부를 판단하기 어려운 가운데 중상을 입어 이 이 의식을 잃은 피해자를 신속하게 치료를 받게 함으로써 더 이상의 피해상태의 악화를 방지하기 위하여 위 치료비 채무의 연대보증을 한 것으로서 원고의 책임유무가 가려지지 아니한 상태에서 그가 손해배상책임을 져야 할 경우에 배비하여 한 최소한의 손해확대방지행위라고 보아야 할 것이므로 이로 인하여 피고회사의 면책통보 이

28 대법원 1993. 1. 12. 선고 91다42777 판결

전가지의 지급비로서 원고가 지출한 금원은 피고가 보상하여야 할 손해확대방지비용
에 해당한다"고 판시하였다.[29] 삼성 개정위원들은 "보험자는 보험금액에 따른 보험료
를 받으면서도 보험금부책임은 무한하게 지급됨으로써, '보험자의 보험금
부책임의 최고한도를 보험금액으로 한다'는 보험계약구조의 허구화와, '수지상등의
원리'에 반하는 사항을 문제점으로 제기하였다.

### 3) 보험자의 지시

손해방지비용과 관련하여 보험약관에서, 보험자가 부담하지 않느다든가 보험금액
의 한도에서만 부담한다고 정한 경우에 그 약관의 효력은 인정할 수 없다는 것이 타당
하다고 이미 설명하였다. 그러나 보험자의 지시에 의한 비용은 보험금액을 초과한다
라도 보험자가 부담하도록 해야 하지만, 개정 전 독일 보험계약법 제63조 제1항에 의
하여 보험자의 지시에 의하지 아니한 비용은 보험금액을 한도로 보험자가 부담하도록
하여야 한다는 입장이 있었다.[30]

### (1) 지시요청의무

삼별 제680조 제1항 전단은 손해방지의무로서 보험계약자가 손해의 방지와 경감을 위
하여 노력하여야 할 것을(손해방지·경감조치의무)만을 규정하고 있다. 비교법상 독일의 개
정 전 보험계약법은 손해방지의무의 일부로써 지시요청의무를 규정하고 있지 않은 것
을 수 있다(독일 보험계약법 제62조 제1항, 개정법 제82조 제2항). 그런 측면에서 우리 역
시 이번 개정안에서 지시요청의무를 손해방지의무의 일부로 받아들이지 않았다.[31]

---

29 대법원 1994. 9. 9. 선고 94다16663 판결.
30 양승규, 보험법, 제5판, 삼지원, 2004, 235면.
31 그 이유에 대하여는 정경환, 전게 공청회 자료집, 80면 이하. 첫째, 손해방지의무의 요체는 보험계약자에게
　사정에 따라 적절한 손해방지·경감조치를 취하도록 하는 데 있으므로, 보험계약자에게 보험자에게 의무
　를 부과하여 그 지시를 구하는 것은 그의 제한이고, 고지조치 보험계약자의 지시를 구하지
　않았다면 그에 대해 제재를 가할 필요가 없기 때문이다. 즉 보험계약자가 보험자의 지시를 구하지 않은
　것으로서라도 손해방지·경감조치를 시행에 따라 적절하게 취하였다면, 굳이 손해방지의무를 이행하지 않은
　것으로는 볼 필요는 없는 것이다. 둘째, 지시요청의무를 규정하는 독일 보험계약법과 그 개정안에 의하더라도

## (2) 긴급한 사정이 있는 경우

보험계약자가 긴급한 사정으로 보험자의 지시를 구할 수 없었던 경우에는, 보험계약자 등을 붙이어야하게 해서는 안 되다는 주장이 있을 수 있다. 그러나 상법 개정위원들은 이러한 경우에도 손해방지비용의 보상에서 특별한 취급을 하지 않고자 한다.[32] 그 결과 긴급한 사정이 있는 경우라 할지라도, 보험자는 그의 지시가 없었던 한 손해방지비용을 손해보상액과 함하여 보험금액의 한도 내에서 보상해야 할 것이라고 한다.

### 독일 보험계약법

제82조(손해방지 및 감소의무) (1) 보험계약자는 보험사고의 발생 시 손해를 방지하고 감소하도록 하여야 한다. (2) 우리가 따르지 않는 범위 내에서 손해화대 간에 인과관계가 없으면 손해방지의무의 위반효과를 시예 따르거나 지시를 구하여야 한다. 복수의 보험자가 보험계약에 관여하고 있으나 그를 사이에서 서로 다른 지시가 내려진 경우에 보험계약자는 자신의 의무에 성응하는 판단에 근거하여 조치를 취해야 한다. (3) 보험계약자가 제2항 및 제3항에 따른 책무를 고의로 위반한 경우 보험자는 급부 의무를 부담하지 않는다.

32 이 이무는 그리 중요한 의미를 지니지 못하기 때문이다. 즉 보험계약자가 보험자의 지시를 구했다고 하더라도, 보험자가 이에 대해서 지시를 해야 할 의무를 지게 되는 것은 아니다. 또한 보험계약자가 지시요청의 의무를 위반했다고 하더라도, 이 의무위반과 손해화대 간에 인과관계가 없으면 손해방지의무의 위반효과를 적용할 수 없다(개정 전 독일 보험계약법 제62조, 현 제82조 제4항). 그런데 보험계약자가 손해방지・경감조치를 취했으므로 지시를 구하지 않은 것과 관건이고 지시요청의 의무 취하여 화대를 적을 여지가 없게 된다. 요컨대, 손해방지・경감조치를 취했느냐가 관건이고 지시요청의 의무 위반 독자적인 의미는 별로 없는 것이다. 물론 보험계약자가 보험자의 지시를 구하는 경우에는, 지시요청의 의무를 취하면서 손해가 생겼거나 손해경감의 효과가 더 있을 것을 인정되는 경우에는, 지시에 그 지시에 따라 조치를 의무의 위반에 대한 책임을 물을 수도 있을 것이다. 그러나 그러한 경우는 많지 않을 것으로 생각된다. 왜냐하면 보험자의 지시를 의무적으로 해야 하는 것도 아니고, 통상적인 조치와는 다른 특별한 경우 지시할 수 있는 경우란 별로 없기 때문이다.

그 이유에 대하여는 장경환, 전게 공청회 자료집, 81면 이하. 그 이유는 다음과 같다. 첫째, 손해방지・경감 조치의 긴급성을 이유로 보험자의 지시의 지시가 없었더라도 손해방지비용의 보상원칙(손해방지비용과 손해보상 액의 함께액을 보험금액의 한도 내에서 보상한다는 원칙)에 대한 예외를 인정한다면, 이 보상원칙이 크게 퇴색될 우려가 있기 때문이다. 왜냐하면 손해방지・경감조치를 요하는 경우가 긴급을 요하는 경우이기 때문이다. 둘째, 보험자가 지시를 한다는 것은, 손해보 상액과 손해방지비용의 함계액이 보험금액의 한도 내에 있도록 보상하는 일정도의 자이는 있겠지 만 보기에 따라서는 대부분 긴급을 요하는 경우이기 때문이다. 셋째, 보험자가 지시를 모른다는 위험을 감수하는 것이 된다. 따라서 보험금액의 한도 내의 보상을 원칙으로 하는 한, 보험자에게 지시를 해야 할 의무를 지울 수는 없는 것이다(보험자에게 지시의무를 지운다면 보험금액을 초과하여 보상하는 것이 오히려 원칙적인 것이 될 것이다. 이처럼 보험자의 지시의 한도와 그 지시의 재량성을 고려할 때, 긴급 한 사정이 있었다는 이유로 보험계약자의 지시가 없었던 경우를 지시가 있었던 것으로 다루는 것은 무리라는 이유를 제시한다.

의무를 면한다. 중과실에 의한 위반의 보험자는 자신의 급부의무를 보험계약자의 과실의 정도에 따라 감액할 수 있다. 중과실이 없음에 대하여는 보험계약자가 증명해야 한다. (4) 채무의 위반이 보험사고의 확정이나 급부를 이행할 뿐만에 인과관계가 없다면 보험자는 제3항과 달리 급부를 이행하여야 한다. 보험계약자가 자신의 책무를 악의로 위반한 경우에는 전문은 적용되지 않는다.

제83조(비용부상) (1) 제82조 제1항과 제2항에 따라 보험계약자가 지출한 비용에 대하여 주어진 상황에 따라 필요하다고 인정되는 한 보험자는 이를 상환하여야 한다. 보험계약자의 청구가 있는 경우 지출에 필요한 비용은 선급하여야 한다. (2) 보험자가 급부를 경감할 수 있는 비용으로 제1항에 따라 그에 상응하게 경감할 수 있다. (3) 보험자의 지시에 따른 경우 발생한 비용이 기타의 손해보상과 합하여 보험금액을 초과하는 경우에도 지급되어야 한다. (4) 동물보험의 경우에 사료, 관리 및 동물병원에서의 진료 및 치치비용은 제1항 내지 제3항에 따라 상환되어야 하는 비용에 포함되지 아니한다.

## 상법 개정(안)

| 현행법 | 개정안 |
| --- | --- |
| 제680조(손해방지의무)<br>① 보험계약자와 피보험자는 손해의 방지와 경감을 위하여 노력하여야 한다. 그러나 이를 위하여 필요 또는 유익하였던 비용과 보상액이 보험금액을 초과한 경우라도 보험자가 이를 부담한다.<br>② 삭제 | 제680조(손해방지의무)<br>① 보험계약자와 피보험자는 보험사고가 생긴 때에 그 사고로 인한 손해의 방지와 경감을 위하여 노력하여야 한다.<br>② 보험계약자 또는 피보험자가 제1항의 의무를 고의로 위반한 경우에는 보험자는 보험금액의 지급책임을 면하고, 중대한 과실로 이를 위반한 경우에는 보험자는 이 의무가 이행되었던다면 방지 또는 경감할 수 있었던 손해액을 보상액에서 공제할 수 있다. 그러나 제3의 의무위반이 손해의 발생 및 확대에 영향을 미치지 아니한 경우에는 그러하지 아니한다.<br>③ 보험자는 제1항의 의무를 위하여 필요 또는 유익하였던 비용과 보상액이 보험금액을 초과한 경우에는 그 보험금액을 초과하는 때에는 보험자가 이를 부담한다. |

## 3. 기대효과

상법에 보험계약자 등이 손해방지의무를 위반한 경우에 대한 법적 효과를 명문화함으로써, 우선 그 동안 불완전한 법규라는 비난으로부터 벗어날 수 있게 되었다. 그리고 손해방지의무를 실제로 효용가치가 있도록 하고, 실무에서 사용되고 있는 약관조항에 대하여도 법적인 근거를 부여하게 된다는 점에서 의미가 있다.

상법 개정(안)은, 고의로 인한 손해방지의무 위반에 대해서는 보험자가 면책될 수 있도록 하고 중과실로 인한 이 의무 위반에 대해서는 보험금을 감액할 수 있도록 하고자 한다. 또한 이 의무 위반과 손해의 발생·확대 간의 인과관계가 없으면 그 면책이나 감액을 허용하지 않고자 한다. 이러한 명확한 규정을 통하여, 이 의무위반이 있다고 할지라도 그 위반이 경과실로 인한 경우라거나 또는 고의·중과실로 인한 것이더라도 손해의 발생·확대와 인과관계가 없는 경우라고 한다면, 보험자가 보험금의 전액을 지급하게 하여 보험계약자나 피보험자의 보호를 도모하게 될 것이다.

보험계약자가 지출한 비용이 손해보상의 대상이 되는 손해액에 해당하는지 아니면 손해방지비용에 해당하는지의 다툼을 줄이고, 보험급부의 체계가 보험계약의 원리에 따라 정립하게 된다. 보험자는 원칙적으로 손해보상상액과 손해방지비용의 합계액을 보험금액의 한도 내에서 보상하는 것으로 하고, 단 보험계약자가 특정의 손해방지·경감조치를 지시하고 보험계약자가 이 지시에 따라 손해방지비용의 합계액을 보험금액을 초과한 경우에만 예외적으로 손해보상액과 손해방지비용의 합계액을 보험금액을 초과하여 보상하는 것으로 함으로써 보험경영의 합리화에 기여하게 될 것이다.

## 4. 검토

상법 개정(안) 제680조 제3항은, 손해방지를 위하여 초래된 비용보상에 대하여 보험금액의 한도에서 보상하는 것을 원칙으로 하고 있다. 그러나 손해방지의무의 이행이 보험자의 지시에 따라 이행한 경우에 대하여는 보험금을 초과하는 보상을 할 수 있음을 규정하고 있다.

상병 개정(안)이 보험자의 지시가 있는 경우에만 보상액과 손해방지비용이 보험금액을 초과하여 보상받을 수 있도록 하고 있고, 보험자의 지시를 받을 수 없는 급박한 경우에는 보험계약자가 손해방지비용을 부담하게 되므로 문제가 있다[33]는 지적이 있다. 만약 이렇게 된다면, 보험계약자에게는 엄격한 손해방지비용을 지우면서도 전손의 경우에 보험자의 지시가 없으므로 손해방지비용을 전혀 보상받지 못하게 된다는 점에서 개정(안)을 받아들이기 어렵다는 주장이다. 그런 결과 "보험사고가 발생한 경우에 피보험자가 보험의 목적의 손해를 방지하고 경감하기 위하여 지출한 필요한 또한 유익한 비용은 보험자가 이를 부담한다. 보험자의 비용의 보상액은 손해보상과는 별도로 산출하고, 보험금액을 초과할 수 있다."는 중국의 보험법 제42조와 2003년 영국의 국제선박보험약관의 제5조를 참고할 것을 제안한다.

그러나 독일에서도 손해방지・경감조치를 취해야 할 긴급한 사정이 있는 경우에는 보험계약자에게 지시요청의무를 면하게 하여 손해방지의무의 위반효과(보험자의 면책 또는 보험금의 감액)를 주지 않는 때 그치고 있을 뿐(개정 전 보험계약법 제62조 제1항, 현 제82조 제2항), 그렇다고 해서 손해방지비용의 보상액까지 특별히 취급을 하고 있지 않다. 보험계약자가 손해방지・경감조치를 취했다면, 그 조치를 취함으로 인해 보험자의 지시를 구하지 않고 조치를 취하여야 할 긴급한 사정으로 인해 보험금의 지급에서 보상이익(보험자의 면책 또는 보험금의 감액)을 받지 않게 되고, 손해방지비용의 보상이익까지 특별한 예외를 인정받아야 하는 것은 아니라는 주장이 타당한 면이 있다고 하겠다.

## IV. 결론

2008년 상법 개정(안)은 보험계약자 등의 손해방지의무를 인정함에 있어서 고의와

---

33  한창희, "보험계약상 손해방지의무의 개정방향에 관한 재검토", 손해사정연구, 제1권 제1호, 2008. 08, 43면.

중과실로 구분하여 손해방지의무의 인정범위를 정하고자 하였다. 고의로 손해방지의무를 위반한 경우에는 보험자의 면책을 규정하고, 중과실의 경우에는 의무이행 시 지지 또는 경감하였을 손해를 감액하여 보상하고자 한 것이다. 그동안 불완전범규로 비판받아온 상법 제680조는 이제 보다 손해방지의무의 인정범위를 명확히 하고자 한 점에서, 그 의미를 찾을 수 있다고 하겠다. 특히, 손해방지비용과 보상액이 보험금액을 초과한 경우에도 보험자가 부담해야 한다는 내용을, 보험자의 지시가 있는 경우에 한하여 보험계약자 등이 발생한 손해방지비용은 보험금액을 초과하여 보상하도록 개정한다면, 보다 더 보험이 보험의 원리에 합당한 면을 갖추게 될 것이다.

# 제21장

# 타인을 위한 보험과 보험목적의 양도

## I. 타인을 위한 보험계약

### 1. 의의

상법은 보험계약자는 (타인의) 위임을 받거나 위임을 받지 아니하고 특정 또는 불특정의 타인을 위하여 보험계약을 체결할 수 있다(상법 제639조 제1항 본문). 타인을 위한 보험계약이 체결되면, 타인은 수익의 의사를 표하지 아니하여도 당연히 보험금청구권자가 된다(상법 제639조 제2항 본문). 상법 제639조 제1항 단서는 타인을 위한 손해보험의 경우에 있어서 특별한 사항을 규정하고 있다. 타인을 위한 손해보험의 경우에 있어서 그 타인의 위임이 없는 때에는 보험계약자는 이를 보험자에게 고지하여야 하고, 그 고지가 없는 때에는 타인이 그 보험계약의 체결된 사실을 알지 못하였다는 사유로 보험자에게 대항하지 못한다(상법 제639조 제1항 단서). 보험계약자의 보험자에 대하여 고지하도록 한 이유는 보험자가 피보험자에게 그 지출을 위한 보험계약이 체결되었음을 알리는 기회를 주어 도박보험의 위험을 방지하고, 그 타인이 피보험자로서 통지의무(상법 제652조, 제657조) · 위험유지의무(상법 제653조) 또는 손해방지의무(상법 제680조)를 이행할 수 있도록 하기 위함이다.

338

## 2. 법적 성질

타인을 위한 보험계약은 인보험 영역에서는 보험계약자와 보험수익자가 다른 경우를 의미하고, 손해보험 영역에서는 보험계약자와 피보험자가 다른 경우를 의미한다. 후자의 대표적인 사례로는 건물의 임차인이 임대인을 피보험자로 하여 화재보험계약을 체결하는 경우를 들 수 있고, 보증보험 역시 타인을 위한 보험에 해당한다. 이러한 타인을 위한 보험은 계약을 체결한 자와 계약에 대한 효과를 수익하는 자가 다르다는 점에서, 민법의 제3자를 위한 계약의 모습을 띠고 있다. 민법과 다른 특수한 성질을 가지고 있다는 점에서, 타인을 위한 보험계약의 법적 성질을 민법상 제3자를 위한 계약으로 보는 것이 타당한지 아니면 타인을 위한 보험계약의 법적 성질을 민법상 제3자를 위한 계약의 특수한 계약으로 보는 것이 타당하다고 보는 것이 타당(판례의 입장)1 대신에 제3자를 위한 특수한 계약으로 보는 것이 타당하다.

## 3. 요건

첫째, 계약을 체결하는 상대방 사이에 타인을 위한다는 의사표시가 있어야 한다. 타인을 위한 것이 의미는 보험계약상의 이익이 보험금청구권을 갖는다는 것을 의미하는 것이지, 보험금청구권자를 대신해서 보험금을 수령할 수 있는 권한을 갖는다는 것은 아니다.2 이러한 의사표시는 반드시 명시적인 것을 의미하는 것은 아니다. 한편, 보험 계약자상 순해보험의 피보험자 또는 인보험의 보험수익자 부분에 공란으로 되어 있는 경우가 왕왕 발생한다. 통설은 이 경우 자기를 위한 보험으로 주장한다. 둘째, 타인의 특정 여부는 보험계약의 성립요건에 해당되지 않는다. 그러므로 보험계약 체결 시 특정해도 되고, 추후에 정한다 할지라도 보험계약이 성립되는 것에는 아무런 영향을 미지지 않는다. 셋째, 타인의 위임 여부는 타인을 위한 보험계약의 성립요건에 해당되지 않는다. 그러므로 타인의 위임에 의해 타인을 위한 보험계약이 체결되기도 하고, 위임

---
1  대법원 1974. 12. 10. 선고 73다1591 판결.
2  한기정, 보험법, 박영사, 2017, 401면.

이 있더라도 타인을 위한 보험계약이 체결되기도 한다. 이 점 상법 제639조 제1항이 명시적으로 밝히고 있다.

## 4. 효력

타인을 위한 보험계약은 그 성질상 피보험자가 그 수익의 의사표시를 하지 아니한 경우라 할지라도, 당연히 그 계약상의 이익을 받을 수 있다(상법 제639조 제2항 본문). 또한 보험하고가 발생하면 직접 보험자에 대하여 보험금의 기여를 청구할 수 있다.[3] 그러나 이 경우에도 보험자는 보험계약자와의 관계에 기한 모든 항변사유로써 피보험자에게 대항할 수 있으므로, 보험계약자가 고지의무 등에 위반한 경우에는 보험계약을 해지할 수 있다(상법 제651조). 보험계약자뿐만 아니라 피보험자도 상법의 규정에 의하여 각종의 의무를 부담해야 하고(상법 제651조, 제652조, 제653조, 제657조), 일정한 경우에는 예외적으로 보험료지급의무(상법 제639조 제3항 단서)도 부담한다. 또한 보험계약자는 보험금액의 기여의 청구권을 갖지는 않으나, 보험계약자는 그 타인에게 보험사고로 인한 손해를 배상한 범위 안에서 보험자에 대한 보험금청구권을 갖는다(상법 제639조 제2항 단서). 그 밖의 보험증권교부청구권(상법 제640조)・보험료감액청구권(상법 제647조)・보험료반환청구권(상법 제648조)・보험사고 발생 전의 보험계약해지권(상법 제649조 제1항 본문) 등 일반적인 보험계약자의 권리를 갖는다. 다만 보험계약해지권은 보험계약자가 보험증권을 소지하고 있지 않는 한, 그 타인의 동의를 얻어서만 행사할 수 있다(상법 제649조 제1항 단서). 보험계약자는 보험료지급의무 등 각종의 의무를 부담한다(상법 제639조 제3항 본문, 제652조, 제653조, 제657조, 제680조).

# II. 보험목적의 양도

## 1. 개념

상법상 피보험자가 보험의 목적을 양도한 때에 양수인은 보험계약상의 권리와 의무를 승계한 것으로 추정하고 있다(상법 제679조 제1항). 보험계약상의 권리와 의무를 승계한 것으로 추정되는 보험목적의 양도가 성립하기 위해서는 첫째, 양도인과 보험자 간에 유효한 보험계약관계가 존재하여야 한다. 둘째, 보험목적은 특정되고 개별화된 물건이어야 한다. 셋째, 보험목적은 물권적 양도방법에 의하여 양도되어야 한다. 여기에서 승계추정의 의미를 밝혀야 할 필요가 있다. 양도인은 보험목적을 양도하면 피보험이익을 상실하고 보험계약은 효력을 잃게 된다. 이로 인하여 양도 이후에 양도인이 부담하게 되는 보험료는 헛된 것에 해당한다. 한편, 양수인은 자신을 피보험자로 하는 보험계약을 체결하기 전까지 무보험상태에 놓이게 된다. 보험자는 보험계약의 효력 상실로 인하여 보험고객을 잃게 되는 상황에 직면하게 된다. 보험계약 관계자의 이익을 고려하여 이와 같이 승계추정의 규정이 우리 상법에 도입된 것이다.

## 2. 구분

상법 제679조는 양도인과 양수인의 합의에 따른 특정승계에 해당한다. 또한 우리 상법은 양도인과 양수인의 그러한 의사를 추정한 것뿐이지 보험관계가 이 규정으로 승

제되는 것은 아니다. 보험관계의 승계는 보험계약상의 권리·의무가 포괄승계
되는 성속이나 합병과 구별되는 것에 유의해야 한다. 포괄승계는 별도의 규정에 따라
발생하게 되는 것이다. 또한 피보험자가 보험사고의 발생으로 인하여 보험자에 대하
여 가지는 보험금청구권을 타인에게 양도하는 것과도 구별된다.

## 3. 효력

보험목적이 양도되면 양수인은 보험계약상의 권리를 취득하므로 보험금청구권을
것는다. 즉, 양수인은 피보험자의 지위를 취득한다. 양수인은 보험계약상 또는 상법상
피보험자로서 부담해야 하는 각종의 의무(상법 제652조, 제653조, 제657조, 제680조)를
부담해야 한다. 양도인의 피보험자로서 갖는 권리와 의무가 양수인에게 이전되는 관
계는 추정되는 것에 불과하므로(상법 제679조 제1항 후단), 당사자가 반대의 입증을 한
때에는 이전의 효력이 생기지 않게 되는데 이 경우 그 보험계약은 피보험이익의 소멸
로 인하여 당연히 실효하게 된다.

## 4. 양도인 또는 양수인의 보험자에 대한 통지

### 1) 의의

상법은 보험목적의 양도가 있으면 그의 양도인 또는 양수인이 보험자에 대하여 지체
없이 그 사실을 통지하도록 규정하고 있다(상법 제679조 2항). 이러한 통지는 그 통지의
무자가 양도인 또는 양수인인 점 등에서 지명채권양도의 통지의무자가 양도인인 점(민
법 제450조 1항)과 구별된다. 양도인 또는 양수인의 이러한 통지를 보험자 기타 제3자
에 대한 대항요건으로 보는 견해(대항요건설)와 보험계약상의 권리와 의
무승계를 위한 규정으로 보는 견해(비대항요건설)로 구분된다. 보험계약자의
보혐를 양도인과 모든 양수인의 당사자 사이에만 미치는 것이 아니며, 보험자 기
타 제3자에 대하여도 그 효력이 미친다고 보아야 한다는 점 등에서 볼 때 양도
인 또는 양수인의 통지의무는 민법 제450조와 같은 대항요건으로는 볼 수 없다.

양수인은 보험목적의 양수를 보험자에게 통지하지 않았다 하더라도 보험약관에 다른 정함이 없는 한 보험목적의 양수사실을 입증하여 보험금을 청구할 수 있다. 다만 보험목적이 선박이거나(상법 제703조의2 제1호) 또는 자동차의 경우에는 (상법 제726조의4) 상법의 특별규정에 의하여 보험자의 동의 또는 승낙을 얻은 경우에 한하여 보험계약으로 인한 권리와 의무를 승계한다. 보험목적의 양도사실을 모르고 보험금을 양도인에게 지급하여도 양수인은 이의를 제기할 수 없으며, 이로 인하여 보험자가 손해를 입은 때에는 통지의무자는 이를 배상하여야 한다.

## 2) 화재보험보통약관상 해지사유

보험계약자가 보험목적의 양도에 따른 통지의무를 위반하였으나 그로 인해 현저한 위험의 변경 또는 증가가 없는 경우, 화재보험보통약관상의 해지사유가 되는지 여부에 대한 다툼이 있었다.[4]

**대법원 1996. 7. 26. 선고 95다52505 판결**

"보험목적물의 양도를 보험계약자와의 통지의무 사유로 들고 있는 화재보험보통약관 제9조와 '현저한 위험의 변경 또는 증가와 관련된 제9조에 정한 계약 후 알릴 의무를 이행하지 아니하였을 때'를 보험계약의 해지사유로 들고 있는 같은 약관 제11조 제2항의 규정을 종합하여 보면, 화재보험의 목적물이 양도된 경우 그 양도로 인하여 현저한 위험의 변경 또는 증가가 있고 동시에 보험계약자 또는 피보험자가 양도의 통지를 하지 않는 경우에는 보험자는 통지의무 위반을 이유로 당해 보험계약을 해지할 수 있으나, 보험목적의 양도로 인하여 현저한 위험의 변경 또는 증가가 없는 경우에는 양도의 통지를 하지 않더라도 통지의무 위반을 이유로 당해 보험계약을 해지할 수 없다고 봄이 상당하다."

4  대법원 1996. 7. 26. 선고 95다52505 판결.

## 3) 보험계약 해지 여부

**대법원 1996. 7. 26. 선고 95다52505 판결**

"손해보험에 있어서 보험의 목적이 양도된 경우에 관하여 상법 제679조 제2항은 그 양도인 또는 양수인은 보험자에 대하여 지체 없이 그 양도사실을 통지하여야 한다고 규정하고 있을 뿐 그 통지 의무를 위반한 경우에 대하여 아무런 제재규정을 두고 있지 않으나, 원심이 인용한 화재보험보통약관 제9조는 제1항에서 보험의 목적에 이래와 같은 사실이 생긴 경우에는 보험 계약자 또는 피보험자는 지체 없이 서면으로 회사에 알리고 보험증권에 그 확인을 받아야 한다고 규정하면서 그 제2호에서 '양도할 때'를 들고 있고, 같은 약관 제11조 제3호는 이래와 같은 사실이 있을 경우에는 계약을 해지할 수 있다, 다만 그 사실을 회사가 안 때로부터 1개월이 지났거나 회사의 중대한 과실로 알지 못한 때에는 해지할 수 없다고 규정하면서, 그 제2호에서 '위 지났거나 또는 증가와 관련된 제9조에 정한 계약 후 알릴 의무를 이행하지 아니한 경우 때'를 들고 있으며, 같은 조 제3항은 제2항에 의한 계약의 발생 후에 이루어진 경우 에도 회사는 그 손해를 보상하지 아니하나 제1항, 2호의 어느 하나의 사실로 생긴 것이 아님이 증명된 경우에는 보상한다고 규정하고 있는바, 위의 각 약관의 규정을 종합하여 보 면 화재보험의 목적물이 양도된 경우 그 양도로 인하여 현저한 위험의 변경 또는 증가가 예 보험계약자 또는 피보험자가 양도의 통지를 하지 않는 경우에는 보험자는 통지의무 위반을 이유 로 당해 보험계약을 해지할 수 있으나, 보험목적의 양도로 인하여 현저한 위험의 변경 또는 증가가 없는 경우에는 양도의 통지를 하지 않더라도 통지의무 위반을 이유로 당해 보험계약을 해지할 수 없다고 할 것이다."

# 제22장
# 보험자대위권

## I. 의의

보험사고로 말미암아 피보험자로부터 손해보상을 받은 다음 제3자에 대한 청구권을 행사하도록 하는 것은 이득을 허용하는 것이고, 그렇다고 해서 제3의 배상책임을 면제시키는 것도 불합리하다. 여기에서 손해보험계약의 발달 초기부터 손해보험계약의 기본원리의 하나인 이득금지의 원칙과 형평의 관념에 따라 보험자대위 제도가 발전하였다.[1] 보험자대위의 근거를 손해보상계약에 찾는 것은, 손해보험계약이 일종의 순해보상계약으로서 보험사고로 인하여 피보험자에게 어떤 이득을 주려는 것이 아니라 단순히 보상상의 목적으로 한다는 점에서 보험자대위가 인정된다는 입장이다.[2] 이는 우리나라의 지배적인 견해로서, 보험자대위는 손해보험계약의 성질상 보험사고로 피보험자에게 이중의 이득을 주지 않으려는데 그 근거를 두고 있다. 피보험자로 하여금 이득을 얻도록 하여서는 안 된다는 원칙은 손해보험계약의 법적 성질에서 오는 논리적인 요청이 아니고, 보험계약이 피보험자에 의한 보험사고의 유발

1 양승규, 보험법, 제5판, 삼지원, 2004, 237면.
2 서돈각·정완용, 상법강의(하), 법문사, 1998, 418면.

이나 도박 등의 부정행위에 이용될 위험을 방지하기 위한 수단으로서 인정된다.

## II. 생명상 보험자대위

### 1. 개념

보험사고로 인하여 손해가 생긴 경우에 보험자가 피보험자에 대하여 보험금을 지급하는 것은 보험료지급에 대한 대가 급여인 위험부담의 현실화에 지나지 않기 때문에, 보험사고가 보험관계 밖에서 어떻게 피보험자에게 경제적 영향을 주는가는 보험계약과 관계가 없다고 할 것이다. 그러나 보험사고가 발생한 경우에, 피보험자가 보험의 목적에 관하여 아직 잔존물을 가지거나 또는 제3자에 대하여 손해배상청구권을 취득하는 일이 있다. 보험자가 이에 관계없이 보험금을 지급한다면, 피보험자는 오히려 이중의 이득을 얻게 되는 결과가 된다. 그래서 상법은 보험자가 피보험자에게 보험금을 지급한 때에는, 일정한 요건하에 피보험자가 가지는 권리가 보험자에게 이전하는 것으로 하고 있다. 이를 보험자대위(Subrogation, Abtretung des Schadensersatzanspruchs des Versicherten)라고 한다. 보험자대위에서는 보험자가 보험사고로 인한 손실을 피보험자에게 보상하여 주고, 그 피해자 또는 보험계약자가 보험의 목적이나 제3자에 대하여 가지는 권리를 법률상 당연히 취득하게 된다.

### 2. 법적 성질

보험자대위의 내용인 보험의 목적에 관한 권리 또는 제3자에 대한 권리의 이전은 보험자가 피보험자에게 보험금액을 지급함으로써 법률상 당연히 발생하게 된다.[3] 즉 당사자 사이의 의사표시를 요하지 않는다. 보험자대위에 따르는 잔존물에 대한 권리

3   이기수·최병규·김인현, 보험·해상법(상법강의 IV), 제9판, 박영사, 2015, 202면.

의 이전의 경우에는 인도 또는 등기를 요하는 물권변동(민법 제186조, 제188조)의 절차를 밟지 않고도 보험자는 당연히 제3자에게 그 권리를 주장할 수 있고, 제3자에 대한 권리의 이전의 경우에도 지명채권양도의 대항요건(민법 제450조)의 절차를 거치지 아니하고 채무자 그 밖의 제3자에게 대항할 수 있기 때문에, 보험자대위의 법적 성질은 '민법상의 손해배상자의 대위(민법 제399조)'와 같은 성질을 갖는다고 할 것이다.[4]

## 3. 요건

보험자가 대위하는 피보험자의 권리는 피보험자의 보험의 목적에 대한 것(잔존물대위: 상법 제681조) 일수도 있고, 보험의 목적과 관련된 피보험자의 제3자에 대한 권리(청구권대위: 상법 제682조)일 수도 있다. 보험자대위는 손해보험의 경우에 인정되고 인보험에서는 이를 금지하는 것이 원칙(상법 제729조 본문)이나, 당사자의 약정에 의하여 인보험 가운데 상해보험에서는 이것이 가능하다(제729조 단서). 인보험은 대개 정액보험으로서의 성격을 가지는 경우가 없는 것이다. 다만, 비정액 상해보험은 손해보험의 성격을 띠고 있어서 보험자가 이득 금지를 목적으로 청구권대위를 약정하면 이 경우에 한해서 이득 금지를 적용하게 된다.

### 1) 잔존물대위

#### (1) 의의

우리 상법 제681조에 의하면, "보험의 목적의 전부가 멸실한 경우에 보험금액의 전부를 지급한 보험자는 그 목적에 대한 피보험자의 권리를 취득한다"고 규정하고 있다. 즉 항공기가 추락한 후 남은 엔진, 난파된 선박 등 보험사고 후 남은 물건에 대한 피보험자의 권리가 보험금의 전액을 지급한 보험자에게 당연히 이전되는 경우를 바로 잔존물대위라고 한다.[5] 경우 잔존물대위를 인정하게 되면, 물건보험에 있어서 보험의

---

4 안순규, 보험법, 제5판, 삼지원, 2004, 236면.
5 최준선, 보험법·해상법, 제3판, 삼영사, 2008, 198면.

목적이 훼손되어 그 본래의 경제적 기능을 전부 잃은 경우에 그 잔존물의 가액을 평가하지 아니하고 잔존으로 취급하여 보험금액을 전부 지급한 경우에 그 잔존물에 대한 피보험자의 권리를 보험자에게 이전시키게 되는 것이다.

## (2) 요건

잔존물대위가 발생하려면, 우선적으로 보험사고로 인한 보험의 목적이 전부 멸실되어야 한다. 여기서 전부멸실이라 함은 목적물이 물리적으로 완전히 소멸한 것을 의미한 것이 아니라 목적물이 동일성을 상실하여 보험가가 보험가액을 기준으로 전손으로 보상한 경우를 의미한다.[6] 둘째, 보험자가 전손으로 약정한 보험금액 전부를 지급하여야 한다. 여기서 보험금액은 상법 제680조상의 손해방지비용과 상법 제676조 제2항에 구성되어 있는 손해산정비용까지도 포함하는 것으로 본다. 그리고 마지막으로 당사자는 특약으로 대위권의 포기가 없어야 한다. 보험의 목적에 대한 보험자의 권리취득은 보험자의 이익을 도모하기 위한 것이지만 경우에 따라서는 오히려 불이익이 되는 때도 발생하는바, 즉 선박이 침몰한 경우 보험자는 침몰선과 잔존물을 제거하여야 할 공법상의 의무도 부담해야 하지만, 제거하지 않은 동안에 발생할 수 있는 손해배상책임의 불이익이 발생할 수 있다.[8] 이 경우 보험자는 특약으로 잔존물에 대한 권리의 포기가 가능한 것이다.

## (3) 효과

보험의 목적이 전부 멸실되고 보험자가 보험금액의 전부를 지급하게 되면 보험자는

6  이기수·최병규·김인현, 보험·해상법(상법강의 IV), 제9판, 박영사, 2015, 205면.
7  개항질서법 제26조(장애물 등의 제거) ① 지방해양항만청장은 개항(開港)의 부근에서 船舶(선박)이 항행(航行)을 방해하거나 항행(航行)에 위험(危險)을 미칠 우려가 있는 표류물(漂流物)·침전물(沈澱物)등이 물건을 발견한 때에는 그 물건의 소유자(所有者) 또는 점유자(占有者)에게 대하여 그 제거를 명(命)할 수 있다. ② 지방해양항만청장은 제1항의 규정에 의한 명령을 이행하지 아니하거나 그 물건의 소유자 또는 점유자를 알 수 없는 경우에는 대통령령이 정하는 바에 의하여 그 물건을 제거할 수 있다. 이 경우 제거에 쓰여진 비용은 그 물건의 소유자 또는 점유자의 부담으로 하되, 당해물건의 소유자 또는 점유자를 알 수 없는 경우에는 대통령령이 정하는 바에 의하여 당해물건을 처분하여 그 비용에 충당한다.
8  최기원, 보험법, 제3판, 박영사, 2002, 293면.

피보험자의 권리를 취득하게 되는데, 여기서 피보험자의 권리라 함은 피보험자가 보험의 목적에 대하여 가지는 피보험이익에 관한 모든 권리로 보아야 한다. 그 결과 보험의 목적에 대한 피보험자의 소유권 외에 경제적인 이익이 있는 한 지명권도 여기에 포함되어야 할 것이다.[9]

권리이전의 시기는 상법 제681조가 규정하고 있는 비와 같이 보험자가 보험금액을 전부 지급한 때로 보는 것이 타당하다.[10] 한편 보험금액의 일부를 보험의 경우는 보험자가 보험금액의 보험가액에 대한 비율에 따라 보상할 책임을 지므로(상법 제674조) 보험자가 보험금액의 전부를 지급하면 보험가액에 대한 비율에 따라 피보험자가 보험의 목적에 대하여 가지는 권리를 취득하게 된다(상법 제681조 단서).

## 2) 청구권대위

### (1) 개념

진존물대위와 달리, 상법 제682조상의 청구권대위는 제3자의 행위로 인하여 피보험자의 손해가 발생하고 보험자가 보험금액을 지급한 경우에, 보험금을 지급한 한도에서 보험자에게 제3자에 대한 보험계약자 또는 피보험자의 권리를 취득하게 되는 경우를 말한다. 우리 상법이 청구권대위를 규정한 것은, 단지 피보험자 등의 제3자에 대한 손해배상청구권이 있음을 전제로 하여 지급한 금액의 한도에서 그 청구권을 대위한다는 취지에 불과한 볼 수 있다.[11] 보험금액의 지급은 보험계약상의 의무로서 지급하는 것으로 반드시 보험제약에서 정한 한도의 모든 금액을 지급하여야 하는 것은 아니다.[12] 일부를 지급하여도 그 지급한 범위 안에서 그 대위권을 행사할 수 있다는 점에서, 보험의 목적에 대한 보험자대위의 경우와 다른 점이다.

9  양승규, 보험법, 제5판, 삼지원, 2004, 232면 이하.
10  대법원 1981. 7. 7. 선고 80다1643 판결.
11  대법원 1981. 7. 7. 선고 80다1643 판결.
12  최기원, 보험법, 제3판, 박영사, 2002, 293면.

## (2) 인정 근거

보험계약상 피보험자는 제3자의 불법행위로 보험사고가 발생한 경우에, 불법행위를 원인으로 하여 불법행위자인 제3자에게 손해배상을 청구할 수 있고 보험계약에 의한 보험금을 청구할 수 있다. 법적으로는 다른 원인에 의한 독립된 청구권이므로 양 청구권의 행사가 가능하게 된다. 그러나 우리의 입법자가 보험금을 지급하면 청구권대위에 의하여 피보험자가 가지고 있던 제3자에 대한 권리를 보험자가 취득하도록 한 것은, 본래 손해보험이 손해의 보상을 목적으로 하므로 피보험자가 보험사고의 발생으로 이중의 이득을 취하게 되는 것을 방지하고자 한 것이다.[13] 또한 보험자가 피보험자에게 보험금을 지급함으로써 불법행위를 한 자의 채무를 면하게 하는 것 또한 "보험사고의 발생에 책임이 있는 자는 누구도 책임을 면하게 된다"고 하는 형평의 관념에 따른 것이다.[14]

## (3) 요건

청구권대위가 발생하려면 '피보험자에게 손해가 생기는' 제3자의 가해 행위가 있어야 한다.[15] 청구권대위의 요건으로 손해를 가하는 위법행위는 불법이고 적법행위도 가능하다. 대법원 역시 "보험사고에 의하여 손해가 발생하고 피보험자가 그 손해에 관하여 제3자에게 손해배상 청구권을 갖게 되면 보험금을 지급한 보험자는 제3자에게 귀책사유가 있음을 입증할 필요가 없이 법률의 규정에 의하여 당연히 그 손해배상 청구권을 취득하게 된다고 할 것이므로, 상법 제682조 소정의 '제3자의 행위'란 '피보험이익에 대하여 손해를 일으키는 행위를 뜻하는 것으로서 고의 또는 과실에 의한 행위만이 이에 해당하는 것은 아니다."라고 판시하고 있다.[16] 그리고 제3자에 대한 피보험자의 권리가 존재해야 하고, 피보험자의 손해가 비록 제3자의 행위로 말미암아 발

---

13 양승규, "보험자대위에 관한 연구", 서울대학교대학원박사학위논문, 1975, 35면.
14 Amtliche Begründung zu § 67 VVG Neudruck, 1963, S. 139.
15 대법원 1988. 12. 13. 선고 87다카311 판결에서, "상법 제682조의 보험자대위에 대하여 보험자가 취득하는 권리는 당해 사고발생 자체로 인하여 피보험자가 제3자에 대하여 가지는 불법행위로 인한 손해배상청구권이나 채무불이행으로 인한 손해배상청구권에 한한다"고 판시하고 있다.
16 대법원 1995. 11. 14. 선고 95다33092 판결.

생하였다 하더라도 보험자는 보험계약에 따라 피보험자에게 그 손해를 보상하는 보험금을 지급해야 한다.

① '제3자 행위'의 의미

제3자의 행위라 함은 보험계약의 목적인 피보험이익에 대하여 손해를 일으키는 행위로서 방화와 같은 불법행위 외에도 임차인의 실화 등을 이유로 한 채무불이행을 포함하는 것으로 이해한다.[17]

② 제3자의 범위

상법 제682조의 원문에 따라 제3자의 범위를 정한다면, 보험계약자와 보험자 그리고 피보험자 이외의 자를 말한다. 손해보험에서 보험계약자와 피보험자가 동일한 '자기를 위한 보험계약'을 체결한 경우에 제3자의 책임 있는 사유로 보험이 소실된 때에 보험금을 지급한 보험자는, 제3자에 대한 피보험자의 권리를 취득하는 것은 당연하다. 한편 손해보험계약에서 보험자는 제3자에 대한 피보험이익을 가지고 있는 자가 피보험자로 될 수 있는데, 상법 제639조 제1항에 따르면 보험금을 받는 자는 제3자가 이 있고 없고를 묻지 아니하고 그 타인이의 피보험이익을 가지고 있는 위인을 위하여 보험계약을 체결할 수 있음을 규정하고 있다. 여기서 제3자되는 문제가 바로 타인의 위한 보험계약의 경우 보험계약자도 제3자에 포함되느가에 대한 물음이다. 무릇에 따르면, 타인의 위한 손해보험계약에서 보험계약자도 보험계약의 직접적인 당사자로서 보험금청구권을 체결하고는 보험계약의 관리와 의무를 가지고 있다는 점에 주목하고 있다.[18] 그러므로 타인을 위한 손해보험에서 보험사고가 생긴 경우에 피보험자가 보험금을 청구한다 하더라도 보험계약자는 제3자이있는 다른 지위를 향자가 보험자에게 보험금을 청구한다 하더라도 피보험

17  양승규, 보험법, 제5판, 삼지원, 2004, 246면.

18  손주찬, 상법(하), 박영사, 2006, 596면. 보험계약자는 보험중권교부청구권(상법 제640조)를 비롯한 보험료불지급의무(상법 제650조), 위험변경증가의 통지의무(상법 제652조), 위험유지의무(상법 제653조), 보험사고발생통지의무(상법 제657조) 및 손해방지의무(상법 제680조) 등을 지고 있다.

갖고 있다는 점을 유의해야 한다[19]고 한다. 반면에 규정설에 따르면, 보험자대위의 입법취지가 보험사고로 인하여 이중이득을 보는 자나 보험사고에 대한 책임을 면하는 자가 없도록 하는 데 있다는 점과 타인을 위한 손해보험을 위한 피보험자의 보호를 목적으로 한 보험으로서 피보험자의 보험대위자에 대한 권리도 이전될 수 있으므로 제3자의 범위에 보험계약자도 포함된다고 한다[20]. 판례 또한 규정설에 따르고 있다[21].

피보험자가 다른 사람들과 함께 공동불법행위를 범한 경우에 피보험자는 제3자에 포함되지 않지만 다른 공동불법행위자들은 제3자에 포함된다. 이들은 청구권대위의 대상이 되는 제3자에 해당하는 것이다. 공동불법행위자 중 1인과 체결한 보험계약에 따라 보험자가 손해배상금을 지급하여 공동불법행위자들이 공동 면책된 경우 보험계약을 체결한 공동불법행위자의 다른 공동불법행위자에 대한 구상권 행사를 할 수 있느가에 대하여, 대법원은 이를 규정하고 있다[22].

**대법원 1998. 12. 22. 선고 98다40466 판결**

"승용차 운전자인 갑과 을 회사 소유 화물차 운전자의 과실이 경합하여 병 회사의 버스 승객들이 상해를 입은 사고에서, 병 회사는 그 운전자의 과실이 없다고 하더라도 위 버스의 운행자로서 위 피해자들에 대하여 자동차손해배상보장법상의 배상책임을 부담하고, 한편 을 회사와 갑 역시 위 화물차 및 승용차의 운행자 또는 공동불법행위자로서 위 피해자들에 대하여 손해배상책임을 부담하며, 병 회사와 을 회사 및 갑의 위 각 책임은 부진정연대채무의 관계에 있다고 할 것인즉, 이러한 경우 병 회사의 보험자가 병 회사와 체결한 보험계약에 따라 피해자들에게 그 손해배상금을 보험금으로 모두 지급함으로써 을 회사와 갑도 공동면책이 되었다면, 병 회사는 을 회사에고 보험사고로 인한 손해에 대한 손해배상책임의 부담 부분에 대한 구상권을 행사할 수 있다."

한편, 청구권대위를 인정하지 않았던 대법원 판결들도 있다. 관심 있는 몇 개의 판결을 살펴본다. 대법원은 "상법 제682조 소정의 보험자대위는, 보험사고로 인한 손해

......
19  양승규, 보험법, 제5판, 삼지원, 2004, 238면.
20  제이식, 상법강의(하), 박영사, 2003, 564면; 최기원, 보험법, 제3판, 박영사, 2002, 275면 이하.
21  대법원 1989. 4. 25. 선고 87다가1669 판결; 대법원 1990. 2. 9. 선고 89다가21965 판결.
22  대법원 1998. 12. 22. 선고 98다40466 판결.

가 보험계약자 또는 피보험자 아닌 제3자의 행위로 인하여 생긴 경우에 보험금액을 지급한 보험자가 보험계약자 또는 피보험자의 그 제3자에 대한 권리를 취득하는 제도이므로, 보험계약자의 해상상 보험사고를 일으킨 자가 위 법 소정의 "제3자"가 아닌 "피보험자"에 해당될 경우에는 보험자는 그 보험사고지에 대하여 보험자대위권을 행사할 수 없는 것이다."라고 판시한 바 있고,[23] 또 다른 사건에서 "보험자대위의 법리에 의하여 보험자가 제3자에 대한 보험계약자 또는 피보험자의 권리를 행사하기 위해서는 손해가 제3자의 행위로 인하여 생긴 경우라야 하고 이 경우 제3자라고 함은 피보험자 이외의 자가 되어야 할 것인데, 자동차종합보험 보통약관에 피보험자를 기명피보험자 외에 기명피보험자의 승낙을 얻어 자동차를 사용 또는 권리 중인 자 및 위 각 피보험자를 위하여 자동차를 운전 중인 자(운행보조자를 포함함) 등도 포함한다면, 승낙피보험자의 행위로 인하여 자동차사고가 발생한 경우 피보험자가 승낙피보험자에 대하여 손해배상채무를 부담에 관한 약정에 기하여 청구권을 갖는다 하여도 보험자가 보험자대위의 법리에 의하여 그 권리를 취득할 수 없다."고 판시한 바 있다.[24] 한편, 피보험자와 생계를 같이하는 가족이 제3자에 포함되는가에 대하여는 2014년 상법 제682조 제2항의 개정으로 입법적으로 해결되었다. 피보험자와 생계를 같이 하는 가족에 대해서는 청구권대위가 적용되지 않고, 다만 손해가 가족의 고의로 인해 발생한 경우 청구권대위가 적용되는 것으로 규정한 것이다. 이러한 변경은 예전 판례

(2002다32547 판결; 2009다27452 판결)를 반영한 것으로 볼 수 있다.

23 대법원 1991. 11. 26. 선고 90다10063 판결.
24 대법원 1993. 1. 12. 선고 91다7828 판결.

히 해당여진다 할 것이고, 무면허면책약관은 담보위험을 축소하고 보험료의 할인을 가능하게 하는 데 그 취지가 있는 것이기는 하나, 그 경우에도 피보험자의 명시적이거나 묵시적인 의사에 기하여 제 무면허 운전자가 피보험자동차를 운전한 경우에는 면책조항의 예외로서 보험자가 책임을 지는 것으로 해석하여 미루어 무면허 운전자가 동가가족인 경우에도 대위권 행사의 대상이 되는 것으로 해석한다면, 무면허 운전자가 가족이라는 우연한 사정에 의하여 면책약관에 위배되지 않은 보험계약자에게 사실상 보험혜택을 포기시키는 것이어서 균형이 맞지 않는 점 등에 비추어, 무면허운전 면책약관 보험계약에서 무면허 운전자가 동가가족인 경우 특별한 사정이 없는 한 생명 제682조 소정의 제3자의 범위에 포함되지 않는다고 봄이 타당하다.

### 대법원 2009. 8. 20. 선고 2009다27452 판결

"구 자동차손해배상 보장법(2008. 2. 29. 법률 제8852호로 개정되기 전의 것) 제37조 제1항에 의하여 같은 법 제26조 제1항에 따른 보장사업에 관한 업무를 건설교통부장관으로부터 위탁받은 보장사업자가 피해자에게 보상금을 지급한 경우 그 보장사업자는 같은 법 제31조 제1항에 따라 같은 법 제3조에 의하여 손해배상책임이 있는 자에 대하여 가지는 피해자의 손해배상청구권을 대위행사할 수 있다. 그렇지만, 손해배상채무자가 피해자의 동거친족인 경우에는 피해자가 그 청구권을 포기하거나 행사하지 아니할 것으로 예상되고, 이와 같이 피해자에 의하여 행사되지 아니할 것으로 예상되는 권리를 보장사업자가 대하취득하여 행사하는 것을 허용한다면 사실상 피해자는 보험금을 지급받지 못하는 것과 동일한 결과가 초래될 것이며, 이는 자동차보유자가 납부하는 책임보험료 중 일정액을 정부가 분담금으로 징수하여 교통사고를 당하고도 보상받지 못하는 피해자에게 대하여 법에 정한 일정한 한도 안에서 손해를 보상하는 사회보장제도의 일종인 보장사업의 취지에 효용을 현저히 해하는 것이 되어 허용할 수 없다."

## (4) 효과

청구권대위의 요건이 갖추어지면, 보험계약자나 피보험자 또는 피보험자의 제3자에 대한 권리가 보험자에게로 이전된다. 보험자대위권은 보험자대위권은 보험자가 피보험자에게 손해보상을 함으로써 법률상 당연히 생기는 것이므로 대항요건, 즉 그 권리이전의 통지 또는 승낙을 필요로 하지 않는다.

이전할 권리에는 보험계약자와 피보험자의 권리 모두가 포함되고, 채무자인 제3자에는 보험계약자가 포함된다고 보아야 할 것이므로 피보험자의 보험계약자에 대한 권리까지도 포함되는 것으로 풀이한다.

제4편

손해보험 각론

# 제23장

# 화재보험과 보험금청구권 상실조항

## I. 의 의

화재보험은 화재를 보험사고로 하며, 보험의 목적인 물건에 대하여 생긴 손해를 보상하는 손해보험의 일종이다. 우리 상법은 손해보험자에 대하여 제683조 이하에 규정하고 있다. 화재보험을 체결한 화재보험자는 화재로 인하여 발생할 손해를 보상할 책임을 부담하게 된다(상법 제683조). 화재보험은 우선적으로 목적의 건물 등에 발생하는 화재에 관한 보험으로, 피보험자에게는 손해의 보상이라는 직접적인 이익을 부여하게 된다. 건물과 그 수용물에 발생한 화재로 인하여 생긴 손해를 전보하는 것을 내용으로 하는 종래의 화재보험은 시간이 지남에 보다 광범위한 개념으로 발전하게 되는데, 오늘날 화재보험은 낙뢰·파열·폭발 등의 위험을 담보하게 됨으로써 담보범위가 보다 더 확대하고 있으며, 더 나아가 비용손해도 전보하며 특약에 의하여 담보범위가 보다 더 종합화되어 가고 있다.[1] 즉, 각종의 특별약관에 의하여 직접손해뿐만 아니라 상실된 수익이나 생계비 등의 간접손해도 보상을 받음으로써 생활의 안정을 도모하는 기능을 부여하게 된다.

---

1 최기원, 보험법, 제3판, 박영사, 2002, 353면.

# II. 보험의 요소

## 1. 보험사고

상법은 화재보험계약에 대하여, 화재로 인하여 생긴 손해를 보상하기 위한 손해보험계약임을 밝히고 있다(제683조). 여기서 화재가 무엇을 의미하는가에 대한 물음이 제기되는데, 화재라 함은 보통의 용법에 의하지 아니하고 독립한 연소력을 가진 연소작용으로 인한 재해 또는 사회통념상 화재로 볼 수 있는 성질과 규모를 가진 화력의 연소작용을 의미한다.[2] 보험사고로서 화재가 되기 위해서는 첫째, 화력에 의한 용법을 벗어나고 둘째, 독립하여 연소할 수 있어야 하며 셋째, 화력에 의한 연소작용이 있어야 한다.[3] 화재의 개념은 제약당사자 간의 특약에 의하여 그 범위를 변경 또는 제한할 수 있고, 실무상 화재라고 하는 것이 무엇인가에 대하여 의미를 갖는 것은 보험사고가 보험자의 보상책임에 해당되느냐의 문제로 귀결될 것이다.

## 2. 보험목적

화재보험에서 보험의 목적에 대하여 상법은 아무런 규정을 두고 있지 않다는 점에서 보험의 목적이 무엇인가에 대한 물음이 제기될 수 있다. 상법 제685조는 화재보험증권에 기재해야 할 사항을 규정하면서, 건물(제1호)과 동산(제2호)이라는 단어를 제시하고 있다. 그러나 동조는 건물보험에서 건물을, 동산보험에서 동산을 예상한 것에 불과한 것이므로, 건축 중의 건물이나 완성 후 미등기된 건물 및 전기제품·기계기구·가구·의류 등도 동산의 화재보험의 경우에 집합보험이 될 수 있다고 할 것이다.[4]

2 양승규, 보험법, 제5판, 삼지원, 2004, 271면; 최기원, 보험법, 제3판, 박영사, 2002, 195면.
3 박세민, 보험법, 제4판, 박영사, 2017, 510면.
4 최기원, 보험법, 제3판, 박영사, 2002, 357면.

## 3. 피보험이익

화재보험계약에 있어서 피보험이익은 보험의 목적의 소유자로서의 피보험이익, 임차인으로서의 피보험이익 및 저당권자로서 피보험이익 등으로 구분될 수 있다.[5] 이와 같이 화재보험계약에서 동일한 보험의 목적에 대하여 피보험자가 다를 때에는 그 피보험이익도 달라진다. 그러나 피보험이익의 내용이 명확하지 않는 경우에는, 일반적으로 소유자의 피보험이익을 계약의 목적으로 본다.[6]

## 4. 화재보험증권

상법 제640조는 보험계약이 성립한 후 지체 없이 보험증권을 교부하도록 하고 있다. 화재보험증권에는 손해보험증권에 기재해야 할 사항 외에, 제1호 건물을 보험의 목적으로 한 때에는 그 소재지, 구조와 용도, 제2호 동산을 보험의 목적으로 한 때에는 그 존치한 장소의 상태와 용도, 제3호 보험가액을 정한 때에는 그 가액 등을 기재해야만 한다.

## III. 보험금청구권 상실 약관조항

화재보험에서 보험사고가 발생하면 보험자는 사고를 조사하는 절차를 밟게 된다.[7] 보험사고가 발생하면, 보험금 과다청구, 손해조사 회피 및 방해 같은 일들이 발생하게 된다. 이러한 경우를 대비하여 보험자는 보험금청구권 상실 조항을 근거로 하여 보험금청구권이 상실됨을 주장할 수 있게 된다.

5 양승규, 보험법, 제5판, 삼지원, 2004, 273면.
6 최기원, 보험법, 제3판, 박영사, 2002, 358면.
7 정찬형, "화재보험에서의 보험사기와 보험금청구권 상실조항 판례 검토", 동부화재(손해보험에 있어서의 제 문제 연구, 2010, 296면 이하.

# 1. 약관규정

일반적으로 다음과 같은 내용을 가지고 피보험자는 손해에 대하여 보험금청구권이 상실됨을 규정하고 있다.

> **보험금청구권의 상실**
>
> 아래와 같은 경우에는 피보험자는 손해에 대한 보험금청구권을 잃게 됩니다.
> (1) 보험계약자 또는 피보험자가 손해 통지 또는 보험금 청구에 관한 서류에 고의로 사실과 다른 것을 기재하였거나 그 서류 또는 증거를 위조하거나 변조한 경우
> (2) 보험계약자, 피보험자 또는 이들의 대리인이 생명한 이유 없이 손해의 조사를 방해 또는 회피한 경우

# 2. 약관의 취지

화재보험은 실제 물건의 손해액을 보상하는 보험인 동시에, 지급받는 보험금이 구모가 고액이라는 점에서 사행성을 강하게 드러낸다. 또한 인보험과 달리 물건의 손해액 등을 조사하기 위하여 보험자는 보험계약자에게 사고발생 및 손해액과 관련되는 자료를 요청하게 된다. 보험자의 보험금은 이와 같이 보험계약자가 제공하는 보험금청구와 관련된 서류의 심사를 통하여 지급하게 된다. 다른 보험영역과 달리 화재보험은 '보험금청구권 상실조항'을 약관에 두고 있다. 대법원 역시 본 조항에 대하여 "보험자가 보험계약자상의 보상책임 유무의 판정, 보상액의 확정 등을 위하여 보험사고의 원인, 상황, 손해의 정도 등을 알 필요가 있으나, 이에 관한 자료들은 계약자 또는 피보험자의 지배·관리 영역 안에 있는 것이 대부분이므로 피보험자로 하여금 이에 관한 정확한 정보를 제공하도록 할 필요성이 있다. 피보험자가 이에 반하여 서류를 위조하거나 증거를 조작하는 등으로 신의성실의 원칙에 반하는 사기적인 방법으로 과다한 보험금을 청구하는 경우에는 그에 대한 제재로서 보험금청구권을 상실하는 데 있다"고 판단하고 있다.[8] 또 다른 판결에서 "보험계약자 또는 피보험자가 손해의 통지

----
8 대법원 2006. 11. 23. 선고 2004다20227, 20234 판결.

또는 보험금청구권에 관한 서류에 고의로 사실과 다른 것을 기재하였거나 그 서류 또는
증거를 위조하거나 변조한 경우 피보험자는 손해에 대한 보험금청구권을 잃게 된다'
고 규정되어 있는 보험계약의 약관 조항의 취지는 피보험자 등이 서류를 위조하거나
증거를 조작하는 등 신의성실의 원칙에 반하는 사기적인 방법으로 과다한 보험금을
청구하려는 데 있는 것으로 보아야 할 것이다'라고 하고 대법원의 판시[9]에 약관의 취
지를 읽을 수 있다.

## 3. 보험금청구권 상실 범위

보험금청구권의 상실 범위문제는 허위·과다한 보험금청구권자에 대하여 그 청구사
실이 확인된 경우에 각 보험목적물에 대한 피보험자 등의 보험금청구권을 어느 범위
까지 상실시킬 수 있는 것인가에 대한 물음이다. 전부 상실하는 것으로 판단한 것도
있고, 전부 상실에 대한 반대 입장을 표명한 판결도 나타나고 있다.

### 1) 전부 상실

2005년 대법원은 '청제, 화재보험계약을 체결하면서 계산하여 재산하여
보험계약을 체결하였다고 하여도 각 보험목적물별로 보험계약을 체결한 것으로 볼
수 있고, 물체, 일부 무효나 일부 취소의 법리는 계약체결상의 일부 하자를 어떻게 취
급할 것인지의 문제인 반면, 허위청구로 인한 보험금 청구권 상실은 보험계약의 최대
신의성에 기초한 것으로서 그 성질을 달리하므로 이에 일부 무효나 일부 취소의 법리
를 적용할 수 없다'고 하면서 그 일부에만 보험금청구권을 상실하는 것이 아니라 보
험계약 전체에 대하여 청구권을 상실하는 것으로 보고 있다.[10] 대법원이 그러한 결론
을 이끌어내는 이유는 "고의로 허위의 통지를 하거나 위조 또는 변조된 서류를 증거
로 제출하는 등 신의성실의 원칙상 허용될 수 없는 경우에만 보험금청구권을 상실하

--------

9   대법원 2007. 2. 22. 선고 2006다72093 판결.
10  대법원 2005. 6. 9. 선고 2005다15444 판결.

게 하는 것으로 규정하고 있으므로 피보험자에게 가혹하다고 볼 수 없다”는 점을 들고 있다.

## 2) 일부 상실

2005년 대법원 판결과 달리 2007년 판결에서 대법원은 “약관의 내용은 개개 계약체결자의 의사나 구체적인 사정을 고려함이 없이 평균적 고객의 이해가능성을 기준으로 하여 객관적, 획일적으로 해석하여야 하고, 고객에게 유리하게 해석하여 보험자에게 불리하게 해석하여야 한다”고 판시하면서, “독립한 여러 물건을 보험목적물로 하여 체결된 화재보험 계약에서 피보험자가 그중 일부의 보험목적물에 관하여 실제 손해보다 과다하게 하여 보험금청구권을 상실하게 되는 것은 당연하다 할 것이나, 만일 위 약관조항을 피보험자가 허위의 청구를 하지 않은 다른 보험목적물에 관한 보험금청구권까지 한꺼번에 상실하게 되는 취지로 해석한다면, 이는 허위 청구에 대한 제재로서 상당한 정도를 초과하는 것으로 고객에게 부당하게 불리한 결과를 초래하여 신의성실의 원칙에 반하는 해석이 된다고 하지 않을 수 없다. 따라서 앞서 본 약관해석의 원칙에 따라, 위 약관에 의해 피보험자가 상실하게 되는 보험금청구권은 피보험자가 허위의 청구를 한 당해 보험목적물의 손해에 대한 보험금청구권을 의미한다고 해석함이 상당하다”고 판단하고 있다.

## 4. 보험금청구권자가 다른 경우

경제적으로 독립한 여러 물건을 보험목적으로 하여 체결된 화재보험계약에 있어서 보험목적에 따라 보험금청구권자를 달리하는 경우가 발생할 수 있다. 이와 관련하여 대법원은 “일부 보험금청구권자의 보험금청구에 대해서만 허위의 청구 등으로 인한 보험금청구권 상실의 사유가 있는 경우에, 그러한 사유가 없는 보험금청구권자의 보보험금청구를 허용하는 것이 신의성실의 원칙에 반한다는 등의 특별한 사정이 없는 한, 하위의 청구 등으로 인한 보험금청구권 상실의 효력은 하위의 청구 등 신의성실의 원칙에 반하는 행위를 한 당해 보험금청구권자의 보험금청구에 한하여 미치고, 그러한 사유가 없는 보험금청구권자의 보험금청구에는 미치지 않는다고 해석함이 상당하다”고 판시한 바 있다.

## IV. 약관조항의 효력문제

### 1. 상대적 강행규정 위반 여부

#### 1) 의의

경제적인 면이나 전문적인 지식을 갖추고 있는 보험자와 보험에 대하여 잘 모르는 보험계약자 사이에 체결되는 보험계약은 약자로서 부당한 대우를 받을 가능성이 제기된다. 대부분의 보험계약은 보험자의 입장에서 작성되는 보험약관에 의하여 체결을 통하여 발생하게 된다. 보험약관을 통한 보험계약이 불이익하게 직면할 기능성이 상당히 높다고 볼 수 있다. 이를 대비하여 상법은 당사자의 특약에 의하여 보험계약자 등을 불이익하게 변경할 수 없다는 규정을 통하여, 보험에 대한 전문지식이 부족한 보험계약자 등을 보호하고자 한다.

### 2) 무효 여부

보험계약권 상실조항은 상법에서 규정하고 있지 않는 이례적인 약관을 사용함에 있어 동 약관규정이 유효한가에 대한 물음이 제기된다. 이와 관련하여 2006년 대법원은 “상법에서 이 약관조항과 같은 면책사유를 규정하고 있지 않고 이 사건 약관 조항이 피보험자에게 상법에서 규정하지 않은 손해에 관한 증빙서류의 제출을 요구하고 있다고 하더라도, 그와 같은 사유만으로 이 사건 약관 조항이 불이익변경금지에 관한 상법 제663조에 위반되는 것으로 볼 수 없다고 하면서, "이 약관 조항에서 말하는 손해의 통지 또는 보험금청구에 관한 서류 또는 증거를 피보험자에게 제출의무가 있는 서류 또는 증거로 한정할 아무런 근거가 없다"고 판시"하면서 보험금청구권 상실 약관조항이 상법 제663조에 위반되는 것이 아니라는 판단을 하고 있다.

11  대법원 2006. 11. 23. 선고 2004다20227 · 20234 판결.

# I. 운송보험계약의 체계

우리 상법은 운송보험계약과 관련하여 5개의 조문을 두고 있다. 운송보험자의 책임
이라는 내용을 규정하고 있는 상법 제688조를 비롯하여, 운송보험의 가액에 대하여는
상법 제689조가 규정하고 있다. 상법에 따른다면, 운송물의 보험가액은 발송한 때와
곳의 가액과 도착지까지의 운임 기타의 비용을 보험가액으로 하고 있다. 운송물의 도
착으로 인하여 얻을 이익은 약정이 있는 때에 한하여 보험가액중에 산입하도록 하고
있다. 상법 제690조는 운송보험증권에 대한 사항을 규정하고 있다. 운송보험은 손해보
험에 해당한다. 그러므로 운송보험에는 손해보험증권에서 규정하고 있는 일반적 사항
으로서 보험의 목적, 보험사고의 성질, 보험금액, 보험료와 그 지급방법, 보험기간을
정한 때에는 그 시기와 종기, 무효와 실권의 사유, 보험계약자의 주소와 성명 또는 상
호, 보험계약의 연월일 및 보험증권의 작성지와 그 작성연월일 등을 기재하여야 하며
(상법 제666조), 그 외에 운송의 노선과 방법, 운송인의 주소와 성명 또는 상호, 운송물
의 수령과 인도의 장소, 운송기간을 정한 때에는 그 시기, 보험가액을 정한 때에는 그
가액 등을 기재하도록 하고 있다. 상법 제691조는 운송의 중지나 변경과 계약의 효력
에 대하여 규정하고 있다.

상법 659조는 보험자의 면책을 통칙규정에 두고 있다. 즉 보험사고가 보험계약자 또는 피보험자나 보험수익자의 고의 또는 중대한 과실로 인하여 생긴 때에는 보험자는 보험금액을 지급할 책임이 없다. 상법은 운송보험계약의 경우에 다시 특칙을 두어 운송조직의 고의 또는 중과실에 대하여 보험자의 면책을 규정하고 있는데, 보험사고가 송하인 또는 수하인의 고의 또는 중대한 과실로 인하여 발생한 때에는 보험자는 이로 인하여 생긴 손해를 보상할 책임이 없음을 규정하고 있다.

## II. 운송보험계약의 의의

운송보험계약의 범위를 어디까지 두어야 할 것인가에 대한 물음이 제기된다. 우선 상법에서 규정하고 있는 운송업에 대한 고찰이 필요하다. 상법은 상행위편 제9장에서 운송업에 대하여 규정하고 있다(상법 제125조에서 제150조). 상법이 규정하고 있는 운송업은 육상운송만을 가리킨다. 그러므로 여기서 운송인이라 함은 육상운송인만을 의미하고, 해상운송인은 선박소유자 · 정기용선자 등 별도로 용어를 사용되고 있다(상법 제782조 제1항). 우리 상법이 운송업에 대하여 육상 또는 호천, 항만에서만 물건 또는 여로의 운송을 영업으로 하는 것으로 하고 있기 때문에(상법 제125조), 호천 · 항만에서의 운송도 육상운송에 포함되는 것으로 볼 수 있지만 실제로 항만에서의 보험사고는 해상보험에 준하는 점에서, 운송보험은 호천에서의 보험사고만을 가리키는 것으로 보아야 할 것이다.

운송보험은 광의의 의미에서 육상운송보험뿐만 아니라 해상운송보험이나 항공운송보험도 포함되는 것으로 볼 수 있다.[1] 그러나 상법 보험편에 규정되어 있는 운송보험계약은 육상운송의 목적인 운송물이 운송에 관한 사고로 인하여 생긴 손해의 보상을 목적으로 하는 손해보험계약을 의미하는 것으로 보아야 할 것이다. 운송보험자는 다

1  양승규, 보험법, 제5판, 삼지원, 2004, 283면.

른 약정이 없으면 운송물을 수령한 때로부터 수하인에게 인도할 때까지 생길 손해를 보상할 책임이 발생한다(상법 제688조). 다만, 해상운송보험에 관하여는 상법이 별도의 규정을 두고 있고(상법 제693조 이하), 항공운송보험에 대하여는 상법이 규정을 두고 있지 않고 약관에 따라 적용되기 때문에, 보험계약에서 말하는 운송보험은 육상운송보험만을 그 대상으로 하는 것이다.[2]

## III. 운송보험의 내용

운송보험계약에서 보험의 목적물은 운송물이라고 하는 객체가 보험의 목적이기 때문에, 운송에 이용되는 기차라든가 자동차는 운송보험의 목적에 해당하지 않게 된다. 여객의 생명이라든가 신체 역시 운송보험의 목적에 배제된다.[3] 운송보험 계약상 보험사고는 운송물의 운송 중에 발생할 수 있는 모든 사고가 포함될 수 있다. 충돌, 탈선과 같은 운송되는 특유한 사고는 물론 위험 역시 운송계약이거나 도난, 파손, 화재 및 침수 등 운송물에 손해를 미치는 모든 위험 중의 운송인의 보험사고에 해당하고 부보가 가능한 것으로 하고 있는데, 운송 중의 운송물은 운송인의 지배하에 있어 피보험자의 감독이 불가능하기 때문에 운송보험에서 피보험이익은 운송물에 대하여 가지는 피보험자의 이해관계이다.[4] 그러므로 운송보험에 피보험이익은 소유자가 그 도착으로 얻을 이익, 즉 상법 제689조 제2항에 규정하고 있는 운송물의 도착으로 인하여 얻을 희망이익이 피보험이익이 될 수 있다.[5] 또한 운송 중의 운임을 받지 못하게 되는 경우에, 그 운임손해나 운송인의 또는 수하인에게 손해배상 책임을 지게 되는 경우의 손해 역시 소극적 이익으로서 피보험이익에 해당될 수 있다. 보

---

2 최기원, 보험법, 제3판, 박영사, 2002, 379면.
3 박세민, 보험법, 제4판, 박영사, 2017, 548면.
4 이기수·최병규·김인현, 보험·해상법(상법강의 IV), 제9판, 박영사, 2015, 251면 이하.
5 양승규, 보험법, 제5판, 삼지원, 2004, 284면.

험기간에 대하여는 상법 제688조가 규정하고 있다. 특약이 없는 한, 운송물이 운송인

이 보관 중에 있는 기간으로 하고 있다. 순해보험의 경우 일반적으로 보험가액은 손해

가 발생한 때와 장소의 가액으로 하게 된다(상법 제676조). 그러나 운송보험의 경우는

당사자 간에 보험가액에 대한 다른 약정이 없는 한 보험가액불변주의에 따라 발송한

때와 곳의 가액과 도착지까지의 운임 기타의 비용이 합계액을 보험가액으로 하고 있

다(상법 제689조 제1항).

# I. 책임보험의 의의

## 1. 개념

책임보험은 피보험자가 보험기간 중의 사고로 인하여 제3자에게 배상할 책임을 진 경우에 보험자가 이를 보상할 것을 목적으로 하는 손해보험의 일종이다(상법 제719조). 책임보험은 일반의 손해보험에 있어서와 같이 특정한 보험의 목적에 대하여 피보험자가 보험사고로 직접 입은 손해를 보상하는 적극보험에 해당하는 것이 아니다. 피보험자의 책임에 돌아갈 사고로 말미암아 제3자에게 발생한 손해를 보상함으로써 발생하는 간접손해를 보험자가 보상하기로 하는 보험이다.

## 2. 기능

자본주의 경제의 발전과 더불어 발전한 보험이 바로 책임보험이다. 경제의 발달로 말미암아 경제생활이 복잡해지고 더불어 사업자의 책임이 엄격해짐에 따라 등 보험이 발전한 것이다. 책임보험은 업무상 타인에게 손해배상책임을 지기 위한이 있는 사람이 그 책임을 보험자에게 돌림으로써 자신의 경제적 안정을 피하고자 하는 데서 출발하였다.[1] 책임보험은 1차적으로는 피보험자의 이익에 봉사하는 것이나, 책임보험자는 피보험자의 제3자에 대한 손해배상책임을 담보하고 있으므로 책임보험계약상의 이익은 궁극적으로는 피보험자의 불법행위채권자에게 돌아가게 되는 것이다.[2] 그러므로 책임보험은 피보험자를 보호하는 자위적 기능을 부여하는 동시에 피해자를 보호하는 사회적 기능을 가지고 있다고 할 것이다.

책임보험의 보험자와 피해자 사이의 손해배상 확정판결에서 지급을 명한 소송촉진등에관한특례법 소정의 지연손해금까지 지급할 책임이 있는지 여부에 대하여 대법원은 다음과 같이 판시하고 있다.[3]

## 대법원 2000. 10. 13. 선고 2000다2542 판결

"자동차보험에 있어서 피보험자의 명시적·묵시적 승인하에서 피보험자동차의 운전자가 무면허운전을 하였을 때 생긴 사고로 인한 손해에 대하여는 보상하지 않는다는 취지의 무면허운전 면책약관은 무면허운전이 보험계약자나 피보험자의 지배 또는 관리가능한 상황에서 이루어진 경우에 한하여 적용되는 것으로서, 이 경우에 있어서 묵시적 승인은 명시적 승인의 경우와 동일하게 면책약관이 적용되므로 무면허운전이 보험계약자나 피보험자의 묵시적인 의도가 명시적으로 표현되는 경우와 동일시 할 수 있는 정도로 그 승인 의도를 추단할 만한 사정이 있는 경우에 한정되어야 하고, 무면허운전이 보험계약자나 피보험자의 묵시적 승인하에 이루어졌느냐 여부는 보험계약자나 피보험자와 무면허운전자의 관계, 평소 차량의 운전 및 관리 상황, 당해 무면허운전이 가능하게 된 경위와 그 운행 목적, 무면허운전자의 운전에 관하여 보험계약자나 피보험자가 취해 온 태도 등의 여러 사정을 함께 참작하여 인정하여야 하며(대법원 2000. 5. 30. 선고 99다66236 판결 참조), 보험계약자나 피보험자가 과실로 운전자가 무면허임을 알지 못하였다거나 무면허운전이 가능하게 된 데에 과실이 있었다거나 하는 점은 무면허운전 면책약관의 적용에서 고려할 사항이 아니다(대법원 1999. 11. 26. 선고 98다42189 판결 참조)."

1   최기원, 보험법, 제3판, 박영사, 2002, 429면.
2   양승규, 보험법, 제5판, 삼지원, 2004, 347면.
3   대법원 2000. 10. 13. 선고 2000다2542 판결.

# 3. 책임보험의 종류

## 1) 강제책임보험과 임의책임보험

보험가입의 강제성의 유무에 따른 분류이다. 자동차로 인한 피해자의 사회적 요청에 따라 자동차를 보유한 자들에게 보험가입을 법률로 강제하는 보험이 강제책임보험(의무책임보험)이라고 하고, 별로 강제되지 아니한 보험, 즉 보험가입자의 가입 여부가 임의적 보험이 바로 임의책임보험이다.

> **헌법재판소 1991. 6. 3. 89헌마 204 결정**
>
> 헌법재판소는 "화재보험계약체결의 강제는 어디까지나 대외적인 것이어야 하며 엄격한 요건 아래서만 인정되어야 할 것으로서 목적달성을 위하여 최소한의 범위로 국한시켜야 하며 다른 합법적 대체수단이 없고 필요 불가피한 경우이어야 하는데 화재로 인한 화재보험상과 보험가입에 관한 법률 제5조의 특수건물에 동법 제2조 제3항 기타 소정의 "4층 이상의 건물"을 포함시켜 보험가입을 강제하는 것은 개인의 경제상의 자유와 창의의 존중을 기본으로 하는 경제질서와 과임금지의 원칙에 합치되지 아니하여 헌법에 위배된다"고 한 바 있다.

## 2) 유한배상책임보험과 무한배상책임보험

피해자 1인 또는 사고를 기준으로 보험자의 보상책임의 한도액이 정해진 보험이 유한배상책임보험이라고 한다면, 무한배상책임보험은 보험자의 보상책임의 한도액을 정하지 아니하고 피보험자가 일정한 사고로 말미암아 제3자에 손해배상책임을 진 손해를 입은 순해를 모두 보상하는 보험을 못한다.

## 3) 영업책임보험, 전문직업인책임보험 및 개인책임보험

피보험자의 영업으로 인하여 타인에게 배상책임을 짐으로써 입은 손해를 보상하는 보험이 영업책임보험(자동차책임보험, 생산물배상책임보험 등)이라고 한다면 제721조), 일정한 직업에 종사하는 사람이 피보험자로서 그 직업(의사, 공인회계사, 회사의 임원 등)과 관련하여 타인에게 손해배상하여 대한 책임을 보상하는 보험은 전문직업인책임보험에 해당한다. 반면 개인책임보험은 피보험자가 개인적인 책임으로 타인에게 손해배상책임을 짐으로써 입은 손해를 보상하는 보험을 의미한다.

## 4) 대인배상책임보험과 대물배상책임보험

피보험자의 타인에 대한 인적인 손해의 영역인가, 아니면 물적인 손해인가에 대한 구분이다. 피보험자가 타인의 사망이나 신체의 손상 등의 인적 손해를 보상하는 보험이 대인배상책임보험이라고 한다면, 피보험자가 타인의 물건에 대하여 발생하는 손해를 보상하는 보험은 대물배상책임보험이다.

## II. 책임보험계약에서 가해자와 피해자

### 1. 피해자의 지위

책임보험계약은 보험자와 보험계약자 사이에 이루어지고 피해자인 제3자를 그 전제로 하고 있다. 피보험자는 피보험이익을 가지고 있기 때문에 보험금청구권을 갖게 된다. 그러므로 피해자는 책임보험계약에 있어서 직접적인 계약의 당사자에 해당되지 않는다. 그러한 면에서 책임보험을 이해하게 된다면, 책임보험은 피보험자를 위한 보험에 해당되고, 피해자에게 보험금청구권을 인정하는 피해자를 위한 보험(상법 제639조)은 아니라고 할 것이다. 즉 책임보험의 기능은 본래 오로지 피보험자의 이익을 위하여 발생한 것이라고 해야 할 것이다.

### 2. 피해자의 직접청구권

책임보험계약에 있어서 보험자는 피보험자가 제3자에 대하여 손해배상책임을 짐으로써 입은 재산상의 손해를 보상하는 것을 목적으로 한다. 종국적으로 책임보험자로부터 보험금의 지급은 피해자인 제3자에게 귀속되어야 하므로 경제적인 수익자는 피해자라고 할 것이다. 그러므로 피해자는 직접이든 간접이든 보험자와 일정한 관계를 유지할 수밖에 없는 지위에 있게 되는 것이다. 그리하여 책임의 발생에 따라 피해자가 보험자에 대하여 아무런 관계를 가지지 않는다는 관념은 점점 사라지게 되었다. 이제 책임보험의 발달은 어떻게 피해자인 제3자를 보호하는가 하는 문제로서 귀결하게 되었고, 프랑스법과 우리 상법은 원칙적으로 피해자의 지위를 보다 강화하고자 피해자의 직접적인 청구권을 인정하고자 하는 면을 띠게 되었다. 책임보험은 피해자를 보호하는 기능이 매우 강하다는 측면에서, 기능적으로는 책임보험은 피해자를 위한 보험이라 할 수 있다.

## 3. 상법의 태도

현재의 상법으로 개정되기 전 보험계약에 있어서는 보험자는 보험계약자에게 통지를 하거나 보험계약자의 청구가 있는 때에는 제3자에게 보험금액의 전부 또는 일부를 직접 지급할 수 있음을 인정하여 간접적으로 보험자가 피해자에게 보험금을 지급할 수 있도록 하고 있었다.

현 상법은 원칙적으로 "보험자는 피보험자가 책임을 질 사고로 인하여 생긴 손해에 대하여 제3자가 배상을 받기 전에는 보험금액의 전부 또는 일부를 피보험자에게 지급하지 못한다"라고 하고 있었고(상법 제724조 제1항), 책임보험의 경우 피해자인 제3자에게 보험금청구권을 인정하고 있다(상법 제724조 제2항 본문). 동 규정의 내용에 따라 책임보험에서 피해자가 보험자에게 직접청구권을 행사할 수 있음을 알 수 있다.

'자동차보험약관'에 상법 제724조 제1항과 같은 내용의 지급거절조항이 있는 경우, 보험자가 피해자의 보험금을 지급할 수 있는지 여부'와 '피해자가 피보험자를 상대로 제기한 손해배상 청구소송에서 손해배상금을 지급하라는 내용의 화해권고 결정이 확정된 경우에도 피해자가 피보험자로부터 실제 배상을 받기 전에는 보험자가 상법 제724조 제1항 및 자동차보험약관상 지급거절조항에 따라 피보험자들의 보험금지급청구를 거절할 수 있는지 여부에 대한 대법원의 판결이 있다.[4]

**대법원 2007. 1. 12. 선고 2006다43330 판결**

"보험회사인 자동차보험약관상 상법 제724조 제1항의 내용과 같이 피보험자가 제3자에게 손해배상을 하기 전에는 피보험자에게 보험금을 지급하지 않는다는 내용의 지급거절조항을 두고 있지 않다면 보험자는 그 약관에 의하여 상법 제724조 제1항의 지급거절권을 포기한 것으로 보아야 하지만, 만약 약관에 명시적으로 지급거절조항을 두고 있다면 달리 지급거절권을 포기하거나 이를 행사하지 않았다고 볼 만한 특별한 사정이 없는 한 보험자는 상법 제724조 제1항 및 지급거절조항에 의하여 피보험자의 보험금지급청구를 거절할 권리가 있다."

"피해자가 피보험자들을 상대로 제기한 손해배상 청구소송에서 손해배상금을 지급하라는 내용의 화해권고결정이 확정된 경우에도 자동차보험약관상 '보험자는 손해배상청구권자가 손해배상을 받기 전에는 보험금의 전부 또는 일부를 피보험자에게 지급하지 않으며, 피보험자가 지급한 손해배상액을 초과하여 지급하지 않습니다'는 지급거절조항이 있다면, 보험자는 피보험자들로부터 실제 배상을 받기 전에는 상법 제724조 제1항 및 위 지급거절조항에 따라 피보험자들의 보험금 지급청구를 거절할 수 있다."

## III. 피해자의 보험금 직접청구권

### 1. 의의

책임보험에서 피해자인 제3자는 보험자에 대하여 직접 아무런 권리도 가지지 않는 것이 제약벌의 일반원칙이다. 그러나 책임보험계약의 이익은 궁극적으로는 피해자에게 돌아가게 되므로, 보험사고로 인한 피보험자의 손해배상책임이 생겼을 때에 피해자가 보험자에 대하여 직접 보험금을 청구할 수 있도록 하는 것은 피해자의 보호를 위하여 필요하다. 상법은 책임보험계약에서 보험사고가 생긴 때에 피해자에게 보험금

4    대법원 2007. 1. 12. 선고 2006다43330 판결.

청구권을 인정하게 되었다. 책임보험계약에서 피해자의 보험금청구권은 피보험자의 책임을 보험자에게 직접 청구할 수 있는 권리이다. 책임보험자가 배상책임을 지는 손해배상 급을 보험자에게 직접 청구할 수 있는 권리이다. 책임보험에 의하여 피해자의 권리가 한층 더 강화되어 있음을 알 수 있다. 그러나 어떠한 법적인 원인에 의하여 보험자가 한층 사자로부터 배제되어 있는 피해자에게 직접청구권을 인정해야 하는가에 대하여 의문 이 제기된다. 그것이 상반없이 우리 상법에 따른다면, 어느 경우에나 보험자가 보험금 을 피해자에게 지급한 때에는 피보험자는 그 한도에서 피해자에 대한 책임에서 벗어나 게 된다. 피해자의 직접청구권의 법적 성질이 무엇인가에 대하여 대법원은 "피해자의 직접청구권의 법적 성질은 보험자가 피보험자의 피해자에 대한 손해배상채무를 병존 적으로 인수한 것으로서 보험자에 대하여 가지는 손해배상청구권이다"라고 보고 있다.[5]

## 2. 적용 범위

종래의 상법 제725조는 "임자인 기타 타인의 물건을 보관하는 자가 그 지급할 손해 배상을 위하여 그 물건을 보험에 붙인 경우에는 그 물건의 소유자는 보험자에 대하여 직접 그 손해의 보상을 청구할 수 있다"라고 규정하고 있었다. 단지 임의책임보험의 영역과 관련하여, 피해자인 물건소유자의 보험금청구권을 인정하고 있었고, 자동차손 해배상보장법을 비롯한 강제책임보험에서는 피해자의 직접청구권을 법으로 정하고 있었다. 그러나 개정상법 제724조 제2항 본문은 "제3자는 피보험자가 책임을 질 사고 로 입은 손해에 대하여 보험금액의 한도 내에서 보험자에게 직접 보상을 청구할 수 있다"라고 규정하여 피해자의 직접청구권을 모든 책임보험계약에서 인정하 고 있다. 그것이 타당한가에 대하여는 의문이 있다.

## 3. 법적 근거

책임보험계약에서 보험자에 대한 제3자의 보험금지접청구권의 근거에 대하여 다양한 견해가 제시되고 있다. 책임보험의 본래의 성격에 두는 견해, 법규의 효과라고 보는 견해 및 계약당사자의 의사표시에 의한 효과라고 보는 견해 등이 제시되고 있다.

## 4. 보험사고와 보험범위

제3자인 피해자가 보험자에게 직접 보험금을 청구하기 위해서는 먼저 보험기간 중에 피보험자가 책임을 질 사고로 손해를 입었어야 한다(상법 제724조 제2항 본문). 피보험자가 책임을 질 사고라 함은 책임보험계약에서 보험자가 담보하고 있는 위험에서 생긴 사고에 한정한다. 보험자가 제3자의 청구에 대하여 지급할 보험금의 한도는 그 책임보험계약에서 정해지고 있다. 보험자는 무한배상책임보험계약의 경우에는 피보험자가 그 사고로 인하여 책임을 지게 되는 제3자의 모든 손해를 보상하여야 하나, 유한배상책임보험계약의 경우에는 그 계약에서 정한 보험금액을 한도로 피해자가 입은 손해를 보상하게 된다.

## 5. 법적 관계

### 1) 보험자의 통지의무

보험자는 피해자인 제3자로부터 직접 보험금지급의 청구를 받은 때에는 지체 없이 이를 피보험자에게 통지하여야 한다(상법 제724조 제3항). 이것은 책임보험자는 피보험자가 지급할 손해배상금을 보험계약에 의하여 그 제3자에게 보상하는 것이므로, 피보험자가 그 사실을 알아야 할 필요가 있다. 더 나아가 보험자는 가해자인 피보험자로부터 얻어야 할 협조사항이 있을 수 있기 때문에, 상법은 보험자에게 피보험자에 대한 통지의무를 부과하고 있다.

## 2) 피보험자의 협조의무

피보험자는 자신의 책임 있는 사고로 손해를 입은 피해자에게 손해배상을 청구한 경우에 보험자의 요구가 있을 때에는 필요한 서류, 증거의 제출, 증인의 출석에 협조하여야 한다(상법 제724조 제4항). 피보험자의 협조의무는 피해자가 직접 보험금을 청구한 경우뿐 아니라, 보험자가 담보하는 사고로 협조의무가 손해를 입어 그 책임관계를 확정짓는 경우에도 적용된다.

## 3) 보험자의 항변권

상법 제724조 제2항 단서에 따라, 보험자는 피보험자가 그 사고에 관하여 가지는 항변으로써 제3자에게 대항할 수 있게 된다. 보험자는 피보험자 또는 피보험자에 대한 변으로써 제3자인 피해자에게 대항할 수 있음을 규정한 것이다. 이는 피해자의 제3자는 가해자인 피보험자에 대한 손해배상청구권을 전제로 보험자에 대한 권을 인정한 것이다. 보험자가 피보험자의 제3자에 대한 항변으로써 보험금을 청구하는 것이므로 보험자가 피보험자의 제3자에 대한 권으로서 대항할 수 있음이 합리적인 근거에 따른 것이다. 보험자의 피보험자에 대한 것보다 피해자에 대한 것이 클 수는 없기 때문이다.

## 6. 방어비용

피보험자가 제3자의 청구를 방어하기 위하여 지출한 재판상 또는 재판외의 필요비용은 보험의 목적에 포함된 것으로 한다. 피보험자는 보험자에 대하여 그 비용의 선급을 청구할 수 있다(상법 제720조 제1항). 상법 제720조 제1항 소정의 '방어비용'의 의미 및 보험사고 발생 시 피보험자의 방어비용과 관련하여 아무가 판명되지 아니한 상태에서 피보험자가 제기한 소송에 응소하거나 지출한 것이 명백히 예상되는 필요비용이 이에 해당하는지 여부에 대하여, 대법원이 다음과 같이 판시한 바 있다.[6]

## 대법원 2002. 6. 28. 선고 2002다22106 판결

"상법 제720조 제1항에서 규정한 '방어비용'은 피해자가 보험사고로 인적·물적 손해를 입고 피보험자를 상대로 손해배상청구를 한 경우에 그 방어를 위하여 지출한 재판상 또는 재판 외의 필요비용을 말하는 것으로서, 방어비용 역시 원칙적으로는 보험사고의 발생을 전제로 하는 것이므로, 보험사고의 범위에서 제외되어 있어 보험자에게 보상책임이 없는 사고에 대하여는 보험자로서는 자신의 책임지외 또는 면책 주장만으로 피해자로부터의 보상책임에서 벗어날 수 있기 때문에 피보험자가 지출한 방어비용은 보험자와는 무관한 자기 자신의 방어를 위한 것에 불과하여 이러한 비용까지 보험금액의 범위에 속하는 것이라고 하여 피보험자가 보험자에 대하여 보상을 청구할 수는 없다고 할 것이나, 다만 사고발생시 피해자와 피보험자 사이의 법률상 책임 여부가 판명되지 아니한 상태에서 피해자라고 주장하는 자의 청구를 방어하기 위하여 피보험자가 재판상 또는 재판 외의 필요비용을 지출하였다면 이로 인하여 발생한 방어비용은 바로 보험자의 보상책임도 아울러 면함 목적의 방어활동의 일환으로 지출한 방어비용과 동일한 성격을 가지는 것으로서 이러한 경우의 방어비용은 당연히 위 법조항에 따라 지출할 것이 명백히 예상되는 경우에는 상법 제720조 제1항 후단으로 이를 지출한 경우뿐만 아니라 지출할 것이 명백히 예상되는 경우에는 상법 제720조 제1항 후단에 의하여 피보험자는 보험자에게 그 비용의 선급을 청구할 수도 있다."

피보험자가 담보의 제공 또는 공탁으로써 재판의 집행을 면할 수 있는 경우에는 보험자에 대하여 보험금액의 한도 내에서 그 담보의 제공 또는 공탁을 청구할 수 있고(상법 제720조 제2항), 제1항 또는 제2항의 행위가 보험자의 지시에 의한 것인 경우에는 그 금액에 손해액을 가산한 금액이 보험금액을 초과하는 때에도 보험자가 이를 부담하여야 한다(동조 제2항).

# 제26장
## 자동차보험

## I. 의 의

손해보험 가운데 자동차보험에 대하여는 상법 제726조의2가 규정하고 있다. 자동차보험계약의 보험자는 피보험자가 자동차를 소유, 사용 또는 관리하는 동안에 발생한 사고로 인하여 생긴 손해를 보상할 책임이 있다. 자동차보험은 자동차 자체에 생긴 물적 손해나 피보험자 자신이 자동차사고로 인해 입은 인적 손해 또는 자동차사고로 타인의 생명이나 신체에 대하여 손상을 입히거나 타인의 재물을 멸실·훼손한 경우에 손해를 보상하는 것을 대상으로 한다.

## II. 자동차대인배상책임보험

### 1. 강제 대인배상의보험

자동차손해배상보장법(이하 '자배법'이라 한다)에 따라 그 가입이 강제되는 것으로서, 피보험자가 보험기간 중 자동차의 운행에 의해서 사람이 사망 또는 부상함으로 써 피해자에게 배상책임을 지게 되는 경우에 보험자가 일정한 보험금을 지급하게 되

380

는 보험이 자동차손해배상책임보험이다. 자동차보유자는 자동차의 운행으로 다른 사람이 사망하거나 부상한 경우에 피해자(피해자가 사망한 경우에는 손해배상을 받을 권리를 가진 자를 말한다. 이하 같다)에게 대통령령으로 정하는 금액을 지급할 책임을 지는 책임보험이나 책임공제(이하 "책임보험 등"이라 한다)에 가입하여야 한다(자배법 제5조 제1항). 만약 의무보험에 가입되어 있지 아니한 자동차는 도로에서 운행하여서는 아니 된다(자배법 제8조).

### 대법원 1997. 5. 16. 선고 97다7431 판결

"자동차손해배상보장법 제3조 소정의 자기를 위하여 자동차를 운행하는 자는 자동차에 대한 운행을 지배하여 그 이익을 향수하는 책임주체로서의 지위에 있는 자를 의미한다 할 것인바, 운송의뢰인과 운송인 간의 제품운송 용역계약이 내용에다가 화물차가 운송의뢰인의 용도에 맞게 개조되었고, 적재함 외부에 운송의뢰인의 명칭이 도색되어 있으며, 운송의뢰인의 배차 지시에 따라 전적으로 운송의뢰인의 제품만을 운반하고 보이는 점 및 사고 당시 화물차를 운전한 운전자는 운송의뢰인의 배차 지시에 따라 운송의뢰인의 공장으로 오던 중이었던 점 등을 종합해 보면, 운송의뢰인은 사고 당시 화물차의 운행을 지배하는 책임주체로서의 지위에 있었으므로 운송의뢰인과 운송인은 공동으로 그 화물차에 대한 운행지배 및 운행이익을 누리고 있다고 있다."

고속도로에서 1차 사고로 정차한 관광버스의 승객 일부가 버스에서 하차하여 갓길에 서서 사고상황을 살피다가 얼마 지나지 않아 2차 사고를 당하여 사망한 사안에서, 자배법상 승객에 해당하는지 여부에 대하여, 대법원은 "망인이 2차 사고 시에도 운행 중인 관광버스의 직접적인 위험범위에서 벗어나지 않았으므로 자동차손해배상 보장법 제3조 단서 제2호의 승객에 해당한다."고 판시한 바 있다.[1]

1 대법원 2008. 2. 28. 선고 2006다18303 판결

**대법원 2008. 2. 28. 선고 2006다18303 판결**

"자동차손해배상 보장법 제3조는 그 본문에서 자기를 위하여 자동차를 운행하는 자는 그 운행으로 인하여 다른 사람을 사망하게 하거나 부상하게 한 때에는 그 손해를 배상할 책임을 진다고 규정하고, 그 단서 제2호에서는 승객이 사망하거나 부상한 경우에 있어서 그 사망 또는 승객의 고의나 자살행위로 인한 것인 때에 한하여 책임을 지지 아니한다고 규정하여, 자동차 사고로 승객이 사망하거나 부상한 경우 운행자는 승객의 사망이 그 승객의 고의나 자살행위로 인한 점은 주장·입증하지 않는 한 운전상의 과실 유무를 가릴 것 없이 승객이 사망이나 부상에 따른 손해를 배상할 책임을 부담한다.

"승객이란 자동차 운행자의 명시적·묵시적 동의하에 승차한 사람을 의미하는데, 반드시 자동차에 탑승하여 차량 내부에 있는 사람만을 승객이라고 할 수 없고, 운행중인 자동차에서 잠시 하차하였으나 운행중인 자동차의 직접적인 위험범위에서 벗어나지 않은 사람도 승객의 지위를 유지할 수 있으며, 그 해당 여부를 판단함에는 운행자와 승객의 의사, 승객이 하차한 경우, 하차 후 경과한 시간, 자동차가 주·정차한 장소의 성격, 그 장소와 사고 위치의 관계 등의 제반 사정을 종합하여 사회통념에 비추어 결정하여야 한다."

## 2. 자동차임의책임보험

### 1) 개념

피보험자가 자동차의 사고로 다른 사람을 사망케 하거나 부상케 하여 법률상의 손해배상책임을 진 경우에 그 손해를 보상받기 위하여 임의적으로 체결하는 보험을 자동차임의책임보험이라 한다. 자동차손해배상책임보험만으로 대인사고를 담보할 수 없는 경우에 인정되는 보험에 해당한다.

### 2) 피보험자 범위

자동차의 소유자 또는 자동차를 사용할 권리가 있는 자로서 자기를 위하여 자동차를 운행하는 자가 피보험자가 된다.

**대법원 1991. 9. 24. 선고 91다19906 판결**

"소외 양형진이 그의 소유인 승용차를 운전하던 중 자동차열쇠를 그대로 꽂아둔 채 잠시 부근에 있는 약국에 수금을 하러간 사이에, 뒷좌석에 타고 있던 그의 친구인 소외 임대부가 위 자동차를 앞으로 움직이기 위하여 시동을 걸고 진행하다가 가속기를 순간적으로 너무 세게 밟은 잘못으로 자동차가 중앙선을 넘어 반대편 버스정류장이 인도상으로 돌진하여 그곳에 있던 원고를 충격하여 부상하게 한 이 사건 교통사고를 일으킨 사실, 위 양희진이 피고와 간에 위 자동차에 관하여, 자신과 그의 부모·배우자·자녀등을 피보험자로 하여, 피보험자가 위 자동차의 운행으로 인하여 타인을 죽게하거나 부상하게 함으로써 자동차손해배상보장법에 의하여 부담하게 될 손해배상액을 피고가 보상하기로 하되, 피보험자가 아닌 사람의 운전으로 생긴 손해는 보상하지 아니하기로 하는 내용의 자가운전자자동차종합보험계약을 체결한 사실 등을 인정한 다음, 이 사건 교통사고는 피보험자가 아닌 위 자동차를 운전하던 중 그의 과실로 인하여 발생한 것이므로, 위 양희진은 이 사건 교통사고가 발생할 당시 위 자동차의 운전자의 지위에 있었다고 볼 수 없으므로, 피고는 이 사건 교통사고로 인한 보상책임을 부담하지 아니하는 것이라고 판단하였다.

대법원은 "자가운전자자동차종합보험의 피보험자가 자동차를 정차시킨 후 자동차 열쇠를 꽂아둔 채 이든 채 잠시 부근 약국에 수금을 하러 간 사이에 뒷좌석에 타고 있던 친구가 정차상태를 바로잡기 위하여 운전하다가 일으킨 교통사고고에 대하여 피보험자에게 자동차관리상의 과실이 있다는 것으로 평가되는 것은 별론으로 하고 교통사고고를 일으킨 일어날 당시 피보험자가 위 보험약관상의 자동차운전 자로서의 지위를 여전히 갖고 있었다고는 볼 수 없다고 하여 보험회사의 위 보험약관에 따른 보상 책임이 없다."고 판시하였다.

## 3. 승인 여부

자동차보험의 만 26세 이상 한정운전 특별약관에 규정된 '피보험자를 도난당하였을 경우'의 의미 및 기명피보험자가 운전가능연령 미달자에게 자동차를 빌려준 경우, 이를 그 승낙피보험자의 지시 또는 승낙을 받은 다른 운전가능연령 미달자의 운전에 대한 묵시적 승인으로 볼 수 있는지 여부에 대한 다툼이 있었다. 대법원은 다음과 같이 판시한 바 있다.[2]

2 대법원 2006. 1. 13. 선고 2005다46431 판결.

## 대법원 2006. 1. 13. 선고 2005다46431 판결

"자동차보험의 만 26세 이상 한정운전 특별약관 제2조 제2항에 규정된 '피보험자동차를 도난당한 경우'라 함은 피보험자의 명시적 혹은 묵시적 의사에 기하지 아니한 채 제3자가 피보험자동차를 운전한 경우를 말하고, 기명피보험자의 승낙을 받아 자동차를 사용하거나 운전하는 자로서 보험계약상 피보험자로 취급되는 승낙피보험자의 승인만이 있는 경우에는 원칙적으로 피보험자의 묵시적 승인이 있는 것으로 보아야 하나, 보험약관상 피보험자동차를 운행할 자격이 있는 운전가능연령 미달자에게 자동차를 운전하도록 허락한 경우에는 그 대여 당시 다른 운전가능연령 미달자의 운전에 대한 묵시적 승인이 있었다고 볼 것인지 여부에 대하여 대법원은 다음과 같이 판시한 바 있다.[3]

또한, 자동차보험계약에서 만 26세 이상 한정운전 특별약관에 가입된 기명피보험자가 타인에게 피보험자동차의 운전을 허락하는 경우, 운전자의 연령을 확인할 의무가 있는지 여부 및 위의 확인을 게을리하여 운전가능연령 미달자에게 자동차를 빌려 준 경우, 그 승낙피보험자의 지시 또는 승낙을 받은 다른 운전가능연령 미달자의 운전에 대한 묵시적 승인이 있었다고 볼 것인지에 대한 판시한 바 있다.[3]

## 대법원 2006. 1. 13. 선고 2005다46431 판결

"자동차보험계약에서 만 26세 이상 한정운전 특별약관에 가입된 기명피보험자는 자신의 선택에 따라 직접 보험료를 내는 만큼 타인에게 피보험자동차의 운전을 허락하는 경우에는 운전자의 연령이 운전가능연령에 해당한다고 믿을 만한 특별한 사정이 있는 한 운전자의 연령을 확인한다고 함으로써 운전가능연령 미달자에게 자동차를 빌려 준 경우에도 그 승낙피보험자의 운전은 물론 그의 지시 또는 승낙에 의한 다른 운전가능연령 미달자의 운전 역시 달리 특별한 사정이 없는 한 당초의 한정운전 특별약관의 연장에 불과하여 이를 예견할 수 있었던 것으로 봄이 상당하다 할 것이니, 위 운전가능연령 미달자의 운전은 승낙피보험자의 승인의 의도도 있었던 때에 해당한다고 보아야 한다."

3 대법원 2006. 1. 13. 선고 2005다46431 판결.

## 4. 안전띠 미착용 감액 여부

피보험자의 사망이나 상해를 보험사고로 하는 보험계약에서 피보험자의 안전띠 미착용 등 법령위반행위를 보험자의 면책사유로 정한 약관조항이 효력에 대한 다툼이 발생하였다.[4] '원고가 그 소유의 옵티마 승용차에 관하여 피고와 개인용자동차종합보험계약을 체결하면서 피보험자가 피보험자동차를 소유·사용·관리하는 동안에 생긴 피보험자동차의 사고로 인하여 죽거나 다친 때에는 보증증권에 기재된 사망보험가입금액, 각 상해급별 보험가입금액을 보상하는 자동차상해특약을 체결하였으며, 그 보험약관(후유장해보험금)은 보상하기로 하는 내용의 자기신체사고특약을 체결하였으며, 그 보험약관에는 "피보험자가 사고 당시 탑승 중 안전띠를 착용하지 아니한 경우에는 자기신체사고보상에서 운전석 또는 그 옆좌석은 20%, 뒷좌석은 10%에 상당하는 금액을 공제한다"고 규정한 안전띠 미착용 감액조항(이하 '이 사건 감액약관'이 라 한다)이 포함되어 있는 사실, 원고는 술에 취한 상태로 위 승용차를 운전하여 가다가 도로 오른쪽 옹벽과 중앙선 가드레일을 들이받고 안전띠를 착용하지 않은 상태로 도로에 정차해있던 중 뒤따라오던 승용차에 의하여 충돌당하여 상해를 입은 사건'에서 대법원은 다음과 같이 판시하였다.

### 대법원 2014. 9. 4. 선고 2012다204808 판결

"상법 제732조의2, 제739조, 제663조의 규정에 의하면 사망이나 상해를 보험사고로 하는 인보험에 관하여는 보험사고가 고의로 인하여 발생한 것이 아니라면 비록 중대한 과실에 의하여 생긴 것이라 하더라도 보험금을 지급할 의무가 있다고 할 것인바, 위 조항들의 입법 취지 등에 비추어 보면, 피보험자의 사망이나 상해를 보험사고로 하는 보험계약에서는 보험사고 발생의 원인에 피보험자에게 과실이 존재하는 경우뿐만 아니라 보험사고 발생 시의 상황에 있어 피보험자에게 안전띠 미착용 등 법령위반의 사유가 존재하는 경우를 보험자의 면책사유로 정한 경우에도 그러한 법령위반행위가 보험사고의 고의에 의한 것이라고 평가될 정도에 이르지 아니하는 한 위 상법 규정들에 반하여 무효이다."

4    대법원 2014. 9. 4. 선고 2012다204808 판결.

## I. 의 의

보증보험은 '보험'이라는 용어에서 알 수 있듯이 보험에 해당하면서, 민법상 보증의 성격을 동시에 가지고 있다. 보증보험계약은 보증보험자와 채권자 사이에 체결되는 손해보험이지만, 민법상 보증은 보증인과 채권자 사이에 체결되는 채권자에 해당한다.

상법 제726조의5는 '보험계약자가 피보험자에게 계약상의 채무불이행 또는 법령상의 의무불이행으로 인한 손해를 입힌 경우에 그 손해를 보상하는 것을 목적으로 하는 보험'이라고 하면서 보증보험의 개념을 정하고 있다. 보증보험과 신용보험은 채무자인 신용위험을 담보하게 된다는 점에서 유사한 면이 있다. 그러나 채무자가 보험계약자인 제3자를 위한 계약이라 한다면, 채권자가 보험계약자이면서 피보험자인의 형태를 띠는 것이 신용보험이다. 양자는 유사하지만 다른 점이 있는 것이다. 중개업자가 장래 공제사고를 일으킬 의도로 한국공인중개사협회와 공제계약을 체결하고 나아가 실제로 공제사고를 일으켰다 하더라도, 그러한 사정만으로 공제계약의 성립요건인 우연성이 결여되었다고 보거나 공제계약을 무효로 볼 수 있는지 여부에 대하여, 대법원은 이를 무효로 볼 수 없다고 판시하고 있다.[1]

---

1  대법원 2012. 8. 17. 선고 2010다93035 판결.

**대법원 2012. 8. 17. 선고 2010다93035 판결**

"공인중개사의 업무 및 부동산 거래신고에 관한 법률 제42조에 의하여 한국공인중개사협회(이하 '협회'라고 한다)가 운영하는 공제사업은, 비록 보험업법에 의한 보험사업은 아닐지라도 성질에 있어서 상호보험과 유사하고 중개업자가 그의 계약물이행(행)으로 거래당사자에게 부담하게 되는 손해배상책임을 보증하는 보증보험적 성격을 가진 제도로서 협회가 중개업자와 체결하는 공제계약은 기본적으로 보험계약의 본질을 갖고 있으므로, 적어도 공제계약이 유효하게 성립하기 위해서는 공제계약 당시에 공제사고의 발생 여부가 확정되어 있지 않아야 한다는 '우연성'과 '선의성'의 요건을 갖추어야 한다. 여기서 '우연성'이란 특정인의 의사와 관계없는 사고라는 의미로 고의에 의한 것이 아닐 뿐만 아니라, 중개업자가 장래 공제사고를 일으킬 의도를 가지고 공제계약을 체결하고 나아가 실제로 고의로 공제사고를 일으켰다고 하더라도, 그러한 사정만으로는 공제계약 당시 공제사고의 발생 여부가 객관적으로 확정되어 있다고 단정하여 우연성이 결여되었다고 보거나 공제계약을 무효라고 볼 수 없다."

## II. 체계

## 1. 정의 규정

상법 제726조의5는 보험보험의 개념을 정의하고, 보증과 보험의 법적 성질을 가지고 있음을 명시적으로 규정하고 있다. 상법 제726조의6은 보증보험계약에서 보증성을 적용되지 않는 보험계약자법 규정을 밝히고 있는데, 상법 제726조의7은 보증보험의 보증성을 반영하여, 그 성질에 반하지 아니한 범위에서 보증채무에 관한 민법의 규정을 준용한다는 사실을 밝히고 있는 것이다. 타인을 위한 보험에 관한 규정 중 상법 제639조 제2항 단서(손해보험계약의 경우 보험계약자가 그 타인의 권리를 해하지 아니하는 범위 안에서 보험배상을 한 때에는 보험계약자는 보험자에게 보험금액의 지급을 청구할 수 있다)를 적용하지 않음을 규정하고 있다(제1항).

## 2. 보험계약자의 보험금청구권 배제

보증보험은 타인을 위한 보험의 성격을 가지고 있다. 보험계약자가 타인에게 배상을 할 경우 상법 제639조 제2항 단서에 따라 보험자에게 보험금 지급을 청구할 수 있느냐 여부가 문제가 될 수 있었다. 개정된 상법은 보증보험의 경우 타인을 위한 보험이라 할지라도, 보험계약자의 피보험자에 대한 채무이행을 보증하는 것이므로, 보험계약자의 보험금청구권은 인정할 수 없음을 명시적으로 규정한 것이다.

## 3. 보험계약법 일부규정 적용배제

상법 제726조의6 제2항은 보험계약자(채무자)의 고의 또는 중대한 과실이 있다 하더라도 이에 대한 피보험자(채권자)의 귀책사유가 없다면, 고지의무위반으로 인한 계약해지(상법 제651조), 위험변경증가통지의무와 계약해지(상법 제652조), 보험계약자(채무자) 등의 고의나 중과실로 인한 위험증가의 계약해지(상법 제653조), 보험계약자의 면책사유(상법 제659조 제1항)에 관한 사항을 적용하지 아니함을 명시적으로 규정하고 있다. 이는 피보험자(채권자)에게 귀책사유가 없음에도 불구하고 단지 보험계약자(채무자)가 고지의무 등을 이행하지 아니한 것에 대해 제약해지 되면, 보증보험 제약이 타인을 위한 보험계약으로서의 기능을 제대로 발휘하지 못하기 때문에, 이를 고려한 입법이라 하겠다. 상법 제726조의6 제2항 보증보험에 대한 규정은 기존의 판례나 학설의 통일적인 면을 고려하여 명시적으로 규정한 것으로 평가받을 수 있다.

## 4. 입법 반영 주요 판례

### 1) 고지의무위반으로 인한 계약해지 적용 배제

보험자가 보험계약자의 사기를 이유로 보증보험계약을 취소한 경우, 피보험자의 보험금청구권이 인정되느냐 여부에 대하여 대법원은 다음과 같은 보험금청구권이 인정되느냐 여부에 대하여 대법원은 다음과 같은.[2]

2  대법원 1999. 7. 13. 선고 98다63162 판결.

## 대법원 1999. 7. 13. 선고 98다63162 판결

"보험계약자인 채무자의 채무불이행으로 인하여 채권자가 입게 되는 손해의 전보를 보험자가 인수하는 것을 내용으로 하는 보증보험계약은, 형식적으로는 채무자의 채무불이행을 보험사고로 하는 보험계약이지만 실질적으로는 보증의 성격을 가지고 보증계약과 같은 효과를 목적으로 하고, 그 중 자동차할부판매보증보험과 같은 경우 피보험자는 보증보험에 터잡아 할부판매계약을 체결하거나 혹은 이미 체결한 할부판매계약에 따른 상품인도의무를 이행하는 것이 보통이므로, 일반적으로 타인을 위한 보험계약에서 보험계약자의 사기를 이유로 보험자가 보험계약을 취소하는 경우 보험사고가 발생하더라도 피보험자는 보험금청구권을 취득할 수 없는 것과는 달리, 보증보험계약의 경우 보증보험증권을 교부하여 피보험자가 그 보증보험증권을 수령한 후 이에 터잡아 새로운 계약을 체결하거나 혹은 이미 체결한 계약에 따른 의무를 이행하는 등으로 보증보험계약의 채권담보적 기능을 신뢰하여 새로운 이해관계를 가지게 되었다면 그와 같은 피보험자의 신뢰를 보호할 필요가 있다 할 것이므로, 주채무자에 해당하는 보험계약자가 보증보험계약을 체결에 있어서 보험자를 기망하였고, 보험자는 그로 인하여 착오를 일으켜 보증보험계약을 체결하였다는 이유로 보증보험계약의 의사표시를 취소하였다 하더라도, 이미 그 보증보험계약의 채권담보적 기능을 가지게 되었다면, 피보험자가 보증보험계약의 채권담보적 기능을 신뢰하여 새로운 이해관계를 가지게 되었거나, 혹은 피보험자가 보증보험자가 제출하는 보증보험계약에 관한 소정 서류들이 진정한 것인지 등을 심사할 책임을 지고 보험자는 그와 같은 심사를 가친 서류만을 확인하고 보증보험계약을 체결하도록 피보험자와 보험자 사이에 미리 약정이 되어 있는데, 피보험자가 그와 같은 서류심사에 있어서 필요한 주의의무를 다하지 아니한 과실이 있었던 탓으로 보험자가 보증책임을 이행한 후 피보험자에게 구상권을 확보할 수 없게 되었다는 등의 특별한 사정이 없는 한 그 취소를 가지고 피보험자에게 대항할 수 없다."

## 2) 보험자의 면책사유

상법 제659조 제1항과 관련된 보험자의 면책사유의 적용배제에 대하여는 대법원 1995. 7. 14. 선고 94다10511 판결이 입법에 영향을 미쳤던 것으로 평가할 수 있다.

## 대법원 1995. 7. 14. 선고 94다10511 판결

"리스이용자의 계약상 채무불이행으로 인한 손해의 보상을 목적으로 한 리스보증보험계약이 일종이므로 일반적으로 상법상 보험에 관한 통칙규정이 적용되는 것이나, 이 보증보험은 보험금액의 한도 내에서 리스이용자의 채무불이행으로 인한 손해를 담보하는 것으로서 보험자는 리스이용자인채무불이행이 고의에 의한 것이든 과실에 의한 것이든 그 손해를 보상할 책임을 지는 보증에 걸음하는 기능을 가지고 있어 보험자의 그 보상책임의 발생적 성질은 본질적으로 보증책임과 같다고 할 것이므로, 상법 제659조 제1항은 리스보증보험계약이 보험계약이 사기행위에 피보험자인 리스회사가 공모하였든지 적극적으로 가담하지는 않았더라도 그러한 사실을 알면서도 묵인한 상태에서 체결되었다고 인정되는 경우를 원칙적으로 그 적용이 없다."

### 3) 보증보험의 보증성 반영

이는 보증보험이 보험성과 보증성을 모두 보유한다는 양면성을 반영한 것으로 보험성을 중시하기는 하지만 보증으로서의 성질을 반영하기 위하여 민법 규정을 준용한 것이라 하겠다.

## III. 보증보험의 법률관계

### 1. 계약당사자와 보험목적

보증보험은 타인을 위한 보험계약으로 보험계약자와 피보험자가 서로 다르나, 피보험자는 보험수익자의 지위를 갖기 때문에 계약당사자에 해당되지 않는다. 그러므로 피보험자는 계약해지권이나 취소권을 행사할 수 없다. 보증보험에서 보험목적은 계약이나 법률에 의해 피보험자가 보험계약자에 대하여 갖는 채권이다. 보증보험자가 피보험자에게 담보하는 채무이행의 내용은 보험계약자와 피보험자 사이에 체결되는 합의에 따라 정해진다. 보증보험계약은 이러한 주계약을 전제로 성립하게 되는데, 장차 체결될 주계약을 전제로 한 보증보험계약도 가능한가에 대하여, 대법원은 이행보증보험 계약을 체결할 당시 보험계약자와 피보험자 간의 주계약이 이미 확정적으로 유효하게 체결되어 있어야 하는 것은 아니라는 취지로 판단하고 있다.[3]

---

3 대법원 1999. 2. 9. 선고 98다49104 판결.

390

### 대법원 1999. 2. 9. 선고 98다49104 판결

"이행보증보험은 채무자인 보험계약자가 채권자인 피보험자에게 계약상의 채무를 이행하지 아니함으로써 손해를 입힌 경우에 보험자가 그 손해를 전보를 인수하는 것을 내용으로 하는 손해보험으로서 보험계약자의 피보험자에 대한 계약상의 채무이행을 담보하는 것이므로, 이행보증보험계약에 의하여 보험자가 피보험자에게 담보하는 채무이행의 내용은 채권자와 채무자 사이에서 체결된 주계약에 의하여 정하여지고 이러한 주계약을 전제로 이행보증보험계약이 성립하지만, 그 주계약이 반드시 이행보증보험계약을 체결할 당시 이미 확정적으로 유효하게 성립되어 있어야 하는 것은 아니고 장차 체결될 주계약을 전제로 하여서도 유효하게 이행보증보험계약이 체결될 수 있다."

## 2. 보험사고와 보험기간

### 1) 보험사고

보험사고는 보험계약자가 피보험자에게 계약상의 채무불이행이나 법령상의 의무를 이행이다. 2015년 11월 26일 대법원은 '보증보험에서 보험사고가 무엇인지 결정하는 기준', '보증보험계약의 목적이 주계약의 하자담보책임기간에 발생한 하자에 대하여 보험계약자의 하자보수의무 불이행으로 인한 손해를 보상하기 위한 것인데 보험기간을 주계약의 하자담보책임기간과 동일하게 정한 경우, 하자담보책임기간에 발생한 하자에 대하여 보험기간이 종료된 후 보험사고가 발생하더라도 보험자가 책임을 지는지 계약인지 여부' 및 '보험금청구권의 소멸시효 기산점에 관한 증명책임의 소재' 등에 대한 판단을 하였다.[4]

### 대법원 2015. 11. 26. 선고 2013다62490 판결

"보험사고란 보험계약에서 보험자의 보험금 지급책임을 불확정한 사고를 의미하는 것으로서, 보증보험에서 보험사고가 구체적으로 무엇인지는 당사자 사이의 약정으로 계약내용에 편입된 보험약관과 보험약관이 인용하고 있는 보험증권 및 주계약의 구체적인 내용 등을 종합하여 결정하여야 한다(대법원 2006. 4. 28. 선고 2004다16976 판결, 대법원 2014. 6. 26. 선고 2012다44808 판결 등 참조). 그리고 보증보험증권에 보험기간이 정해져 있는 경우에는 보험사고

........
4   대법원 2015. 11. 26. 선고 2013다62490 판결.

가 그 기간 내에 발생한 때에 한하여 보험자가 보험계약상의 책임을 지는 것이 원칙이지만, 보증보험계약의 목적인 주계약의 하자담보책임기간 내에 발생한 하자에 대하여 보증보험자의 무보험으로 인한 손해를 보상하기 위한 것임에 불구하고 보증보험계약의 하자담보책임기간과 동일하게 정한 경우 특단의 사정이 없으면 위 보증보험계약은 그 하자담보책임기간 내에 발생한 하자에 대하여는 비록 보험기간, 즉 하자담보책임기간 내에 발생한 하자에 대하여는 비록 보험기간 경과 후 보험사고가 발생하였고 하더라도 보험자로서 책임을 지기로 하는 내용의 계약이라고 해석함이 상당하다(대법원 2001. 5. 29. 선고 2000다3897 판결, 대법원 2008. 8. 21. 선고 2008다31874 판결 참조).

"보험금청구권의 소멸시효는 특별한 사정이 없는 한 민법 제166조 제1항에 의하여 보증보험사고가 발생한 때부터 진행하고, 그 소멸시효의 기산점에 관한 증명책임은 시효의 이익을 주장하는 사람에게 있다[대법원 2012. 8. 23. 선고 2012다18748 판결 등 참조]."

## 2) 보험기간

### (1) 원칙

보험자가 보증보험계약상 책임을 부담하는 기간으로서 이 기간 내에 보험사고가 발생해야 한다. 대법원은 이행보증보험계약의 주계무의 이행기일을 그 도래 전에 보험기간을 초과하여 연기하여 준 경우, 그 연기된 이행기일에 주계무를 이행하지 못한 것이 보험금 지급사유가 되는지 여부에 대하여 다음과 같이 판단하고 있다.[5]

> ### 대법원 1997. 4. 11. 선고 96다32263 판결
>
> "이행보증보험계약은 주계약의 채무의 이행기일이 보험기간 안에 있는 채무를 이행하지 아니함으로써 발생한 피보험자가 입은 손해를 보상하기로 한 보험계약이므로, 피보험자가 보험계약 당사자의 합의에 의하여 미리 중공기한을 연기하여 준 나머지 보험계약자가 연기되기 전의 이행기일에 채무불이행을 한 바가 없게 되었고, 피보험자와 보험계약자 사이에 주계약상의 중공기한을 연기하였다 하더라도 보험회사와 보험계약자 사이의 보험기간도 당연히 변경된다고 할 수 없으므로, 이와 같이 연기된 이행기일이 보험기간 이후인 보험계약의 중공기한에 채무불이행이 있었다 하더라도 이는 보험기간 이후에 발생한 보험사고가 아직 보험사고가 약정 보험기간 이후로 보험계약에서 정한 보험금지급사유에 해당되지 아니한다."

## (2) 예외

보증보험에서 보험기간 내에 보험사고가 발생해야 보험자가 책임을 부담해야 한다는 것이 반드시 지켜지지는 않는다.

### 대법원 2015. 11. 26. 선고 2013다62490 판결

"보증보험증권에 보험기간이 정해져 있는 경우에는 보험사고가 그 기간 내에 발생한 때에 한하여 보험자가 보험계약상의 책임을 지는 것이 원칙이지만, 보증보험계약의 목적이 주계약의 하자담보책임기간 내에 발생한 하자에 대하여 보험계약자의 하자보수의무 불이행으로 인한 손해를 보상하기 위한 것임에도 불구하고 보험기간을 주계약의 하자담보책임기간과 동일하게 정한 경우 특단의 사정이 없으면 위 보증보험계약은 그 계약의 보험기간, 즉 하자담보책임기간 내에 발생한 하자에 대하여는 비록 보험기간이 종료된 후 보험사고가 발생하였다고 하더라도 보험자로서 책임을 지기로 하는 내용의 계약이라고 해석함이 상당하다(대법원 2001. 5. 29. 선고 2000다3897 판결, 대법원 2008. 8. 21. 선고 2008다31874 판결 참조)."

# IV. 문제점

## 1. 보증보험의 범위문제

보증보험은 보험사고를 보험계약자의 피보험자에 대한 채무나 의무의 불이행으로 정하고 있다. 제3권자인 보험계약자가 채무자로서 타인의 채무나 의무의 불이행으로 인하여 입은 손해를 보상할 것을 목적으로 하는 신용보험에 대하여 상법상 보증보험이 영역에서 배제하고 있다. 보증보험의 범위를 보다 확대할 필요성이 제기될 수 있다.

## 2. 준용규정의 문제점

상법 제726조의7 단서는 "성질에 반하지 아니하는 범위에서 보증채무에 관한 민법의 규정을 준용한다"라고만 규정하고 있다. 어느 정도의 범위에서 민법의 규정이 준용되는지가 불확실하다는 지적이 지속적으로 제기될 수 있다. 보증인과 주채무자의 항변견 규정(민법 제433조)과 보증인과 주채무자의 취소권 등 규정(민법 제435조), 공동보증인의 분별의 이익 규정(민법 제439조), 주채무자에 대한 시효중단의 보증인에 대한 효력 규정(민법 제440조), 수탁보증인의 구상권 규정(민법 제441조) 가운데 어느 규정을 준용할 수 있다는 것인지가 명확하지 않다.

## 3. 개선방안

### 1) 신용보험의 도입

보증보험은 보증사고를 보험계약자의 피보험자에 대한 채무나 의무의 불이행으로 정하고 있다. 채권자인 보험계약자가 채무자인 타인의 채무나 의무의 불이행으로 인하여 입은 손해를 보상할 것을 목적으로 하는 신용보험에 대하여 상법상 보험계약의 영역에서 배제하고 있는바, 신용보험을 보증보험의 영역에 확대시키는 방안을 모색할 필요가 있다. 물론 보증보험은 구성의 실익이 있다고 볼 수 있다. 보증보험은 타인을 위한 보험의 영역에 해당하나, 신용보험은 채권자가 채무부의 위무불이행의 위험을 보험자에게 전가하기 위해 스스로 체결하는 자기를 위한 보험에 해당하기 때문이다. 그러나 보험업법은 보증보험을 타인을 위한 손해보험으로 한정하지 않고 있고(보험업법 제2조 제1호 나목),[6][7] 보증보험업을 허가를 받기 위한 다른 손해보험과 구별하여 별도로 연도록 하고 있다(보험업법 제4조 제1항 제2호 마목), 이는 보증보험이 양자 모두 채무불이행을 보험사고로 한다는 점에서 유사하다는 점으로 고려하여, 신용보험을 광의의 보증보험의 영역에 포함시킬 것으로 판단된다.

------

6 보험업법 제2조 제1호 나목 순해보험상품을 제시하면서, 보증보험계약에 대하여 "위험보장을 목적으로 우연한 사건(단, 질병·상해 및 간병은 제외한다)으로 발생하는 손해(계약상 채무불이행 또는 법령상 의무불이행에 따른 손해를 포함한다)에 관하여 금전 및 그 밖의 급여를 지급할 것을 약속하고 대가를 수수하는 계약으로서 대통령령으로 정하는 계약"을 규정하고 있다. 보험업법 시행령 제13조의2(보험상품) ③법 제2조제1호나목에서 "대통령령으로 정하는 계약"이란 다음 각 호의 계약을 말한다. 4. 보증보험계약.

7 구 보험업법(법률 제10303호, 2010년 5월 17일 개정됨)에서는 '메메·고용·도급 그 밖의 계약에 의한 채무 또는 법령에 의한 의무의 이행에 관하여 발생한 채권자의 손해를 보상할 것을 채권자에게 약속하고, 채무자로부터 그 보수를 수수하는 것을 포함한다.'라고 규정하고 있었다.

다. 이 경우 보증보험을 타인을 위한 보험으로 규정하고 있는 상법 보험편과 신용보험까지 포함하여 보증보험의 영역으로 다루는 보험업법과의 불일치를 해소해야 할 필요성이 있다.

## 2) 준용규정의 명확화

상법 제726조의7(준용규정)는 "보증보험계약에 관하여는 그 성질에 반하지 아니하는 범위에서 보증채무에 관한 민법의 규정을 준용한다."고 규정하고 있음. 동 규정의 경우 특히 '보증채무에 관한 민법규정을 준용'이라는 문구는 어느 정도의 범위에서 민법 규정이 준용될 수 있는지에 대한 의문이 발생하고 있다.[8] 보증보험은 보험의 성질과 보증의 성질을 가지고 있다. 실무상 문제되는 것은 순해보험에 관한 상법 보험편의 규정을 적용할 수도 있고, 민법상 보증에 관한 규정이 적용될 수도 있는 모호함이 발생하고 있는바, 이에 대한 개정이 요망된다.

## 3) 보증보험약관의 실례

### (1) 의의

실제 보증보험약관에는 보험금을 지급한 보증자는 보험계약자에게 대위 및 구상을 할 수 있음을 규정하고 있다.[9] 이 경우 보험자대위에 관한 규정이 적용되는지 아니면 민법상 보증의 규정이 적용 여부가 문제가 된다.

---

8  민법상 보증채무와 관련된 조문은 '보증인과 주채무자의 항변권 규정(제433조), '보증인과 주채무자의 취소권 등의 규정(제435조), '공동보증의 분별의 이익 규정(제439조), '수탁보증인의 구상권 규정(제441조) 등이 있음.

9  이행보증보험약관 제13조(구상 및 대위) ① 회사는 보험금을 지급한 때에는 보험계약자에 대하여 구상권을 가지며, 피보험자의 이익을 해치지 아니하는 범위 안에서 피보험자가 계약자에 대하여 가지는 권리를 대위하여 가집니다. 이하 생략. 현대해상화재보험에서 판매하는 상품으로서 '건설공사계약이나 납품계약 등 각종 계약에 따르는 상품으로서, 각종 계약의 준공후 하자담보 책임기간 동안 하자보수를 또는 보완을 위하여 납부하는 하자보증금에 대신하여 대신하여 활용하는 것'과 관련하여, 이행(하자)보증약관 제20조도 동일한 내용을 규정하고 있다.

**(2) 상법 제681조, 제682조(보험자대위권) 및 민법 제481조(변제자대위권)**

보험자(또는 변제자)가 피보험자(또는 채권자)에게 보험금(또는 채무)을 지급함과 동시에 피보험자(또는 채권자)의 보험금에 대한 권리가 보험자에게 이전되고, 보험계약자(또는 채무자)는 피보험자(또는 채권자)에 대하여 가지는 물서 보험자(변제자)에게 대항할 수 있다. 이 경우 별도상 당연히 권리가 이전되는 것 이므로 대위체권의 소멸시효기간도 그 권리의 이전과 함께 새로이 개시되는 것이 아니라 진행된다.

**(3) 민법 구상권(제441조)**

보증인이 채권자에게 보증채무를 이행하여 채무자에 대한 채권자의 주채권을 소멸하게 한 경우 보증인은 채무자에 대한 새로운 구상채권을 원시취득하는 것이다. 이 경우 구상권의 소멸시효기간은 구상권이 발생하여 이를 행사할 수 있는 시점부터 진행한다. 동시에 소멸시효기간은 구상채권이 민사채권이나 상사채권이나에 따라 10년 또는 5년의 시효가 적용된다.

**4) 적용상 문제점**

양자는 권리의 행사, 소멸시효의 기산점, 항변권행사 여부, 행사의 범위 등에서 차이 가 발생한다.

**(1) 권리의 행사의 경우**

보험자대위(변제자대위)는 피보험자(채권자)의 권리를 이전(대위)받아 행사함에 반 하여, 구상권은 자신이 원시취득한 구상채권 행사한다.

**(2) 소멸시효의 기산점과 기간의 경우**

보험자대위(변제자대위)는 대위에 의하여 이전되는 권리 자체를 기준으로 판단하는 것임에 반하여, 구상권은 구상권이 발생하여 행사할 수 있는 시점부터 진행하게 된다.

## (3) 항변권 행사 여부의 경우

보험자(대위/변제자/대위)는 보험계약자(채무자)는 피보험자(채권자)에 대하여 가지고 있는 항변으로 보험자(변제자)에 대하여 항변 가능하다. 반면, 구상권은 보증인이 미리 채무자에게 통지를 하지 않고 변제 기타 출재로 주채무를 소멸시킨 경우 채무자는 채권자에게 대항할 수 있는 사유로 보증인에게 대항 가능하다.

## (4) 권리행사 범위의 경우

보험자(대위/변제자/대위)는 지급한 보험금(변제한 금액)의 범위로 제한하는 것임에 반하여, 구상권은 출재액, 면책된 날 이후의 법정이자, 필요비 및 기타 손해를 포함한다.

# 제5편 인보험 각론

# 제28장
# 생명보험의 서면동의

## I. 의의

생명보험계약에서 보험계약자가 타인을 피보험자로 하여 체결하는 것을 '타인의 생명보험계약'이라고 한다. 타인의 사망을 보험사고로 하는 타인의 생명보험계약은, 아무런 제한 없이 인정하게 되면 이를 악용할 가능성이 발생하게 된다. 즉 타인의 생명보험계약에서, 보험계약자나 보험수익자 그리고 기타 이해관계인들은 보험금을 취득하기 위하여 의도적으로 피보험자를 살해할 가능성이 있을 뿐만 아니라 보험이 도박의 대상이 될 소지가 있는 것이다. 그러므로 각 국은 타인의 생명보험계약에 일정한 제한을 두고 있다. 우리 상법 제731조 제1항에 의하면, "타인의 사망을 보험사고로 하는 보험계약에는 보험계약 체결 시에 그 타인의 서면에 의한 동의를 얻어야 한다"고 규정하고 있다. 동 규정의 근거하에 대법원은 타인의 사망보험계약의 체결 시에 그 타인의 동의가 흠결되면, 해당 보험계약은 확정적 무효라고 하면서 본 규정을 매우 엄격하게 해석하고 있다.[1]

피보험자가 1인인 개인보험과 단체의 대표자가 그 단체의 구성원의 전부 또는

---

1   대법원 2006. 6. 29. 선고 2005다11602 판결.

일부를 피보험자로 하여 보험자와 1개의 보험계약을 체결함으로써 성립하는 단체보험이 있다. 상법 제735조의3 제1항에 의하면 "단체가 규약에 따라 구성원의 전부 또는 일부를 피보험자로 하는 생명보험계약을 체결하는 경우에는 제731조를 적용하지 아니한다"고 규정하고 있는데, 이는 타인의 생명보험에서 요구하는 피보험자의 서면동의의 요건을 면제한다는 취지와 단체보험이 실무적인 편의를 제공하고 있는 것으로 보인다. 일반적으로 단체보험에는 단체의 대표자가 보험계약자가 되며 피보험자나 피보험자의 상속인을 보험수익자로 하여 단체보험에 가입하게 된다. 하지만 단체보험계약에서 상법은 보험수익자의 지정에 관하여 특별히 규정하고 있지 않은 관계로, 보험계약자는 단체의 구성원인 피보험자를 보험수익자로 하여 '타인을 위한 보험계약'을 체결할 수도 있고, 보험계약자 자신을 보험수익자로 하여 '자기를 위한 보험계약'을 체결할 수도 있어 문제점이 제기되었다.

개인보험에서 상법 제731조와 관련된 피보험자의 서면동의에 관한 문제점을 검토되어야 한다. 단체보험에서 피보험자의 서면동의를 면제하고 있는바, 단체구성원이 이미 및 보험계약자가 동시에 보험수익자인 경우에 피보험자의 보호문제에 대하여도 검토되어야 한다.

## II. 타인의 생명보험계약

### 1. 생명보험계약의 의의

사람은 출생과 함께 사망의 운명을 타고 난다. 하지만 사람마다 사망의 시기는 일정하지 아니하다. 그러므로 각자의 사람은 자신의 노후생활의 안정을 피하거나 또는 뜻밖의 실업이나 사망한 경우 가족의 생계를 위한 보장을 요구하게 되는 것이다. 생명보험계약이란 당사자의 일방인 보험자가 상대방 또는 제3자의 생사에 관하여 일정한 금액을 지급할 것을 약정하고, 이에 대하여 상대방이 보수를 지급할 것을 약정하는 보험계약을 말한다(상법 제730조). 이러한 생명보험의 목적은 피보험자의 노후생활과 수입의 감소 또는 피보험자가 일찍이 사망한 경우에 그 유족의 생활을 보장하고자 하는데 있다.[3]

## 2. 생명보험계약의 구분

### 1) 자기의 생명보험계약

보험계약자가 보험계약을 체결함에 있어 피보험자를 먼저 지정해야 한다. 피보험자는 손해보험과 인보험에 따라 그 뜻을 달리하고 있다. 손해보험에 있어서 피보험자는 보험사고의 발생으로 생긴 재산상의 손해보상을 보험자에게 직접 청구할 수 있는 사람을 의미하고,[4] 인보험에서의 피보험자는 생명 또는 신체에 관하여 붙여진 지연인을 의미하게 된다. 이러한 인보험에서 보험계약자가 자신을 피보험자로 하는 보험계약을 '자기의 생명보험계약'이라고 한다.[5]

### 2) 타인의 생명보험계약

보험계약자가 '자기의 생명보험'과 같이 보험계약자 스스로 피보험자가 되는 경우도 있지만, 타인이 제3자가 피보험자가 되는 경우도 있다. 이때 보험계약자가 자기 이외의 제3자를 피보험자로 하여 생명보험을 체결하는 제약이 '타인의 생명보험계약'이다.[6] 이러한 타인의 생명보험에는 다시 자기를 위한 생명보험과 타인을 위한 생명보험으로 구분할 수 있다.

---

3　이기수·최병규·김인현, 보험·해상법(상법강의 IV), 제9판, 박영사, 2015, 354면 이하.
4　양승규, 보험법, 제5판, 삼지원, 2004, 93면.
5　생명보험에서 가장 기본적인 형태의 보험계약이라고 볼 수 있다(보험계약자＝피보험자).
6　결국 타인의 생명보험계약안에서는 보험계약자와 피보험자가 상이하게 된다.

## (1) 자기를 위한 생명보험계약

보험사고가 발생한 경우 보험수익자를 누구로 할 것인가가 문제된다. 보험계약자 자신이 보험수익자로 등장하는 경우를 '자기를 위한 생명보험계약'이라고 한다. 이 경우에 피보험자에게 보험사고가 발생하면 보험계약자 자신이 보험금을 수령하게 된다.[7] 아내가 남편을 피보험자로 하여 생명보험계약을 체결하고, 보험수익자를 아내로 하는 경우가 전형적인 예이다.

## (2) 타인을 위한 생명보험계약

보험계약자는 자기를 보험수익자로 하지 않고, 보험계약자가 아닌 제3자가 보험금을 수령할 수 있도록 하기도 한다. 이러한 제3자가 보험수익자가 되는 경우를 '타인을 위한 생명보험계약'이라고 한다. 그러므로 보험계약자 이외의 제3자가 보험수익자로 되는 '타인을 위한 생명보험계약'[8]은 보험계약자와 피보험자가 다른 '타인의 생명보험 계약'과는 구분되어야 한다.

## 3. 피보험자의 서면동의와 관련된 사례

### 1) 피보험자가 1인인 경우

#### (1) 보험모집인이 서명한 경우[9]

원고인 부인 갑은 을 보험자와 자기의 남편 병을 피보험자로 하는 '암진료보험계약'을 체결하고 보험료를 납입하였다. 보험계약자 갑의 선택에 따라 보험계약을 체결하기로 약정한 후, 보험모집인이 회사로 돌아와 보험계약자의 위임에 따라 보험청약서를 스스로 작성하고 피보험자의 자필서명란에 피보험자의 서명을 하였다. 보험약관에 의하면 암으로 진단, 입원, 통원, 사망할 경우에 보험금을 지급하도록 규정되어 있었

7    보험계약자가 보험수익자인 경우이다(보험계약자＝보험수익자).
8    피보험자가 보험수익자가 되는 경우이다(피보험자＝보험수익자).
9    대법원 1996. 11. 22. 선고 96다37084 판결.

다. 보험기간 중 피보험자는 위암진단 수술을 받았고, 이에 따라 보험수익자는 보험금 지급을 청구하였다. 이에 대해 보험자는 계약체결 시 청약서상의 피보험자의 자필서명란에 기재된 이름이 피보험자의 자필서명이 아니라는 이유로 피보험자의 동의가 없이 체결된 이 건 보험계약은 무효라고 주장하면서 보험금의 지급을 거절한 사건이다.

## (2) 보험계약자가 서명한 경우[10]

보험계약자 갑과 보험모집인 을이 피보험자 병이 참석한 자리에서 보험계약을 체결함에 있어, 그 당시 병이 을로부터 보험계약의 내용에 관하여 설명을 들었고 이에 병 자신으로 동의한 이후 자신은 글을 잘 모른다고 하면서 보험계약자 갑에게 보험청약서의 피보험자 자필서명란에 자신을 대행하여 서명하여 줄 것을 요청하였다. 이에 따라 보험계약자 갑이 그 자리에서 피보험자 병을 대행하여 보험청약서의 피보험자 자필서명란에 병의 이름을 기재해 넣은 사건이다.

## (3) 대법원의 판단

첫 번째 사건에서 대법원은, 타인의 사망을 보험사고로 하는 보험계약에는 보험계약 약 체결 시에 그 타인의 서면에 의한 동의를 얻어야 한다는 상법 규정 제731조 제1항을 위반하였기 때문에 그 보험계약은 무효라고 판시하였다. 그리고 타인의 사망을 보험사고로 하는 보험계약에 있어서 피보험자의 동의의 의사표시를 해야 하는 시점은 '보험계약체결 시'라고 하며 매우 엄격하게 해석하였다.

두 번째 사건에서 대법원은, 타인의 사망을 보험사고로 하는 보험계약에 있어 피보험자인 타인의 동의는 각 보험계약에 대하여 개별적으로 서면에 의하여 이루어져야 하고 포괄적인 동의 또는 묵시적이거나 추정적 동의만으로는 부족하다는 점이다. 그리고 피보험자인 타인이 참석한 자리에서 보험계약을 체결하면서 보험계약

10 대법원 2006. 12. 21. 선고 2006다69141 판결.
11 대법원 2006. 9. 22. 선고 2004다56677 판결.

자나 보험모집인이 그 타인에게 보험계약의 내용을 설명한 후 그 타인으로부터 명시

적으로 권한을 수여받아 보험청약서에 그 타인의 서명을 대행하는 경우에는, 그 타인

의 서명동의는 적법한 대리인에 의하여 유효하게 이루어진 것으로 보아야 한다고 판

시하였다. 즉 타인으로부터 특정한 보험계약에 대하여 서면동의를 할 권한을 구체적

이고 개별적으로 수여받았음이 분명한 자가 그 권한 범위 내에서 그 타인을 대리 또는

대행하여 서면동의를 한 경우에, 타인의 서면동의는 유효하다는 것이다.

## 2) 피보험자가 여러 명인 경우

### (1) 사례제시[12]

피고 갑 보험회사의 보조참가인 을 기업은 이 사건 공동원고들의 피상수인인 망인

을 비롯하여 회사근로자 700여 명을 피보험자로, 보조참가인 을 보험계약자인 동시에

보험수익자로 하여, 피보험자로 사망 혹은 재해를 보험사고로 하는 단체보험을 체결

하고 사용자 측 대표 3인의 서명 및 날인과 함께 피보험자인 근로자 측 대표 3인의

서명 및 날인이 기재된 규약내용확인서를 피고인 보험회사에 제출하였다. 하지만 위

규약내용확인서에 기재된 근로자 측 대표 3인 명의의 서명 및 날인은 근로자 측 대표

가 아닌 참가인 회사의 경리부 직원들이 참가인에 보험계약에 가입하면서, 그 구비서류의 일환으로

대출금으로이용조정의 목적으로 이 사건 보험계약에 가입하면서, 그 구비서류의 일환으로

임의로 작성한 것에 불과하였다. 또한 위 규약내용확인서의 작성 및 이 사건 보험가입

사실에 대하여, 근로자들에게 공고하고 동의를 구하거나 해당 노동조합과 협의하여

동의를 구한 바도 없었다.

위 보험계약의 체결 후 망인이 업무상의 재해로 사망하자 을 기업은 갑 보험회사에

위 단체보험계약상의 보험금지급을 청구하였다. 하지만 갑 보험회사는 을 기업이 이

사건 보험가입과 관련한 근로자들의 서면동의 혹은 그에 갈음하는 규약으로서 제출한

위 규약내용확인서는 그 피보험자인 근로자들의 적법한 대표권 없는 자들이 임의로

12 대법원 2006. 4. 27. 선고 2003다60259 판결

작성한 첫에 불과하여, 상법 제735조의3 제1항 소정의 규약 혹은 상법 제731조 소정의 서면동의로서의 요건을 구비하지 못하였다 하여 보험계약의 무효를 주장하였다. 이에 망인의 유족들은 원고들은 피고 갑 보험회사에 대하여 보험금청구소송을 제기하게 된 것이다.

## (2) 대법원의 판단

대법원은 위의 사건에 대하여 다음과 같은 요지로 판결을 하였다. 단체보험계약에 대하여 이주 세부적으로 제시하고 있는바 이를 요약하여 기술하고자 한다.

첫째, 상법 제735조의3의 규정에 따라 단체보험에 해당하려면 소정의 규약에 따른 보험계약을 체결한 경우이어야 한다. 그러한 규약이 갖추어지지 아니한 경우에는 상법 제731조에 의하여 피보험자인 구성원들의 서면에 의한 동의를 받아야 한 보험계약의 효력이 발생한다.

둘째, 상법 제735조의3에서 말하는 규약의 의미는 단체협약, 취업규칙, 정관 등 그 형식을 막론하고 단체보험의 가입에 관한 단체내부의 협정에 해당하는 것이고, 단체보험가입과 관련하여 상세한 사항까지 규정할 것을 요하지 않는다. 하지만 강행법규인 상법 제731조 소정의 피보험자의 서면동의에 갈음하는 것인 이상 취업규칙이나 단체협약에 근로자의 채용 및 해고, 재해부조 등에 관한 일반적 규정을 담고 있는 것으로는 안 된다.

셋째, 규약을 구비하지 못한 단체보험이 유효하기 위해서는 상법 제731조에서 말하는 서면동의만이 허용된다.

넷째, 피보험자가 서면으로 동의의 의사표시를 하거나 그에 갈음하는 규약의 작성에 동의하여야 하는 시점은 상법 제731조의 규정에 의하여 보험계약을 시까지이다.

다섯째, 도박보험이나 피보험자에 대한 위해의 우려 피해자의 동의 없이 타인인의 사망을 사행계약상의 조건으로 삼는 데서 오는 공서양속의 침해의 위험성을 배제하고자 상법 제735조의3의 입법취지를 고려하여야 하는바, 위 법조 소정의 규약이나 서면동의가 없는 상태에서 단체보험계약을 체결한 자기 위 요건의 흠결을 이유로 그 무효를 주장하는 것은 특단의 사정이 없는 한 신의 성실의 원칙에 반한다고 볼 수는 없다.

여섯째, 보험모집인은 보험계약자에게 보험자의 피보험자의 서면동의 요건에 관하여 구체적이고 상세하게 설명하여 보험계약자로 하여금 그 요건을 구비할 수 있는 기회를 주어 유효한 보험계약이 체결되도록 하는 주의의무가 있다. 이를 위반하여 보험사고 발생 시 보험계약자가 보험금을 수령하지 못하게 되었다면 구 보험업법 제158조 제1항에 의하여 손해배상책임이 있다.[13]

일곱째, 단체보험에서 보험계약자는 단체의 구성원인 피보험자를 보험수익자로 하여 '타인을 위한 보험계약'으로 체결할 수도 있고, 보험계약자 자신을 보험수익자로 하여 '자기를 위한 보험계약'으로 체결할 수도 있다.

# III. 타인의 생명보험계약에서 피보험자의 동의

보험자가 보험계약자와 보험계약을 체결함에 있어서, 다양한 기준에 따라 보험계약이 구분된다.[14] 강제성의 유무에 따라 공보험과 사보험, 보험사고발생의 객체에 따라 인보험과 물보험 그리고 보험금의 지급방법에 따라 순해보험과 정액보험으로 나누어 진다. 또한 타인의 생명보험에서 피보험자의 수에 따라 개인보험과 단체보험으로 구분하게 된다.

## 1. 개인보험과 단체보험

### 1) 개인보험

개개의 물건 또는 사람을 보험의 목적으로 하는 보험을 '개별보험(Einzelversicherung)'

13    개정된 보험업법 제102조(모집을 위탁한 보험회사의 배상책임) ① 보험회사는 그 임원·직원·보험설계사 또는 보험대리점이 모집을 함에 있어서 보험계약자에게 가한 손해를 배상할 책임을 진다. 다만, 보험회사가 보험설계사 또는 보험대리점에 모집을 위탁함에 있어서 상당한 주의를 하였고 이들이 행하는 모집에 있어서 보험계약자에게 가한 손해의 방지에 노력한 경우에는 그러하지 아니하다. ②항과 ③항은 생략.

14    보험계약의 구분에 대하여는 이기수·최병규·김인현 보험·해상법(상법강의 IV), 제9판, 박영사, 2015, 7면 이하.

이라고 한다. 특정인을 위한 생명보험이나 특정한 선박을 목적물로 하는 선박보험 등이 여기에 속한다. 한편 하나의 피보험자가 소유하는 여러 개의 보험목적물에 대하여 1개의 계약을 체결하는 보험은 '집합보험(Kollektivversicherung)'이다.[15] 집합보험은 어떤 특정한 집합된 물건을 보험의 목적으로 하는 특정보험(상법 제686조)과 그 집합된 물건을 수시로 교체되는 것이 아니라, 피보험자를 하나의 특정한 사람으로 하여 그의 생사를 보험사고로 하는 것이 바로 '개인보험(Einzellebensversicherung)'이다.[17] 이러한 개인보험을 보통 2인이나 동업자 등 복수인을 피보험자로 하고 그 중 1인이 사망한 경우에 생존한 자가 보험금을 지급받게 되는 '연생보험(Versicherung auf verbundenes Leben)'과 구분된다. 실무상 연생보험은 보험계약자가 남편이면서 주피보험자로 하고, 아내를 종피보험자로 하여 두 명의 피보험자를 보험계약을 체결할 수도 있고, 더 나아가 총 3인의 피보험자로 하는 경우도 있다.

## 2) 단체보험

개인보험이나 연생보험과는 달리 단체에 속하는 불특정다수인을 일괄하여 피보험자로 하는 것을 '단체보험(Gruppenversicherung)'이라고 한다. 이 경우에는 단체의 대표자로 그 단체의 구성원의 전부 또는 일부를 피보험자로 하여 보험자와 1개의 보험계약을 체결함으로써 성립하게 된다.[18] 그러므로 이러한 단체보험은 통일된 이익을 지닌 다수인에 대한 보험보호를 집합적으로 피아하여 규율하려는 성격을 지니게 되는 것이다.[19] 개인생명보험에서 피보험자가 보험금지급의 조건이 되는 사망

........

15  최기원 보험법, 제3판, 박영사, 2002, 18면.
16  양승규, 보험법, 제5판, 삼지원, 2004, 35면.
17  최기원 교수는 단생보험이라고 한다. 보험법, 제5판, 박영사, 2002, 610면.
18  1917년 미국의 NCIC(National Convention of Insurance Commissioners)의 단체생명보험모델법안에서 단체보험은 "단체생명보험은 50인 이상의 종업원을 유지시는 혹은 무진사로 하여 사업주에게 발행된 1매의 보험증권에 의하여 보장하는 보험형태"라고 정의하고 있다.
19  장경환, "단체보험의 보험수익자", 고시계, 1998. 5. 114면.

으로서, 보험계약자와 피보험자가 동일한 사람이 아닌 '타인의 생명보험'을 체결할 수 있는 것과 마찬가지로, 단체의 대표자를 보험계약자로 하고 단체의 구성원을 피보험 자로 하는 보험계약을 체결할 수 있는 것이다.

## 2. 개인보험에서 피보험자의 서면동의

### 1) 각 국의 입법례

#### (1) 이익주의

이는 피보험자인 타인의 생명에 대하여 어떠한 이익을 가지는 자만이 보험계약을 체결할 수 있다는 입법례이다. 이러한 입법주의에 의하면 부부, 부자 혹은 채권자와 채무자의 관계 등 이해관계의 존재가 계약의 성립요건이다. 그러므로 계약의 체결 시 에 이해관계가 없으면 그 계약은 무효가 된다. 이는 영국과 미국에서 채택되고 있다.

#### (2) 친족주의

이러한 입법례는 피보험자의 상속인 또는 일정한 범위의 친족만이 보험수익자가 될 수 있도록 하여, '타인의 생명보험'의 이용범위를 매우 제한하는 측면이 있다. 현재 반 아들이는 예는 없으며, 일본의 구상법이 이에 속하였다.

#### (3) 동의주의

타인의 사망을 보험사고로 하는 타인의 생명보험계약을 체결함에 있어 그 타인인 피보험자의 동의를 요구하는 입장이다. 그러므로 이 경우에는 피보험자가 될 타인의 동의를 얻어야만 유효한 계약을 성립시킬 수 있게 된다. 독일, 프랑스, 오스트리아, 일 본 및 우리나라 상법이 취하고 있는 태도이다.

### 2) 생명상 서면동의

1991년 개정되기 이전에는 동의의 방식에 대하여 아무런 제한을 두지 않았다. 하지만 실무상 계약체결 시 계약신청서에 서면 또는 기명날인하여 동의하는 것이 의례적인 일이었다. 이것은 상법이 받아들여 현재 상법 제731조에 의하여 서면동의를 요구하게 된 것이다. 또한 동의는 개별 보험계약별로 행해져야 하며, 장래에 체결될 모든 사망보험에 대해 미리 동의하는 포괄적 동의는 인정될 수 없다고 한다.[20] 타인의 생명보험에서 피보험자의 동의란 함은 해당 사망보험계약의 피보험자로 되는 것에 대해 진정하는 의사표시이고, 그것의 법적 성질은 준법률행위이다. 실정법상 동의의 방식은 서면이므로 구두 또는 묵시적인 동의는 인정되지 않게 된다.

## 3) 전자서명 또는 공인전자서명에 의한 방서

정보통신기술의 발전으로 서면적인 거래방식의 발달이 눈부시게 일어나고 있다. 보험거래에서도 전통적인 대면방식의 거래가 점차 온라인 거래 등 비대면 거래로 진화하고 있는데, 이것은 정보통신기술의 발달이 중요한 역할을 담당한 탓이다. 이러한 변화는 스마트폰과 태블릿 PC 등 모바일 기기의 보급이 확대되고 모바일 전자청약을 출현 환경에 따라 더욱 발전하고 있는데 그 대표적인 것이 모바일 전자청약 시스템이다. 태블릿 PC를 통한 자산관리 전산팀으로부터 보험상품 설계 및 가입에 이르는 전반적인 절차를 간편하게 처리한다. 이러한 서면동의 방식의 체약으로 비대면 온라인 거래의 활성화가 되지 못하고 있었다.

서면에 의한 동의 방식은 한편 서류의 공급·출력·배송·보관 등의 반거문운과 비용이 발생하고, 원본 서류의 손실 및 분실로 인한 계약자의 정보보호에 문제가 발생할 가능성이 있으며, 최근의 전자문서 활성화를 위한 법령개정 추세와 전자금융거래가 증가되고 있는 사회적인 현실을 반영하지 못하여 금융산업 발전을 저해한다는 지적이 있었다. 기존의 대면계약의 방식의 비중이 점차 축소되고, 전화, 인터넷 등에 의한 비대면 보험가입 비중이 증가하고 있다. 대면계약의 경우에도 기존의 전통적인 서면방식이 아닌 태블릿 PC 등을 통한 비서면 계약체결 방식으로 전환하게 된 것이다.

20 대법원 2003. 7. 22. 선고 2003다24451 판결; 대법원 2006. 9. 22. 선고 2004다5667 판결.

**상법 개정**

| 개정(전) | 개정(후) | 비고 |
|---|---|---|
| 제731조(타인의 생명의 보험) ① 타인의 사망을 보험사고로 하는 보험계약에는 보험계약 체결 시에 그 타인의 서면에 의한 동의를 얻어야 한다.<br>② (생략) | 제731조(타인의 생명의 보험) ①…<br>…서면(「전자서명법」 제2조 제2호에 따른 전자서명 또는 공인전자서명이 있는 전자문서를 포함한다)…<br>② (현행과 같음) | 서면동의 방식과 동등한 가치 또는 수준한 가치가 있는 전자서명 또는 공인전자서명에 의한 방식 추가 |

## 4) 동의의 시기에 대한 의문

### (1) 의의

상법 제731조 제1항에 의하면, 타인의 사망보험의 경우에 그 타인의 동의는 '보험계약 체결 시'에 서면동의를 얻어야 한다고 규정하고 있다. 이러한 실정법에 근거하여 대법원은 계약 체결 시에 서면동의가 행해지지 않는 이상 타인의 생명보험계약은 무효라는 입장을 융통성 없이 확고하게 견지하고 있다.[21] 일부의 학자들이 피보험자의 서면동의를 효력발생요건으로 보면서 그 서면동의는 반드시 계약체결 시에 행해져야 한다고 주장한다.[22] 이러한 입장은 상법 제731조 제1항이 도박보험의 위험성, 피보험자살해의 위험성 및 공서양속의 침해위험성을 배제하고자 하는 규정이므로 입법목적에 타당하다고 한다.[23]

대법원은 보험계약의 시기와 방법에 대한 규정을 주인할 수 없는 강행법규로 보고 있다.[24] 이렇게 본다면 피보험자의 동의는 상법 제731조에 따라 '계약체결 시'까지 행해야 하고, 이 시기에 피보험자의 동의가 없는 타인의 생명보험계약은 무효가 된다.[25] 하지만 피보험자의 서면동의에 대한 강행법규성은 인정하지만, 서면동의를 반드

---

21 대법원 1996. 11. 22. 선고 96다37084 판결; 대법원 1998. 11. 27. 선고 98다23690 판결; 대법원 2003. 7. 22. 선고 2003다24451 판결.

22 김성태, 보험법강론, 법문사, 2001, 838면 이하.

23 강대섭, "피보험자의 서면동의 없이 체결된 보험계약의 효력", 상사판례연구, 제15집, 2003, 856면.

24 동 조항의 임의성이 완화되어야 한다는 점을 지적한 것으로 이기수, "타인의 생명보험계약", 저스티스, 제30권 제1호, 1997, 134면 이하.

시 계약체결 전까지 얻어야 하는 것에 관한 의문이 제기된다.[26]

## (2) 강행규정 여부

상법 제731조의 입법취지는 대법원이 밝힌 바대로, 동의의 시기와 방식을 명확히 함으로써 분쟁의 소지를 없애려 하는 데 있다.[27] 하지만 본 규정을 더 구체적으로 검토해 보면, 피보험자 모르게 보험계약을 체결한 보험계약자나 보험수익자가 피보험자의 사망을 적극적 혹은 소극적으로 기대하여 피보험자에게 피해를 초래할 위험을 방지하기 위하여 서면동의를 요구토록 하는 면에 더 비중이 있는 것으로 보인다.[28] 여기서 서면동의라고 하는 것은 피보험자 스스로가 자신의 사망을 보험사고로 하는 보험계약에 이의가 없다는 의사표시이다. 그렇다면 보험사고 발생 전에 서면동의를 하여도 그 법적 효력이 침에 서면동의를 체결한 후 보험사고 발생 전에만 서면동의에 이의가 없다면, 보험사고가 나고 보험계약을 하는 것 없게 된다. 또한 보험계약자로 남편을 피보험자로 보험계약 시기 아니라, 보험계약을 하는 것이 신량한 풍속 기타 사회질서에 위반된다는 주장에도 그리 설득력이 있어 보이지 않는다.

## (3) 사후승인의 인정 여부

보험계약자와 타인의 피보험자가 보험모집인이 제시하는 청약서에 서명을 한다면, 사후승인에 대한 실익은 없을 것이다. 하지만 생명보험에 속하는 보험이고 신체검사를 요하지 않으면서, 어느 한 사람이 본인을 보험모집인을 하고 타인을 피보험자로 하여 보험계약을 체결하는 수가 있다. 예를 들면 해외에 장기 근무하는 남편을 대리하여 그의 처가 보험계약자로 남편을 피보험자로 보험계약을 체결할 경우가해할 수 있다. 실무상 보험계약자은 보험모집인이 등장하여 보험에 대한 필요성을 설명

25  양승규, 보험법, 제5판, 삼지원, 2004, 454면.
26  이 점에 대해서 이미 최준선, "타인의 생명보험계약", 판례월보, 제327호, 1997, 50면.
27  대법원 2006. 9. 22. 선고 2004다56677 판결.
28  조지현, "타인의 생명보험계약의 주인", 한국상사법학회(2007년 춘계학술대회 자료집), 2007. 5. 4. 26면.

하고 이를 체결하도록 권유하게 된다. 원칙적으로 피보험자 자신이 자필서명을 해야 하겠지만, 이때 피보험자는 부득이하게 구두로 이사표시를 하고 보험계약자가 서명하는 것을 상상할 수 있을 것이다. 그리고 귀국하여 보험사고가 발생하기 전에 피보험자의 서면에 의한 주인의 이사표시를 교부할 수도 있을 것이다. 보험계약이 성립한 후 동의가 있을 때에는 계약의 무효가 치유될 수 있는 방법을 인정한다 할지라도 보험자 입장에서는 손실이 발생되지 않는다. 부득이한 사정으로 피보험자가 보험계약 성립 전에 동의를 표시하지 못하였다 할지라도, 추후 서면동의에 의한 이사표시를 함으로써 보험의 해택을 받을 수 있는 기회를 보장해주는 것이, 보험계약자 측이나 보험자 측 모두가 보험의 장점을 향유하는 것이다.[29] 그러므로 보험사고가 발생하기 전에 주 인을 인정하기 위하여 상법 제731조가 개선되어야 할 것이다. 하지만 보험사고가 발생 한 후에 사후동의는 인정될 여지가 없다.

## (4) 비교법적인 관찰

우리나라와 같은 동의주의 입법방식을 갖고 있는 독일과 일본에서도 타인의 서면동 의를 효력발생요건으로 보고 있다. 하지만 우리나라와 달리, 양 국가는 계약체결 후의 주인을 인정하고 있다. 독일은 보험계약법 제159조 제2항 제1문[30]에 동의의 중요성을 감안하고 동의를 둘러싼 분쟁을 방지하고자 서면에 의한 동의만을 인정하고 있다. 동 조항의 목적은 타인의 생명을 가지고 투기하는 것을 방지하는 데 있다.[31] 하지만 독일 보험계약법은 동의의 시기에 대하여는 아무런 규정을 두고 있지 않고 '계약체결 시' 라는 내용이 존재하지 않지만 동의가 계약체결 시 존재하여야 하며 사후주인의 인정될

---

29  한기정, "타인의 사망보험에서 피보험자의 동의 흠결시 법적 효과에 관한 연구", 보험개발연구 제17권 제3호, 2006, 104면 이하에서 피보험자의 동의를 얻어 제소급적 추인을 인정하고, 이를 보험자가 주인의무를 부담하는 것으로 법제화해야 한다고 주장한다.

30  § 159 (Versicherte Person) ② Wird die Versicherung für den Fall des Todes eines anderen genommen und übersteigt die vereinbarte Leistung den Betrag der gewöhnlichen Beerdigungskosten, so ist zur Gültigkeit des Vertrags die schriftliche Einwilligung des anderen erforderlich.(피보험자) 제2항 타인의 사망을 보험이 인수되고 합의되 급부가 일반적인 장례비용을 추가되는 경우에, 계약의 유효를 위하여 타인의 서면동의가 요구된다.

31  최병규, "상법 보험편 개정시안", 주제별표(3), 2007. 8. 17, 136면.

수 없다는 견해[32]가 있지만, 그 동의는 사후에도 기능하도록 하며 동의가 있기까지는 유동적인 무효상태에 있다는 견해[33]가 타당하다.

일본 상법 또한 타인의 사망보험에 있어서 피보험자의 동의가 필요하다는 점을 시하고 있지만, 동의시기를 제한하고 있지 않은 것을 볼 수 있다(일본 상법 제674조 제1항). 일본 역시 과거에는 동의가 계약체결 시까지 행해져야 하는 입장이 있었다. 하지만 일본의 다수설에 의하면, 계약체결 시에 동의가 행해질 원칙으로 하지만 현재 계약체결 후에도 동의가 가능한 것으로 보고 있다.[34] 독일의 경우와 마찬가지로 일본 역시 계약체결 시 피보험자의 동의가 없는 경우를 무효상태로 보고 있는 것이다. 다른 성문법 국가에서도 피보험자의 동의와 관련하여 '계약체결 시'라고 하는 내용을 삽입하지 않고 있는바 차후에 보항에 대한 개정이나 단서를 삽입하여 보다 정치한 조문의 필요성이 제기된다고 하겠다.[35]

## 3. 단체보험에서 피보험자의 서면동의

### 1) 단체보험의 특징

단체보험은 기본적으로 근로자의 복리후생을 위한 보험으로 인식한다. 기업은 근로자에게 안정적인 생활을 보장하고, 사회보장제도를 보완하는 측면에서 단체보험이 탄생하게 된 것이다. 이러한 단체보험은 우수한 인력을 확보하고, 생산성을 높임으로써 경쟁력을 기업구조조정 등에서 발생하는 노사관계의 분쟁을 해결하는 데 유용한 제도적 기능을 하게 되는 것이다.[36] 하지만 단체보험은 보험

...........

32 Prölss, Versicherungsvertragsgesetz, 14. Aufl. (1963), S. 702.

33 Römer/Langheid, Versicherungsvertragsgesetz Kommentar, 2. Aufl. 2003, § 159 Rdn. 18; Prölss/Martin, Versicherungsvertragsgesetz, 24. Aufl. (1988), S. 701.

34 최병규, "상법 보험편 개정시안", 주제발표(3), 2007. 8. 17, 138면.

35 개정 전의 상법 제731조 제3항은 "타인의 사망을 보험사고로 하는 보험계약에는 피보험자의 동의를 얻어야 한다"고 규정하여 '계약체결 시'라는 내용이 없었지만, 지난 1991년에 개정되면서 피보험자의 동의시기와 방식을 명확히 하고자 하였다. 그러므로 본 내용의 동의시기를 완화하여야 하는 무소라가 능하다. 심지어 상법 제731조 제3항을 신설하여, '계약체결 시 또는 그 이전'의 동의가 없었던 경우 피보험자는 면후 1월 내에, 그때까지 보험사고가 발생하지 않은 경우에 한하여 동의를 할 수 있다. 이때에도 차후부터 동의가 있었던 것으로 본다"는 제안이 제시되고 있다.

계약자와 특별한 관계에 있는 여러 사람에게 단체의 이익을 위하여 한 번의 계약으로

체결된 보험이므로 개인보험과는 여러 가지 측면에서 차이를 보이고 있다.

우선 언더라이팅업무를 단체로 하게 된다는 점이다. 개인보험과는 달리 각각의 단

체 구성원에 대하여 보험부보적 여부를 묻는 것이 아니라, 단체를 하나의 보험계약

단위로 하여 보험계약의 심사나 선택이 이루어지게 된다.[37]

둘째, 단체보험은 개인보험에 비하여 대량판매와 대량관리로 인하여 마케팅의 비용

과 사무관리비용을 절약할 수 있기 때문에 보험료가 저렴하다. 여러 사람이 하나의

단체로서 저렴한 보험료를 납입하는 점은 보험계약자 측에 도움이 되며, 합리적이고

관리가능한 단일한 대규모의 계약을 체결한다는 측면에서 보험자에게도 이익이 된다.

셋째, 단체보험계약은 보험자와 단체의 대표자 사이에 계약체결로 성립된다는 점이

다. 그러므로 단체의 구성원인 피보험자는 보험계약의 당사자가 아니며, 보험계약의

당사자가 아니므로 구성원 개개인에게도 보험증권이 교부되지 않는다.

단체보험에서 계약을 체결하는 형식은 기본적으로 개인보험계약과 같다. 그리고 단

체보험은 단체의 대표자가 보험계약자로서 그 단체의 구성원을 일부 또는 전부를 피

보험자로 하여 부보하는 타인의 생명보험계약이며 또한 기본적으로 '타인을 위한 생

명보험계약'이다.[38] 단체보험에서 보험계약자는 단체 혹은 피보험단체의 대표자이다.

개인보험의 보험계약자와 마찬가지로 단체인 보험계약자 역시 고지의무와 보험료의

지급의무를 부담하게 된다. 하지만 고지의무와 관련하여 개인보험과 달리, 단체보험

청약서상의 질문표, 단체에서 행한 건강진단서, 평균사망률이나 이재율에 대한 자료

혹은 그 밖의 위험선택에 필요한 사항에 대하여 고지를 해야 한다. 보험자는 단체보험

을 인수할 때에 건강진단서 사본과 같은 기초적인 자료를 수집하게 되는데, 이런 측면

에서 개인보험보다 보험계약자의 고지의무의 범위가 완화된 것이라고 할 수 있다. 한

36 김문재, "단체보험계약의 법적성질과 피보험자의 동의", 상사판례연구, 제20집 제2권, 2007, 83면.

37 주기종, "단체보험계약의 기본적 법률관계", 상사법연구, 제20권 제2호, 2001, 508면.

38 단체보험의 정의규정을 필요성에 대해서는 김문재, "상법상 단체보험규정에 대한 개정의견", 상사판례연구, 제12집, 2001, 505면 이하.

편 보험계약자로서 단체는 보험료의 지급의무를 부담하게 된다. 단체의 대표자와 구성원의 합의에 따라 단체가 부담할 수도 있고, 단체와 구성원들이 일부씩 부담할 수도 있다. 그것과 관계없이 보험자에 대한 보험료의 지급의무는 단체가 지며, 단체의 대표자는 구성원의 분담금이 정해져 있는 경우에는 이를 징수하여 보험자에게 지급해야 한다. 또한 보험계약자는 위험의 증가 또는 피보험자의 변동 등을 보험자에게 통지해야 할 의무가 있다.[39]

## 2) 단체규약의 목적

단체보험계약은 '타인을 위한 생명보험계약'의 일종으로서 유상·쌍무·낙성계약의 성질을 갖고 있다. 우리 상법은 제731조에 "타인의 사망을 보험사고로 하는 보험계약에서는 보험계약 시에 그 타인의 서면에 의한 동의를 얻어야 한다"고 규정하여, 타인의 사망을 보험사고로 하는 보험계약에서 보험계약자가 기타 이해관계인 등이 보험금을 노리고 고의적인 살인 등의 보험사고를 내거나 사망보험을 사행적으로 이용하는 것을 방지하고 있다. 하지만 단체보험과 관련하여 우리 상법 제735조의3은 단체가 규약에 따라 구성원의 전부 또는 일부를 피보험자로 하는 생명보험계약을 체결하는 경우에는 상법 제731조를 적용하지 아니한다고 하여 피보험자로부터의 구하고 있지 않다. 단체보험은 일정한 규약에 따라 구성원을 위하여 체결되므로 도박이나 투기의 위험이 적기 때문에 개별적인 피보험자의 동의를 요하지 않는 것이다.[40]

단체보험의 유효요건으로서 요구하는 '규약'의 의미는 단체협약, 취업규칙, 정관 등 그 형식을 막론하고 단체보험의 가입에 관한 단체내부의 협정에 해당하는 것으로서, 반드시 단체보험가입과 관련한 상세한 사항까지 규정하고 있을 필요는 없지만 대표자가 구성원을 위하여 일괄하여 계약을 체결할 수 있다는 취지는 담겨 있어야 할 것이

------
39 안동섭, "단체보험", 월간고시, 1990. 2, 70면.
40 고평석, "피보험이익의 개념확장", 상사법연구, 제16권 제2호, 1997, 517면 이하.

다.[41] 그러므로 단체구성원이나 취업규칙, 노동협약 등이 동의와 등가하게 평가될 수 있는 구체적 규정을 담고 있다면, 피보험자의 동의에 갈음할 수 있을 것이다.[42] 한편 취업규칙에 생명보험가입에 대한 조항을 두고 "보험금의 전부 또는 상당 부분은 사망퇴직금 또는 사망위로금의 지급에 충당한다"고 하는 규정을 두는 경우에 근로자가 취업규칙 등에 기명날인하는 시점에서 그 내용을 볼 수 있다면, 기명과 근로자 간에 보험가입에 동의하는 합의가 있었다고 볼 수 있을 것이다. 결국 상법 제735조의3의 제1항을 해석하면, 근로자의 동의가 있었다고 볼 수 있는 규약 등이 존재하거나 근로자의 대표에 의한 합의가 있는 경우에는, 피보험자의 동의가 필요하지 아니한 경우라고 볼 수 있다. 하지만 ① 규약이 존재하지 않는 경우, ② 규약이 단순히 퇴직금, 사망위로금 등만 규정하고 있고 보험가입을 예측할 수 없는 내용인 경우, ③ 단체보험 가입 후에 새로 단체의 구성원이 추가되는 경우 등은 피보험자의 동의가 필요하다고 하겠다.

## 3) 단체가 보험계약자이면서 보험수익자인 경우 서면동의

단체보험계약자의 보험수익자와 관련하여 지난 1999년 대법원[43]은 상법 등 관련규정이 없으므로 보험계약자인 기업은 타인을 위한 보험계약이도 가능하지만, 자기를 위한 보험계약이도 가능하다는 입장을 견지하게 되었다. 이러한 대법원의 입장에 따른다면, 단체의 대표자가 자신을 보험수익자로 하고, 그의 종업원을 피보험자로 하여 보험계약을 체결하고 보험기간 중에 피보험자에게 보험사고가 발생하면 대표자가 보험금을 전액을 수령할 수 있는 가능성을 인정하게 되다. 한편 상법 제735조의3 제1항과 관련하여 '피보험자인 종업원 개개인의 동의 없이 그 대표자를 보험수익자로 하여 단체보험에 가입하는 것'이 헌법 제10조에 규정된 피보험자의 존엄과 가치 및 행복추구권을 침해하느가에 대한 문제[44]를 헌법재판소가 다루고 있다. 헌법재판소는 이 사건 법률조항은 단체

41 대법원 2006. 4. 27. 선고 2003다60259 판결.
42 김선정, "타인의 생명보험계약에서의 동의요건", 상사판례연구, 제20집 제2권, 2007, 8면.
43 대법원 1999. 5. 25. 선고 98다59613 판결.
44 대전고등법원, 위헌제청결정, 1998. 6.3. 97나6184.

구성원들의 복리 증진 등 이익에 기여하는 바가 있고, 동의요건 철회으로 없애는 것이 아니라 단체보험의 특성에 따라 집단적 동의로 대체하는 것에 불과할 뿐만 아니라, 그 방법 또한 합리성을 가지고 있다고 하였다. 즉 헌법재판소는 "이 사건 법률조항이 타인의 생명보험의 피보험자로 되는 단체구성원들을 위험에 노출시키고 있고 이일지 못하는 사이에 생명보험의 피보험자로 되는 단체구성원을 침해하는 가치를 훼손하고 그들의 행복추구권을 침해하는 것이며, 이 사건 법률조항은 헌법 제10조에 위배되는 것이라고 할 수 없다"[46]고 하며, 국가의 기본권 보장의무에 위배되지 않는다고 판시하였다.

하지만 단체보험계약자가 되어 그 구성원을 피보험자로 하여 체결하는 경우, 단체가 보험수익자가 된다면 단체보험의 성질을 제대로 반영한 것이라고 볼 수 없다. 단체의 구성원의 후생복리를 도모한다는 단체보험의 제도적 취지상 원칙적으로 단체의 구성원을 보험수익자로 지정해야 한다. 만약 단체 자신이 보험계약자이면서 보험수익자로 지정하고자 한다면, 구성원의 동의를 얻은 경우에만 기능하도록 하는 것이 바람직하다.[47] 결국 단체보험에서 보험 자신이 원칙적으로 피보험자나 피보험자의 상속인이 되어야 함에도 불구하고, 단체 자신이 보험계약자이면서 보험수익자로 지정하고자 한다면 피보험자의 서면동의가 필요한다고 할 것이다.[48]

---

45 헌법재판소 1999. 9. 16. 선고 98헌가6.

46 상법 제735조의3 제1항의 위헌성 검토에 대해서는 고평석, "단체보험에 관한 상법 제735조의3 제1항에 관한 위헌성 검토", 상사법연구, 제18권 제2호, 1999, 100면 이하.

47 2007년 상법 개정위원회는 단체가 규약에 따라 구성원의 전부 또는 일부를 피보험자로 하는 생명보험계약을 체결하는 단체보험에 있어서 다음 세 가지 안을 검토하였다. 제1안: 단체보험계약의 경우 보험계약자가 피보험자가 아닌 자를 보험수익자로 지정하는 때에는 단체의 규약에 명시적인 정함이 없으면 한 피보험자의 서면에 의한 동의를 얻도록 한다(개정현 상법 제24절 제2호; 안으주. "상법 개정시안(1)", 상법개정의 착안점. 법무부, 2000, 19면 이하). 제2안: 보험계약자가 피보험자가 아닌 자를 보험수익자로 지정하는 때에는 그 피보험자의 서면에 의한 동의를 얻어야 하는 것으로 한다. 제3안: 단체보험수익자를 지정하는 경우 보험계약자의 동의를 요건으로 하는 경우로 하는 것은 보험수익자가 피보험자가 아닌 경우에는 제735조의3 제3항에, "제1항의 규약에 명시적으로 지정하기 위한 제한으로 규약에 의한 동의를 연는 특례으로 단체보험계약에는 보험금을 피보험자 또는 그 유족이 아닌 동의를 보험수익자로 지정하는 것을 한다. 그리고 개정안에는 지정하는 때에는 제735조의3 제3항에, "제3항에, 제1항의 규약에 명시적게 지정하기 위한 제에는 동의를 요건으로 하는 것으로 한다. 그리고 개정 개정안에는 지정하는 때에는 피보험자의 서면에 의한 동의를 얻어야 한다"고 제안하는 있다. 이점에 대한 자세한 설명은 장경환, "상법 보험편 개정시안", 상사법연구, 제24권 제2호, 2005, 318면 이하.

48 장경환, "상법 보험편 개정의견", 주제발표(4), 2007. 8. 17, 159면 이하.

# IV. 결론

대법원은 개인생명보험계약에서 피보험자의 자필에 의한 서면동의 없이 체결되는 보험계약은 무효라고 판시하고 있다. 이러한 판단은 실정법을 엄격하게 적용하고 있음을 알 수 있다. 하지만 독일이나 일본의 대륙법 체계를 검토해보건대, 우리 상법 제731조는 너무 엄격하게 규정되어 있다. 그러므로 동의시기를 제시하고 있는 '계약체결 시'라는 사항에 대한 재고가 요구된다. 부부나 부자간의 아주 긴밀한 관계에서 생명보험의 필요성이 존재한다면, 보험계약자나 보험자의 상호이에 피해가 되지 않는 한 제한적으로 완화하는 것이 타당하다고 사료된다. '계약체결 시'라고 하는 문언 대신에, '보험사고가 발생하기 전'이라고 개정하든가, 아니면 새로 단서를 삽입하는 것이 바람직하다.

상법 제732조의3의 단체보험계약을 체결하는 경우에 서면동의가 필요치 않는다는 의미는, 언제나 서면동의가 없어도 된다는 말이 아니다. 단체규약에 피보험자의 개별적 동의와 등가하게 평가될 수 있는 구체적 내용을 담고 있어야 한다. 취업규칙 등에 생명보험가입에 관한 조항을 두고, 보험금의 지급은 사망퇴직금이나 사망위로금의 지금에 충당하는 규정을 두고 있고 근로자가 서면 날인하였다면 피보험자의 동의에 갈음할 수 있을 것이다. 그리고 새로 단체의 구성원이 되는 자가 피보험자로 편입되는 경우, 규약에 명확한 규정이 존재하지 않는다면 단체협약에 피보험자로 될 자에게 서면동의를 받아야 할 것이다. 하지만 새로운 구성원이 단체협약에 대하여 보험의 내용을 충분히 인식하고 있다면, 굳이 개별 피보험자의 서면동의는 요구하지 않는 것이 타당하다. 긴과하지 말아야 할 것은 단체보험에서 보험수익자는 기본적으로 피보험자의 상속인이 되어야 한다는 점이다. 그렇지 않고 단체 자신이 보험계약자이면서 보험수익자로 지정하고자 한다면, 개정안이 제시하고 있는 바와 같이 반드시 피보험자의 서면동의가 요구된다.

# 제29장
# 생명보험계약상 보험수익자 지정

## I. 서론

생명보험계약이란 한쪽 당사자인 보험자가 보험계약자로부터 보험료를 받고 피보험자의 생명에 관한 보험사고가 생길 경우에 약정한 보험금액을 지급하기로 하는 인보험계약의 일종이다(상법 제730조). 생명보험계약은 자기가 보험계약자이면서 자신이 보험수익자가 되는 경우도 있지만, 타인을 보험수익자로 지정하는 경우가 빈번하게 발생한다.

후자의 경우는 보험계약자가 타인을 보험수익자로 하여 체결한 보험계약으로 타인을 위한 생명보험이라고 한다.

손해보험과 달리 생명보험은 원칙적으로 피보험이익이라는 개념을 인정하지 않고 있다. 보험계약자는 자신이 아닌 자기의 지내나 처 등을 보험수익자로 지정하는 것이 가능하다. 이러한 경우 외에도 생명보험은 다양한 형태의 계약판계가 발생할 수 있다.

우선 보험계약자와 피보험자가 동일하면서 보험수익자만이 다른 경우가 있고, 피보험자와 보험수익자가 같으면서 보험계약자가 다른 경우도 존재할 수 있으며, 보험계약자와 피보험자 그리고 보험수익자 모두 다른 경우도 상정해볼 수 있다. 이와 같은 생명보험에서 중요한 문제를 담고 있는 사항이 바로 보험수익자 지정에 대한 문제이다. 즉, 보험사고 생명보험에서 보험수익자는 손해보험에서 피보험자의 지위에 해당한다.

가 발생한 경우에 보험금을 지급받을 자로 정해진 자가 바로 보험수익자인 것이다. 우리 상법 보험편은 보험수익자 지정에 관한 사항을 규정하고 있다. 여기에 대한 연구는 어느 정도 이루어진 것으로 보인다.[1] 우리 보험계약법은 독일 보험계약법의 내용과 유사한 체계를 가지고 있는바, 독일의 보험계약법상 규정되어 있는 보험수익자 지정에 관한 입법적인 태도를 고찰해볼 필요성이 있다. 독일 보험계약법은 생명보험의 보험수익자 지정에 관하여 두 개의 조문을 두고 있다. 제159조에는 보험수익자 지정에 관한 사항을 규정하고 있고, 제160조는 보험수익자 지정의 해석에 관한 내용을 규정하고 있다.

## II. 독일 보험계약법상 보험수익자 지정

### 1. 의의

개정되기 전 독일 보험계약법 제166조를 계승한 조문이 현 보험계약법 제159조이다.[2] 보험계약자는 보험수익자 지정을 철회할 수 있고, 철회하지 않을 수도 있다. 실제로 실무에서도 철회할 수 있는 지정과 철회할 수 없는 지정으로 구분하여 적용하고 있다. 독일 보험계약법 제159조는 생명보험계약의 영역에서 보험수익자 지정과 제3자에게 보험금을 지급할 수 있는 여지를 제공하고 있다. 타인을 위한 생명보험은 민법에서 인정되고 있는 제3자를 위한 계약의 법리와 유사하다. 민법에서 인정되고 있는 제3자

---

1 장경환, "피보험자의 변경으로 인한 새 피보험자의 기존의 사망보험금 수익자 지정에 대한 동의 여부", '경희법학', 제39권 제1호, 이하, 장경환, "보험수익자 제지정권 불행사시의 보험수익자의 확정시점", 보험법연구, 제1호, 1995, 229면 이하, 노일석, "보험수익자의 지정·변경", 금융법연구, 제7권 제2호, 2010, 193면 이하; 홍진희·김판기, "타인을 위한 생명보험계약의 수익자 지정과 변경·유언에 의한 방법을 중심으로", 인권과 정의, 제420호, 58면 이하.

2 독일 보험계약법 제159조(보험수익자 지정) (1) 명시적 합의가 없는 경우 보험계약자는 보험자의 동의 없이 제3자를 보험수익자로 지정하고 이미 지정된 수익자를 그 밖의 타인으로 변경할 권한이 있다. (2) 지정변경권이 유보된 보험수익자로 지정된 제3자는 보험자의 급부에 대한 권리를 보험사고 발생으로 비로소 취득한다. (3) 지정변경권이 유보되지 않은 상태의 보험수익자는 보험수익자로의 지정과 동시에 보험자의 급부에 대한 권리를 취득한다. 이필규·최병규·김은경 역저, 2009년 독일 보험계약법(VVG), 세창출판사, 2009, 69면 이하.

를 위한 계약이 계약당사자인의 합의를 요구하고 있는 반면에,3 타인을 위한 보험계약의 경우에는 보험자와 보험계약자 사이의 명시적인 합의가 없다고 할지라도 보험계약자

는 일방적으로 제3자를 수익자로 지정하고 또 필요한 경우에는 그를 변경할 권리를 가지고 있다는 점에서, 양자는 차이가 있다. 제159조는 제2항과 제3항에서 지정·변경권을 철회할 수 있는 경우와 철회할 수 없는 경우에 대한 법적 효과를 달리 규정하고 있다. 제2항의 경우 지정·변경권을

지정된 제3자는 보험자의 급부에 대한 권리를 상태를 상실하고 비로소 취득하게 된다. 이 경우 보험수익자는 지정·변경·변경권의 철회할 수 있는 보험수익자로 지정된 보험수익자는 지정과 동시에 보험자의 급부에 대한 권리를 취득하게 된다. 개정 전 보험계약법이 지속성생명보험의 영역에서만 적용되는 것을 하고 있었

으나, 현 보험계약법은 모든 종류의 생명보험에 대한 적용이 가능하게 되었다. 적어도 역상실보험이나 상해보험 역시 제159조의 적용가능성이 있다.4

## 2. 구성요건

보험계약자는 보험수익자 지정에 대하여 여러 가지 방법으로 제한할 수 있다. 보험계약자가 지정에 대한 철회를 유보할 수 있는 방법 이외에도 보험수익자에게는 사망 시에만 급부를 하도록 하고, 생존 시에는 보험계약자 자신 또는 다른 사람이 수익자가 되도록 하여 나누는 방법도 가능하다. 독일 보험계약법 제159조의 제1항에 따르면, 보험계약자는 생명보험의 경우에 보험계약자 지신이 아닌 제3자를 보험수익자로 지정할 권한이 있을 뿐만 아니라, 새로운 사람으로 변경할 수 있는 권한을 가지고 있다. 철회할 수 없는 경우라면, 보험계약자의 그 지정의 변경가능성은 배제된다. 보험

3　독일 민법 제328조(제3자를 위한 계약) 1) 제3자에게 급부할 것을 정하는 계약은 그 제3자가 직접 급부청구를 취득하는 결과를 내용으로 체결될 수 있다. 2) 제3자가 그 권리를 취득하는지, 제3자의 권리가 즉시 일정한 요건 아래에서만 성립하는지, 나아가 당사자들에게 제3자의 권리를 소멸시키거나 변경할 권한이 유보되는지는 특별한 사정 특히 계약의 목적으로부터 추단될 수 있다.

4　보험계약법 제176조, 제185조를 참조.

수익자의 지정과 그 변경은 보험계약자의 보험자에 대한 일방적인 수령을 요하는 의사표시이다. 그러므로 그 의사표시는 보험자에게 도달되어야 하며, 보험자의 대리인의 경우에도 도달로써 효력이 발생할 수 있다(독일 보험계약법 제69조의 제1항). 보험자 측의 승인을 요구하지 않지만, 보험수익자로 될 사람에게 단순한 통지되는 보험수익자의 지위를 획득할 수 없다.

## 3. 철회에 대한 유보가능성

## 1) 철회를 유보한 수익자 지정

보험수익자 지정을 철회할 수 있는 것이 일반적인 것이다.[5] 그런 측면에서 본다면, 이문이 있는 경우에는 독일 보험계약법 제159조 제1항에 따라, 보험계약자는 보험수익자 변경이 가능한 철회할 수 있는 수익자지정권을 행사할 수 있다. 독일 보험계약법 제159조 제2항은 그 수익자의 권리가 철회의 유보하에 인정된 경우에는 보험수익자는 보험자의 급부에 대한 권리를 보험사고 발생으로 비로소 취득한다. 제약에서 정한 일시가 경과하거나 피보험자의 사망이 있어야 급부를 취득할 수 있는 것이다. 그때까지는 그에게는 단지 불확실한 법적지위에 있다.[6] 철회를 유보한 수익자 지정이란 함은 모든 종류의 수익권을 변경할 수 있음을 의미한다. 수익자 지정의 취소를 포함하여 교환이나 그 권리의 확대 및 제한에 대한 사항까지 포함한다고 하겠다. 이러한 변경권은 보험수익자 측의 법적 지위의 확장이 성립됨으로써 종료하게 된다. 즉, 보험사고발생이 그것이다. 철회는 법률에 의해 특별한 형식을 필요로 하지 않고 명시적인 의사표시를 요하는 것도 아니다.[7] 보험관계의 해지에는 수익자 지정의 묵시적 철회가 보통 포함되어 있어서 환급금(Rückkaufswert)은 보통 보험계약자에게 귀속이 된다.[8] 보험자

5 독일 저축성생명보험표준약관 제13조 제1항 제2문.
6 BGH, VersR 1993, S. 690.
7 OLG Köln, VersR 2002, S. 1544.
8 BGH, VersR 1993, S. 690.

에게 도달함으로써 철회하게 되면 해당 수익자 지정은 소멸하거나 변경된다. 새로운 수익자가 지정되지 않으면 보험금은 다시 청약으로 보험계약자에게 귀속되거나 또는 그 상속재산으로 귀속이 된다.

## 2) 철회를 유보하지 않은 수익자 지정

철회를 유보하지 않은 수익자 지정은 처음부터 이루어질 수 있고 또 일반적인 수익자의 지정 후 사후적인 변경에 의하여 이루어질 수도 있다. 독일 보험계약법 제159조 제1항의 해석규정과 보험계약자에게 미치는 효과와는 관련하여 철회할 수 없는 수익자 지정은 제약상 명시적인 보험계약자의 특정이 요구된다. 독일 보험계약법 제159조 제2항에 의하면 보험수익자는 보험계약자에 대한 지정으로써 곧바로 보험금청부부터 청구권을 취득한다. 다만, 그 이후부터 보험수익자는 보험금청구권을 처분할 수 있는 권리를 행사할 수 있게 된다.

## 4. 법적 효과

### 1) 보험수익자의 권리

보험수익자로 지정됨으로써 보험수익자는 일반적으로 보험계약으로부터 발생하는 모든 청구권을 행사할 수 있게 된다. 보험금청구권을 포함한 인여금배당청구권과 한 금급이 여기에 포함된다.[9] 보험자는 보험계약에 부당해야 할 의무도 있지만, 보험수익자에 대하여 예외적으로 제약상 부수의무를 부담하게 된다. 보험계약상의 정보제공 의무에 그러한 의무에 해당된다.[10]

........

9  BGH, VersR 2003, S. 1022.

10 2007년 독일 보험계약법은 동법 제166조 제4항("(4) 사용자가 종업원을 위하여 체결한 생명보험에서는 보험계자는 제38조 제1항에 의한 지급기간 및 보험의 변경 방생을 텍스트 형식으로 피보험자에게 알린주어야 하며, 피보험자에게 최소 2개월의 지급기간을 보장하여야 한다")에서 사용자의 노령보험 방주에서 그런 한 의무를 부과하고 있다. 신의측상의 정보의무에 대해서는 OLG Köln, VersR 1990, S. 1263 참조

## 2) 수익자지정의 소멸

수익자지정은 보험계약자가 철회권을 행사함으로써 소멸되는 것 외에도 여러 가지 방법으로 사후에 소멸할 수 있다. 철회할 수 있는 수익자 지정의 경우에는 보험사고발생 전 보험수익자의 사망의 경우를 들 수 있다. 철회할 수 없는 수익자 지정의 경우와는 달리 철회할 수 있는 경우의 보험수익자는 아직 상속될 수 있는 법적 지위를 갖지 못하고 있다. 따라서 이 경우는 보험수익자 측의 취득가능성은 소멸하고 보험계약자에게나 그 상속재산으로 귀속이 된다. 보험수익자 지정은 일반규정에 의한 취소에 의하여서도 소멸한다. 또한 해제조건의 성취에 의하여도 소멸한다.

## 5. 변경가능성

우리 상법 제663조는 상법에 있는 규정에 비하여 약정으로 보험계약자 등을 불이익하게 변경하지 못하도록 하는 상대적 강행규정성을 인정하고 있다. 생명 보험편 전부를 상대적 강행규정화하고 있다는 점에서 그 특징을 엿볼 수 있다. 그러나 독일 보험계약법은 각각의 영역에 대하여 보험자와 보험계약자의 사적 자치를 인정하고 있는 모습을 보여준다. 수익자지정의 문제를 규정하고 있는 독일 보험계약법 제159조는 임의규정으로 되어 있음이 특징이라 하겠다.

## III. 독일 보험계약법상 보험수익자 지정의 해석

## 1. 보험계약법 개정

현 보험계약법 제160조[11]는 개정 전 보험계약법 제167조와 제168조를 수용하면서, 용

---

11  독일 보험계약법 제160조(보험수익자 지정의 해석) (1) 한 수익자에 의하여 취득하지 않은 지분은, 다른 수익자의 것으로 된다. (2) 보험계약자의 사망 후에 보험자의 급부가 보험계약자의 상속인에게 이행되어야 하는 경우에, 정한 사항이 없다고 한다면 사망 당시에 상속인의 자격이 있는 자들은 상속지분의 비율에 따라 수익자의 권한을 갖게 된다. 그 상속에 대한 포기는 수익권자의 자격에 대하여 아무런 영향을 미치지

앞를 현실에 맞추어 다음과 같았다.[12] 그 이상 변환된 사항은 없다. 개정 전 보험계약법이 지축성보험에 한정하여 적용한 반면, 현 보험계약법 제160조는 그 범위를 확대하여 적용하도록 하고 있다는 점에서 주목할 만한 사항이다.[13] 제3항은 개정되기 전 보험계약법 제168조를 통합하였다.

## 2. 보험계약법 제159조와 제160조의 관련성

### 1) 보험수익자 지정

보험계약법 제159조는 "보험수익자 지정"이라는 제목으로 제1항에서, 계약당사자 사이에 정함이 없는 경우에, 보험계약자는 보험자의 동의를 얻지 아니하고 제3자를 보험수익자로 지정할 수 있을 뿐만 아니라, 지정된 제3자 대신에 다른 사람을 보험수익자로 지정할 수 있음을 규정하고 있다(제1항). 제2항과 제3항은 지정·변경권을 보험한 경우와 지정·변경권을 유보하지 않고 확정한 경우로 구분하여, 보험수익자 권리의 발생시점을 정하고 있다. 지정·변경권이 유보된 경우에는, 보험사고가 발생해야만 비로소 보험수익자는 보험자에 대한 급부청구권을 행사할 수 있게 된다(제2항). 그러나 지정·변경권이 유보되지 않고 확정된 경우와, 보험수익자는 보험계약자의 보험수익자에 대한 지정으로서 이미 보험자에 대한 급부청구권을 취득하게 된다(제3항).

### 2) 보험수익자 지정의 해석

보험계약법 제160조는 보험수익자 지정의 해석에 관한 규정이다. 보험계약자는 보험수익자를 1인으로 지정할 수도 있고, 수인으로 지정할 수도 있다. 보험수익자 수인인 경우, 만약 보험계약자가 각 보험수익자의 몫을 지정하지 아니한 경우와 한다면,

--------

12  않는다. (3) 보험자의 급부에 대한 권리가 수익자의 제3자에 의하여 취득되지 않을 경우에는 이는 보험계약 자에게 귀속한다. (4) 국고까 상속인으로 지정된 때에는 제2항의 제1문의 의미의 수익권은 국고에게 발생하 지 않는다. 이밖과·최병규·김은경 역저, 2009년 독일 보험계약법(VVG), 세창출판사, 2009, 70면.

13  개정 전 보험계약법 § 167조 참조.

Prölss/Martin, VVG, § 159 Rdn. 2.

자거는 균등한 비율에 따라 보험금을 받을 권리가 있다(현 보험계약법 제1항: 개정 전 보험계약법 제167조 제2항 제3문). 보험자의 급부가 보험계약자의 사망 후에 보험계약자의 상속인에게 이행되어야 하는 경우, 사망 시 상속인을 상속분의 비율에 따라 보험금청구권을 행사할 수 있다(현 독일보험계약법 제160조 제2항 제1문. 개정 전 보험계약법 제167조 제2항 제1문. 이 경우 상속인이 그 상속을 포기한 경우라도 보험금청구권의 행사에는 영향을 미치지 않는다(현 보험계약법 제160조 제2항 제2문. 개정 전 보험계약법 제167조 제2항 제2문). 보험수익자로서 지정된 상속인은 그 상속인의 지위에서 보험금청구권을 가지고 있는 하지만, 보험계약에서 보험수익자로 지정되있기 때문에, 그의 고유한 권리로서 보험금청구권을 행사하게 된다. 피보험자의 보험사고로 말미암아 보험자의 급부가 발생하고, 그 급부에 대한 권리가 수익권자인 제3자에 의하여 취득되지 않는 경우라 한다면, 그러한 급부청구권은 보험계약자에게 발생한다(제3항).

## 3. 다수 보험수익자의 지분

### 1) 두수에 따른 수익 추정

제1항은 다수의 보험수익자가 존재하는 경우 지분을 대한 경향이 없는 경우라면 균등에게 이들에게 주어지도록 하고 있다. 또한 어느 수익자가 자신의 지분을 취득하지 않는 경우에는 그 지분에 대하여는 다른 수익자들에게 귀속된다. 제1항은 수익권이 서로 또는 동일한 순위로 수인에게 인정되기는 하지만, 개별적인 수익권자의 지분이 수익의 의사표시에서 정해져 있지 않은 사례를 규정하고 있다. 이러한 경우에 보험계약자가 동일한 지분, 즉 두수에 따라 수익의 권리를 부여해야 한다는 점을, 제1항은 말하고 있다. 그러므로 수익자는 각각 그룹 자신을 위하여, 상응하는 지분을 청구할 수 있는 권리가 주어진다.[14] 결국 제1항은 누가 수익자인지에 대하여 조점을 두고 있는 것이 아니라. 지분의 범위가 정해지지 않은 사항에 대하여 다툼이 벌어질 수 있는 사항을

---

14 Schwintowski/Brömmelmeyer/Ortmann, VVG, § 160 Rdn. 3, der auch von einer "Teilbezugsberechtigung" spricht.

예방하고자 하는 목적을 가지고 있다고 하겠다. 수익권자는 민법상 연대채권자에도 해당되지 않고(독일 민법 제428조),[15] 민법상 "지분적 공동재산"(Bruchteilgemeinschaft: 민법 제741조)[16]을 형성하는 것도 아니다.[17]

## 2) 제1항 제2문의 적용불가능성

### (1) 수익자 지정의 불명확한 경우

누가 수익자인가 대한 그러한 종류의 다툼은, 일반적인 해석규정에 따라서 결정되어야 하고, 특별한 전제조건이 존재하는 경우에는 보험계약법 제160조 제2항 제1문에 따라 결정되어야 한다. 예를 들면, 보험계약자가 이혼이나 재혼의 경우에, 수익자로서 "혼인한 여자(Ehefrau)"로의 표시된 경우에, 수익을 승인한 시점에 있는 "부인"을 의미하는 것으로 보아야 하는지, 아니면 보험계약자의 사망시점에 있는 "부인"을 수익자로서 보아야 하는지에 대한 결정문제가 발생할 수 있는 것이다.[18] 그래서 제2항은 상세한 정함이 없이 상속인에 대한 지급되도록 정해진 경우, 의심이 있다면 피보험자 사망 시에 상속인의 지위에 있는 자들이 그 상속분의 비율에 따라 수익을 받을 권리가 있음을 규정하고 있다.

### (2) 수익권의 순위

보험계약자가 수익자로서 수인의 지를 지정하면서, 그들 사이에 순위를 정했다고 한다면, 제1항 제2문은 적용되지 않는다.[19] 이러한 사례에서 우선적 순위를 갖는 수익자는 한

--------

15　독일 민법 제428조(연대채권자) 수인이 가지는 동일한 급부를 청구할 권리에 관하여 각 채권자가 급부 전부를 청구할 수 있으나, 채무자는 제1호의 급부를 실행할 의무를 지는 경우에(연대채권자), 채무자는 임의로 채권자 중 1인에게 급부를 할 수 있다. 채권자 중 1인이 이행을 소를 제기한 때에도 또한 같다.

16　민법 제741조(지분적 공동) 권리가 수인에게 공동으로 귀속하는 때에는, 별도로부터 달리 해석되지 아니하는 한 제742조 내지 제758조가 적용된다(지분적 공동). 민법 제742조(지분의 공동) 지분은 의심스러운 때에는 균등한 것으로 한다.

17　Vgl. BGHZ 13, 226 (241); BGH VersR 1955, 99 (100); ferner BGH VersR 1953, 210; BGH VersR 1954, 83.

18　Vgl. im Übrigen BK/Schwintowski, VVG, § 167 Rdn. 6.

19　BK/ Schwintowski, VVG, § 161 Rdn. 6; Schwintowski, VVG, § 160 Rdn. 5 für die Bestimmung "Ehefrau oder Kinder"; zur nachrangigen Bezugsberechtigung § 159 Rdn. 46.

상 그다음 순위를 갖는 수익자에 앞서 전체 보험청구권을 취득한다. 우선적 순위를 갖는 수익자가 그의 권리를 취득하지 않는 경우에만, 그다음 순위를 갖는 수익자로 서 기능을 갖게 된다. 수익의 의사표시에 순위가 있음을 인정하는 판례가 있다.[20] 재판부 는 "온전한 부인이나 자녀"들이 지정된 경우에만, 이미 수익의 의사표시로서 순위가 있 음을 인정하고 있다. 만약 수익의 수익권자가 순서대로 지정되어 있고, 순번이 정해져 있 는 경우라면, 역시 위 판례가 적용되고 있는 것과 같은 동일한 효력이 발생한다.[21]

### (3) 수익권자가 분리된 경우

보험계약자는 수익의 보험수익자를 지정함에 있어, 급부를 누적적으로(kumulativ) 청 구할 수 있거나 공동으로(gemeinsam) 또는 선택적으로(alternativ) 청구할 수 있다. 맨 뒤 에 있는 선택적으로 청구할 수 있는 보험급부는 생존사고와 사망사고에 따라 수익권 이 분리되는 형태에서 가능하거나, 순번을 정함으로써 가능하게 된다. 이와 같은 상황 에서 보험계약법 제160조 제1항은 적용되지 않는다.[22]

### (4) 상속인의 수익권

보험계약자가 그의 "상속인"으로서 수익인을 수익자로 지정한 경우에는, 보험계약에법 제160조 제1항이 적용되지 않는다. 이 경우에는 제2항 제1문이 효력을 발생하게 된다. 동 규정에 따르면, 보험금액에 대한 지분은 상속분의 비율에 따라 분배가 이루어진다.

## 4. 수익자로서 상속인

### 1) 상속인의 지정

보험계약자의 사망에 대하여 그의 상속인을 수익자로 지정한 경우라면, 정함이 없

20  LG Saarbrücken NJW 1983, 180.
21  KG Berlin r+s 2005, 341 (342).
22  Looschelders/Pohlmann/Peters, VVG, § 159 Rdn. 4.

는 경우 보험계약자의 사망시점에 상속자로 지정된 자가 보험수익자로서 권한이 주어진다(제2항 제1문). 그러므로 이 경우 수익의 의사표시가 중요한 것은 아니다. 제2항 제1문은 서로 다른 유형, 즉 '유언에 따른 상속인'과 '법정 상속인'에 대한 사항을 구분하지 않고 있다.[23] 그러나 보험계약자를 통하여 정해진 사항이 주어져 있지 않는 한, 수익권이 '법정 상속인'이나 '유언에 따른 상속인'에게 인정된 경우라면, 동 규정은 적용될 수 있다. 각각 상속자로 지정된 자는 민법상 상속에 관한 규정에 따라 정해지게 된다. 특히, 제2항 제1문이 '사망'을 중요한 시점으로 보고 있기 때문에, 아직 태어나지 않은 상속인들(사망시점에 비록 생명이 만들어져 수익의 의사표시를 교부한 후에 태어나지 않은 아이를 포함하여) 역시 수익권이 만들어져 있기는 하지만

상속인이 수익자로 지정되어 있고, 보험계약자가 그의 유언장에서 우선적 상속인과 그다음 순위 상속인을 정한 경우라 한다면, 단지 우선적 상속인의 수익권의 자격이 있다.[24] 제3항은 매우 좁게 해석되어야 한다.[25] 그러므로 상속인이 "상속인"으로 수익의 자격이 있는 경우에만, 단지 적용되는 것으로 보아야 한다.[26] 반면에, 유언자가 그의 자녀와 같이 동시에 상속인이 되는 지를 수익자 자격을 갖도록 하는 경우에는 제2항이 적용되지 않는다.[27]

## 2) 수익권에 대한 지분

제1항 제1문의 규정과 달리, 제2항 제1문은 보험계약자가 수익자로서 "상속인"의 지정과 함께 수익권을 장래의 상속지에 대하여 상속지분에 비례하여 부여해야 할 중하고 있다.[28] 제2항 제1문은, 정함이 없는 경우에 보험계약자가 수익자로서 명백하게

--------

23　Vgl. BK/Schwintowski, VVG, § 167 Rdn. 12.
24　OLG Schleswig ZEV 1995, 415; OLG Schleswig ZEV 1999, 107m Anm Muscheler ZEV 1999, 229, sowie Schmalz/Brüggemann ZEV 1996, 84 (89).
25　Römer/Langheid, VVG, § 167 Rdn. 2.
26　HK-VVG/Nrambach, VVG, § 160 Rdn. 3.
27　HK-VVG/Nrambach, VVG, § 160 Rdn. 2.
28　BK/Schwintowski, VVG, § 167 Rdn. 10.

'그의 상속인(보험계약자의 상속인)'을 지정한 특별한 경우에 대한 두 가지 해석규정을 규정하고 있다. 사망시점에 상속인으로 자격이 되어 있는 자들이 의도되고 있다는 점과 제1항 제1문의 해석규칙과 달리 -상속권한이 있는 자는 동일한 지분에 대하여 수익자격이 주어져야 한다는 것이 아니라 상응하는 상속지분에 따라야 한다는 점을 의미한다. 각각의 상속인은 보험금부에 대한 지분을 분리하여 보험자에게 요구할 수 있다.[29] 각각의 수익자격이 있는 상속인은 그의 상속분의 비율에 따라, 상응하는 보험금액의 부분에 대하여 자신의 고유적이면서도 독자적인 청구권을 행사하게 된다.[30] 그러므로 보험금액과 관련하여, 상속인의 인적 결합은 "지분적 공동체(Bruchteils-)

나 합수조합(Gesamthandgemeinschaft)"으로 볼 수 없다.[31]

보험계약에 따른 수익자가 민법 제1942조 이하에 따라 그의 상속을 포기한다고 할 지라도, 보험금부에 대한 그의 청구권을 상실하는 것은 아니다(보험계약법 제159조 제2항 제2문).

## 3) 상속의 거절

제2항 제2문은, 상속이 거절은 상속자의 수익권에 전혀 영향을 미치지 않는다는 점을 명확히 하고 있다.[32] 동 규정은, 수익자로서 상속인의 지정에 대하여, 이는 청구자격의 개별적인 것으로 하는 하나의 방식으로 보고 있다.[33] 단지 "상속인"의 지정을 통하여, 수익권은 사망 시에 지정된 상속인이 해당 재산을 상속하는 것과는 독립되어 있어야 한다. 이는 "유언에 따른" 상속이 수익 수익권자로서 지정된 경우에도 역시 동일한 사항이 적용된다.[34] 그러므로 제160조 제2항 제2문은, 수익자격이 있는 상속인이 보험금청구를 상속으로부터 취득하는 것이 아니라, 그 자신의 이익을 위하여 생명보험계약을을

29  BGHZ 13, 226 (241); BGH VersR 1981, 371 (372); VersR 1954, 281.

30  Vgl. Looschelders/Pohlmann/Peters, VVG, § Rdn. 7; Schwintowski/Brömmelmeyer/Ortmann, VVG, § 160 Rdn. 25.

31  Prölss/Martin/Kollhosser, VVG, 27. Aufl., § 167 Rdn. 2.

32  BGHZ 32, 44 (47) (Interessen-Unfallversicherung); Römer/Langheid, § 167 Rdn. 2.

33  Deutlich BayOLG VersR 1995, 649.

34  Römer/Langheid, § 167 Rdn. 6; BK/Schwintowski, § 167 Rdn. 12; vgl. BayOLG VersR 1995, 649.

근거로 하는 직접적인 방식으로 취득하게 하는 전망의 이득(장점)으로서 등장하게 될 것이다.[35]

반면에 수익권이 보험계약자에게 발생하고, 이 자가 사망한 경우와 한다면, 보험금부에 대한 청구권은 상속재산에 속하게 된다. 이러한 상황에서 그의 상속재산을 거절하는 경우라면, 보험금액과 관련된 사항 역시, 그는 상속분을 상실하게 된다.[36] 만약 보험계약자가 독일 공무원연금법 제40조 내지 제44조의 의미의 유족들을 수익자로 지정하였지만, 사망 시 그러한 유족들이 존재하지 않는 경우라면, 제2항 제2문은 적용되지 않게 된다.[37] 이러한 경우에, 수익권은 보험계약자에게 속하게 되고, 그러므로 상속재산에 속하게 된다. 공무원연금법 제40조 내지 제44조의 기준을 충족하지 못하는 유족들은, 보험금액에 대한 상속법상의 청구권을 취득하게 된다. 그가 상속재산을 거절하게 된다면, 보험금액에 대한 청구권 역시 상실하게 된다.[38]

## 4) 상속인으로서 국고

다른 상속인이 존재하지 않는다고 하는 사실(민법 제1964조 제1항)을 상속법원이 명확히 확인한 경우에는, 국고가 법률상의 상속인이 될 것이라고 하는 추정의 근거가 된다. 이 경우에 국고가 수익권한이 있는가에 대한 물음이 제기된다. 제4항은 명백하게 이를 배제하고 있다. 보험계약자가 수익권지정을 그의 상속인(들)에게 승인하고, 사망 시에 국가 상속인으로 의제되는 경우에, 국고에게 보험금지에 대한 우선권은 발생하지 않는다. 보험금부는 상속재산에 속하게 되고, 단지 상속재산의 부분만이 국가에 의하여 취득될 수 있다. 동 규정은 일반적으로 보험계약자의 가정적인 의사에 상응하고, 그 외에 국고가 상속재산보다 우선하여 보험금액을 취득하는 것을 예방한다. 그러므로 제4항은 수익권자와 상속재산재권자에 대한 이익 사이에서, 후자의 이익으로 들어가게 함으로

35　Vgl. Petersen AcP 204 (2004) 832 (837); näher hierzu § 159 Rdn. 9.
36　Vgl. BGHZ 32, 44 (47) (Insassen-Unfallversicherung).
37　OLG Frankfurt/M, VersR 1996, 358 (360).
38　Siehe OLG Frankfurt/M, VersR 1996, 358 (360); vgl. LG Hamburg VersR 1957, 677 (678).

써, 발생하는 갈등을 결정하고, 그 결과 국고에게 제2항의 '특권'을 거부한다.[39]

## 5. 수익권을 취득하지 않은 경우

보험계약자가 수익자를 지정하였지만, 그 자가 어떠한 이유로 수익권을 취득하지 못하였다면, 수익권과 관련하여 생명보험계약은 하나의 하자를 암시하게 한다(제3항). 그러한 사례에서 보험계약자가 보험수익자로서 효력을 발생하게 함으로써, 그 하자는 봉합된다. 사망사고의 급부에 관련된 사항이라고 한다면, 그 수익권은 자연적으로 보험계약자의 상속인에게 속하게 된다.[40] 수익인의 수익자가 지정되고, 그들 가운데 아무도 수익권을 취득하지 못하는 경우에도 역시 동 규정은 효력을 발생한다.[41] 어떠한 이유로 인하여 지정권자가 수익권을 취득하지 못한 것은 그리 중요한 것은 아니다. 민법 제333조의 의미에서 그가 그의 권리를 거절한 경우가 여기에 해당될 수 있다.[42] 보험계약자가 "훈인상 부인"이라고 하는 개념을 가지고 수익자에 대한 물음에 대해서도 고려해야 사항이 있다. 그가 보험계약을 체결하는 시점에 훈인을 하지 않았고, 보험사고가 발생할 때까지 자기 고유의 기대에 반하여 훈인이 이루어지 않았던 경우를 상상해볼 수 있다. 법률적인 아내가 아닌 경우가 여기에 해당한다. 역시 이 경우에 보험계약자가 청구권소유자로 남아 있게 된다. 무효의 또는 효력이 취소되는 수익의 의사표시에 관한 사례 역시, 판례에 따르면 여기에 해당된다.[43] 사망사고에 대하여 보험계약자와 동시에 또는 그 전에 사망한 경우에도 동일한 효력을 발생한다.[44] 반면 유보되지 않은 수익자는 그 권리를 즉시 취득하게 되고, 그 결

---

39 BK/Schwintowski, VVG, § 167 Rdn. 3.

40 Römer/Langheid, VVG, § 168 Rdn. 1.

41 Schwintowski/Brömmelmeyer/Ortmann, VVG, § 160 Rdn. 27.

42 Vgl. Prölss/Martin/Schneider, VVG, § 160 Rdn. 11; BK/Schwintiwski, VVG, § 167 Rdn. 2 ff. 독일 민법 제333조(제3자에 의한 권리의 거절) 제3자가 낙약자에 대하여 계약에 기하여 취득한 권리를 거절한 경우에는, 그 권리는 취득되지 아니한 것으로 본다.

43 ZB BGH VersR 1981, 371; auch schon BGH VersR 1962, 405; Römer/Langheid, VVG, § 168 Rdn. 1; BK/Schwintowski, VVG, § 168 Rdn. 6; a.A Schwintowski/Brömmelmeyer/Ortmann, VVG, § 160 Rdn. 20 und 27.

44 BGH VersR 1967, 795.

과 그 청구권은 그의 상속인에게 넘어간다.

## 6. 합의가능성

보험계약법 제160조는 단지 해석규정(별률적인 추정을 담고 있는 한, 보험계약자가 그의 수익의 의사표시에서 다른 규정을 적용하는 경우와 한다면 동 규정은 미리 적용되지 않는다. 그러나 그 이외의 경우에 있어서 제160조는 합의가능성이 있다. 제1항 제2문 및 제3항과 관련하여 실무상 다른 규정들이 발생할 수 있다. 종종 수익자로으로서 우선적 권리를 갖는 표시자가 그의 권리를 취득하지 말아야 하는 경우에, 보험계약자는 그다음 순위를 갖는 수익자를 지정한다. 그다음 순위를 갖는 수익자는 제3항에 따른 보험계약자의 청구권 및 제2문에 따른 남은 수익자의 청구권보다 선순위에 있다.

## Ⅳ. 우리나라의 경우

### 1. 의의

우리 보험계약법 역시 보험계약자는 자기의 생명보험이나 타인의 생명보험에 있어서 타인을 보험수익자로 하여 타인을 위한 생명보험을 체결할 수 있다. 타인의 생명보험에서 피보험자 이외의 제3자를 보험수익자로 지정하는 경우에는 그 피보험자의 동의를 얻어야 한다(상법 제734조 제2항). 자기의 생명보험에서 타인을 보험수익자로 한 보험을 타인을 위한 자기의 생명보험이다. 타인의 생명보험에서 타인을 보험수익자로 한 보험을 타인을 위한 타인의 생명보험이다. 타인의 생명보험에서 보험수익자를 지정하지 아니한 때에는 보험보험으로 볼 수 없고, 피보험자를 위한 보험으로서 피보험자가 사망한 경우에는 그 피보험자의 상속인을 보험자로서 보는 것이 타당할 것이다.

## 2. 보험수익자의 권리

민법상 타인을 위한 계약과 달리, 타인을 위한 생명보험의 경우 타인인 보험수익자는 당연히 보험계약상의 이익을 받게 된다(상법 제639조 제2항 전단). 타인을 위한 생명보험계약에서 보험수익자는 보험계약상의 이익을 가지고, 보험사고의 발생을 조건으로 보험금청구권을 갖게 된다.[45] 이상스러운 경우, 보험계약자는 보험자의 동의를 얻지 아니하고 제3자를 보험수익자로 지정할 수 있을 뿐만 아니라, 지정된 제3자 대신에 다른 사람을 보험수익자로 지정할 수 있다. 보험계약자가 보험수익자의 지정·변경권을 가지고 있기 때문에, 생명보험계약에서 보험수익자의 지위는 상당한 불안정한 상태에 놓여 있는 존재라 하겠다. 한편, 보험수익자의 보험금청구권은 타인을 위한 생명보험계약의 효력에서 생겨나는 고유권에 해당한다.[46] 그러므로 보험계약에서 보험수익자가 지정되어 있는 때에는, 비록 보험계약자 또는 피보험자의 재산상속인이라 할지라도, 보험자에 대하여 보험금지급청구권을 행사할 수 없다.[47]

## 3. 보험수익자의 지정과 변경

### 1) 의의

생명보험계약은 장기간에 걸치는 계약에 해당하므로 보험계약자가 계약 당시의 사정변경에 따라 보험수익자를 지정하거나 변경하고자 하는 경우가 발생할 수 있다. 상법은 보험계약자에게 타인을 위한 생명보험을 체결함에 있어 보험수익자의 지정이나 변경권을 인정하고 있다(상법 제733조 제1항). 보험계약자는 자기를 위한 보험계약을 체결하면서 자신을 보험수익자로 되어 있는 것을, 제3자를 다시 지정하여 보험수익자를 변경할 수 있다. 보험수익자의 지정 및 변경권은 보험계약자가 보험자의 동의를 받지 아니하고 자유롭게 행사할 수 있다. 일종의 형성권으로서 상대방의 수령을 요하

45 이기수·최병규·김인현, 보험·해상법(상법강의 IV), 제9판, 박영사, 2015, 413면
46 대법원 2004. 7. 9. 선고 2003다29463 판결; 대법원 2007. 11. 30. 선고 2005두5529 판결.
47 양승규, 보험법, 제5판, 삼지원, 2004, 457면.

지 아니한다.[48]

## 2) 보험수익자 지정

보험계약자가 보험수익자를 지정하는 경우에 구체적으로 보험수익자의 성명을 표시하여 특정인을 지정하거나, 피보험자의 배우자 또는 상속인으로 표시할 수 있다. 또한 보험계약자는 보험수익자를 1인으로 지정할 수도 있고, 수인으로 지정할 수도 있다. 보험수익자로서 지정된 상속인은 그 상속인의 지위에서 보험수익자로 지정되었고 있기는 하지만, 보험계약에서 보험수익자로 지정되었기 때문에, 그의 고유한 권리로서 보험금청구권을 행사하게 되는 것이다.[49]

## 3) 보험수익자 변경

타인을 위한 생명보험계약에서 보험수익자로 지정된 자는 보험계약상 수익의 의사표시를 기다리지 않고 당연히 그 이익을 받는다(상법 제639조 제2항). 그러므로 아무런 제한 없이 보험계약자는 보험수익자를 변경할 수 있다.[50] 보험계약자가 보험수익자의 변경을 유보한 경우라면, 보험계약자는 언제든지 보험수익자를 변경할 수 있다. 또한 보험수익자가 보험사고 발생 전에 사망한 경우라고 한다면, 보험계약자는 임의로 보험수익자를 변경할 수 있다(상법 제733조 제3항 제1문).

## 4) 보험계약자의 해지권

보험계약에서 보험계약자는 자신의 계약을 자유롭게 해지할 수 있는 것이 원칙이다.[51] 상법 제649조는 '보험사고가 발생하기 전에는 보험계약자는 언제든지 보험계약

--------

48  박세민, 보험법, 제4판, 박영사, 2017, 937면.
49  서울고등법원 1974. 7. 4. 선고 73나2464 판결.
50  최기원, 보험법, 제3판, 박영사, 2002, 622면.
51  최병규, "타인을 위한 생명보험계약의 해지 - 대법원 2012. 6. 28. 선고 2012다25562 판결 - ", 선진상사법률연구, 제66호, 2014, 141면 이하.

을 해지할 수 있다는 점을 규정하고 있다. 그러나 제1항 제2문에서 '타인을 위한 보험계약의 경우에, 보험계약자는 그 타인의 동의를 얻지 아니하면 그 계약을 해지할 수 없을 뿐만 아니라, 제3자를 위한 계약에서 제3자인 타인의 권리가 발생한 후에는 당사자가 이를 변경 또는 소멸하지 못한다'는 점을 밝히고 있다. 그 결과 보험계약자가 이미 보험수익자를 지정한 경우라면, 그는 해당 보험계약을 임의적으로 해지하지 못하고, 이미 지정된 보험수익자의 동의를 얻은 후에만 변경할 수 있음을 의미한다.

## 5) 대항요건

보험계약자의 보험수익자에 대한 지정과 변경권은 보험자나 새로운 보험수익자의 동의를 요구하고 있지 않다. 그러나 우리 상법은 보험계약자가 계약체결 후에 보험수익자를 지정 또는 변경할 때 보험자에 대하여 통지를 하도록 하고 있다. 그 통지를 하지 아니하면, 이로써 보험자에게 대항하지 못하게 된다(상법 제734조 제1항). 보험자가 지정이나 변경에 대한 통지를 받지 않는 경우라면, 보험자는 그러한 사실을 모르고 보험금을 지급하게 되는 상황에 발생하게 될 것이다. 보험자의 보험금에 대한 이중지급을 방지하고자 하는 목적하에 규정된 조문이라 하겠다.[52]

## 4. 상법 제734조의 내용

### 1) 제2항의 주된 내용

우리 상법 제734조는 제1항에서 보험계약자는 보험수익자의 지정 또는 변경할 권리가 있음을 규정하고 있다. 제2항 제1문은 보험계약자의 보험수익자의 지정권을 행사하지 아니하고 보험계약자가 사망한 경우를 규정하고 있다. 보험계약자가 보험수익자에 대한 지정권을 행사하지 않은 경우 피보험자는 보험수익자가 되고, 보험계약자가 보험수익자에 대한 변경권을 행사하지 아니하고 사망하면 보험수익자의 지위는 그대

52 이기수·최병규·김인현, 보험·해상법(상법강의 IV), 제9판, 박영사, 2015, 416면.

로 유지된다. 그러나 보험계약자가 사망한 경우에는 그 승계인이 보험계약자의 보험
수익자 지정 및 변경권을 가지고 있는 경우라면 그 승계인의 지정 및 변경권을 행사하
게 된다(상법 제733조 제3항 제3문).

## 2) 제3항의 내용

보험수익자가 보험존속 중에 사망한 경우에는 보험계약자는 다시 보험수익자를 지
정할 수 있다. 본래 보험금청구권은 금전채권으로서 상속재산으로 되는 것이므로 그
것은 상속인 또는 변경할 수 있는 보험수익자를 정하는 데는 그 사람의
개성이 중시되기 때문에 보험계약자의 재지정권을 인정하고 있는 데는 다만, 보험계약자
도 그 지정권을 행사하지 아니하면 보험수익자의 상속인을 보험수익자로 하[53]
고 있다(상법 제733조 제3항 제2문).

## 3) 제4항의 주된 내용

보험계약자가 보험수익자의 지정권을 행사하기 전에 피보험자가 사망한 경우에는
피보험자의 상속인이 보험수익자로 된다(상법 제733조 제4항). 보험계약자의 보험수익
자에 대한 지정·변경권은 보험기간 중에 행사할 수 있다. 그러나 보험사고가 발생한
고 난 후에는 그 권리를 행사할 수 없다. 이제 보험수익자는 자신의 권리에 따라 보험
자에 대한 보험금청구권을 행사할 수 있게 된다. 보험계약자가 그 권리를 행사하
전에 보험사고가 발생한 경우에는 보험계약자의 지정·변경권도 소멸하게 되고, 피보
험자 또는 보험수익자의 지위는 그대로 확정되는 결과를 초래한다.

## 5. 피보험자의 동의

타인의 보험의 경우에 타인의 동의는 중요한 의미를 가지고 있다.[54] 타인을 위한 생

명보험의 경우에도, 피보험자가 보험계약자가 아닌 타인의 사망보험의 경우에는 보험계약자의 지정과 변경권을 행사하기 위해서는 피보험자의 서면에 의한 동의를 얻어야 한다(상법 제734조 제2항, 제731조 제1항). 보험사고의 발생 전에 피보험자의 서면동의를 얻지 못한 때에는 피보험자의 상속인 또는 이미 지정된 보험수익자가 보험금을 청구하는 지위를 확보하게 된다.

## V. 결 론

독일 보험계약법은 보험수익자 지정에 관하여 보험계약법 제59조와 제60조를 두고 서 보험수익자 문제에 대한 해결을 모색하고 있고, 우리나라는 상법 보험편 제733조와 제734조 두 개의 조문을 가지고 보험수익자 문제를 해결하고 있다. 두 국가가 실정법에 두 개의 조문만을 두고 있다는 점에서 유사한 면이 있다고 하겠지만, 내용에 있어서는 약간의 차이를 보이고 있다. 독일 보험계약법은 무엇보다도 보험계약자가 보험수익자의 지정 및 변경에 대하여 철회를 유보할 수 가능성과 철회불가능성을 법문에 담고 있는 반면에 우리 상법은 해석론에 의지하고 있는 모습에서 차이점을 발견할 수 있다. 독일 보험계약법의 경우, 보험수익자가 수인인 경우, 보험계약자가 각 보험수익의 지분 몫을 지정하지 아니한 경우라 한다며, 각자는 균등한 비율에 따라 보험금을 받을 권리가 있고, 보험자의 급부가 보험계약자의 사망 후에 보험금청구권을 행사 이행되어야 하는 경우, 사망 시 상속인은 그 상속분의 비율에 따라 보험금청구권을 행사 할 수 있음을 명시적으로 규정하고 있다. 이 경우 상속인이 그 상속을 포기한 경우라 도, 보험금청구권의 행사에는 영향을 미치지 않는다.

독일 보험계약법과 달리, 우리의 경우 보험계약자가 보험수익자의 지정권을 행사하 지 아니하고 사망한 경우 피보험자를 보험수익자로 하고 있음을 명시적으로 밝히고

54 유주선, "타인의 생명보험계약에서 피보험자의 동의요건에 관한 연구", 안암법학, 제25호, 2007, 945면 이하.

있다. 반면, 독일의 경우 이와 달리 해석되는 것에 유념해야 할 것이다. 이 점 국가의 정책적인 고려가 들어가 있는 것이라 하겠다.

# 제30장
# 무면허·음주운전면책약관

## I. 의의

법무부는 상법 보험편을 일부 개정한 지 16년 만에 개정 시안을 마련하여, ① 보험
의 건전성 확보 및 선량한 보험계약자 보호 ② 보험산업의 성장과 변화된 현실 반영
③ 장애인과 유족의 보호 ④ 현행법의 미비점 보완 등을 개정방향으로 하고 판례가 반
영 조항을 신설, 공청회 및 입법예고를 마친 후 마무리단계에 있는 것으로 알려지고
있다. 우리 상법에 의하면 보험자는 기본적으로 보험사고에 대하여 보험금을 지급해
야 하지만, 보험계약이 투기 또는 도박 등의 목적으로 이용되는 것을 예방하기 위하여
보험자에게 보험금의 지급책임을 부담하지 않는 보험자면책규정을 두고 있다. 보험계
약자 등의 인위적인 보험사고에 대하여 보험자에게 책임을 면하게 하는 것이다.

우리나라 도로교통법은 무면허 운전과 음주운전을 금지하고 있다. 여기서 무면허운
전이란 적법한 운전면허를 교부받지 아니하고 운전을 한 경우와 운전면허의 취소나 정
지 중에 운전하는 경우를 총칭한다(도로교통법 제40조, 보험약관 제10조 참조).[1] 그래

----

1 도로교통법 제87조에 의하면, 운전면허를 받지 아니한 경우는 운전면허시험에 합격하지 못한 경우를 가리키
며, 운전면허의 취소나 정지는 운전면허를 받은 자라도 있는 사람이 운전면허를 취득하였거나 적성검사를
받지 않아기 때문에 신체적인 운전적성이 확인되지 않는 등 운전을 하기 적합지 못한 경우에 대하여 지방
경찰청장이 운전면허의 정지나 취소처분을 내린 경우를 말한다.

서 무면허운전에는 실질적으로 운전기술이 없어 운전할 수 없는 경우와 실질적으로는 운전기술이 있으나 형식적으로 면허증을 받지 못했거나 교통법규의 위반 등으로 인하여 운전면허가 취소 또는 정지된 경우가 있다. 음주운전이라 함은 도로교통법에서 규정하고 있는 한계치 이상으로 술을 마시고 운전하는 것을 말한다. 도로교통법 및 동법 시행령은 혈중알코올농도 0.05% 이상인 상태에서 운전하는 것을 음주운전으로 보고 있다.[2]

무면허와 음주운전으로 인한 교통사고는 여전히 감소하지 않고 있는 실정이다. 무면허운전이나 음주운전으로 인한 사고는 피보험자는 물론 타인의 생명이나 신체를 해하는 사고를 유발함으로써, 그에 대한 우려가 매우 심각하다고 하겠다. 자동차로 인한 사고로 인한 피보험자의 상해를 담보하는 보험으로는 상해보험과 자동차보험의 자기신체사고보험이 있다. 양 보험은 모두 보험자가 면책되는 면책약관을 두고 있다.[3] 한편 대법원은 상해보험 및 보통약관의 무면허·음주운전면책약관조항에 대하여 상법 제732조의2, 제739조 및 제663조에 의하여 무효라고 판시하였다.[4] 대법원의 이러한 결정에 대하여 심한 비판이 제기되었고, 이번 상법 보험편의 개정에 맞추어 상법 제732조의2가 논의에 포함된 것이다. 이에 본 논문은 개정안에 조항을 두고 무면허·음주운전면책약관의 유효성 여부를 검토해보기로 한다.

## II. 보험자면책과 상해보험에서 무면허·음주운전

## 1. 보험자면책의 의의

보험계약약관이나 보험약관은 약정보험기간 내에 보험사고가 발생한 경우에도 보험

---

2  도로교통법 제41조 제1항, 제107조의2, 동법 시행령 제31조를 참조.

3  상해보험보통약관 제5조 제1항, 개인용자동차보험보통약관 제33조 제1항 3호

4  대법원 1998. 10. 20. 선고 98다34997 판결.

자가 보험금을 지급할 필요가 없는 경우가 있는데, 이를 '보험자의 면책사유'라고 한다.[5] 이러한 보험자의 면책사유는, 보험계약이 우연한 사고로 같은 위험에 놓여 있는 사람들의 모임인 단체 안에서 위험을 이전시키고 분배시키기 위한 조정제도라는 점, 그리고 보험계약자 등에 의한 도덕적 위험을 방지하고 나아가 보험사고의 건전한 관리를 위한다는 점에서 요구된다. 보험자의 면책사유는 법률에 의하여 일정한 경우 보험자의 면책사유를 인정하는 '법정면책사유'와 보통보험약관에 의하여 보험자의 면책사유를 기재하는 '약정면책사유'로 구분하게 된다.

보험자의 면책사유에 대하여는 통칙규정인 상법 제659조에, 보험계약자 등의 고의 또는 중대한 과실에 의하여 보험자의 면책을 규정하고 있다. 그리고 인보험에서는 상법 제732조의2에, "사망을 보험사고로 하는 보험계약에는 사고가 보험계약자 또는 피보험자나 보험수익자의 중대한 과실로 인하여 생긴 때에도 보험자는 보험금액을 지급할 책임을 면하지 못한다"고 규정하고, 상해보험이 생명보험에 준용하도록 하고 있는 것이다(상법 제739조). 이와 같이 인보험에서 손해보험과 달리 특칙을 인정한 것은 사람의 생명이나 신체에 관하여 보험사고가 생긴 경우에 보험자보다는 피보험자의 유족을 두텁게 보호하기 위한 정책적인 배려에 있다고 한다. 보험계약에서 보험자의 면책은 결국 보험자의 급부의무를 제한하는 효과를 의미하게 된다.[6]

## 2. 보험자면책사유와 구별

### 1) 담보위험제외사유

보험자가 보험금을 지급하지 않아도 되는 사유인 "보험자의 면책사유(Exception)"의 처음부터 담보위험으로부터 배제하는 사유가 있다. '보험자의 면책사유'가 보험사고의 원인을 제한하는 사유로서 보험기간 중에 보험사고가 발생하더라도 사고의 원인

5 양승규, 보험법, 제5판, 삼지원, 2004, 139면.
6 제이식, "보험계약상 면책사유에 관한 소고", 기업경영의 변화와 상사법(춘강강위수진교수고희기념논문집), 삼정출판사, 1993, 610면.

과 결과 사이에 인과관계가 있는 경우(보험계약자 또는 피보험자의 고의나 중대한 과실로 보험사고가 생긴 때)에만 보험자가 면책을 주장할 수 있음에 반하여, '책임면제사유(Exclusion)'는 보험사고의 결과를 제한하는 사유로서 보험자가 처음부터 보험계약에서 그 위험을 담보의 대상에서 제외하기 때문에 원인과 결과 사이의 인과관계에 관한 계약이 보험자는 면책된다.[7] 그러나 담보위험제외사유도 일반적으로 보험사고와 관련하여 보험자의 책임을 제한하는 데 사용하고 있고, 보험약관에서 정하고 있는 면책사유가 책임면제사유에 해당하느냐 아니면 담보위험제외사유에 해당하느냐의 구분이 명확한 것은 아니므로, 구체적인 상황에 따라 판단해야 할 사항이다.

## 2) 보험계약의 해지

보험자의 면책사유 외에, 보험자는 일정한 사유가 있는 경우에 해지의 의사표시를 함으로써 보험금 지급을 면하는 수가 있다. 우리 상법은 제650조(보험료지급의무 해태), 제651조(고지의무위반), 상법 제652조(위험변경증가의 통지의무위반) 등에서 보험계약자, 피보험자 또는 보험수익자가 보험계약상 주어진 의무를 이행하지 않으면, 일정한 기간 후에 보험계약을 해지할 수 있도록 하고 있다. 보험자는 해지사유가 있으면 보험사고의 발생 전후를 불문하고 보험계약을 해지하여 보험금 지급책임을 면하게 된다(상법 제655조). 그러므로 결과적인 측면에 본다면 계약의 해지는 보험자의 면책사유와 유사하다고 할 수 있다. 하지만 면책사유의 경우에는 보험자가 그 사실을 주장하면 보험금 지급책임을 면하지만, 해지사유의 경우에는 일정한 기간 내에 반드시 의사표시를 하여야 해지의 효과로서 면책이 되다는 점에서 그 차이가 있다.[8]

---

7   자동차종합보험보통약관 제10조 제2항 제4호는 대인배상에 관한 보험회사의 면책사유의 하나로 피해자가 배상책임이 있는 피보험자의 피용자로서 근로기준법에 의한 재해보상을 받을 수 있는 사람인 경우를 들고 있는바, 이 면책조항은 노사관계에서 발생하는 것을 목적으로 하는 자동차보험의 대인배상범위에서는 이를 제외하고 있으는데, 이와 같이 자동차보험에서 피용자의 재해사고를 면책사유로 하는 것은 여기에 해당한다.

8   양승규, "범죄로 인한 보험사고와 보험자의 책임"–인신사고관련 판례를 중심으로–, (2007년 추계하술발표회, 성신여자대학교, 2007. 10. 13, 7면

## 3. 상해보험과 무면허·음주운전면책

상해보험계약은 피보험자가 급격하고도 우연한 외래의 사고에 의해 신체에 상해를 입었을 때에 보험금의 기타의 급여를 할 것을 약정하는 보험계약이다(상법 제737조).

그러므로 다음과 같은 요건이 갖추어져야 한다. 상해보험의 사고로는 피보험자의 신체의 상해이고, 상해를 원인으로 하는 사망은 상해보험의 범위에 해당되지만, 질병이나 그 밖의 원인으로 인한 사망은 상해보험자의 책임범위에 속하지 않는다. 이러한 상해보험은 다음과 같은 요건을 필요로 한다.[9]

첫째, 급격성이 요구된다. 이는 시간적으로 빠른 것을 의미하는 것이 아니라, 피보험자가 예견하지 아니하였거나 예견할 수 없는 순간에 생긴 것을 못한다.

둘째, 우연성이다. 이것은 피보험자의 고의로 인한 것이 아니라, 못하지 않게 상해를 입은 것을 의미한다.

셋째, 외래성이다. 이는 상해의 원인이 신체의 내부에서 기인하지 않아야 됨을 못한다. 그러므로 외래적 원인에 의한 것이면 그 전에 내부적인 신체결함이 있더라도 그 자체는 문제가 되지 않는다.

상해보험은 특히 자동차운전자와 관련하여, 무면허운전이나 음주운전의 경우 도로 교통의 안전을 해치는 대형사고의 원인이 되므로 보험보호의 대상에서 제외하여 자의 책임을 면하게 하는 노력을 기울여 왔다. 그러므로 각종의 상해보험약관에서는 '피보험자는 무면허운전·음주운전으로 인한 보험사고로 생긴 상해에 대하여는 보상하지 아니한다'는 보험자 면책조항을 마련하고 있다.[10]

........
9  상해보험약관 제3조 제1항; 독일 상해보험약관 제2조 제1항.
10 2003년 개정된 상해보험약관과 자동차종합보험약관의 자기신체사고보험의 경우에는 대법원의 판결에 따라 무면허운전과 음주운전면책조항을 삭제하였다.

# III. 무면허·음주운전면책약관의 유효성

## 1. 비교법적인 고찰

### 1) 독일의 입법

독일의 상해보험약관 제2조 제1항 제2호는 "피보험자는 고의로 범죄행위를 저질렀거나 시도함으로써 얻은 상해"를 면책사유로 하고 있다. 판례 또한 무면허운전은 이 면책사유에 해당하는 것으로 보고 있다. 그리고 동 약관 제2조 제1항 1호에서는 정신질환의 결과로 생긴 피보험자의 상해와 마찬가지로 '음주로 생긴 상해'를 면책사유로 하고 있다. 운전자의 의식장애는 혈중알콜농도에서 비롯된 것이고, 그것은 혈행상의 음주부작위로 되는 것이다. 그러므로 독일의 상해보험약관에 따르면 무면허·음주운전은 고의적인 범죄행위의 실행이라 할 수 있고, 그 운전 중의 사고로 피보험자의 상해를 얻은 경우에는 보험자는 보상책임을 지지 않게 된다고 한다.[11]

독일의 보험계약법에는 특별히 사망을 보험사고로 하는 보험에 있어서 중과실의 경우에도 보험금을 주도록 규정하고 있지 않다. 다만 상해에 대해서는 독일 보험계약법 제181조에서 고의 면책을 규정해놓고 있다. 그리고 생명보험에 대해서는 독일 보험계약법 제169조, 제171조 및 관계된 자의 고의에 의한 상해의 경우의 면책에 대하여 규정하고 있다. 또한 독일 보험계약약관은 개별적인 경우마다 상대적 강행규정화하고 있다는 점이 우리와 다르다.[12]

### 2) 우리나라의 실정법

#### (1) 1991년 개정 전 면책조항

1991년 개정 전 상법 제659조 제1항은, 보험계약자 등이 고의 또는 중과실에 의한

---

11  양승규, "범죄로 인한 보험사고와 보험자의 책임"—인신사고관련 판례를 중심으로—, (2007년 추계학술발표회, 성신여자대학교, 2007. 10. 13, 4면

12  최병규, "무면허·음주운전면책에 대한 소고", 기업법연구, 제5집, 한국기업법학회, 2000, 421면 이하.

사고를 원칙적인 보험자의 면책사유로 규정하였고, 제2항 본문에서는 예외적으로 사 망보험과 상해보험에서 보험계약자 등의 고의에 의한 사고만을 면책사유로 하고 중과 실에 의한 사고는 보험자의 책임을 인정하였다. 그리고 단서조항에서 범죄인을 보호 하지 않는다는 뜻에서 사형집행에 의한 사망의 경우에는 중과실에 대해서도 면책된다 고 규정하고 있었다.

이러한 실정법에 대하여, '도덕적 위험의 우려가 높은 상해보험의 경우에는 보험계 약자 등의 중과실에 대해서도 보험자가 면책되는 것으로 해야 한다'는 면과 '사행제도 는 보험제도와 별개의 제도이므로 보험계약법에서 이를 특별히 예외적인 것으로 다룰 필요가 없다는 면을 고려하여 동 조항을 다음을 필요가 있었다.

## (2) 현 상법의 면책조항

1991년 상법 개정 시 앞의 주장을 받아들였다. 우선 상법 제659조 제1항은 그대로 존치시키고, 상법 제659조 제2항 본문에 있던 상해보험을 삭제하고 동 조항을 사망보 험에서의 중과실의 규정으로만 존치하게 되었다. 그리고 조문의 체계상 생명보험에 관한 부분으로 옮겨 제732조의2를 신설하게 되었던 것이다. 그 결과 상법 제2 659조 제2 항은 삭제하게 되었다.[13]

이제 현 상법 제732조의2는 특칙규정으로서, 사망을 보험사고로 한 보험계약에서 보 험계약자 또는 피보험자나 보험수익자의 중과실의 경우에도 보험금을 지급할 것으로 정하고 있다. 생명보험에 해당하는 등 규정을 둔 이유는 피보험자가 사망하였을 때 그 유족 등의 보험수익자를 보호하기 위한 정책적인 고려이다.[14]

1991년 개정 전 상법 제659조 제2항 본문에서 사망보험 외에 상해보험도 보험계약 자의 고의에 의한 사고만을 면책사유로 하고 중과실에 의한 사고는 보험자의 책임을 인정한 것은 문제가 있다고 하여 이 조항에서 상해보험을 삭제하고 그 결과 이 조항은

─────────
13  장경환, "개정 보험계약법의 개관(하)", 고시계, 1992년 4월 호, 118면.
14  이기수, 보험법·해상법(상법강의 IV), 제6판, 박영사, 2015, 105면 이하.

사망보험에서 중과실책임감면규정으로 남게 되었고, 조문의 체계상 생명보험에 관한 부분에 상법 제732조의2를 신설하여 해결하였던 것이다. 하지만 상해보험에서 상법 제739조는 제732조의2 상해보험에 관한 규정에서, 상해보험은 생명보험에 관한 준용규정을 둠으로써 보험계약자 등의 중과실에 대하여 여전히 보험자가 책임을 부담해야 하는 것으로 남게 되었던 것이다.

### (3) 상대적 강행규정성

보험계약자는 일반적으로 보험자보다 보험에 관하여 경험이나 지식에 있어서 열등한 위치에 있다. 그러므로 보험계약자와 보험자가 사적자치에 의하여 자유롭게 계약을 체결하게 된다면, 우월적 지위에 있는 보험자는 그에게 유리한 보험계약의 내용이나 해석을 통하여 보험계약자를 불이익한 상태로 빠뜨릴 염려가 있다. 그러므로 우리 상법 제663조는 "이 편의 규정은 당사자의 특약으로 보험계약자 또는 피보험자나 보험수익자의 불이익으로 변경하지 못한다"라고 규정하여 열악한 보험계약자를 보호하고자 하는 것이다. 보험계약자 등을 유리하게 하고 보험자에게 불리하게 하는 약관은 타당하다는 측면에서, 이를 상대적 강행규정이라고 한다.[15]

## 2. 판례의 입장

### 1) 사건개요

소외 갑은 을 보험자와 급작하고도 우연한 외래의 사고로 신체의 상해를 입었을 경우에 보험보호를 받을 수 있는 상해보험계약을 체결하였다. 계약체결 후 갑은 자동차 운전면허도 없이 혈중알코올농도 0.13%가량의 술을 마시고 술에 취한 상태에서 타인 소유의 승용차의 열쇠를 절취하여 운전하던 중 다른 차량이 뒤 부분을 들이받아 흉부 좌상 등의 상해를 입고 인근 병원에서 치료를 받다가 사망하였다.

15  최병규, "무면허·음주운전면책에 대한 소고", 기업법연구, 제5집, 한국기업법학회, 2000, 399면 이하.

을 보험금자의 보통보험약관 제7조 제1항 제4호에는 "회사는 피보험자의 무면허 또는 음주운전으로 인한 보험사고에는 손해를 보상하지 않는다"고 규정되어 있었다. 이에 갑의 상속인은 위 약관이 상법 제732조의2, 상법 제739조 및 제663조에 위반되어 무효라고 하며, 보험금지급을 주장하였다. 반면에 보험자는 설사 위 약관이 등 규정들에 위하여 무효라 하더라도, 소외 갑의 미필적 고의에 의한 사고라 하여 보험금을 지급할 이유가 없다고 주장하며 재무보조제학인의 소를 제기한 사건이다.

## 2) 보험사고의 고의성 여부

"소외 갑이 무면허이므로 별다른 운전기술이 없었던 것으로 추정되고 사고 당시 현중알콜농도 0.13%의 주취상태에서 음식의 당시의 편도5차선이나 운동 시 차량이 저하된 상태에 있었음을 미루어 짐작하기에 어렵지 아니하고, 일반적으로 통상인이라면 극히 미숙한 자가 음주 상태에서 차량을 운전하는 경우 자칫 위 협에 대한 대처능력의 결여 등으로 교통사고를 일으켜 운전자 자신 또는 타인의 신체 나 생명에 심각한 위해를 초래할 수 있음은 누히 예견할 수 있는 일이라 할 것이다. 따라서 이러한 상태에 더구나 전연 운전해본 적이 없는 타인의 차량을 훔쳐 대로까지 진출하는 것은 새벽녘에 통행할 것으로 예상되는 편도 4차로의 타고 시에야 따르는 세벽녘에 통행할 것으로 예상되는 편도 4차로의 중분히 예견하였었던 셈이라 하겠고, 나아가 것은 교통사고의 결과를 는 과정에서 중분히 예상되었던 결과까지 초래하였었다고 볼 수 있다."[16] 원심은 '갑의 사 망에 따른 이 사건 보험사고는 그에 이르기까지 전과정을 종합하여 볼 때 고의에 의한 사고라고 말할 수는 없어도 갑의 미필적 고의에 의한 사고라고 등히 평가될 만한 것이 다.'라고 판단하면서, '원고화사는 이 사건 보험계약에 기해 피고들에 대하여 지게 될 이 사건 보험사고에 따른 보험금 지급체무는 존재하지 아니한다.'고 판단하였다.

## 3) 중과실 여부

대법원은 "피보험자가 운전면허 없이 혈중알코올농도 0.13%의 주취상태에서 시동 열쇠가 꽂혀 있는 골목길에 주차되어 있던 타인의 차량을 훔쳐 무단운행을 하던 중 신호대기로 정차 중이던 차량을 추돌하여 사망한 사안에서, 위 사고가 비록 피보험 자 타인의 차량을 절취하여 무면허, 음주상태로 운전을 하던 중에 발생한 것이라고 하더라도 그 고의는 특별한 사정이 없는 한 차량의 절취와 무면허, 음주운전 자체에 관한 것이고 직접적으로 사망이나 상해에 관한 것으로 볼 것은 아니며, 피보험자가 무면허라고 하여도 그가 차량을 절취한 장소로부터 사고지점까지 약 10km를 운전한 점에 비추어 운전기능이 없었다고 주정할 수는 없을 뿐만 아니라 술집에 열쇠가 꽂혀 있는 차량을 절취하여 운행하게 되 점 등에 비추어보더라도, 다른 특별한 사정이 없는 한, 위 사고는 피보험자가 사고발생 가능성을 인식하면서도 이를 용인하고 감행한 미 필적 고의에 의한 사고라기보다는 피보험자의 과실로 평가되는 행위로 인하여 발생하 였다고 보는 것이 타당하다."고 하면서, "상법 제732조의2는 "사망을 보험사고로 한 보 험계약에는 사고가 보험계약자 또는 피보험자 또는 보험수익자의 중대한 과실로 인하여 생긴 경우에도 보험자는 보험금액을 지급할 책임을 면치 못한다"라고 규정하고 있고, 위 규정은 상법 제739조에 의해 상해보험계약에도 준용되며 한편, 상법 제663조는 당 사자 간의 특약으로 보험계약자 또는 피보험자나 보험수익자에게 불이익하게 위 각 규정을 변경하지 못하도록 규정하고 있는바, 상해 또는 사망을 보험사고로 하는 보험 계약상의 무면허·음주운전 등 면책약관이 만일 보험사고가 전체적으로 보아 고의로 평가되는 행위로 인한 경우뿐만 아니라 과실(중과실 포함)로 평가되는 행위로 인한 경 우까지 보상하지 아니한다는 취지라면 과실로 평가되는 행위로 인한 사고에 관한 한 위 각 규정들에 위배되어 무효라고 봄이 상당하다."고 판시하였다.[17]

---

17 대법원 1998. 10. 20. 선고 98다34997 판결.

## 3. 실정법의 문제점

상법 제732조의2·제739조와 판련하여 상법 제663조는 상대적으로 보험자보다 약한 보험계약자 등을 보호하기 위하여 보험계약법의 내용보다 보험계약자 등에게 불리하게 보험약관을 규정하지 못하도록 금지하고 있다.[18] 대법원은 타인의 자녀를 걸러하여 무면허·음주 상태로 운전을 하다가 타인에 이르게 한 경우에, 피보험자가 사고발생 가능성을 인식하면서도 이를 용인하고 감행한 미필적 고의에 의한 사고라기보다는 피보험자의 과실로 평가한다.[19] 그리고 이와 같은 무면허·음주운전으로 인한 사고를 고의가 아닌 과실로 인정하게 된다면, 보험자에 의하여 제시되는 "피보험자의 무면허나 음주운전이라는 사유로 손해를 보상하지 아니한다"고 하는 무면허면책약관이나 음주운전면책약관은 보험계약자 등의 중대한 과실로 변경하는 것이 되므로, 동 약관은 무효가 된다는 것이다. 이러한 대법원의 입장으로 인하여 무면허운전이나 음주운전 중의 사고로 피보험자가 입은 상해에 대하여 고의가 있었다는 사실을 입증하지 못하면 그 약관조항은 무효가 되어 보험자의 보상책임을 면하지 못하게 된다.[20] 이는 반사회적인 무면허·음주운전을 하여 보험사고를 일으킨 피보험자에 대하여도 보험보호를 하게 되는 비합리적인 상황이 발생하게 된다. 그러므로 현행 상법 제732조의2의 개정의 필요성이 제기되는 것이다.

## 4. 상법 개정방안

상법 제737조의2를 개정하여 반사회성 또는 고도의 위험성이 있는 행위 중 대통령이 정하는 경우에는 상해를 보험사고로 하는 보험계약에서 중과실에 의해 보험사고가

---

18 상법 제663조 상대강행규정에 대한 비판으로는 장경환, "무면허·음주운전면책 위험경에 대한 의견", 손해보험 2000. 2, 18면 이하.

19 무면허운전과 음주운전이 결합된 사례로 대법원 1998. 10. 20. 선고 98다3487 판결.

20 양승규, "범죄로 인한 보험사고와 보험자의 책임" — 인신사고관련 판례를 중심으로 —, (2007년 추계학술발표회, 성신여자대학교, 2007. 10. 13, 7면, 상법 제732조의2의 규정을 삭제하여 인보험의 경우에도 제659조를 적용하도록 하는 주장을 하고 있다.

발생해도 보험자는 보험금 지급책임을 면할 수 있는 여지가 마련되어야 할 것이다.

대부분의 상해약관에는 ① 뇌질환·질병·심신상실 ② 임신·출산 또는 외과적

수술 그 밖의 의료처치, ③ 형의 집행, ④ 선박공무원, 사공 기타 선박에 탑승하는

것을 직무로 하는 자가 직무상 선박에 탑승하고 있는 동안 입은 상해, ⑤ 해연료물질

또는 해연료물질에 의하여 오염된 물질의 방사성·폭발성 그 밖의 유해한 특성에 의한

사고, ⑥ 방사건 조사 또는 방사능 오염을 비롯하여 생명·신체에 중대한 영향을 미칠

수 있는 위험한 행위로서 ⑦ 전문등반, 글라이더 조종, 스카이다이빙, 스쿠터다이빙, 행

글라이딩 등의 위험한 운동, ⑧ 모터보트·자동차, 오토바이에 의한 경기·시범·시운전,

⑨ 항로의 항공기가 아닌 다른 항공기의 조종 등도 보험자의 면책사유로 규정되어 있

다. 동조 개정하여 반사회성 또는 고도의 위험성을 동반하고 '중대한 과실'로 인정되

는 무면허와 음주운전에 대하여 보험자는 면책사유로 정할 수 있게 되고, 더 나아가

무면허와 음주운전면책약관의 효력을 인정받을 수 있는 효과가 있다.

# 제3장
# 상해보험 정신질환면책약관

## I. 서론

자본주의 경제사회에서 개별적인 경제생활을 유지·운영·발전시키는 과정에서 예측할 수 없는 우연한 사고에 직면하게 된다. 이러한 경제주체는 우연하게 발생하는 위험에 대비하기 위하여 여러 가지 대비책을 강구하게 된다. 그리한 대비책 가운데 보험은 동일한 위험에 놓여 있는 사람들이 하나의 위험단체를 구성하여 일정한 금액을 출연하여 기금을 마련하고, 사고를 당한 자에게 일정한 금액을 지급하여 경제생활의 안정을 도모하고자 하는 제도이다.[1] 보험계약자의 청약에 대한 의사표시에 대하여 보험자가 승낙하는 성립하게 된다. 보험계약에 따라 보험계약에 대하여 보험자는 일정한 금액의 보험료를 납입하고, 보험사고 발생 시 그에 대한 반대급부로 보험금을 지급하게 된다. 보험자가 책임을 부담하게 되는 보험금의 지급은 우연한 사고의 발생을 전제로 한다. 그러나 이러한 보험금을 지급받기 위하여 의도적으로 보험사고를 야기하는 경우가 발생할 수도 있다. 상법에 의하면 보험자는 보험사고 발생 시 보험금을 지급해야 하지만, 보험사고가 투기 또는 도박 등의 목적으로 악용되는

1 안순규, 보험법, 제5판, 삼지원, 2004, 22면 이하.

454

것을 예방하기 위하여 보험자의 면책규정을 두고 있다. 이러한 인위적인 보험사고의 경우에는 보험의 선의성·윤리성의 원칙을 위반한 것이므로 보험자에게 책임을 면하게 하는 것이다.

생명보험표준약관 제16조는 보험금을 지급하지 아니하는 보험사고에 대한 내용을 규정하고 있다. 동 조에서 피보험자가 고의로 자신을 해친 경우에는 보험자의 면책이 인정되지만, 피보험자가 정신질환 등으로 자유로운 의사결정을 할 수 없는 상태에서 자신을 해친 사실이 증명된 경우라면, 그러하지 않도록 하고 있다. 생명보험의 영역과 달리 상해보험의 경우에는 피보험자의 심신상실 또는 정신질환의 경우에 보험자의 면책을 인정하고 있다. 본 논문은 상해보험에서, "심신상실 및 정신질환 면책약관(이하 '정신질환면책약관'이라 한다)"의 유·무효와 관련된 법적인 문제를 고찰하고 있다.

## II. 상해보험사고와 정신질환면책약관

## 1. 상해보험의 보험사고 요건

보험계약약법은 상해보험계약에 대하여 "피보험자가 급격하고 우연한 외래사고에 의해 신체에 상해를 입었을 때에 보험금액 기타의 급여를 할 것을 약정하는 보험계약"으로 정의하고 있고(상법 제737조), 질병·상해보험표준약관은 "보험기간 중에 발생한 급격하고도 외래의 사고로 피보험자가 신체에 입은 상해"를 보험사고로 정의하고 있다(동 약관 제2조 제2호 가목). 여기서 상해보험의 보험사고가 충족되기 위해서는 급격성, 외래성 및 우연성 등의 요건이 제시된다.[2]

## 1) 급격성

상해보험에서 급격성은 무엇보다도 시간적 간격이 거의 없는 상태로서, 피보험자가

2   이기수·최병규·김인현, 보험·해상법(상법 IV), 제9판, 박영사, 2015, 440면.

예견하지 않았거나 예견할 수 없는 순간 갑자기 발생하는 결과를 의미한다.[3] 타인으로부터 갑자기 구타를 당하는 경우라든가 결을 가다가 개로부터 공격을 받은 또는 받아온 돌에 맞아 부상을 입은 경우 등은 급격성이 인정될 수 있다. 급격성의 인정 여부를 판단하는 것은 그리 쉽지 않은데, 순간적으로 물건을 들어 올리다가 허리를 다친 경우는 급격성을 인정할 수 있지만, 지속적이면서 반복적으로 무거운 물건을 들어 올리다가 발생한 허리의 기능장애는 급격성이 인정되지 않는 것으로 본다.[4] 그러므로 급격성은 사고의 내용이나 성질에 따라 구체적·개별적으로 판단해야 할 것이다. 한편, 만취 상태에서 숙소로 돌아와 잠을 자다가 기도폐색에 의하여 질식사 한 사건에서, 대법원은 피보험자의 보험사고는 상해보험의 우연성과 함께 급격성이 충족되는 것으로 보았다.[5]

## 2) 외래성

외래의 사고란 함은 상해 또는 사망의 원인이 피보험자의 신체적 결함, 즉 질병이나 체질적 요인 등에 기인한 것이 아닌 외부적 요인에 의해 초래된 모든 것을 의미한다.[6] '민첩 음주란든는 외부적 요인에 의하여 접을 자다가 구토물이 기도를 막아 생긴 사고'에서 대법원은 보험약관의 외래의 사고로 판단한 바도 있지만,[7] '피보험자가 목욕에서 페인트칠 작업을 하다고 뇌졸혈을 일으켜 장애를 입게 되었으나, 그 뇌졸혈이 페인트나 시너의 흡입으로 발생한 것이 아니라 피보험자가 가지고 있던 고혈압 증세로 인하여 발생한 사안'에서는 보험제안에서 정한 수발적인 외래가 신체로 보지 않았다.[8] 결국, 외래성을 인정한 것인가, 말 것인가의 여부는 상해가 신체의 결함에서 발생하는 것이 아닌 외부적인 사고에 기인해야 한다는 점을 인식해야 할 것이다.

---

3  박세민, 보험법, 제4판, 박영사, 2017, 954면.
4  인용수 보험법, 법률정보센터, 2006, 516면.
5  대법원 1998. 10. 13. 선고 98다28114 판결.
6  대법원 2007. 12. 13. 선고 2007다67920 판결.
7  대법원 1998. 10. 13. 선고 98다28114 판결.
8  대법원 2001. 7. 24. 선고 2000다25965 판결.

456

## 3) 우연성

### (1) 개념

우연성이란 피보험자에게 발생한 상해의 원인인 사고가 피보험자가 예측할 수 없게끔 뜻하지 않게 발생하는 것을 의미한다.[9] 대법원 역시 '우연한 사고'라 함은 "사고가 예측할 수 없는 원인에 의하여 발생하는 것으로서, 고의에 의한 것이 아니고 예견하지 않았는데 우연히 발생하고 통상적인 과정으로는 기대할 수 없는 결과를 가져오는 사고"로 보고 있다.[10] 상해보험사고의 우연성과 관련된 판례는 다수 있지만, 아래 2)와 3)의 판례들을 통하여 우연성 여부를 가늠할 수 있다.

### (2) 중대한 과실 관련성

'술을 평소에 좋아하고 주벽이 심한 편이었던 자가 술에 취한 상태에서 타고 있던 택시를 세워 내린 후 교량 난간을 넘어 다리 아래로 뛰어내려서 익사한 사안에서, 대법원은 "망인이 추락 당시 병적인 명정상태에 있었던 이상, 비록 망인에게 평소 주벽이 심함에도 불구하고 명정에 이를 정도로 과음에 중과실이 있다고 하더라도, 이는 우연한 사고에 해당한다."라고 판시하였고,[11] '피보험자가 술에 취한 상태에서 출입이 금지된 지하철역 승강장의 선로로 내려가 지하철역을 통과하는 전동열차에 부딪혀 사망한 사안'에서, 대법원은 "피보험자에게 판단능력을 상실 내지 미약하게 할 정도로 과음한 중과실이 있더라도, 보험약관상의 보험사고인 우발적인 사고에 해당한다."고 판시한 바 있다.[12] 여기서 우리는 대법원이 '예견하지 않았다고 하는 부분'을 고의와

---

9  이기수·최병규·김인현, 보험·해상법(상법강의 IV), 제9판, 박영사, 2015, 442면.
10  대법원 2001. 11. 9. 선고 2001다55499 판결; 대법원 2010. 8. 19. 선고 2008다78491 판결.
11  대법원 1998. 10. 27. 선고 98다16043 판결.
12  대법원 2001. 11. 9. 선고 2001다55499, 55505 판결. 대법원은 "…이 사건 사고 당시 위 김창세가 사람의 출입이 금지된 지하철역 승강장의 선로로 내려가 지하철역을 통과하는 전동열차에 사망할 수도 있다는 사실을 분별할 수 있을 정도로 변별능력을 갖추고 있었다고 보기 어렵고, 술에 만취한 나머지 판단능력 등이 미약한 상태에서 선로에서 소변을 누면서 선로 위로 올라오려는 등의 행위를 하다가 추락하여 죽거나 아니한 이정수에게 책임을 부리기 위하여 이고 반사적으로 반응하다가(김창세는 도움 가눌하여 주지 아니한 이정수에게 책임을 부리기 위하여 위와 같은 행동을 하였으리고도 추정하여 볼 수 있다) 급기야 지하철역을 통과하는 전동열차에 의하여 사망한 것으로 봄이 상당하다고 하여, 김창세가 전동열차와 충돌 당시 술에 취한 상태에 있었던 이상 이

같은 의미로 해석하여야 하는지, 아니면 중과실을 의미하는 것인지를 규명해볼 필요가 있는데, 대법원은 '고의' 개념 대신에 '중대한 과실'이라는 개념을 사용하면서, 앞의 두 사건에서 상해보험의 보험사고로 판단하고 있다.

## (3) 외과적 수술 관련성

상해보험의 경우에 외과적 수술로 인한 상해나 사망의 경우에는 보험사고로 볼 수 있는가에 대한 다툼이 발생할 수 있다. 대법원은 "피보험자가 걸리는 일의 의료처치를 위한 수술 중에 급성심부전증으로 사망한 경우에 상해보험사고에 해당하지 않는 것"으로 보았다.[13] 질병 등을 치료하기 위한 외과적 수술 기타 의료처치가 행하여지는 경우, 피보험자는 일상생활에서 노출된 보험보호의 대상으로부터 비하여 상대적으로 상해를 위험할 현저히 증가하므로 그러한 위험을 처음부터 보험보호의 대상에서 배제하고자 하는 특히 증가하므로 그러한 위험을 처음부터 보험보호의 대상에서 배제하고자 하는 특히 있다.[14] 한편, '피보험자가 중합검진검진을 받던 중 검사 시작 5분 만에 프로포폴을 투여한 그 수면내시경 검사를 위하여 전신마취제제인 프로포폴을 투여으로 호흡부전 및 의식불명 상태가 되어 사망한 사건'에서, 대법원은 신체의 상해나 질병 등을 치료하기 위한 외과적 수술 등에 기한 상해가 아니라 순수한 건강검진 목적의 의료처치에 기하여 발생한 상해는 이 사건 면책조항의 대상이 아니라고 판단한 바 있지만,[15] 상해 또는 질병의 치료가 프로포폴을 이용한 수면마취를 통하여 이루어지는 것이 일반적인 바, 그 의료처치의 목적이 다르다고 하여 동일한 행위에 대하여 위험성을 달리 한 대법원의 판단에 의문이 없는 것은 아니다.

───────

사건 사고는 김장세가 예견하지 못한 우발적인 사고에 해당하므로, 비록 김장세에게 판단능력 등을 상실 내지 미약하게 할 정도를 지나쳐 피움하여 사람의 금치에 이르게 한 과실이 있다고 하더라도, 이 사건 보험약관에서 정하고 있는 보험사고에 해당한다."고 판시하고 있다.

13  대법원 1980. 11. 25. 선고 80다1109 판결.
14  대법원 2010. 8. 19. 선고 2008다78491, 78507 판결.
15  대법원 2014. 4. 30. 선고 2012다76553 판결.

## 2. 상당인과관계

상해사고의 인과성 및 상해 또는 사망 사이에 상당인과관계가 존재해야만 보험자는 보험금지급책임을 부담한다. 상당인과관계란 상해사건의 사고원인이 상해의 결과에 대한 중요한 원인인 경우이거나 또는 병존하는 다른 원인으로 작용한 때에 그 사고원인이 병존하는 다른 원인과 대체로 보아 같은 정도로 상해의 결과에 영향을 미치는 경우를 뜻한다.[16] 대법원은 "...문과 창문이 닫힌 채 방안에 에어컨이 켜져 있었고 실내온도가 저기였다는 사정만으로 망인의 사망 종류 및 사인을 알 수 없다는 점안 의사의 의견과 달리 망인의 사망 원인을 '에어컨에 의한 저체온증'이라거나 '망인이 에어컨을 켜 둔 채 잠이 드 는 것과 망인의 '사망' 사이에 상당한 인과관계가 있다고 볼 수 없다."고 판시한 사건[17]이 전자와 관련이 있다고 한다면, "의료비담보 특별약관에 정한 '사고로 상해를 입고 그 직접 결과로서 요양기관에서 치료를 받은 경우'라 함은 사고로 입은 상해가 주요한 원인이 되어 생활기능 또는 업무능력에 지장을 가져와 피보험자가 입원하여 치료를 받게 되거나, 요양기관에서 치료를 받은 경우를 말한다고 사고로 입은 상해 이외에 피보험자가 가진 기왕의 질환 등이 공동원인이 되었다 하더라도 사고로 인한 상해와 치료 사이에 통상 일어나는 원인 결과의 관계가 있다고 인정되는 이상 여기서 말하는 직접 결과에 해당한다고 봄이 상당하다."고 한 대법원의 판단은 후자와 관련성을 갖는다.

## 3. 증명책임

상해보험사고가 발생하는 경우 보험금청구권자는 보험자에게 보험금을 청구하게 된다. 이때 보험사고의 요건과 사고 사이의 인과관계에 대한 증명을 누구 부담해야 하느가의 문제가 발생한다. 상해보험에서 보험사고의 우연성에 관한 증명, 사고의 외

---

16  박세민, 보험법, 제4판, 박영사, 2017, 963면.
17  대법원 2010. 9. 30. 선고 2010다12241, 122258 판결.

대성 및 상해라는 결과와의 사이의 인과관계에 대한 증명은 보험금청구권자가 부담해야

한다는 것이 대법원의 임장이다.[18] 이를 보험계약법에 명시적으로 규정하는 입법적 해

결함안을 고려해볼 수도 있지만, 우리나라의 경우 실정법상 이무런 규정을 두고 있지

않은 상태이다. 한편, 독일은 보험계약법 제178조 제2항 단서에서 "우연성은 반대의

증의 있기까지 "급격성"을 명시적으로 규정하고 있다. 우리나라와 마찬가지로 독일의

경우, 보험사고의 요건 중 급격성이나 외래성에 대해서는 보험금청구권자가 임증을

해야 한다. 그러나 면책을 주장하기 위해서 독일의 경우에는 우연성이 존재하지 않는

다는 반대의 증거가 요구된다. 독일의 중과실규정은 보험금청구권자의 임증하지 않는

변경을 완화해주는 기능을 하게 된다. 독일의 중과실규정은 보험금청구권자의 임증에 대한 곤란으로

인하여 피보험자 등의 청구가 저지 않게 기각될 수 있다는 점을 고려한다면, 우리의

경우 독일의 보험계약법을 적극 수용할 필요성이 있다고 하겠다.

## 4. 정신질환면책약관 개정 추이

### 1) 개념

보험자는 상법 제4편 보험편과의 관계에서, 보통보험약관에 상법의 규정을 그대로

원용하기도 하고, 상법의 규정을 변경 또는 상법의 규정을 보충하는 보충조항 등을

통하여 면책규정을 두게 된다.[19] 상해보험약관은 '피보험자의 고의, 피보험자의 자해,

자살, 자살미수, 형법상의 범죄행위 또는 폭력행위, 피보험자의 질병 또는 심신상실,

정신질환으로 인한 상해' 등의 경우에 보험자의 면책을 인정하고 있는데, 이 가운데

"심신상실이나 정신질환 등의 상해'를 면책으로 하고 있는 내용은 정신질환면책약관

이라 한다.[20] 상해보험에서 정신질환 등에 대하여 보험자의 면책을 인정하고 있는 것

은 보험사고로서 인정될 수 있는 우연하면서도 급격한 외래의 사고라는 요건을 중

---

18 대법원 2003. 11. 28. 선고 2003다35215 판결.
19 서돈각·정완용, 상법강의(하), 제4정정, 법문사, 1998, 366면.
20 장경환, "상해보험 및 생명보험에서의 피보험자의 정신장애와 의식장애", 법학, 제49권 제4호, 서울대학교 법학연구소, 2008, 346면.

족하지 못하고 있기 때문이다. 최근 우울증으로 인한 자살이 지속적으로 증가하면서 실무에서 보험자의 면책사유로 정한 정신질환면책약관에 대한 범적 문제가 쟁점으로 부각되고 있다.

## 2) 약관 변동 사항

### (1) 의의

보험업법 제2조 제1호는 보험 상품으로 생명보험상품, 손해보험상품 및 제3보험상품을 인정하고 있다. 제3보험상품으로는 상해보험, 질병보험 및 간병보험을 규정하고 있고, 과거 제3보험 표준약관의 경우 생명보험사는 생명보험 표준약관을 이용해서 상해보험계약을 체결하였고, 손해보험사는 '특종보험표준약관'과 '장기손해보험표준약관'을 이용하여 계약을 체결하고 있었다.[21] 2010년 1월 29일 그동안 이용되었던 '특종보험표준약관'은 삭제되고, '장기손해보험표준약관'은 '질병·상해보험표준약관'으로 변경되면서 지금은 '생명보험표준약관'과 '질병·상해보험표준약관'에 의하여 각각 상해보험계약을 체결하고 있다.

### (2) 생명보험의 경우

생명보험표준약관 제16조는 보험금을 지급하지 않는 사유를 규정하고 있다. 제1호에서 '피보험자가 고의로 자신을 해친 경우'에는 보험자는 면책이지만, '피보험자가 정신질환 등으로 자유로운 의사결정을 할 수 없는 상태에서 자신을 해친 사실이 증명된 경우에는 그러하지 아니하다.'라고 규정하여 보험자의 부책을 규정하고 있었다. 2010년 1월 29일 개정된 생명보험표준약관 제17조 제1호 단서 가목 제2문에 따르면 '피보험자가 심신상실 등으로 자유로운 의사결정을 할 수 없는 상태'로 변경하고 있는데, 정신병과 같은 정신질환보다 정신질환 이외의 의식장애를 포함하는 개념인 '심신상

---

21 조규성, "손해보험사의 상해보험 약관에서 규정하고 있는 '피보험자의 정신질환' 면책조항의 효력에 관한 판례 고찰-대법원 2015. 6. 23. 선고 2015다5378 판결-", 법학연구, 제56권 제4호, 부산대학교 법학연구소, 2015, 194면.

실'이 적용범위를 확대할 수 있다는 점을 고려한 것이라 하겠다. 이러한 변경은 이제 피보험자의 의사결정무능력상태를 초래하는 사유로서 정신질환 이외에 의에 의식장애 등 구 약관에서 적용하는 것보다 그 범위를 확장하여 보험자의 부책유로운 것으로 보일 수도 있지만,[22] 의사결정무능력상태를 초래하는 정신장애나 의식장애가 반드시 정신질환에 한하는 것이 아니라는 점을 주의적으로 밝히는 것에 그 의미가 있다고 하겠다.[23]

## (3) 상해보험의 경우

개정 전 손해보험사가 이용하던 장기손해보험표준약관 제14조 제1항 제6호는 보상하지 않는 손해로서 '피보험자(보험대상자)의 심신상실 또는 정신질환'을 두고 있었다. 지금은 폐지된 특종보험표준약관 제7조 제1항 제5호 역시 동일한 내용을 두고 있었다. 그러나 2010년 1월 29일 개정되어 사용되고 있는 질병·상해보험표준약관은 '피보험자(보험대상자)의 고의'에 대하여는 중과실과 마찬가지로 보상하지 아니하지만, '피보험자(보험대상자)가 심신상실 등으로 자유로운 의사결정을 할 수 없는 상태에서 자신을 해친 경우에는 보험금을 지급한다.'는 형식으로 변경 사용되고 있다.

# III. 정신질환면책약관의 유·무효 판단

## 1. 보험자의 면책 이유

사망을 보험사고로 하는 생명보험계약은 자살자의 면책사유로 규정하고 있다. 그 자살은 자기의 생명을 끊는다는 것을 의식하고 고정을 목적으로 의도적으로 자기의 생명을 절단하여 사망의 결과를 발생케 한 행위에 해당한다. 그러나 그 고정이

22 임동섭, 현장에서 활용하는 손해사정실무(제3보험편), 보험연수원, 2015, 408면.
23 양승규·장경환, "피보험자의 자살과 사망보험금", 보험법연구, 제4권 제2호, 2010, 211면.

피보험자가 정신질환 등으로 자유로운 의사결정을 할 수 없는 상태에서 사망의 결과를 발생케 한 경우까지 포함하는 것은 아니다.[24] 피보험자가 자유로운 의사결정을 할 수 없는 상태에서 사망의 결과를 발생케 한 직접적인 원인행위가 외래의 요인에 의한 것이라면, 그 사망은 피보험자의 고의에 의하지 않은 우발적인 사고로서 보험사고의 사망에 해당될 수 있는 것이다.[25]

상해보험에서와상 정신질환면책약관은 피보험자의 정신질환을 피보험자의 고의나 피보험자의 자살과 별도의 독립된 면책사유로 구정하고 있다.[26] 보험자가 정신질환에 대한 보험사고를 한 이유는 첫째, 피보험자의 정신질환으로 인식능력이나 판단능력이 약화되어 위험이 증대된 경우 그 증대된 위험이 현실화되어 발생한 손해는 보험보호의 대상으로부터 배제하려는 데에 있다. 둘째, 보험에서 인수하는 위험은 보험 상품에 따라 정해질 수 있는 것을 고려한 것이다. 상해보험에서 보험자가 얼마의 보험금을 지급할 것인가의 지급범위와 보험계약자로부터 지급받는 보험료율 등 보험 상품의 내용을 어떻게 구성할 것인가의 문제는, 보험 상품을 판매하는 보험자의 정책에 따라 결정되는 것이고, 피보험자에게 보험기간 개시 전의 원인에 의하거나 그 이전의 발생한 신체의 장해가 있는 경우에 그로 인한 보험금 지급의 위험을 인수할 것인지 등도 당사자 사이의 약정에 따르게 된다.[27] 그러므로 만일 피보험자가 정신질환에 의하여 자유로운 의사결정을 할 수 없는 상태에 이르렀고 이로 인하여 보험사고가 발생한 경우라면, 위 면책사유에 의하여 보험자의 보험금지급의무가 면제되는 것으로 보아야 한다.

24 대법원 2006. 3. 10. 선고 2005다49713 판결.
25 대법원 2008. 8. 21. 선고 2007다76696 판결.
26 장덕조, "상해보험 및 생명보험에서의 피보험자의 정신장애와 의사장애", 법학, 서울대학교 법학연구소, 제49권 제4호, 2008, 331면 이하 참조.
27 대법원 2013. 10. 11. 선고 2012다25890 판결.

## 2. 해당 판례 검토

### 1) 의의

정신질환면책약관과 관련하여 우리에게 관심을 주었던 사건은 2006년 3월 10일 대법원 판결이다.[28] '남편에 대한 제보험 남편만 아니라 시댁, 친정과 계속 갈등을 겪어 왔으며, 세 자녀를 돌보면서 회사업무도 돕는 과도한 업무에 시달려 오기도 했으며 이 사건 사고에 이르기까지 출산 1년 만에 중수술체출을 받고 각종 병명으로 오가며 신체적, 정신적으로 많이 쇠약해져 있었던 사정이 피보험자인 아내에게 있었다. 이 사건 당일 남편인 원고 1이 술에 취하여 귀가하였다가 망인의 손위 동서(원고 1의 형수)와 전화를 하던 중 원고 1에 대한 제정보중문제로 언쟁을 하는 것을 보고 망인에게 전화를 던지고 원고 1이 보는 앞에서 수회 빰을 때리자 망인도 흥분하여 남편에게 핸드폰을 던지는 등으로 결렬하게 부부싸움을 벌이는 사정이 있었고, 원고 1이 함께 죽어버리자고 하면서 자녀들을 망인도 떨어지지 않도록 다리를 끌고 올면서 원고 1에게 애원을 하는 상황에서, 원고 1이 하던 행동을 멈추고 베란다를 떠나 거실로 가는 순간 망인이 베란다 밖으로 뛰어내렸던 사안'에서, 대법원은 "정신이 심약해진 상태에서 사망의 위험을 도출 극도로 높였고 불안한 정신적 공황 상태하에 사망한 경우라면 우발적인 사고에 해당되는지로 보아 보험금지급책임이 있다."고 판단하였다.[29] 정신이 되는 지유으로 의사결정을 할 수 있는 상태에 여부에 있다.[30] 피보험자의 사망이 자살이 심신상실등으로 자유로운 의사결정을 할 수 없는 상태에서 사망의 결과를 초래한 것인지, 자유로운 의사결정을 할 수 있는 상태에서 사망의 결과를 초래한 것인지에 대한 판단은

---

28 대법원 2006. 3. 10. 선고 2005다49713 판결.

29 동 판결에 대한 비판적 입장으로는 양승규, 생명보험의 자살약관에 대하여, 보험법연구, 제2권 제2호, 2008, 26면 이하.

30 장경환, "상해보험 및 생명보험에서의 피보험자의 정신장애와 의식장애에", 법학, 서울대학교 법학연구소, 제49권 제4호, 2008, 353면.

각각의 사안에 따라 달라질 수 있다.[31]

## 2) 자유로운 의사결정이 없는 상태

자유로운 의사결정이 없는 상태로 인정된 판결로는 2005다49713 판결을 들 수 있다.[32] '극도로 모멸스럽고 격분된 순간을 벗어날 방편으로 피보험자인 망인이 베란다에서 투신한 사건'에서, 대법원은 자유로운 의사결정이 없는 상태를 보였다.[33] 또한 "피보험자(망인)은 술에 취한 나머지 판단능력이 극히 저하된 상태에서 신병을 비관하는 넋두리를 하고 베란다에서 뛰어내리는 등의 객기를 부리다가 마침내 음주로 인한 병적인 명정으로 인하여 충동적으로 베란다에서 뛰어내려 사망한 사건"에서,[34] 대법원은 이는 우발적인 외래의 사고로서 보험약관에서 재해의 하나로 규정한 주락에 해당되어 사망보험금의 지급대상이 된다고 판단한 원심을 수긍한 바, "심신을 상실한 나머지 자유로운 의사결정을 할 수 없는 상태"로 판단하였다.[35]

## 3) 자유로운 의사결정이 있는 상태

대법원이 자유로운 의사결정이 있는 상태로 본 판결로는 다음을 들 수 있다. '망인(피보험자)은 꼼꼼하고 과묵한 성격으로 1남 1녀를 두고 있으며, 자살행위 당시 가정이나 직장에서 별다른 어려움이 없었고, 우울증 등 정신질환으로 치료받은 사실도 전혀 없었고, 직장생활 역시 별 문제없이 정상적으로 근무해오고 있었다. 다만, 휴가를 받기 위하여 담당 이사에게 붙인, 의욕저하 등을 호소하면서 직장을 쉬기 위하여 진단서를 요구한 사실이 있었고, '우울성 에피소드'로 된 진단서를 발급받은 사실이 있었

31 대법원 2011. 4. 28. 선고 2009다97772 판결.
32 대법원 2006. 3. 10. 선고 2005다49713 판결.
33 비판적인 입장으로는 장경환, "상해보험 및 생명보험에서의 피보험자의 정신장애와 의식장애에", 법학, 서울대학교 법학연구소, 제49권 제4호, 2008, 353면 이하.
34 대법원 2008. 8. 21. 선고 2007다76696 판결.
35 이에 대한 비판은 김정주, "생명보험계약에 있어서 정신질환 등으로 인한 자살과 보험금 지급의 문제-최근 판례를 중심으로", 보험법연구, 제4권 제2호, 2010, 52면 이하.

다. 망인은 유서를 작성하였었는데, 순위 동서에게 사무실에 있는 자신의 짐을 모두 있

애고 사무실 컴퓨터에 저장된 파일도 삭제해달라는 요청이 들어 있었다.' 이런 사실관

계를 토대로 대법원은 "이 사건의 경우 비록 망인이 당일 우울성 에피소드 진단을 받

기는 하였으나, 그 발병 시기가 그다지 오래된 것이 아니고, 여러 가지 정황들을 보건

대, 이 사건에서 자살은 정신질환 등으로 자유로운 의사결정을 할 수 없는 상태에서

이루어진 것으로 볼 수 없다."고 판단하였다.[36]

## 4) 판단 기준

정신질환 또는 심신상실 상태란 시를을 변별하거나 의사를 결정할 능력이 없는 상태

에 이를 정도의 정신장해 상태를 의미하는 것으로 볼 수 있고, 정신질환 등으로 자유로

운 의사결정을 할 수 없는 상태의 해당 여부는 개별적인 사안에 따라 달라질 수 있을

것이다.[37] '피보험자의 정신병 중에서'란다는 '피보험자가 자살을 하는 행위'; '어디서

어떤 형태로 자살이 이루어진 것인가' 등과 '피보험자의 경제적인 상황'이라는 '지병

또는 가정불화' 등이 주요한 판단요소가 될 수 있다. 그런 측면에서 자살을 감행할 당

시에 의식이 있었는가라는 문제를 해석함에 있어 보험금 수취인의 목적이 있었는가의 문제

를 절대적인 요소로 삼아서는 안 될 것이라는 주장[38]은 타당할 수 있다. 자살행위자인

피보험자인 요소를 쫓고 있다고 하여 자살감행 시에 의사결정능력이 상실되었거나

현저하게 약화되어 상실성이 있다고 주장하는 것은 타당한 것은 아니라 하겠다.[39]

유서가 존재하는기의 여부, 신변정리를 한 혼적이 있는가 여부 등을 통하여 피보험

자의 자유로운 의사결정의 유무를 판단해야 할 필요성이 있다고 생각되며,[40] 추지의로

36 대법원 2011. 4. 28. 선고 2009다97772 판결.
37 박세민, "생명보험약관의 자살부책조항에서 심신상실 상태에서의 자살과 관련된 해석상의 문제점에 관한 연구", 고려법학, 제76호, 고려대학교 법학연구원, 2015, 373면.
38 김창호, '생명보험약관상 자살면·부책조항에 대한 검토", 경영법률, 제21권 제4호, 2011, 105면 이하.
39 김항기·이광호, "생명보험에서 피보험자의 자살면책조항의 개선방향", 산업금융연구, 2004년 3월 2면.
40 권영문, "생명보험에서 피보험자의 자살과 보험자의 면책 여부", 판례연구, 제23집, 부산판례연구회, 2012, 805면 이하.

부터 중증 우울증 치료가 필요하다는 진단을 받은 바 있고 주위 사람들로부터 피보험

자의 이상한 행동에 대한 증언이 있었다면, 이는 자유로운 의사결정이 없는 것으로

판단할 수 있다고 하겠다. 그렇지만 피보험자인 자살행위자가 자살의 장소를 물색한

다든가 자살방법의 고려, 또는 정련된 글씨로 유서를 남긴 흔적이 있다면, 자유로운

의사결정이 없는 것이라 할 수는 없을 것이다. 그러므로 대법원이 설시하는 바와 같

이,[41] 자유로운 의사결정을 할 수 없는 상태에서의 사망이었는지 여부는 자살자의 나

이와 성별, 자살자의 신체적·정신적 심리상황, 그 정신질환의 발병 시기, 그 진행경과

와 정도 및 자살에 즈음한 시점에서의 구체적인 상태, 자살자를 에워싸고 있는 주위상

황과 자살 무렵의 자살자의 행태, 자살행위의 시기 및 장소, 기타 자살의 동기, 그 경위

와 방법 및 태양 등을 종합적으로 고려하여 판단해야 할 것이다.

## 3. 약관 무효설

### 1) 의의

상법 제659조는 보험계약자 등의 고의 또는 중과실로 인한 보험사고의 경우 보험자

의 면책을 인정하고 있다. 동 규정은 통칙 규정으로서 손해보험이나 인보험의 영역에

서 일반적으로 적용되는 것으로 하고 있다. 한편, 상법 제732조의2는 생명보험의 영역

에서 사망을 보험사고로 하는 보험계약의 경우 사고가 보험계약자 또는 피보험자나

보험수익자의 중대한 과실로 발생한 경우에는 보험자의 급부책임을 인정하고 있고,

상법 제739조는 동법 제732조를 제외하고 상해보험에 대하여 이 생명보험에 관한 규정

을 준용하고 있다.

### 2) 면책의 확장기능성

상법 제663조를 제시하면서 심신상실 또는 정신질환면책약관의 무효를 명시적으로

---

41 대법원 2006. 4. 14. 선고 2005다70540, 70557 판결.

실시한 판결은 보이지 않지만, 고충건물에서 베란다 밖으로 뛰어내려 사망한 사인에
서 대법원의 "상법 제659조 제1항 및 제732조의2 입법 취지에 비추어볼 때, 사망을 보
험사고로 하는 보험계약에 있어서 자살을 면책사유로 규정하고 있는 경우,
그 자살은 사망자가 자기의 생명을 끊는다는 것을 목적으로 의도
으로 자기의 생명을 끊음하여 사망의 결과를 발생케 한 행위를 발생케 한
정신질환 등으로 자유로운 의사결정을 할 수 없는 상태에서 사망의 결과를 한
경우까지 포함하는 것은 아니라(이하 생략)"라고 설시하고 사고의 자가
대법원은 해당 약관에서 면책사유로 규정하고 있는 '정신질환으로 사고'의
경우는 고의로 인한 사고가 아니라에도 불구하고 무조건적으로 보험자의 면책을 인정하
는 결과가 되어 동 상법 규정의 취지에 반하게 되는 문제점을 초래한다고 판단한다.

## 3) 무효설

피보험자가 심신상실 또는 정신질환으로 인하여 얻은 상해는 자유로운 의사결정능
력이 상실된 상태에서 얻은 상해로서 고의로 얻은 상해로 볼 수 없고, 나아가 상법 제
739조 및 제732조의2는 상해보험에서도 생명보험에서와 마찬가지로 피보험자의 고의
사고에 대해서만 보험자의 면책을 허용하고 있다는 점을 고려하여, 정신질환면책약관
은 이러한 상법 규정들을 구정하고 있으며, 정신질환 등으로 자유로운 의사결정을 할
조 분문에 따라 무효라고 구정43도 있으며, 정신질환 등으로 자유로운 의사결정을 할
수 없는 상태에서 자살하면 보험금을 지급하도록 판단하는 대법원의 판결과 정신질환
면책약관을 통하여 면책을 인정하고 있는 모습은 대법원의 면책약관의 양립할 수 없는
모습을 야기하고 있다고 하면서, 동 약관조항은 무효라는 구정44이 제기되고 있었다.

..........
42  대법원 2006. 3. 10. 선고 2005다49713 판결 참조.
43  조규성, "손해보험사의 상해보험 약관에서 규정하고 있는 '피보험자의 정신질환' 면책조항의 효력에 관한
    판례 고찰―대법원 2015. 6. 23. 선고 2015다5378 판결―", 법학연구, 제56권 제4호, 동의 86권, 2015, 212면.
44  최병규, "상해사망보험금지급과 심신상실 면책약관의 유효 여부", 기업법연구, 제29권 제3호, 통권 제62호,
    2015, 169면.

## 4. 약관 유효설

### 1) 의의

보험계약에 보험자는 보험사고 발생 시 보험계약자의 위험을 담보하게 된다. 그러나 보험계약을 규정하고 있는 상법 보험편이나 보험약관에 따라 보험자는 일정한 사유에 대하여 자신의 책임을 부담하지 않는 보험자의 면책을 인정한다. 이를 통하여 보험단체 내에서 보험계약자의 위험을 방지하고, 보험사업의 합리적인 관리를 꾀하고자 한다.

이러한 보험자의 면책사유는 책임면제사유(exception)와 담보위험제외사유(exclusion)로 구분될 수 있다.[45] 전자는 사고의 원인에 따라 보험자의 책임을 면제하는 사유로서, '피보험자의 고의, 자해, 자살, 자살미수, 행방상의 범죄행위 또는 폭력행위' 등이 해당한다. '피보험자의 질병 또는 심신상실, 정신질환으로 인한 상해'는 후자에 해당하는 것으로, 보험자가 그 보험계약에서 위험을 담보하지 않는 결과를 초래한다고 볼 수 있다.

### 2) 계약 당시 위험담보 배제

심신상실이나 정신질환의 상해발생에 대한 현저한 증가와 이를 담보하는 보험료를 포함하지 않았기 때문에 약관의 무효를 주장하는 것은 타당하지 않다는 주장[46]이 제기될 수 있다. 피보험자가 '자유로운 의사결정'이 있는 상태에서 사회생활을 하다가 당하게 되는 '통상의 상해위험'만을 담보하는 일반 상해보험과 달리, 상해보험에서 정신질환의 경우에 급부를 제공하지 않겠다는 보험자의 약관조항은 애초부터 그 보험범위 밖에 있으므로, 상법 제739조 및 제732조의2의 적용 여부를 떠나 보험자의 책임을 인정해서는 안 된다는 것이다.

---

**45** 양승규, 보험법, 제5판, 삼지원, 2004, 139면. Patterson. Essentials of Insurance Law, 2d, 1957, p. 246; Keeton/Widiss, Insurance Law, 988, pp. 287, 254.

**46** 장경환, "상해보험 및 생명보험에서의 피보험자의 정신장애와 의식장애", 법학, 법학, 제49권 제4호, 서울대학교 법학연구소, 2008, 346면.

### 3) 보험사고로서 외래성의 부재

상해보험의 요건으로 외래성이 존재하지 않는다는 이유를 들 수 있다. 심신상실 또는 정신질환으로 인한 피보험자의 상해는 고의에 의한 것이 아니기 때문에, 우연성의 요건을 인정할 수 있지만, 해당 보험사고는 사고 당시에 존재하는 심신상실이나 정신질환의 발작인 원인 상태 또는 질병중속적인 상태로 인하여 발생한 것이므로, 상해사고의 외래성의 요건이 충족되지 않는다는 점을 든다.[47]

### 4) 약관효력 인정

심신상실이나 정신질환으로 인한 상해는 애초부터 상해보험에서 담보될 수 없는 성질의 것이므로, 이 면책조항은 상해보험에서 담보되는 상해를 고의의 상해에 대해서만 보험자가 면책될 수 있다는 상법 제739조 및 제732조의2의 취지에 반하여 무효가 된다고 할 수 없다는 주장[48]이 설득력을 갖게 된다. 이 면책조항은 상해보험에서 담보되는 상해를 전제로 고의의 상해에 대해서만 보험자가 면책될 수 있다는 이 상법 규정들의 취지와 관련성이 없기 때문에, 동 약관조항은 무효로 볼 수는 없다고 하겠다.

## IV. 최근 대법원 판결의 추이와 검토

### 1. 판례의 추이

#### 1) 2015다5378 판결

정신질환면책약관에 대하여, 2015년 6월 23일 동 약관이 유효하다는 대법원의 판결

---

47 다만, 2008년 독일상해보험약관 제5.1.1조 제2문은 피보험자가 상해사고를 당하여 심신상실 또는 정신질환이 생기고 당시 그 심신상실 또는 정신질환으로 인하여 상해를 입은 경우에는, 그 상해는 선행하는 상해사고로 인한 것이므로 보험자가 보험금지급책임을 부담해야 할 것을 규정하고 있다.

48 장경환, "상해보험 및 생명보험에서의 피보험자의 정신장애와 의식장애", 법학, 제49권 제4호, 서울대학교 법학연구소, 2008, 346면 이하.

이 있다.[49] 동 판결은 입고 보험회사와 보험계약자 사이에 2004년과 2007년에 각각 1건씩 체결된 상해보험에 관련된 것이었고, '피보험자'의 질병 또는 심신상실'과 '피보험자의 정신질환으로 인한 상해로 생긴 손해'를 보상하지 아니한 순해도 하고 있었다. "피고 망인인 피보험자는 이혼한 망내 누나가 운영하는 사무실에서 일하며 갑은 건물 내에서 생활하여 오던 중 정신분열증이 발병하여 병원에 수회 입원하는 등 신경정신과 치료를 받고 우울증 약을 복용하고 있었다. 망인은 신경정신병원에 입원하였었다가 중상이 호전되어 퇴원하여 누나의 집으로 귀가한 후 1주일 경과 후에 밀양시 소재 야산으로 등산을 가겠다며 나가 직접 지를 운전하여 약 1시간 거리에 있는 등산 나무 가지에 나일론 끈을 묶어 사망하였다. 망인이 누나들인 3인의 공동피고드는 이 사건 사고를 이유로 보험회사에 상해사망보험금의 지급을 청구한 사건",[50] 대법원은 등 약관의 유효함을 인정하면서 보험자의 보험금지급제임은 없다고 판단하였다.[51]

원심[52]은 피보험자가 정신질환 등으로 자유로운 의사결정을 할 수 없는 상태에서 사망의 결과를 발생한 경우에는 자살에 관한 면책사유에 해당될 수 없다는 법리에 비추어, 이 사건 면책조항 중 '피보험자가 정신질환으로 인한 상해' 부분은 피보험자가 정신질환으로 자유로운 의사결정을 할 수 없는 상태에서 자상한 경우까지 포함하는 것으로 해석하는 한 약관의 규제에 관한 법률 제6조 제1항, 제2항 제1호에 이하여 무효라고 보아야 한다는 이유로 보험자의 면책주장을 배척하였다.[53] 그러나 대법원은 피보험자가 고의 정부암밖 등 외래의 상해를 입고 사망한 경우이지만 대법원은 의한 상해 및 그를 직접원인으로 하는 사망인만큼 면책사유에 해당한다고 판단하였다.[54]

49 대법원 2015. 6. 23. 선고 2015다5378 판결.

50 동 판례에 대한 평석으로는 김선정, "피보험자의 정신질환에 기한 상해사고를 면책사유로 한 약관조항의 해석", 생명보험, 2015년 8월, 48면 이하; 양승규, 정신질환으로 생긴 상해에 대한 면제약관의 효력, 순해보험, 2015년 12월 75면 이하.

51 비판적 입장으로는 최병규, "상해사망보험금지급과 심신상실 면제약관의 유효 여부", 기업법연구, 제29권 제3호(통권 제62호), 2015, 160면 이하.

52 부산고등법원 2014. 12. 23. 선고 2014나1935 판결.

53 원심판결은 자살의 경우 우연성과 금격성 및 외래성을 요건으로 하는 상해보험의 담보위험을 충족할 수 없는바 상해보험의 보질을 근거한 것으로 판단된다. 자세하는 양승규, "정신질환으로 생긴 상해에 대한 면제약관의 효력-", 순해보험, 2015년 12월, 77면.

54 평석으로는 김선정, "피보험자의 정신질환에 기한 상해사고를 면제사유로 한 약관조항의 해석(파기환송)-", 생명보험, 2015년 8월, 52면 이하.

## 2) 2015다217546 판결

2015년 9월 24일 대법원은 피보험자가 약물과다복용으로 사망한 것은 중한 우울증으로 인하여 자유로운 의사결정을 할 수 없는 상태에서 사망의 결과를 발생하게 한 경우에 해당한다고 하면서 정신질환면책약관의 유효를 인정하였다.[55] 이 사건을 자세히 살펴보면, 피보험자는 2012년 6월경부터 제반 중인 학교에서 심리상담을 지속적으로 받아왔으며, 그 사이 정신과 약을 대량 복용하는 방법으로 두 번에 걸쳐 자살시도를 한 바 있었으며, 2013년 10월 16일 소주와 정신과 약을 대량 복용하여 중독으로 사망하였다. 이 사건 상해사망 특별약관 제5조에 의하여 약물 중독되는 보통약관 제16조 제1항은 '피보험자의 고의'(제1호), '피보험자의 자해, 자살 등'(제4호), '피보험자의 질병'(제5호), '피보험자의 심신상실 또는 정신질환'(제6호) 등을 원인으로 한 손해를 보상하지 아니하는 손해로 열거하고 있었다. 1심과 2심은 원고가 우울증으로 자유로운 의사결정을 할 수 없는 상태에서 사망에 이르게 된 경우까지 면책해주는 약관은 무효라고 판단하고 보험계약자 측 원고승소의 판결을 하였지만, 대법원은 피보험자의 정신질환을 자살과 별도의 독립된 면책사유로 규정하고 있다고 해석해야 이를 고객에게 부담하게 불리한 공정성을 잃은 조항으로 볼 수 없고, 보험에서 상품에 따라 달리 정해질 수 있다는 점을 고려하여 정신질환면책약관의 유효성을 인정하였다.

## 3) 2015다34956, 34963 판결

대법원은 2015년 10월 15일 다시 한번 정신질환면책약관의 유·무효에 관한 판단을 하였다.[56] 어린이집을 운영하는 피보험자가 망인의 부친을 하위로 어린이집에 근무하

55  대법원 2015. 9. 24. 선고 2015다217546 판결.
56  대법원 2015. 10. 15. 선고 2015다34956, 34963 판결 등 판결에 대한 평석으로는 김선정, "약관의 소급적용 요건 및 약관조항의 고객에게 부당하게 불리하여 공정성을 잃은 조항인지 여부-대법원 2015. 10. 15. 선고 2015다34956, 2015다34963 판결에 부당하게 공정성을 잃은 조항인, 2015년 12월, 53면 이하.

는 교사로 등록하여 계발되어 별다름 받은 적이 있고, 가끔씩 가슴이 답답하다는 호소를 한 적이 있었다. 그녀는 발작 증세를 보이며, 수심 번에 걸쳐 자택 인방에 있는 장롱 문제에 네타미나 스카프로 자살을 시도한 적이 있었다. 2012년 6월 20일 신정정신과 의원에서 우울 및 불안증상으로 치료를 받은 바 있고, 2012년 7월 14일부터 11월 12일까지 우울증 및 불면증 등으로 치료를 받은 바 있었던 피보험자는 2012년 12월 17일 20시 30분경 남편과 딸들이 집 안에 있는 상황에서 안방의 장롱 문제에 스카프를 걸고 목을 매어 경부압박질식으로 사망하였다.

1심과 2심은 이 사건 망인이 스스로 목을 매어 사망한 것은 망인의 신체적 결함에 의하여 의한 것이 아닌 우발적인 외래사고로서 이 사건 보험계약의 보장대상인 상해에 의한 보험사고로 보았다.[57] 이 사건 망인의 사망은 보험자의 면책사유인 고의 또는 자살에 해당하지만 망인이 자유로운 의사결정을 할 수 없는 상태에서 자살한 것이어서 이 사건 보험계약에서 보험자의 보험금지급의무가 발생하는 보험사고로 본 것이다. 대법원은 정신질환으로 자유로운 의사결정을 할 수 없는 상태에서 사망의 결과를 초래한 것이므로 이 사건 면책사유인 '피보험자의 고의로 인한 사고'에는 해당되지 않는 것으로 판단하였 지만, 피보험자의 정신질환을 독립된 면책사유로 구정하고 있고, 이러한 인수위험은 보험 상품에 따라 달라지는 것이라고 하면서 동 약관의 유효성을 인정하였다.[58]

## 2. 법적 쟁점

### 1) 피보험자의 고의성 여부

보험계약자나 피보험자 또는 보험수익자의 고의에 한 보험사고의 경우에, 보험자는 보험금지급책임을 부담하지 아니한다(상법 제659조). 2015다5378 판결과 관련하여, 원심은 피보험자의 자유로운 의사결정을 할 수 없는 상태에서 사망의 결과를 발생하게 한

472

57  울산지법 2014. 9. 17. 선고 2013가합8614(본소), 2014가합3173(반소) 판결.
58  김해영, "피보험자의 자살과 보험약관상 정신질환면책조항에 대한 고찰", 보험법연구, 제10권 제1호, 한국보험법학회, 2016, 121면 이하.

직접적인 원인행위가 외래의 요인에 의한 것이라면 그 사망은 피보험자의 고의에 의하지 않은 우발적인 사고로서 상해보험의 보험사고에 해당하는 것으로 보았다.[59] 원심은 망인이 스스로 목을 맨 때에 사망의 결과는 망인의 신체의 질병 등과 같은 내부적 원인에 기한 것이 아니라 나일론 끈의 의한 경부압박으로 인한 질식 등 망인의 신체의 외부로부터 작용한 원인에 기한 것이므로 '외래의 사고'에 해당하는 것으로 보았고, 망인이 자유로운 의사결정을 할 수 없는 상태에서 사망하였으므로, 이는 망인의 고의에 의하지 않은 '우발한 사고'에 해당한 것으로 보았다. 대법원은 '원심이 이 사건 사고를 자유로운 의사결정을 할 수 없는 상태에서 사망의 결과를 초래한 것으로 본 것을 인정하였고, 사망의 결과를 발생케 한 직접적인 원인행위가 외래의 요인에 의한 것이라면 그 보험사고는 피보험자의 고의에 의하지 않은 우발적 사고로서 보험사고인 사망에 해당할 수 있는 것으로 보았다.[61] 2015다34956, 34963 판결에서도 대법원은 '피보험자인 망인이 스스로 목을 매어 사망한 것은 중한 정신질환 등으로 자유로운 의사결정을 할 수 없는 상태에서 사망의 결과를 발생케 한 경우에 해당하므로, 이 건 우발에서 정한 면책사유인 피보험자의 고의에 의한 손해에 해당한다고 볼 수는 없다.'고 한 원심의 판결을 인용하였다. 결국 지속적인 사체에서 '피보험자가 자유로운 의사결정을 할 수 없는 상태에서 사망의 결과를 발생하게 한 직접적인 원인행위가 외래의 사고로 보의한 것이라면, 그 사망은 피보험자의 고의에 의하지 아니하는 우발적인 사고로서 보험사고인 사망에 해당하는 것'이라는 대법원의 판단은 설득력이 있다고 하겠다.[62]

## 2) 약관규제법 위반 여부

2015다5378 사건과 관련하여, 원심[63]은 법원은 만일 정신질환으로 인한 상해에 관한

59 참조할 대법원 판결로는 대법원 2014. 4. 10. 선고 2013다18929 판결.

60 부산고등법원 2014. 12. 23. 선고 2014나1935 판결.

61 대법원 2015. 6. 23. 선고 2015다5378 판결.

62 대법원 2015. 9. 24. 선고 2015다217546 판결.

63 부산고등법원 2014. 12. 23. 선고 2014나1935 판결.

면책사유를 정한 이 사건 각 보험계약의 해당약관을 '정신질환 등으로 자유로운 의사결정을 할 수 없는 상태에서 사망의 결과를 발생케 한 경우까지 포함하는 것으로 새긴다면, 정신질환면책약관은 약관의 규제에 관한 법률 제6조 제1항, 제1호에서 정하는 고객에게 부당하게 불리한 조항에 해당할 것이어서 공정성을 잃은 조항으로 무효라고 판단한다. 그러나 대법원은 '이 사건 면책약관 중 '피보험자의 정신질환으로 인한 상해' 부분은 피보험자가 정신질환으로 자유로운 의사결정을 할 수 없는 상태에서 자살한 경우까지 포함하는 것으로 해석하는 한 약관의 규제에 관한 법률 제6조 제1항, 제2항 제1호에 의하여 무효라고 보아야 한다는 이유로 원고의 면책주장을 배척한' 원심의 판단은 약관의 무효에 관한 법리를 오해하여 판결에 영향을 미친 위법이 있다고 판단을 하였다.64

2015다34956, 34963 판결과 관련 1심 판결에서 법원65은 '심신상실 또는 정신질환에 의한 손해의 경우에 어떠한 예외 없이 무조건적으로 보험회사의 보험금 지급책임이 면제'되도록 하고 있는 이 사건 약관 제6조 제1항 제6호는 고객에게 부당하게 불리한 조항에 해당하여 무효라고 판시하였다. 동 법원은 "손해보험사에서 주로 취급하는 상해사망보험과 생명보험사에서 취급하는 생명보험은 모두 사망사고를 보험사고로 하는 것인바, 망인이 만일 생명보험에 가입하였다면 자유로운 의사결정을 할 수 없는 상태에서의 자살에 해당하는 경우 보험사고에 해당되고, 더 나아가 가입일로부터 2년이 경과되어 자살의 경우에 대하여마저를 필요로 없이 보험사고로 해당한다 할 것인데, 이 건 상해사망보험은 사망사고를 보험사고로 함에도 이 건 약관 제16조 제1항 제6호에 따라 보험자의 면책을 인정하게 되어 자의적인 차별이 발생한다고 볼 수밖에 없는 점 등에 비추어볼 때, 이 건 보통약관 제16조 제1항 제6호를 피보험자의 자유로운 의사에 기한 자살이 있었는지 여부와 관계없이 일제히 심신상실 및 정신질환으로 인한 손해를 면책하는 것으로 해석하는 한, 이는 약관의 규제에 관한 법률 제2항 제1

---

64 대법원 2015. 6. 23. 선고 2015다5378 판결.
65 울산지방법원 2014. 9. 17. 선고 2013가합8614, 2014가합3173 판결.

혼에서 정하고 있는 고객에게 부당하게 불리한 조항에 해당하여 무효이다.”라고 판시한 바 있었다.[66] 그러나 대법원은 “이 사건 면책약관 중 피보험자의 정신질환으로 인한 상해는 피보험자가 정신질환으로 의사결정을 할 수 없는 상태에서 자살을 한 경우까지 포함하는 것으로 해석하는 한 약관의 규제에 관한 법률 제6조 제1항, 제2항 제1호에 의하여 무효라고 보아야 한다는 이유로 원심(보험자의 재무부존재확인)의 면책주장을 배척한 원심의 판단에 무효에 관한 법률 오해하여 판결에 영향을 미친 위법이 있다.”고 하면서 원심 판결을 파기하고 환송하였다.[67]

## V. 결론

본 연구는 정신질환면책약관과 관련하여 정신질환으로 인한 상해의 경우에 보험자가 면책할 수 있느냐에 대한 논의를 전개하고 있다. 보험제약법이나 보통보험약관을 통하여 보험자는 보험금을 보상하지 않아도 되는 사유를 상세하게 규정하고 있다. 상해보험표준약관은 피보험자의 고의나 피보험자의 정신질환으로 인한 상해에 대하여 보험자고에 대하여 면책을 규정하고 있었다. 피보험자의 정신질환으로 인한 상해로 생긴 손해는 피보험자의 고의나 자살과 달리 면책사유로 규정한 것이었다. '피보험자의 정신질환'이 들어감으로 자유로운 의사결정을 할 수 없는 상태에서 자살을 해진 경우 정하지 않았던 상해보험표준약관은 현재 결별ㆍ상해보험약관으로 변경되어 '피보험자의 심신상실 등으로 상해보험표준약관의 별도의 면책사유로 규정하고 있다.

실무에서 쟁점은 정신질환면책약관 조항이 약관규제법에 위반되느냐에 대한 사항이다. 최근 대법원은 정신질환면책약관은 고객에게 부당하게 불리하여 공정성을 잃은 조항이라고 판단하고 있다. 보험자가 고의나 자살과 달리 정신질환으로부터 수정되어 운용되고 있다.

66  청소심 역시 마찬가지이다. 부산고등법원 2015. 5. 12. 선고 2014다6824, 6831 판결.
67  대법원 2015. 10. 15. 선고 2015다34956, 2015다34963 판결.

로 인한 보험사고에 대하여 면책사유를 두고 있는 것은 피보험자의 정신질환으로 인

한 인식능력이나 판단능력의 약화로 상해의 위험이 증대되는 상황을 고려한 것이고

보험의 원리와 강행규정에 반하지 않는 이상 보험자는 보험 상품에 따라 인수하는 위

험을 정할 수 있다고 본다. 생명보험의 영역이 아닌 상해보험의 영역에서 대법원의

그러한 판단은 그 타당성을 부인하기에는 어렵다고 하겠다. '피보험자가 정신질환에

의하여 자유로운 의사결정을 할 수 없는 상태에 이르렀고 이로 인하여 보험사고가 발

생한 경우라면, 위 면책사유에 의하여 보험자의 보험금지급의무가 면제된다.'고 하는

대법원의 판단은 타당한 것이라 하겠다.

# 제32장
# 기왕증 감액약관

## I. 개념

상해보험에서 보험자가 보상하는 상해가 되기 위해서는 우연성, 급격성 및 외래성의 요건이 충족되어야 한다. 피보험자의 기왕증, 체질 등이 상해의 발생 또는 정도에 기여하였다면 보험자는 보험금을 감액할 수 있는 것인가에 대한 기왕증감액약관에 대한 문제가 실무에서 발생하였다. 기왕증감액약관이라 함은 상해보험약관에는 계약체결 이미 존재한 신체장해, 질병의 영향에 따라 상해가 중하게 된 때에는 그 영향이 없었을 때에 상당하는 금액을 결정하여 지급하기로 하는 약관을 말한다. 기왕증에 관련하여 손해보험사의 상해보험약관에는 기왕증으로 인한 상해의 결과, 즉 후유장해가 중해진 경우에만 그 기여분을 공제한다는 취지의 규정을 두고 있었고, 종래 생명보험사의 상해보험약관에는 기왕증으로 인한 상해의 결과가 중해졌는지 여부와 관계없이 기왕증이 존재하기만 하면 그에 해당하는 상해급여금을 공제한다는 취지의 규정을 두고 있었다.[1] 이하에서는 기왕증의 기여도에 따른 보험금 감액을 정하고 있는 약관의 유·무효에 대한 사항을 검토하고자 한다.

........
1 남하균·장덕조, "기왕증감액약관-대법원 2015. 3. 26. 선고 2014다229917, 229924 판결-", 금융법연구, 제12권 제2호, 2015, 194면.

## II. 판례

### 1. 약관규정이 있는 경우

상해보험은 약관에 피보험자의 기왕증의 영향으로 상해가 중하게 된 때에는 보험금을 감액한다는 규정이 있는 경우, 보험자가 그 약관에 따라 보험금을 감액하여 지급할 수 있는지 여부에 대하여, 대법원은 "상해보험은 피보험자가 보험기간 중에 급격하고 우연한 외래의 사고로 인하여 신체에 손상을 입는 것을 보험사고로 하는 인보험으로서, 일반적으로 외래의 사고 이외에 피보험자의 질병 기타 기왕증이 공동 원인이 되어 상해에 영향을 미친 경우에도 사고로 인한 상해와 그 결과인 사망이나 후유장해 사이에 인과관계가 인정되면 보험계약 체결 시 약정한 대로 보험금을 지급할 의무가 발생하고, 다만 보험약관에 계약체결 전에 이미 존재한 신체장해, 질병의 영향에 따라 상해가 중하게 된 때에는 그 영향이 없었을 때에 상당하는 금액을 결정하여 지급하기로 하는 내용이 있는 경우에는 지급될 보험금액을 산정함에 있어서 그 약관 조항에 따라 피보험자의 체질 또는 소인 등이 보험사고의 발생 또는 확대에 기여하였다는 사유를 들어 보험금을 감액할 수 있다."고 판시한 바 있다.[2] 또한 "원심은 그 채택 증거를 종합하여, 피고(반소원고, 이하 '피고'라고만 한다)가 1998. 4. 28. 원고와 사이에, 피고가 급격하고도 우연한 외래의 사고(이하 '보험사고'라고 한다)로 인하여 상해를 입고 그 직접 결과로써, ① 후유장해를 입었을 경우 보험가입금액 1,000만 원에 후유장해의 정도에 따라 별도로 정한 지급률을 적용하여 산출한 금액을 후유장해보험금으로 지급받고, ② 입원치료를 받은 경우 피해일로부터 180일 한도로 입원일에 대하여 입원 1일당 1만 원의 입시생활비 보험금을 지급받으며, ③ 지급률이 50% 이상 되는 후유장해상태가 되었을 경우에는 매 사고시마다 보험가입금액 6,000만 원의 0.1배액의 자립지원자금 보험금을 보험만기일(2008. 4. 28.)까지 매년 사고해당일에 지급받기로 하는 내용이

2  대법원 2005. 10. 27. 선고 2004다52033 판결. 여기서 대법원은 상해보험이 약관에서 후유장해보험금 지급의 무의 발생 요건을 후유장해지급률을 합계 80% 이상의 후유장해를 입은 경우로 규정하고, 이와 별도로 보험금에 산정에 있어서 기왕증 후유장해지급률에 관한 방법에 관한 규정을 두고 있는 경우, 위 약관에 정한 바에 따라 산정된 후유장해지급률을 합계가 80% 이상이면 보험금 지급의무가 발생하고, 기왕증은 보험금액 산정에 있어 그 기여분을 감액하면 된다고 하였다.

신피닉스 상해보험계약(이하 '제1보험계약'이라고 한다)과 보험사고로 인하여 상해를
입고 그 직접 결과로써 후유장해를 입었을 경우 보험가입금액 3,000만 원에 지급률을
곱하여 산출한 금액을 후유장해보험금으로 지급하기로 하는 내용의 내막에 쓰는 암
보험계약(이하 '제2보험계약'이라고 한다)을 각 체결한 사실, 피고가 2002. 3. 24. 승용차
를 운전하고 교차로를 지나다가 개인택시에 충격당하는 이 사건 사고로 인하여 제1보

일부터 2002. 4. 4.까지 12일간 입원치료를 받은 사실, 그 후 피고가 2003. 1. 3. 1차 후유장해 판정을, 2004. 3.
19. 2차 후유장해 판정을, 2004. 10. 12. 3차 후유장해 판정을 받았고, 원고는 위 각
후유장해 판정결과를 기초로 합계 40%의 후유장해보험금 합계 400만 원(=보험가입금액 1,000만 원×지급률 40%),
입시생활에 기한 후유장해보험금 합계 12만 원(=입원일수 12일×1만 원), 제2보험계약 보
험금 합계 1,200만 원(=보험가입금액 3,000만 원×지급률 40%) 등을 지급한 사실, 그 후

피고가 2005. 2. 4. 좌측 비골신경마비 증상에 대하여 국가유공 10%의 후유장해를
받았으나, 원고는 피고의 위 증상이 이 사건 사고의 직접적인 결과로 나타난 것으로
볼 수 없다는 이유로 국가 보험금의 지급을 거절한 사실 등을 인정한 다음, 피고가
이 사건 사고 직후 하지 마비 증상을 보였던 점 등 그 판시와 같은 사정들을 종합
해보면, 피고의 위 좌측 비골신경마비 증상은 이 사건 사고로 인하여 발생한 후유장
해로 봄이 상당하다고 판단하여, 원고는 피고에게 그 후유장해에 대한 제1, 2보험계약에
기한 후유장해보험금을 지급할 의무가 있고, 또한 피고는 제1보험계약에 기한 지급
원자금 보험금을 중증하게 지급받을 수 있는 요건(지급률이 50% 이상 되는 후유장해를 입고
있었을 때)을 충족하게 되었다.”고 하면서 '피보험자가 약관 소정의 상해를 입고
이미 존재한 신체장해 또는 질병의 영향으로 약관 소정의 상해가 중증하게 된 경우 보험
자는 그 기왕증가여도 감안에 따라 보험금을 결정하여 지급할 수 있다고 한다.3 또 다른
우, 이 기왕증가여도 감안에 따라 보험금을 감안하여 지급한다.'고 규정되어 있는 경
판결도 존무해보험만한다. 대법원은 "상해보험의 보통약관에 '피보험자가 약관 소정의 상

해를 입고 이미 존재한 신체장해 또는 질병의 영향으로 어떤 소정의 상해가 중하게 된 경우 보험자는 그 영향이 없었던 때에 상당하는 금액을 결정하여 지급한다.'고 규정되어 있는 경우, 그 취지는 보험사고인 상해가 발생하였더라도 보험사고 외의 원인이 부가됨에 따라 본래의 보험사고로 상당하는 상해 이상으로 그 정도가 증가한 경우 보험사고 외의 원인에 의하여 생긴 부분을 공제하려는 것이고, 따라서 여기의 '어떤 소정의 상해가 이미 존재한 신체장해 또는 질병의 영향으로 중하게 된 경우'에서 '중하게 된 경우'에는 피보험자가 사망에 이른 경우가 포함되지 않는다고 볼 수 없다."고 판시하였다.[4] 대법원은 사고와 상해 및 그 결과인 사망 사이에 인과관계가 인정되는 이상 보험자의 사망보험금 지급의무는 발생하고, 다만 약관을 통하여 보험금산정에서 기왕증으로 인한 위험을 인수하지 않겠다는 의사를 명확히 하고 있는 것이라 할 것이다.

## 2. 약관규정이 없는 경우

대법원은 "원고가 휴일인 2001. 10. 1. 오전 무렵 자신의 집 근처에 있는 밤나무에 올라갔다가 추락하였는데(이하 '이 사건 추락사고'라 한다), 그 후 원고가 승용차에 올라는 구급차에 실려 병원으로 가던 중 같은 날 12:40경 다른 차량과 충돌하여 위 구급차가 오른쪽으로 한 바퀴 돌면서 김가의 공영사 담을 충격하고 멈추는 사고(이하 '이 사건 교통사고'라 한다)가 발생한 사실, 이 사건 교통사고 당시 원고는 위 구급차 내에 설치된 간이침대 위에 3개의 안전벨트를 착용하고 누워 있다가, 위와 같이 구급차가 공영사 담을 충격하는 바람에 위 간이침대가 뒤집히면서 원고의 가슴이 위 간이침대 옆 의자에 충격된 사실, 원고는 이 사건 추락사고로 인하여 좌측에 상해를 입었다가, 그 후 이 사건 교통사고로 인하여 위와 같이 또 다른 충격을 받음으로써, 이미 좌측에 입은 상해가 가중되어, 제12번 흉추 골절에 의한 하지완전마비 등 이 사건 악 좌측에 입은 상해가 가중되어, 제12번 흉추 골절에 의한 하지완전마비 등 이 사건 악 판 [별표 4] 신체장해등급분류표의 제1급에 해당하는 이 사건 상해를 입은 사건에서,[5]

4  대법원 2002. 10. 11. 선고 2002다564 판결.
5  대법원 2007. 4. 13. 선고 2006다49703 판결.

대법원은 "상해보험은 피보험자가 보험기간 중에 급격하고도 우연한 외래의 사고로 인하여 신체에 손상을 입는 것을 보험사고로 하는 인보험으로서, 상해사고가 발생하기 전에 피보험자가 고지의무에 위배하여 중대한 병력을 숨기고 보험계약을 체결하여 이를 이유로 보험자가 상법의 규정에 의하여 보험계약을 해지하거나, 상해보험약관에서 계약체결 전에 이미 존재한 신체장해 또는 질병의 영향에 따라 상해가 중하게 된 때에는 보험자가 그 영향이 없었을 때에 상당하는 금액을 결정하여 지급하기로 하는 내용의 약관이 따로 있는 경우를 제외하고는 보험자는 피보험자의 체질 또는 소인 등이 보험사고로 인한 후유장해에 기여하였다는 사유를 들어 보험금의 지급을 감액할 수 없다."고 하면서 약관조항이 없다면 기왕증 체질 등의 기여도에 따른 보험금감액을 할 수 없다는 판단을 하고 있다.[6] 이미 대법원은 "피고(반소원고, 이하 '피고'라고만 한다)가 1996. 6. 19. 화물자동차를 운전하던 중 소외인 운전의 화물자동차에 충격당하고, 같은 날 ○○ ○○정형외과의원에 입원하여 제4-5요추간 추간판 탈출증 등의 병명으로 진단을 받고 이에 대한 치료를 받아 오다가, 1996. 7. 3. 미세현미경하 추간판 수핵 제거수술을 받은 사실, 피고는 그 후로도 같은 의원 및 명재의원 등을 전전하면서 1997. 1. 14.까지 총 210일 동안 같은 상해부위에 대하여 입원 및 통원치료를 받았는데, 그중 입원기간이 204일에 이른 사실, 피고는 이 사건 사고로 인하여 제4-5요추간의 퇴행성 변화가 있었으나, 이 사건 사고로 인하여 비로소 심한 요통 및 하지방사통 등의 증상이 나타났고, 보존적 치료만으로는 증상이 호전이 없자 이와 같이 수술 제거수술을 받기에 이른 사실을 인정한 다음, 이러한 인정 사실에 의하면, 비록 피고에게 기왕증으로 제4-5요추간 추간판 탈출증이 있었다고 하더라도, 이 사건 사고로 인하여 그 병적 증상이 발현되거나 또는 악화됨으로써 이에 대한 치료가 필요하게 되었으므로, 피고의 제4-5요추간 추간판 탈출증은 급격하고도 우연한 외래의 사고로 신체에 입은 상해에 해당하고, 피고가 입은 상해의 부위와 정도, 그에 대한 치료경과 및 내역 등에 비추어 볼 때, 피고의 입원일수 204일은 이 사건 사고로 입은 상해를 치료하는 네 필요하고도 적정한 기간에 해당하므로, 원고(반소피고, 이하 '원고'라고만 한다)는 피고에게 이 사건 각 상해보험계약에 기한 보험금을 지급할 의무가 있다."고 판단한 바 있다.7

## III. 학설의 다툼

### 1. 무효설

기왕증을 이유로 보험금을 감액하겠다는 것은 실손보상의 원칙이 지배하는 손해보험에서나 타당한 것이지 보험사고 시 손해의 유무 및 실손해에 관계없이 약정된 보험금을 지급하는 조건부 금전급부 계약인 정액보험의 본질에는 반하는 것으로 그 효력을 인정할 수 없다고 하면서 기왕증감액약관의 무효를 주장하는 입장이 있다.8 이 입장은 보험자는 보험계약 체결 시 피보험자의 생명·신체에 대한 보험인수 여부를 심사하고 있으며, 또한 피보험자가 고지의무를 위배하여 병력을 숨긴 경우 보험계약을 해지할 수 있으므로 이 제도로 해결하여야 한다고 주장한다. 따라서 상해보험에 있어서 '기왕증기여도 감액약관'을 두고 있다 하더라도 정액보험의 본질상 보

---

7 대법원 2002. 3. 29. 선고 2000다18752, 18769 판결.

8 남하균·장덕조, "기왕증감액약관-대법원 2015. 3. 26. 선고 2014다229917, 229924 판결-", 금융법연구, 제12권 제2호, 2015, 198면 이하에서 첫째, 약관의 존재 여부에 따라 이원적으로 해결하는 접근방식이 파생한 현실적 문제점이다. 판례가 약관상 규정이 있을 때에만 감액을 적용한다고는 하나 결국 모든 보험자들이 이 약관규정을 둠으로써 상해보험은 손해의 영향을 받는다는 이유라는 것이 된다고 한다. 특히 판례의 영향으로 상해보험이 손해보험이 아니라 전형적인 정액보험으로 분류되는 생명보험약관에서조차 기왕증기여도 감액조항을 두고 있는 실정이라는 점을 비판한다. 둘째, 상해사망보험의 경우 생명보험의 영향을 받지 않고, 사고와 상해사망 사이에 상당인과관계가 인정되는 한 보험자로서는 보험계약에 및 약관에 정해진 보험금 전액을 지급할 의무가 있다. 그런데 순정해보험의 성격을 도입하고 있는 것은 정액보험의 경우까지 반대는 약관이 없는 한 감액을 할 수 없음을 뜻한다고 한다. 현재 상해보험은 인보험에서도 손해의 영향을 받는다고 주장하는 약관이 없음에도 불구하고, 상병 제739조는 생명보험의 규정을 준용한다. 법률의 영향도 생명보험의 일종으로 두고 있음에도 불구하고, 논리적 근거의 결여를 지적한다. 판례는 약관규정이 없는 경우에는 영향도 없다는 모습을 비판한다. 셋째, 논리적 근거를 내세우며 기왕증 감액을 부정한다. 그런데 약관규정이 있을 때에는 상해보험의 인보험성을 근거로 기왕증 감액을 허용한다. 그러나 그 근거를 제시하고 있지 않음을 지적한다. 망보험의 경우마저 감액할 수 있다는 근거로 상해사

합금 감액은 허용되어서는 아니 된다고 한다.[9]

## 2. 유효설

"질병과 우연한 외래의 사고로 인한 상해가 경합되어 중대한 결과가 발생한 경우, 질병의 영향으로 악화된 부분은 외래성이 결여되어 상해보험이 담보할 수 없는 위험이므로, 당연히 이 부분을 제외하고 질병의 영향이 없었으면 악화될 수 없는 결과만을 담보하여야 한다."고 하면서 기왕증감액약관의 유효성을 인정하는 견해가 있다.[10]

동 약관조항이 보험금의 인하, 도덕적 위험의 억제 등의 효과를 기대할 수 있다는 점을 고려하면 보험계약자 등에게 부당하게 불리하다고 볼 수 없다고 하면서 당사자의 사적 자치에 맡기는 것이 타당하다는 견해 역시 유효설의 입장에 해당한다.[11] 이 견해에 따르면, "상해의 발생 또는 확대에 우연하고 급격한 외래의 사고가 유일하거나 결정적인 원인으로 작용해야만 하는 것은 아니라고 하면서, 비록 기왕증이나 체질 등도 기여했다고 하더라도, 우연하고 급격한 외래의 사고가 상해의 발생 또는 확대에 상당한 인과관계를 갖는다면, 그것으로 보상책임을 인정하기에 충분한 것으로 보아야 한다."고 주장한다.

## IV. 결론

생명보험계약이나 감액조항에 대하여 부정적인 입장은 대체로 상해보험의 정액보험성과 이를 통한 보험계약자 보호기능을 강조하고 있는 모습이다. 상해보험의 정액보험성은 현행법의 체계상 부인할 수 없는 사실이지만 절대적인 것은 아니다. 상

---

9  박기억, 정액보험계약에 관한 소고, 법조 제52권 제4호, 법조협회, 2003, 124면, 장덕조, 보험법, 제3판, 법문사, 2016, 473면 이하.
10  양승규, "기왕증과 상해의 인과관계", 손해보험, 제414호, 2003, 62면 이하.
11  한기정, 보험법, 박영사, 2017, 701면.

해보험의 기능상 어느 정도 순해보험화한 현실을 무시하기는 어려우며, 보다 근본적으로 상해보험의 성격을 재정리하는 작업이 필요하다고 하겠다. 현재로서는 약관상 감액조항이 없는 경우에는 당연히 정액보험금이 지급되어야 하지만, 보험금감액조항이 있는 경우에는 이 조항 역시 유효한 것으로 보아야 할 것이다. 기왕증감액약관과 관련하여, 자동감액조항은 보험계약체결 시 보험자가 설명하여야 할 중요사항인지 여부도 문제가 될 수 있다(상법 제638조의3, 약관규제법 제3조). 일반적으로 설명하여야 할 중요사항으로는 보험약관에 기재되어 있는 보험상품의 주요한 내용, 보험료율의 체계, 보험자의 면책사유 등이다. 이 사건 자동감액조항은 보험자의 지급을 감액하는 것에 해당하므로 보험자는 설명의무를 부담해야 할 것이다. 기왕장해감액약관은 거래상 일반적이고 공통된 것이어서 보험계약자가 별도의 설명 없이 충분히 예상할 수 있었던 사항에 해당된다고 볼 수 없고, 법령에 의하여 정하여진 것을 되풀이하거나 부연하는 정도에 불과한 사항이라고 볼 수도 없으며, 보험계약자나 그 대리인이 보험계약에 관한 경험상 이미 알고 있는 사항에도 해당되는 것도 아니라 하겠다. 그러므로 보험자는 반드시 동 약관조항을 보험계약자에게 교부·설명하여야 하는 의무를 부담해야 할 것이다.

# 참고문헌

## ■ 국내문헌

곽윤직, 채권각론, 박영사, 2003.

곽윤직, 민법총칙(민법강의 I), 제7판, 박영사, 2007.

김기현, 민법총칙, 보험연수원, 1996.

김성태, 보험법강론, 법문사, 2001.

김은경, 보험법, 보험연수원, 2016.

김정호, 상법강의(하), 법문사, 2000.

김형배, 채권총론, 박영사, 1998.

박세민, 보험법, 제4판, 박영사, 2017

서돈각·정완용, 상법강의(하), 제4전정판, 법문사, 1998.

손주찬, 상법(하), 제6증보판, 박영사, 1997.

안춘수, 보험법, 제5판, 삼지원, 2006.

이가수·최병규, 상법강의·상행위법, 제7판, 박영사, 2004.

이기수·최병규·김인현, 보험·해상법(상법강의 IV), 제9판, 박영사, 2010.

이연준, 민법총칙, 박영사, 2007.

이철송, 상법총칙·상행위법, 제5판, 박영사, 2015.

임용수, 보험법, 법률정보센터, 2006.

장덕조, 보험법, 제3판, 법문사, 2016.

정찬형, 상법강의(하)(제10판), 박영사, 2008.

정희철, 상법학(하), 박영사, 1990.

지원림, 민법강의, 홍문사, 2002.

채이식, 상법강의(하), 박영사, 2003.

최기원, 보험법, 제3판, 박영사, 2002.

최준선, 상법사례연습(하), 삼조사, 2005.

최준선, 보험법·해상법, 제3판, 삼영사, 2008.

한기정, 보험법, 박영사, 2016.

# ▌독일문헌

Berliner Kommentar zum VVG, Kommentar zum deutschen und österreichischen VVG, herg. von Honsell, 1999(Zit.: BK/Bearbeiter).

Bruck Ernst/Möller Hans, Versicherungsvertragsgesetz, De Gruyter Recht·Berlin, 9. Aufl., 2009.

Langheid Theo/Wandt Manfred, Münchener Kommentar zum Versicherungsvertragsgesetz, C.H.Beck, 2010.

Looschelders Dirk/Pohlmann Petra, Versicherungsvertragsgesetz, Carl Heymanns Verlag, 2010.

Palandt Otto/Heinrichs Helmut, BGB, 69. Aufl., Verlag C.H.Beck, 2010.

Prölss Jürgen/Martin Anton, Versicherungsvertragsgesetz, Kommentar zu VVG und EGVVG sowie Kommentierung wichtiger Versicherungsbedingungen -unter Berücksichtigung des ÖVVG und österreichischer Rechtsprechung, 28. Aufl. 28., 2010.

Prölss Jürgen/Martin Anton, Versicherungsvertragsgesetz, Kommentar zu VVG und EGVVG sowie Kommentierung wichtiger Versicherungsbedingungen -unter Berücksichtigung des ÖVVG und österreichischer Rechtsprechung, 27. Aufl., Verlag C.H.Beck, München, 2004.

Römer Wolfgan/Langheid Theo, Versicherungsvertragsgesetz-Mit Pflichtversicherungsgesetz(PflVG) und Kraftfahrzeug-Pflichtversicherungsverordnung (KfzPflVV), Kommentar, 2. Aufl. 2003.

Rüffer Wilfred/Halbach Dirk/Schimikowski Peter, Versicheurngsvertragsgesetz, Nomos, 2009.

# 찾아보기

# 저자 소개

## 유주선 (兪周善) 교수

(현) 강남대학교 공공인재학과(상법 담당)
고려대학교 법과대학 졸업
독일 마부르크대학교 법학석사
독일 마부르크대학교 법학박사

### ▌학회활동

(현) (사)한국보험법학회 연구이사
(현) (사)한국금융법학회 총무이사
(현) (사)한국경영법률학회 연구이사
(현) (사)한국기업법학회 편집이사

### ▌경력사항

금융감독원 금융분쟁조정위원회 전문위원
국토교통부 자동차손해배상보장사업채권정리위원회 위원
보험개발원 보험정보망 운영위원회 운영위원
대한변호사협회 법률서비스보험 특별위원회 위원
손해보험협회 구제심의위원회 외부위원
환경부 환경책임보험제도 국·공영화 협의체 위원

### ▌저서

판례크으와 법, 제2판, 씨아이알, 2018. (3인 공저)
상법요해, 제3판, 피앤씨미디어, 2018. (5인 공저)
민사소송법, 제2판, 씨아이알, 2018. (2인 공저)
상법, 형지사, 2016.
회사법, 제2판, 형지사, 2016. 등

# 최신 개정판 보험법

초판인쇄 2018년 8월 23일
초판발행 2018년 8월 30일

저    자  유주선
펴 낸 이  김성배
펴 낸 곳  도서출판 씨아이알

책임편집  박영지, 김동희
디 자 인  김나리, 윤미경
제작책임  김문갑

등록번호  제2-3285호
등 록 일  2001년 3월 19일
주    소  (04626) 서울특별시 중구 필동로8길 43(예장동 1-151)
전화번호  02-2275-8603(대표)
팩스번호  02-2265-9394
홈페이지  www.circom.co.kr

I S B N  979-11-5610-634-0 93360
정    가  25,000원